Cadeau reçu le 28 Decembre 2007
de Aline + J.M Demers

D0405321

Les Éditions du Boréal
4447, rue Saint-Denis
Montréal (Québec) H2J 2L2
www.editionsboreal.qc.ca

Passion politique

Le très honorable Jean Chrétien

Passion politique

Boréal

Les Éditions du Boréal reconnaissent l'aide financière du gouvernement
du Canada par l'entremise du Programme d'aide au développement
de l'industrie de l'édition (PADIÉ) pour ses activités d'édition
et remercient le Conseil des Arts du Canada pour son soutien financier.

Les Éditions du Boréal sont inscrites au Programme d'aide aux entreprises
du livre et de l'édition spécialisée de la SODEC et bénéficient du Programme
de crédit d'impôt pour l'édition de livres du gouvernement du Québec.

Toutes les photos de la couverture et de l'intérieur : Jean-Marc Carisse/Fonds
Jean Chrétien/LAC et Fonds Jean-Marc Carisse/LAC, à l'exception de :
Reuters/Shaun Best (deuxième cahier, page V [bas] ; quatrième cahier, page III [bas]) ;
Diana Murphy/Fonds Jean Chrétien/LAC (troisième cahier, page I [bas], page II [bas],
page III [bas], et page V [bas] ; quatrième cahier, page V [bas], page VII [haut, centre, bas]) ;
Serge Fournier/Fonds Jean Chrétien/LAC (troisième cahier, page V [haut]).

L'édition originale de cet ouvrage est publiée simultanément sous le titre *My Years
As Prime Minister* chez Alfred A. Knopf Canada, une filiale de Random House
of Canada Limited, Toronto (Ontario), Canada. Tous droits réservés.

Diffusion au Canada : Dimedia
Diffusion et distribution en Europe : Volumen

*Catalogage avant publication de Bibliothèque et Archives nationales du Québec
et Bibliothèque et Archives Canada*

Chrétien, Jean, 1934-

Passion politique

Comprend un index.

ISBN 978-2-7646-0541-7

1. Chrétien, Jean, 1934-   . 2. Canada – Politique et gouvernement – 1993-2006. 3. Premiers ministres – Canada – Biographies. I. Titre.

FC636.C47A3   2007   971.064'8'092   C2007-941849-x

*À France et André, Hubert et Michel, Olivier, Maximilien,
Philippe et Jacqueline, et surtout, surtout, à Aline.
Sans vous, rien.*

Entre nous

Avril 2007. Moscou. J'assiste aux obsèques de Boris Eltsine, l'ancien président russe, un grand ami. Un homme vrai, qui parlait vrai, dont les convictions ont changé le cours de l'histoire de son pays, du reste du monde aussi.

Nous sommes dans la cathédrale qu'il a fait bâtir pour marquer le retour de la liberté de culte dans l'ancienne Union soviétique. La cérémonie n'est que dignité et beauté. Même un païen s'inclinerait devant ces officiants vêtus de leurs tuniques majestueuses, avec ces hymnes de la Sainte Russie qui vous percent l'âme, et tout ce peuple autour de nous, vibrant de reconnaissance.

Il y a là aussi tous ces anciens grands de ce monde, aujourd'hui simples citoyens, venus dire adieu à leur adversaire de jadis devenu plus tard un frère d'armes. Je vois George Bush père, dont j'ai si bien connu le fils, et à ses côtés des gens que je ne connais pas, parmi lesquels certains sont probablement des rois ou des présidents, mais qui, en ces lieux saints, ressemblent à des êtres humains comme les autres. Tiens, je revois John Major, qui n'est plus premier ministre lui non plus. Il est accompagné de sa charmante épouse et du prince Andrew. Arrive un autre célèbre retraité, plus jeune, Bill Clinton. Nous nous serrons la main au sortir de l'église, comme les paroissiens de chez moi autrefois. Avec nous, l'ancien président de la Pologne, Lech Walesa, qui a frappé l'imagination du monde du temps où il n'était que ce courageux petit électricien de Gdansk qui osait défier la puissance soviétique. Il est pensionné comme nous tous maintenant. Nous parlons du bon vieux temps, du temps présent qui n'est pas mal non plus, de l'ami Boris, dont le décès nous rappelle notre propre fragilité. Un beau moment qui fait oublier le printemps froid de Moscou. Tant de souvenirs aussi, surgis tout à coup, qui me redonneront le goût de me raconter dans un livre, pas prétentieux pour deux sous, juste pour marquer une petite pause dans le temps qui nous est imparti sur terre et qui est toujours trop court.

J'ai toujours eu la passion de la politique. L'autre jour, j'entendais un jeune homme à la télévision qui disait se présenter aux élections parce qu'il voulait servir. Je me suis dit : toi, mon petit gars, tu es gentil, tu as de l'allure, mais tu ne dis pas tout. Se lancer en politique, c'est plus simple et plus compliqué que ça.

On va parler franchement : faire de la politique, c'est convoiter le pouvoir, le prendre, l'exercer et le conserver. Pour le bien des gens, ça va de soi, parce que vous ne serez jamais élu si vous faites leur malheur. Mais on ne me fera jamais croire, avec tout le métier que j'ai, que nos motivations sont strictement altruistes.

Non, on se jette en politique parce qu'on aime ça. C'est comme un sport où le désir de gagner est tout, parce que la récompense ultime, c'est toujours ce pouvoir qui permet d'agir plus, de faire des choses pour les gens du comté d'abord ; pour une clientèle élargie quand on est promu ministre ; pour son pays et même le reste du monde quand on est premier ministre. Plus on réussit, plus on monte, plus ce désir devient une passion qui vous habite jour et nuit, mais qui vous procure des satisfactions sans nombre. Oui, parce qu'on est constamment appelé à rendre service, aussi bien aux gens du comté qui n'ont pas de travail qu'aux lointains Bosniaques qui ont accueilli avec soulagement les Casques bleus canadiens. Alors là, d'accord, on peut dire qu'on est là pour servir puisqu'on sert justement à quelque chose.

C'est le grand bonheur que j'ai eu la chance de connaître. Et la joie de servir, pour reprendre le mot de ce jeune homme, permet d'oublier aisément les misères de la politique qui vous attendent. Quand vous vous gelez les pieds à faire du porte-à-porte, que les portes vous claquent au visage, que la main que vous tendez tombe dans le vide, que le voisin, avec qui vous avez joué quand vous étiez petit, se détourne de vous dans la rue, qu'on vous insulte dans la presse, quand les amis d'hier vous trahissent ou qu'on se moque de vous, en pleine face des fois, ou pire, dans votre dos… Sale métier, vous dites-vous dans ce temps-là. Oui, j'ai connu ces moments d'abattement, mais dont la victoire qui s'ensuit efface vite le souvenir.

C'est parce que cette passion vit toujours en moi que j'ai voulu faire la chronique de l'histoire politique du Canada telle que je l'ai vécue depuis l'édition revue et mise à jour de mon premier volume de mémoires, intitulé *Dans la fosse aux lions,* publié en 1985. Je suis retourné en politique en janvier 1990, après un hiatus de quatre ans, puis j'ai été élu à la tête du Parti libéral en juin suivant, devenant le chef de l'Opposition jusqu'à l'automne de 1993.

On a du mal aujourd'hui à se souvenir des jours sombres de l'automne 1993. Pourtant, disons les choses comme elles viennent, ça allait mal en diable dans le temps : le pays était épuisé, démoralisé, divisé. Tous les gouvernements — le fédéral, les provinces et les municipalités — étaient pour ainsi dire en faillite, leur dette combinée dépassant le produit intérieur brut du pays. Le chômage planait autour de 11,4 pour cent ; nos taux d'intérêt paraissaient condamnés à traîner de la patte derrière ceux des États-Unis, et ce, même si l'inflation avait meilleur teint chez nous ; enfin, nos meilleurs scientifiques et chercheurs nous quittaient en masse pour des cieux plus hospitaliers. Sans aller jusqu'à dire que toute cette morosité résultait de neuf années de régime progressiste-conservateur, je dois bien reconnaître que le gouvernement fédéral demeurait seul responsable de la récession qu'il avait provoquée chez nous — une des pires depuis les années 1930 — du fait qu'il pratiquait un monétarisme sectaire et qu'il refusait son concours à une industrie canadienne obligée de s'adapter à ces nouvelles réalités qu'étaient le libre-échange, la mondialisation de la finance et la révolution technologique.

On se rappelle aussi qu'en 1984 le premier ministre Brian Mulroney avait défait les libéraux en promettant le retour à la prospérité, la réduction de la dette et du déficit, et la création d'emplois « mur à mur ». Presque une décennie plus tard, le souvenir des multiples promesses brisées, avec bruits de rapines, destitutions ministérielles et patronage éhonté à la clef, avait donné prise à tant de cynisme et d'amertume que les Canadiens n'avaient plus guère de respect pour leurs dirigeants politiques et les institutions démocratiques.

Cela dit, je persiste encore aujourd'hui à penser que Mulroney aurait pu se maintenir au pouvoir s'il n'avait pas plongé les Canadiens dans la fournaise de Meech-Charlottetown, comme s'il s'était imaginé qu'en rouvrant la *Loi constitutionnelle* de 1982 il allait régler tous les problèmes du pays. À la Chambre des communes, lorsque lui et moi échangions des plaisanteries sur la prochaine échéance électorale et l'affrontement épique qui nous attendait, je voyais toujours une lueur dans son regard quand il parlait de remporter une troisième majorité d'affilée. Le goût était là, c'est sûr. Mais il avait voulu faire avaler aux Canadiens deux révisions constitutionnelles de suite en recourant à une rhétorique excessive et à des tactiques qui nous avaient dressés les uns contre les autres, et, ayant manqué son coup dans les deux cas, il n'avait réussi qu'à rallumer le sentiment séparatiste au Québec et à alimenter le sentiment d'aliénation de l'Ouest. La déroute était proche, il le savait. Tout près de lui, son ami intime et lieutenant québécois Lucien Bouchard avait déserté le camp conservateur et fondé le Bloc québécois pour promouvoir la cause de l'indépendance du Québec aux Communes ; dans l'Ouest, Preston Manning canalisait la déception des électeurs conservateurs au profit de son mouvement populiste, le Reform Party. Si bien que, voyant que sa cote de popularité était inférieure au pourcentage de personnes qui croient qu'Elvis Presley est encore de ce monde, Mulroney avait déclaré forfait en février 1993.

Dix ans plus tard, au moment de mon retrait de la vie publique, le 12 décembre 2003, le Canada jouissait de la plus longue période d'expansion économique qu'il avait connue depuis les années 1960. Ottawa s'apprêtait à annoncer son septième excédent budgétaire de suite, le taux de chômage était descendu à près de sept pour cent et ne cessait de baisser, le Parti québécois avait été relégué dans l'opposition, l'Ouest était plus prospère que jamais. La réputation du Canada à l'étranger n'avait jamais autant brillé, on louait le miracle économique de ce pays et la force indépendante qu'il mettait au service de la paix dans le monde, et le Parti libéral du Canada se faisait dire par tous les sondages et tous les experts qu'il allait remporter une quatrième majorité. Comment expliquer alors cet étonnant revirement ? Quelle décisions critiques avons-nous prises chemin faisant, ou quelles erreurs avons-nous commises ? Pourquoi avons-nous préféré telle solution à telle autre ? L'heure est maintenant venue de répondre à ces questions.

Je ne veux pas présenter ici un compte rendu exhaustif et circonstancié des « années Chrétien », je ne fais pas métier d'historien. Ce que je veux plutôt, c'est faire le récit de la décennie que j'ai passée au 24 Sussex, relater mes souvenirs à moi, décrire les choses telles que je les ai vues, raconter au passage quelques anecdotes amusantes comme ça se fait entre amis, corriger les faits si nécessaire, me vanter un petit peu aussi peut-être et rendre le tout avec autant de franchise que possible. Cela étant dit, j'espère que les lecteurs me pardonneront certains silences sur ma vie privée ou la pudeur qui me retient de commenter les imperfections que j'ai relevées chez des personnes que j'ai trop bien connues. Je ne connais pas d'être humain qui soit parfait ; d'ailleurs, on en connaît beaucoup qui ne se privent pas de rappeler cette réalité à leurs dirigeants. Mais je trouvais au-dessus de mes forces de décrire par le menu les défauts de mes proches collaborateurs, des membres de mon cabinet et surtout de mes adversaires politiques. On dira que c'est une faiblesse de ce livre, mais dans la vie cette retenue est un atout — surtout en politique — car on apprend ainsi à accepter les gens tels qu'ils sont.

Autre réserve : je me suis limité à parler des événements qui se sont produits pendant mes années au 24 Sussex, sauf dans quelques rares passages où je me suis cru obligé de dire ce qui s'est passé après décembre 2003 (et encore, sans trop de commentaires ou d'analyses). Je ne crois pas qu'un recueil de mémoires soit le lieu indiqué pour contenir mes réflexions sur des questions politiques qui se sont posées après mon passage au pouvoir. Dans mes versions antérieures, cependant, j'étais disposé à faire un saut dans le temps et à commenter la décision qu'a prise mon successeur de lancer la Commission d'enquête sur le programme des commandites qu'a présidée le juge Gomery. La curiosité du public m'y incitait, entre autres, mais je voulais surtout faire connaître mes sérieuses réserves à propos de cette commission, de ses conclusions et de ses ramifications. Malheureusement, au moment où nous allions sous presse, la question était encore devant les tribunaux, et il pourrait en être ainsi pendant encore des mois et même des années. Dans ces circonstances, par respect pour le protocole judiciaire, j'ai jugé qu'il serait à tout le moins incorrect et probablement indéfendable que je commente les travaux de la Commission Gomery.

Il est vrai que je n'ai pas toujours su me défaire de cette habitude qu'ont tous les politiques de servir tout le temps les mêmes arguments et les mêmes anecdotes, mais je me suis efforcé d'épargner aux centaines de milliers de Canadiens qui ont fait du volume *Dans la fosse aux lions* un best-seller national un deuxième récit de mon enfance et de mes débuts en politique, une fois suffit (quoique je profite de l'occasion pour encourager tous les autres à exiger une réédition immédiate de ce livre…). Je note aussi que plusieurs de mes anciens collaborateurs, ministres ou hauts fonctionnaires se sont déjà penchés sur certains aspects de mon parcours qui relevaient de leur domaine. Il existe entre autres deux livres qu'on lira avec profit étant donné qu'ils ont été écrits par deux de mes anciens proches conseillers : *Rollercoaster*, de James Bartleman, qui traite des affaires étrangères de 1994 à 1998, et *Les Règles du jeu*, d'Eddie Goldenberg, qui se limite à la scène canadienne.

Quand on est premier ministre, on se garde de s'enliser dans les détails de l'administration, la minutie est l'affaire de l'exécutant et non de l'exécutif. Non, on établit des priorités, on imagine des stratégies, on règle les grands problèmes, on explique les enjeux de l'heure en termes intelligibles, on délègue. Qu'on ne s'étonne donc pas si j'ai écrit comme j'ai gouverné.

Pour finir, j'aimerais préciser l'idée motrice de ce livre. Elle me vient d'un célèbre compatriote dont j'ai beaucoup admiré les chansons et les livres : Félix Leclerc, qui venait de la même région que moi, la Mauricie, et qui n'a jamais oublié lui non plus ce coin du globe cher à notre cœur partout où il a promené ses souliers. Leclerc disait, en résumé : « J'ai eu une enfance heureuse. Je vous la prête. » Moi, j'ai coulé des jours heureux au 24 Sussex, ça m'a fait des souvenirs. Les voici.

CHAPITRE PREMIER

Au bureau de Laurier

Victoire ou échec, je tenais à être entouré de ma famille et de mes partisans à Shawinigan au soir des élections, le lundi 25 octobre 1993. C'est là que je suis né, le dix-huitième de dix-neuf enfants, le fils de Wellie Chrétien et de Marie Boisvert. C'est là que je me trouvais aussi la première fois que j'ai été élu à la Chambre des communes sous la bannière libérale, en avril 1963. Et c'est toujours à Shawinigan, cette petite ville industrielle située sur le Saint-Maurice entre Montréal et Québec, que je retournais pour refaire mes forces en vue du prochain combat politique ou pour me retremper dans la sagesse du vrai monde. La campagne tirant à sa fin après un peu plus de sept semaines, j'étais rentré chez moi pour voter et attendre que mon sort se décide. J'étais avec ma femme, Aline, notre fille, France, son mari, André Desmarais, leurs quatre petits et notre fils Hubert. Notre plus jeune, Michel, habitait dans le Nord à l'époque, mais il n'était jamais bien loin du téléphone, toujours fébrile et encourageant.

Nous étions nombreux à être agglutinés autour des sept téléviseurs, chacun étant allumé à un canal différent de langue française ou anglaise, dans le salon de notre modeste chalet du lac des Piles, ce lac magnifique situé à 15 kilomètres du centre-ville de Shawinigan et dont l'eau est si pure qu'il sert de réservoir à la municipalité de Grand-Mère. Enfant, j'allais y pique-niquer avec mes parents ou nager avec des amis, parfois à la plage publique, d'autres fois aux chalets que louaient mes grandes sœurs devenues infirmières. Adolescent, j'avais passé plusieurs beaux étés au chalet de mon frère aîné, Maurice, qui était médecin, marié et père de six enfants. J'adore ce lac bordé par des falaises escarpées et la forêt boréale, et je n'aurais voulu être nulle part ailleurs au monde le jour où je serais élu vingtième premier ministre du Canada.

J'étais confiant, même si les libéraux étaient entrés en campagne coude à coude avec les progressistes-conservateurs. Celle qui avait succédé à Brian Mulroney, Kim Campbell, était sortie de sa victoire au congrès d'investiture de juin nimbée d'une belle popularité. On ne parlait plus que de cette jeune femme intelligente et flamboyante venue de l'Ouest, la première première ministre du Canada, et le public et la presse étaient restés entichés d'elle tout l'été. Mais dès que les élections avaient été déclenchées, madame Campbell s'était rendu compte que les Canadiens n'avaient rien oublié des fautes qu'avait commises le gouvernement dont elle avait été une ministre en vue. Son inexpérience l'avait vite fait trébucher et gaffer. Conséquence : la même presse qui l'avait sacrée vedette s'était mise à la déchirer à belles dents.

La coalition instable faite de nationalistes du Québec et de conservateurs de l'Ouest que Mulroney avait habilement maintenue en jouant de la carotte et du bâton s'était vite effilochée au profit du Bloc québécois et du Reform Party, alors que, de leur côté, de nombreux conservateurs modérés de l'Ontario et du Canada atlantique s'étaient mis à voir une solution de rechange crédible dans le Parti libéral. Dans les dix derniers jours de la campagne, constatant qu'ils étaient en chute libre dans les sondages, les conservateurs avaient mis au rancart leur programme électoral pour s'attaquer à ma personne même, et ce, avec la dernière méchanceté. Ainsi, dans leurs annonces télévisées, j'étais devenu un homme dépassé du fait de mes trente ans passés en politique ; on ridiculisait ce mal dégrossi qui allait faire honte au Canada sur la scène mondiale ; on se moquait même de ma paralysie faciale, ce défaut de naissance qui fait aussi que je n'entends rien de l'oreille droite. Mais c'était compter sans la dignité et le bon sens des Canadiens, et les progressistes-conservateurs n'avaient fait que poursuivre leur descente aux enfers.

À 20 h 45, heure locale, tous les réseaux de télévision annonçaient une majorité libérale. A suivi alors une longue attente, jusqu'au moment où les bureaux de scrutin ont fermé en Colombie-Britannique, après quoi la première ministre Campbell a reconnu sa défaite. Non pas que le résultat lui-même ait fait le moindre doute, les conservateurs n'ayant plus que deux sièges aux Communes, mais notre grande surprise était l'ampleur de notre victoire en Ontario, où nous avions remporté 98 sièges sur 99. Il ne nous restait plus qu'à savoir qui du Bloc québécois ou du Reform, qui oscillaient autour de 52 sièges chacun, formerait l'Opposition officielle, mais je savais que je serais bien placé pour affronter l'un ou l'autre. Ce n'est que bien après minuit qu'Aline et moi sommes allés à la rencontre de nos centaines de partisans heureux qui s'étaient réunis au quartier général de ma campagne pour applaudir le retour des libéraux après neuf années passées dans l'opposition. Puis nous avons pris part à une réception plus intime dans un motel de la place, où nous avons fêté notre victoire jusqu'à trois heures du matin avec mes frères et sœurs (qui n'en revenaient pas de voir ce qu'était devenu leur Ti-Jean), mes cousins et ma belle-famille, ainsi que nos principaux organisateurs et partisans qui m'avaient donné ma dixième victoire électorale avec plus de 6 000 voix.

J'étais heureux, c'est sûr, mais dans l'enthousiasme de la fête, l'heure n'était pas à la réflexion. Je n'ai saisi la réalité nouvelle que le lendemain matin, quand Aline m'a réveillé avec ces mots : « Café, monsieur le premier ministre ? » Peu après, le président Bill Clinton m'a téléphoné pour me féliciter, et j'ai permis à mes trois petits-fils de monter dans mon lit pour écouter ma première conversation avec un grand chef d'État. Clinton et moi avons bavardé amicalement de choses et d'autres pendant une dizaine de minutes (chose curieuse, notre entretien a été interrompu par une brève panne). « On me dit que votre campagne ressemblait étrangement à celle que j'ai menée l'an dernier », m'a dit le président à la blague. « Voyons, lui ai-je répondu, j'étais en politique que vous n'étiez même pas né, c'est peut-être vous qui m'avez copié. » Ce ne serait pas la dernière fois que Clinton et moi allions échanger des taquineries de ce genre.

Plus tard ce matin-là, en route vers l'aéroport, j'ai demandé au chauffeur de la GRC de faire une halte à La-Baie-de-Shawinigan pour que je puisse revoir la petite maison de briques où j'ai grandi. L'occupante, la fille d'un ami à moi, m'a demandé un souvenir, et je lui ai donné le premier de ces milliers d'autographes que j'allais signer comme premier ministre. Puis on nous a conduits, Aline et moi, en haut de la côte, au cimetière où mes parents sont enterrés, et nous nous sommes recueillis sur leurs tombes. Moment émouvant pour moi — et qui l'est encore, lorsque je me le remémore — du fait qu'ils n'étaient plus de ce monde pour voir un de leurs enfants, le plus tannant de la bande et celui qui leur causait le plus de soucis, succéder à leur héros, Wilfrid Laurier.

Les Chrétien militent au Parti libéral depuis le XIXᵉ siècle, et Laurier était quasiment vénéré dans la famille. Quand j'étais collégien, je voulais lui ressembler, et j'avais même fait un pèlerinage sur les lieux de sa naissance. Laurier, cet homme de la campagne québécoise qui était devenu le premier premier ministre de langue française du Canada, incarnait le respect que méritaient les Canadiens français au Canada, et son élection à Ottawa avait concrétisé l'espoir qu'ils avaient de constituer un partenariat fondateur avec leurs concitoyens d'expression anglaise. L'homme était allergique à tous les extrémismes parce qu'il savait qu'un pays aussi divers et aussi vaste que le Canada ne survivrait jamais à la moindre polarisation. Favorable à l'immigration, partisan du libre-échange avec les États-Unis, il avait ouvert l'Ouest à la colonisation, entre autres aux Québécois de langue française — comme mon grand-père maternel qui s'était fait cultivateur au nord d'Edmonton en 1907. L'optimisme foncier de Laurier trouvait aussi un écho chez moi. Il croyait sincèrement dans l'avenir du Canada et il avait donné aux Canadiens le goût de faire de cet avenir prometteur une réalité en les incitant à porter leurs regards au-delà de leur région à eux, de leur langue ou de leur religion. On oublie souvent que Laurier s'était opposé à la Confédération dans sa jeunesse. Mais c'était un homme à l'esprit ouvert et, une fois convaincu des mérites de l'ensemble confédéral, il était devenu le Canadien le plus ardent de son temps. Il voulait bâtir un pays fort, indépendant, dont la voix serait écoutée dans l'arène mondiale, et il tenait à ce que notre nation soit la première du monde moderne à valoriser la diversité, la tolérance et la générosité.

Un jour, j'ai été chassé de la classe parce que j'avais osé réfuter la thèse nationaliste du professeur d'histoire, qui prétendait que Laurier était anglophone étant donné qu'il avait étudié le droit à l'université McGill. Moi qui ignorais la gêne, et de surcroît nullement intimidé par l'autorité, je m'étais porté à la défense de mon héros. « C'est pas vrai ça, monsieur. Laurier est né à Saint-Lin, il est allé à l'école à L'Assomption, et après McGill, il a exercé le droit à Arthabaska. » (Des années plus tard, lorsque j'ai été nommé ministre des Finances, ce même professeur m'a adressé une lettre touchante où il m'a dit qu'il n'avait jamais pensé voir le jour où un Canadien français serait nommé à ce poste, encore moins un de ses anciens élèves.)

De tous les souvenirs que j'ai recueillis dans ma vie, je chéris particulièrement quatre objets qui ont appartenu à Laurier : sa canne, son épingle de cravate en forme de fer à cheval, un surtout en argent qui lui avait été offert en 1905 par le maire de Manchester, en Angleterre, et une lourde chope d'argent, cadeau que lui avait fait lord Aberdeen au dîner d'adieu ayant marqué le terme de son mandat comme gouverneur général, et où sont inscrits ces mots adressés à ses amis sir Wilfrid et lady Laurier, en français s'il vous plaît : « Oublier nous ne le pouvons ». Et c'était maintenant à mon tour de m'asseoir au bureau de Laurier dans le cabinet du premier ministre du Canada, sur la colline du Parlement.

★   ★   ★

J'ai pris l'avion du Parti libéral pour gagner Ottawa, où j'ai été accueilli à l'aéroport par la presse, par la plupart de nos employés du quartier général de la campagne, ainsi que par les candidats libéraux du lieu et les organisateurs qui étaient venus nous applaudir. Pendant un instant, après toutes ces longues journées et le tourbillon d'émotions qu'avait été cette campagne électorale âprement menée, j'ai savouré ces vœux chaleureux et la douceur de la victoire que nous avions remportée ensemble, mais il me tardait de me mettre au travail. Je savais que des jours difficiles m'attendaient, mais j'ai toujours aimé les défis exaltants et j'ai rarement perdu mon temps à appréhender le malheur. J'avais une mission à accomplir, et le mieux que je pouvais faire, c'était de faire de mon mieux. Toute ma vie je m'étais dit : « Quand je me vois dans le miroir, je me désole, mais quand je me compare aux autres, je me console. » Malgré mes grandes imperfections, je me disais que je n'étais probablement pas pire qu'un autre et que, chose certaine, j'avais plus de métier dans le corps que la plupart des autres.

Pendant la campagne, j'avais demandé aux Canadiens : « Imaginez que vous allez être opéré et que vous avez le choix entre deux chirurgiens : le premier, frais diplômé d'une grande université, et le second, qui a réussi des milliers d'opérations. Lequel allez-vous choisir ? »

Avant de se lancer en politique, Lester Pearson avait été diplomate et haut fonctionnaire, Pierre Trudeau, professeur de droit et essayiste, Brian Mulroney, avocat et homme d'affaires, ce qui avait été tout à leur avantage ainsi qu'à leur désavantage. Mon cheminement à moi avait été une longue et patiente ascension dans l'appareil politique, à la force du poignet, sous la gouverne d'un optimisme blindé et de l'ambition constante de monter toujours plus haut. Mon père, qui était machiniste au moulin à papier, avait hérité de l'amour de la politique que possédait son propre père, qui avait été maire d'un village voisin pendant trente ans et qui se serait sans doute porté candidat au provincial ou au fédéral s'il n'avait pas été père de famille nombreuse. Pour papa, la politique était son sport favori, son passe-temps, son plaisir. Il avait été l'organisateur du Parti libéral dans notre paroisse pendant quarante-cinq ans et jamais il n'avait perdu le vote dans les bureaux de scrutin dont il était responsable. Il rêvait de voir l'un de ses enfants faire de la politique et, n'ayant pas réussi avec mes frères et sœurs, il avait décidé de me former dès mon plus jeune âge, comme ces papas qui conduisent leur fils de quatre ans à la pratique de hockey avant l'aube.

J'étais encore enfant qu'il m'emmenait avec lui distribuer des prospectus de porte en porte ou disposer des chaises dans les salles où se tenaient les assemblées des candidats. Je n'avais pas quinze ans que je plaidais déjà la cause des libéraux dans la salle de billard à côté de chez nous, lors des élections fédérales de 1949. J'avais fait campagne pour Saint-Laurent en 1957, j'avais été élu président du Club libéral de l'université Laval, j'avais organisé des manifestations étudiantes contre le premier ministre du Québec Maurice Duplessis et, à titre de vice-président de la Fédération canadienne des clubs universitaires libéraux, j'avais défendu des résolutions aux congrès du parti. J'avais été tenté un moment d'étudier l'architecture, mais papa avait dit : « Non, tu te feras jamais élire comme architecte. » Il m'avait poussé à entrer en droit, non pas pour que je m'illustre au prétoire, mais pour que j'y trouve un marchepied menant à la vie publique.

Cela étant dit, je n'ai jamais cru que mon destin m'appelait à devenir premier ministre, et ce n'est pas moi qui ai révélé à mon confesseur que Dieu en avait décidé ainsi. Étant donné la modestie de mes débuts, je savais seulement que je devrais travailler plus fort que ceux qui sont destinés à la grandeur. Je devrais me faire plus coriace et plus compétitif que ceux qui avaient grandi entourés de privilèges et de belles relations ; et j'avais dû mériter pas à pas l'approbation de Lester Pearson et celle de Pierre Trudeau. En peu de temps, j'avais quitté l'arrière-ban pour devenir le secrétaire parlementaire de Pearson ; de la fonction de ministre sans portefeuille délégué au ministère des

Finances, j'étais passé à celle de ministre du Revenu national ; ·
après un long séjour au ministère des Affaires indiennes et du
Développement du Nord, j'étais devenu président du Conseil
du Trésor ; après avoir été ministre de l'Industrie et du Commerce, j'avais été le premier Canadien français promu ministre
des Finances. Plus tard, j'avais été ministre de la Justice dans le
dernier gouvernement Trudeau ainsi que ministre d'État au
Développement social et ministre responsable des négociations
qui avaient conduit au rapatriement de la Constitution et à
l'adoption de la Charte des droits. J'étais ministre de l'Énergie,
des Mines et des Ressources lorsque je m'étais présenté pour la
première fois à la direction du Parti libéral en 1984, et j'avais
assumé la responsabilité de vice-premier ministre et de secrétaire
d'État aux Affaires extérieures sous John Turner. Je n'avais
jamais craint l'avancement. Mon attitude se résumait à ceci :
quand on ne parle même pas bien l'anglais et que le premier
ministre du jour vous invite à devenir le plus jeune ministre du
Canada en un siècle, on ne dit pas un mot, on y va.

J'avais réussi, entre autres choses, parce que j'avais délibérément choisi de me faire discret et de me dépasser plutôt que de
promettre la lune et de manquer mon coup ensuite. Chaque fois
que Trudeau me confiait une mission importante, par exemple
les Finances ou la Constitution, ils étaient toujours quelques-uns
à s'étonner ouvertement de me voir doubler les grandes vedettes
du parti. La presse ne m'avait jamais considéré comme une
étoile, et cela m'arrangeait parfaitement parce que je ne voulais
pas passer pour une étoile. Trudeau accordait plus d'importance
au rendement qu'à l'image. Il savait qu'il pouvait me mettre une
pelle entre les mains s'il y avait un ménage à faire, et je changeais
de pelle souvent. Maintenant que le patron, c'était moi, j'allais
conserver la même approche. Il fallait éviter les crises ou les
minimiser au lieu de les fabriquer ou de les exacerber. Je n'avais
nullement intérêt à créer plus de problèmes que nous n'en avions
déjà, rien que pour poser ensuite en messie prêt à les résoudre.
Mais là, de vrais problèmes m'attendaient, et j'avais hâte de me
retrousser les manches.

La passation des pouvoirs a été l'une des plus courtes et des plus aisées qui fût, mais il m'avait fallu résister aux pressions de ceux qui voulaient me voir mettre en place une équipe de transition pléthorique. Les instances les plus vives me venaient de certains membres du parti qui voulaient être de cette équipe pour une seule raison : avoir l'air d'être quelqu'un, avoir l'air d'être bien placés, avoir l'air influents. Mais si les gens redécouvrent dans votre entourage les mêmes vieux de la vieille, ils en concluent aussitôt que le changement n'est pas pour demain. Que ces vieux routiers soient doués ou nuls, qu'ils aient de l'influence ou non, peu importe, en politique c'est la perception qui compte. Et la presse, qui cherche toujours la petite bête, scrute votre entourage pour voir qui en est ou n'en est pas, qui est en hausse ou en baisse, et ses conjectures alimentent les rivalités et la grogne autour de vous. Sachant tout cela, justement, une année auparavant, j'avais demandé à David Zussman, doyen de l'École de gestion de l'Université d'Ottawa et ancien adjoint à moi, de compiler une série de notes d'information sur la structure et la gestion du gouvernement fédéral, notes qui viendraient s'ajouter aux neuf épais dossiers que j'allais recevoir du Bureau du Conseil privé.

S'appuyant sur une équipe réduite d'experts discrets et libres de toute attache politique, Zussman avait produit un texte superbe qui a fait école depuis dans les milieux gouvernementaux. Plus de 400 pages d'informations et de suggestions et quelque trois douzaines de priorités, tous les sujets imaginables ayant été traités : de la structure du système de comités au cabinet à la logistique que nécessite l'emménagement au 24 Sussex, en passant par une analyse des questions les plus brûlantes du jour et une banque de données contenant plus de 3 000 demandes d'emploi pour les diverses fonctions politiques. Cependant, après trois décennies à Ottawa et neuf portefeuilles, je pensais avoir une bonne idée de ce que je voulais faire ; pendant la campagne électorale, entre une assemblée et un discours, en avion ou en voiture, j'avais trouvé le temps de noter des idées et de réfléchir au genre de gouvernement que je voulais diriger.

J'avais aussi l'avantage de pouvoir compter sur le noyau que j'avais constitué à l'époque où j'étais chef de l'Opposition officielle. Jean Pelletier, qui s'était illustré à la mairie de Québec, avait accepté de rester avec moi comme chef de cabinet et de diriger le Bureau du premier ministre. Lui et moi nous étions liés d'amitié au cours de notre dernière année dans un pensionnat de Trois-Rivières, où nous avions des lits spéciaux placés côte à côte au dortoir parce que nous étions tous deux plus grands que les autres. Faisant mentir ses dehors patriciens et son sourire chaleureux, Pelletier était un homme extrêmement discipliné, bien organisé, avec une poigne de fer. Il dirigeait une équipe tricotée serré, peu bavarde. Il n'était pas homme à souhaiter lire son nom dans le journal en se réveillant le matin et il avait ordonné à tous ses collaborateurs de se tenir loin des feux de la rampe, à moins que la question dont ils étaient saisis n'eût un rapport direct avec leurs fonctions. C'est pour cette raison que nous n'avons jamais eu à pâtir de ces querelles ouvertes, commérages assassins et fuites anonymes qui avaient affligé les cabinets de mes prédécesseurs. Même les chroniqueurs et les universitaires qui n'étaient pas des mordus du Parti libéral ont dû admettre que le service de Pelletier était l'un des plus efficients et des plus harmonieux de mémoire lointaine, même si son effectif avait été réduit du quart par mesure d'économie.

Pelletier étant à la tête de mon cabinet et me servant de premier conseiller politique, Eddie Goldenberg et Chaviva Hosek voyaient à l'action gouvernementale même s'ils étaient très au fait du jeu politique tel qu'il se pratique au jour le jour. Goldenberg, qui était diplômé de droit de l'Université de Montréal et avait fait ses débuts chez moi comme stagiaire d'été en 1972, s'occupait des questions économiques, des relations fédérales-provinciales et des rapports Canada–États-Unis en sa qualité de conseiller principal à la politique gouvernementale. Hosek, universitaire formée à Harvard, ancienne présidente du Comité canadien d'action sur le statut de la femme et autrefois ministre dans le gouvernement de David Peterson à Queen's Park, était chargée des questions sociales et de l'articulation des politiques. En pratique, cependant, leurs dossiers se chevauchaient constamment et les deux travaillaient en étroite collaboration lorsqu'il s'agissait de réfléchir, d'établir des contacts, de mener des recherches, de rédiger des rapports et des discours et, à l'occasion, de jouer au pompier pour moi.

Côté communications, j'avais près de moi Peter Donolo, jeune Montréalais de descendance italienne, brillant et spirituel, qui avait été le secrétaire de presse du maire de Toronto Art Eggleton, et l'éloquent et aimable Patrick Parisot, ancien journaliste de Radio-Canada. Sur papier, Donolo était responsable du personnel qui veillait à la stratégie globale de relations publiques pour le compte du gouvernement et du premier ministre, tandis que Parisot voyait davantage aux affaires courantes à titre de secrétaire de presse. Mais, pour moi, les deux hommes étaient des égaux et ils devaient s'assurer que notre message parvienne à la population, l'un s'occupant des médias de langue anglaise et l'autre des médias de langue française. Tous deux prêtaient aussi la main à la facture des discours et à l'élaboration des principes animant l'action gouvernementale.

Parmi les autres joueurs importants, on retrouvait Jean Carle, le directeur des opérations ; Penny Collenette, la directrice des nominations ; Maurice Foster, mon agent de liaison avec le caucus ; Michael MacAdoo — et, plus tard, Bruce Hartley —, l'adjoint exécutif responsable de mon emploi du temps ; enfin, Monique Bondar, ma secrétaire de toujours. J'ai eu la chance immense d'avoir à mes côtés ces personnes de confiance pendant presque toute la décennie où j'ai été premier ministre. Des personnes intelligentes, discrètes, efficaces et âpres à la tâche : une équipe du tonnerre, si vous voulez mon avis.

Même si chaque collaborateur avait ses propres fonctions et son expertise à lui, il était évidemment impossible de séparer la politique de la recherche ou des communications dans un cabinet désireux d'agir vite et bien ; donc, tous les matins à 8 h 45, mes principaux collaborateurs se réunissaient autour de Jean Pelletier pour discuter des questions du jour. Je tâchais aussi de m'assurer que chacun ait régulièrement accès à moi. On croyait

communément que j'étais plus proche de Jean Pelletier et d'Eddie Goldenberg parce que je les connaissais depuis fort longtemps et parce qu'ils saisissaient parfaitement ma pensée. Il est
sûr que Pelletier et moi nous voyions au moins une fois par jour
et que Goldenberg était toujours rendu dans mon bureau, mais
ni l'un ni l'autre n'étaient nécessairement à mes côtés chaque fois
que je prenais une décision ou que je rencontrais quelqu'un. Je
parlais probablement plus souvent avec Peter Donolo et Patrick
Parisot au cours de la semaine ; j'avais de fréquentes rencontres
en tête-à-tête avec Chaviva Hosek et Jean Carle ; je comptais
aussi beaucoup sur Maurice Foster lorsque la Chambre siégeait ;
et Bruce Hartley me suivait comme mon ombre. Mais le fait est
que, étant donné les rôles multiples d'un premier ministre,
j'écoutais les conseils de chacun. Je suivais parfois ces conseils,
parfois non. Ils étaient tous influents parce qu'ils étaient tous
doués ; ceux qui ne l'étaient pas ne faisaient pas de vieux os chez
nous. Chose certaine, personne n'essayait de s'imposer. Chacun
connaissait son secteur de responsabilité ; chacun avait un travail
à faire ; et c'est exprès que j'avais décidé de ne pas trop faire
connaître mon emploi du temps quotidien pour qu'on ne s'imagine pas que tel ou tel me rencontrait plus souvent qu'un autre.

Pour la même raison, même si on riait beaucoup dans mon
bureau et que tout le monde était ami avec tout le monde, je
mélangeais rarement travail et plaisir. Tous mes collaborateurs
faisaient de longues journées. Ils se reposaient en compagnie
de leur famille ou voyageaient la fin de semaine. Et, sauf pour les
dîners d'adieu au 24 Sussex ou quelques rares moments de tranquillité passés ensemble, on ne se fréquentait pas en dehors
du travail et je ne me mêlais pas non plus de leur vie privée.
C'étaient des amis, oui, mais ils étaient tous conscients que j'étais
leur patron et le chef du gouvernement. Cela créait une distance
inévitable entre nous en dépit de toutes ces années où nous
avions travaillé côte à côte. Comme je l'avais observé chez Pearson et Trudeau et comme j'allais le découvrir en éprouvant ma
part de désillusions, un premier ministre n'a pas le luxe de
compter beaucoup d'amis. Ce qui n'empêchait pas plein de gens

qui me connaissaient à peine de se prétendre de mes amis, surtout à Ottawa, où politiciens, fonctionnaires, lobbyistes et militants du parti essayaient de se mettre en avant en laissant tomber le nom du patron, sans que je le sache et sans que je puisse y faire quoi que ce soit. Se vanter de ses relations n'est peut-être pas un trait de caractère qui force l'admiration, mais c'est une réalité dans tous les domaines de l'activité humaine, et s'il y en a que ça impressionne, tant pis, ce n'est pas contre la loi. Ce qui ne veut pas dire que ça ne peut pas causer des inconvénients sans nombre avec l'opposition ou la presse, d'où la nécessité d'une vigilance et d'une prudence de tous les instants pour celui ou celle qui gouverne. Cette distance contre nature qu'un premier ministre est tenu d'observer explique l'importance suprême que revêt pour lui la famille. Cela explique aussi la complicité qui s'établit d'instinct entre gouvernants quand ils se rencontrent, quelle que soit l'affiliation ou l'idéologie des uns et des autres.

L'un des membres les plus influents de mon personnel était mon mentor de toujours, Mitchell Sharp, qui avait alors plus de quatre-vingts ans et qui avait pris sa retraite après une longue et exemplaire carrière comme haut fonctionnaire des Finances et du Commerce, comme homme politique, comme ministre en vue sous Pearson et Trudeau et comme penseur de l'action gouvernementale. Sharp m'avait pris sous son aile peu après mon arrivée à Ottawa, moi l'ignorant unilingue qui débarquait de sa campagne québécoise ; il avait été mon premier choix pour succéder à Pearson lors de la course à la direction du Parti libéral en 1968 ; et j'avais toujours vu en lui un homme de grande sagesse, d'expérience et d'intégrité. C'est lui que j'allais voir lorsque j'éprouvais des difficultés ou que je me sentais piégé. À l'époque où j'étais ministre, je me rendais à pied chez lui après souper pour causer une demi-heure ; après quoi il jouait du Schubert ou du Mozart au piano, avec moi à côté de lui qui tournais les pages.

Un jour, peu après notre victoire aux élections de 1993, lui et moi discutions de l'importance de l'éthique dans les opérations gouvernementales, l'un des nombreux domaines qu'il connaissait à fond. J'ai eu soudain une idée brillante : « Hé, Mitchell, pourquoi tu viendrais pas avec moi au Bureau du premier ministre pour me servir de conseiller personnel ? Ce serait rassurant pour moi de t'avoir à mes côtés si j'ai besoin d'aide, et on ferait ainsi savoir aux gens que notre gouvernement est sérieux. Tu pourrais travailler aussi fort que tu veux et établir ton propre horaire. »

Son premier réflexe a été de refuser. « On va dire que j'ai quêté un emploi à mon ami, m'a-t-il dit.

— Dans ce cas-là, lui ai-je répondu, je te paierai la somme princière d'un dollar par année, et comme ça personne pourra chiâler. »

J'ai plus tard regretté de ne pas l'avoir contraint à accepter une rémunération en rapport avec les précieux services qu'il rendait au gouvernement, mais j'avais agi ainsi parce que j'avais pensé au départ qu'en rémunérant symboliquement son dévouement désintéressé à son pays, j'établirais un bon exemple de l'austérité qui nous attendait. Sharp rééditerait ainsi le sacrifice des puissants PDG du secteur privé qui s'étaient portés volontaires pour travailler à Ottawa au cours de la Seconde Guerre mondiale. Fort heureusement, il a accepté mon offre. (J'avoue que j'ai oublié de le payer pendant les premières années, et j'ai fini par lui glisser un jour un billet de cinq dollars.) Il est resté à mes côtés jusqu'à mon tout dernier jour au 24 Sussex et il est décédé à peine trois mois plus tard à l'âge de quatre-vingt-douze ans, après m'avoir prodigué ses sages avis pendant une décennie, et je n'ai pas été le seul à en profiter, car il était également consulté par mon personnel, par bien des journalistes et même par des députés de l'opposition.

L'une des premières tâches que j'ai confiées à Sharp consistait à interroger tous les aspirants au cabinet pour s'enquérir de tout conflit d'intérêts ou de tout problème qui pourrait gêner le gouvernement, et à me faire ensuite ses recommandations. Chaque candidat devait répondre à quatorze questions pour prouver qu'il était apte à assumer des fonctions ministérielles. Pour autant que je me souvienne, seuls quelques députés n'ont pas survécu à cette épreuve parce qu'ils avaient un conflit d'intérêts. Et pour ce qui était de savoir avec qui ils étaient mariés, quelle était leur orientation sexuelle ou toute autre question d'ordre privé qui n'avait aucun lien avec la capacité qu'ils avaient de bien servir l'État, j'estimais que cela ne me regardait pas.

J'étais d'avis que le cabinet était devenu obèse, Mulroney ayant établi un record canadien avec 40 ministres. Le premier ministre doit toujours s'assurer que les différentes régions, les ethnies et les divers intérêts du pays sont bien représentés au conseil des ministres. Mais, comme un ministre a déjà un emploi à temps plein dans la mesure où il doit être au service de ses concitoyens comme député, il y a un avantage pratique à répartir la charge de travail entre un grand nombre de personnes. En outre, la nature humaine étant ce qu'elle est, plus le cabinet compte de ministres, plus il y a de députés heureux au sein du caucus, et la tâche du premier ministre s'en trouve allégée. Je savais cependant que les cabinets bondés ne facilitent pas toujours la prise de décisions. Ça fait trop de monde qui parle, il y a trop de sous-comités, trop de fonctionnaires. De même, je voulais faire savoir à tous que nous aurions un gouvernement minceur, à l'image de l'austérité financière que nous pratiquerions et des futures compressions administratives. J'avais donc résolu de limiter mon premier cabinet à 23 ministres — moi y compris — et de nommer huit secrétaires d'État. Il s'agissait dans ce dernier cas de ministres « juniors » qui seraient tenus au courant des affaires de l'État par la voie des documents confidentiels du cabinet et qui seraient invités, par groupes de deux ou de trois, à assister aux séances hebdomadaires par rotation, ou chaque fois qu'il y serait question d'un dossier relevant de leurs responsabilités particulières. J'avais décidé aussi de ne pas trop retoucher les changements dans les attributions ministérielles que la première ministre Campbell avait imposés quelques mois plus tôt ; je ne voulais pas voir mes ministres et mes hauts fonctionnaires gaspiller leur précieux temps à rédiger des notes pour savoir qui allait diriger quoi ou à discuter de questions de structure plutôt que de substance.

La composition du cabinet est peut-être la responsabilité la plus intime qui incombe au premier ministre. Par malheur, il n'y a pas de place pour tous les députés du caucus. On lit leur curriculum vitae ; on les observe en action aux Communes et dans les comités ; on étudie leur personnalité ; on voit comment ils sont perçus par les fonctionnaires et la presse ; on prend en compte le sexe, la langue, la région et les antécédents de chacun ; puis on décide. C'est une tâche complexe qui cause bien des injustices. On repère un bon élément ici et un autre dans la circonscription d'à côté, mais comme il n'y a pas de place pour deux personnes de la même région de la même province, il y en a un qui entrera au cabinet tandis que l'autre attendra son tour. Habituellement, je tirais mes plans sur une feuille de papier vierge, mais il m'arrivait aussi dans mes moments libres d'inscrire des noms et des postes sur de petits autocollants jaunes ; une fois même, au cours d'une mission commerciale en janvier 1996, j'ai noté quelques idées en vue d'un grand remaniement sur deux dessous de verre de l'hôtel Regent de Kuala Lumpur, en Malaisie.

Je n'ai pas eu beaucoup de mal à composer mon premier cabinet parce que je savais que j'aurais assez de place pour les choix les plus évidents. J'ai d'abord dressé la liste de toutes les provinces et noté les noms des principaux candidats de chacune, compte tenu de l'expérience, de la réputation et des qualités personnelles des intéressés ou du soutien qu'ils m'avaient prêté au fil des ans (j'aimais dire à la blague qu'ils avaient donné ainsi la preuve d'un excellent jugement politique...). Il y avait Brian Tobin à Terre-Neuve ; David Dingwall en Nouvelle-Écosse ; Doug Young au Nouveau-Brunswick ; Lawrence MacAulay à l'Île-du-Prince-Édouard ; Lloyd Axworthy au Manitoba ; Ralph Goodale en Saskatchewan. Pour le Québec aussi, c'était relativement simple, pour la triste raison qu'il n'y avait que 19 députés libéraux québécois sur 75. André Ouellet avait déjà été ministre ; Marcel Massé et Michel Dupuy étaient des recrues-vedettes ; et Paul Martin, fils d'un ministre libéral célèbre, homme d'affaires accompli de Montréal, député fédéral depuis 1988 et mon principal adversaire à la course au leadership de 1990, méritait évidemment un portefeuille important.

L'Alberta, avec quatre candidats, tous provenant d'Edmonton, représentait un cas plus compliqué. David Kilgour et John Loney étaient des parlementaires aguerris, mais certains libéraux se méfiaient de ces deux transfuges conservateurs. Judy Bethel, ancienne éducatrice convertie en courtière en placements, aurait été un bon choix, mais j'inclinais à lui préférer Anne McLellan, doyenne de la faculté de droit de l'Université de l'Alberta. Mais la course dans sa circonscription avait été si serrée qu'un recomptage était en cours, et sa victoire, loin d'être assurée. Lorsqu'elle a finalement été déclarée élue avec seulement onze votes d'avance tard la veille de l'assermentation du cabinet, je lui ai tout de suite donné une place et j'ai nommé Kilgour vice-président de la Chambre. La Colombie-Britannique, qui n'avait produit que six députés libéraux sur 32 sièges, présentait également des complications. Outre David Anderson, l'ancien chef du Parti libéral de la Colombie-Britannique au parlement provincial, je voulais nommer Herb Dhaliwal, un immigrant sikh qui avait réussi en affaires, faisant ainsi de lui la première personne d'origine sud-asiatique à accéder à la fonction ministérielle dans un gouvernement occidental. Mais, à l'époque, son entreprise faisait affaire avec le gouvernement fédéral et il lui était tout simplement impossible de rompre son contrat sans nuire aux intérêts de son associé. Donc, à la toute dernière minute, Jean Pelletier a téléphoné à Raymond Chan, de Vancouver, pour l'inviter à passer un costume sombre et à prendre l'avion de nuit pour Ottawa. Chan est arrivé à peine quelques heures avant la cérémonie d'assermentation, devenant le premier Canadien d'origine chinoise à faire partie du cabinet fédéral.

Le plus difficile, c'était l'Ontario, étant donné l'abondance de talents qu'on y trouvait. Herb Gray, Sheila Copps et John Manley étaient des députés en vue et avaient aussi l'avantage de représenter les régions de Windsor, Hamilton et Ottawa respectivement. Député depuis 1974, David Collenette avait été ministre sous Trudeau et Turner. Roy MacLaren avait pour lui son passage au sein du cabinet de Turner et ses relations dans le milieu des affaires de Toronto. Art Eggleton avait été longtemps maire de cette ville. Ron Irwin, un bon ami à moi, était du nord de l'Ontario, mais il a bien failli perdre sa place parce qu'il était allé se perdre dans le bois pour se remettre de sa campagne électorale et que personne n'avait pu le rejoindre pendant une semaine. Diane Marleau, élue de la promotion de 1988, représentait Sudbury. Allan Rock, quoique nouveau en politique, était un avocat éminent ainsi qu'un candidat-vedette. Les choses se sont compliquées lorsque j'ai voulu nommer au moins un représentant de la communauté italo-canadienne parmi les nombreux députés libéraux loyaux et compétents qui avaient été élus dans le Grand Toronto. J'ai fini par porter mon choix sur Sergio Marchi. Certains collègues plus chevronnés lui en ont voulu du fait qu'il était si jeune, mais Marchi s'était donné beaucoup de mal pour soutenir ma cause et il s'est avéré excellent comme ministre. Tous les chefs ont besoin d'avoir autour d'eux ce qu'on appelle (et le mot est juste, dans le cas de Marchi) une garde prétorienne, soit des gens qui sont à leurs côtés depuis le début, qui croient en leur chef et lui assurent ainsi un périmètre de confort et de sécurité.

Si j'en avais choisi un autre que Marchi, tous ses collègues auraient éprouvé la même déception. En politique comme dans la vie, l'ambition est chose normale, et je ne connais pas beaucoup de députés dignes de ce nom qui se croient moins bons que leur voisin de pupitre. Ils ont réussi eux aussi à se faire élire par leur monde, après tout ; ils sont respectés et ils ont de l'influence dans leur circonscription ; il leur est donc naturel de penser qu'ils méritent d'intégrer le cabinet. Attente qui suscite un courant sous-marin de jalousie et de ressentiment dans la gouvernance canadienne et qui n'existe pas dans le système américain, où le président choisit ses ministres à l'extérieur du Congrès. Le Parti travailliste australien a voulu contourner le problème en confiant au caucus la responsabilité de désigner les ministres. Résultat : innombrables et mesquines intrigues de couloir, le premier ministre ne pouvant pas toujours faire appel à ses meilleurs députés et perdant beaucoup d'autorité sur ses ministres du simple fait que ceux-ci ne lui doivent rien. Et si quelques-uns de nos députés se plaignaient amèrement de ne pas avoir été choisis pour telle ou telle raison politique, la vérité, c'est qu'ils n'étaient pas ministres tout simplement parce que j'avais nommé quelqu'un que je jugeais plus apte qu'eux.

Je n'ai pas accordé beaucoup d'importance à l'équilibre entre la droite et la gauche au sein du Parti libéral. Nous avions tous été élus avec le même programme électoral et je considérais que nous avions collectivement et individuellement l'obligation de le mettre en œuvre. Néanmoins, la diversité des idées et des intérêts au sein du caucus pesait sur l'attribution des responsabilités ministérielles. Ainsi, il était logique de confier les portefeuilles économiques à ceux qui étaient accrédités auprès du milieu des affaires, et les portefeuilles sociaux à ceux qui appartenaient à l'aile gauche. Je savais, par exemple, que des réformes difficiles nous attendaient dans le domaine des ressources humaines, dans certains cas parce que les programmes étaient périmés et dans d'autres parce qu'on manquait d'argent. J'ai donc confié ce portefeuille à Lloyd Axworthy en me disant que, avec la crédibilité dont il jouissait dans les milieux sociaux, il saurait s'acquitter de sa tâche sans trop se faire critiquer; il saurait aussi expliquer son action et, en sa qualité d'ancien ministre de l'Emploi et de l'Immigration, il avait l'expérience qu'il fallait. Axworthy rêvait des Affaires étrangères, mais c'était aussi le cas d'André Ouellet, et j'ai préféré nommer un francophone à ce poste prestigieux, dans l'éventualité où il nous faudrait combattre les séparatistes dans un nouveau référendum au Québec. Comme je savais aussi que Ouellet ne comptait pas rester en politique encore bien longtemps, je pouvais agiter le portefeuille des Affaires étrangères pour attirer Axworthy vers le ministère du Développement des ressources humaines.

Le fait est que, lorsqu'on est premier ministre, on n'a pas à négocier bien longtemps avec ceux qui convoitent un maroquin. Bien sûr, si un député veut tel ou tel ministère et qu'il est le plus qualifié pour le poste, on serait bien fou de ne pas le nommer. Mais la plupart des députés vont accepter avec reconnaissance le premier siège qu'on leur offre au conseil des ministres, car ils savent qu'il y en a d'autres qui font la queue dehors pour entrer.

Ainsi, j'ai souvent rappelé à l'ordre l'équipe A en laissant entendre gentiment que j'avais de très bons éléments en réserve dans l'équipe B.

Cela étant dit, j'ai eu un certain mal à convaincre Paul Martin d'accepter les Finances. J'estimais qu'il était le candidat le plus compétent étant donné sa connaissance du domaine et sa popularité dans les milieux d'affaires, mais Martin tenait à l'Industrie et au Commerce international, portefeuilles qui avaient été dévolus à Michael Wilson sous Mulroney, ou à l'Environnement, qui avait été l'une de ses responsabilités dans l'Opposition officielle. Il craignait peut-être aussi que les Finances, au moment où on allait réduire le déficit et sabrer les programmes, ne portent un coup fatal à son ambition politique. « Écoute, lui ai-je dit, je sais que tu veux me remplacer un jour. Mais si on ne règle pas la question du déficit, tu n'auras pas de gouvernement à diriger non plus. C'est le plus gros problème qu'on a. » Je lui ai rappelé aussi que John Turner et moi-même avions tous deux été ministre des Finances et que ça nous avait assez bien réussi. Il a refusé quand même. Je me suis donc disposé à offrir le poste à Roy MacLaren ou à John Manley, tous deux étant des hommes d'affaires et des parlementaires aguerris, sauf que le premier tenait vraiment au Commerce international et que le second n'avait pas la même cote que Martin auprès de la haute finance.

J'ai appris entre-temps que d'autres personnes pressaient Martin de changer d'avis, et je savais qu'il était déçu de voir qu'un seul ministre serait chargé de tous les dossiers importants et compliqués qui attendaient le Canada en matière de commerce international. À notre troisième rencontre, pour le plus grand bonheur de Martin, ainsi que l'a confirmé la suite des choses, il a fini par accepter les Finances. Lorsque j'ai fait savoir à John Manley qu'il irait plutôt à l'Industrie, il n'a pas dit un mot, et il s'est fort bien acquitté de sa tâche. Le cours de l'histoire aurait peut-être été fort différent si Paul Martin avait accepté un autre portefeuille. Ironie du sort, j'ai presque dû le forcer à accepter la fonction qui allait établir son crédit et faire de lui un jour le chef du Parti libéral et le premier ministre du Canada.

★   ★   ★

La cérémonie d'assermentation, présidée par le gouverneur général Ray Hnatyshyn dans la salle de bal de Rideau Hall le jeudi 4 novembre, a été un moment solennel pour ma famille et pour moi, mais je me rappelle surtout avoir eu du mal à lire le serment professionnel parce que je ne voulais pas porter de lunettes. Aline était assise dans la première rangée, bien sûr, et elle était particulièrement élégante ce jour-là.

« Est-ce que j'ai l'air de la femme d'un premier ministre ? a-t-elle demandé à David Zussman en arrivant.

— Madame Chrétien, a-t-il répondu, on jurerait que c'est vous le premier ministre ! »

Après la cérémonie, Aline et moi avons parcouru main dans la main le long sentier qui mène de Rideau Hall au 24 Sussex, notre nouvelle maison, où nous attendait une fête plus gaie avec nos parents et nos amis les plus proches. Elle et moi avions fait pas mal de chemin ensemble depuis nos humbles débuts et l'appartement au sous-sol qui avait été notre premier foyer quand nous étions jeunes mariés, en 1957, et que j'étais encore étudiant en droit à l'université Laval.

Considérant nos modestes débuts et tout le mal que nous nous étions donné pour en arriver là, Aline et moi n'avions nul droit de nous plaindre, et il n'était pas dans notre nature de vivre sur un grand pied, mais je crois que les Canadiens auraient été aussi surpris que nous de voir en quel état se trouvait la résidence officielle du premier ministre en 1993. Disons les choses simplement : la réalité ne correspondait pas à l'idée grandiose que nous nous faisions des lieux. En fait, on est beaucoup mieux logé à Stornoway, la résidence du chef de l'Opposition officielle à Rockcliffe : la maison est mieux construite, mieux entretenue, plus accueillante, sauf que personne ne veut y rester bien longtemps et que personne ne veut y retourner.

Le 24 Sussex a beau être une adresse prestigieuse, avec ses vues magnifiques, sa piscine intérieure et son jardin splendide, le lieu tenait beaucoup plus d'un hôtel délabré que d'une maison moderne tout confort. Lorsque le vent soufflait du nord en hiver, le salon du deuxième était trop froid pour que je puisse y signer des documents ou lire tard dans la nuit dans mon fauteuil favori d'où j'avais vue sur la rivière des Outaouais. L'été, il nous fallait éteindre les trois ventilateurs bruyants de la salle à manger pour entendre le discours que prononçait le dignitaire en visite pour le lunch. Et lorsque le vice-président américain Al Gore est venu déjeuner en juillet 1994, il a transpiré sous son gilet pare-balles pendant tout le repas. Néanmoins, lorsque la Commission de la capitale nationale a demandé 150 000 dollars pour remplacer immédiatement les bardeaux d'ardoise du toit, qui avait cinquante ans, et 200 000 dollars pour installer un groupe électrogène, j'ai dit que non, nous n'avions pas le droit de dépenser pour notre logement alors qu'on demandait aux Canadiens de se serrer la ceinture partout ailleurs. Mais, en 1998, le verglas a arraché une si grande partie du toit que nous avons été obligés de le faire remplacer et, pour assurer le bon fonctionnement du gouvernement, de faire installer un groupe électrogène.

Aline hésitait elle aussi à dépenser pour la décoration intérieure, même si la maison pâtissait des allées et venues de milliers de personnes chaque année. La pièce la plus durement éprouvée était la salle à manger, où le tissu bleu des murs était tellement élimé qu'il fallait faire quelque chose. La solution s'est présentée d'elle-même en 1995 lorsque le Canada a été l'hôte du G-7 à Halifax. Si on l'avait baptisé « le Sommet Chevrolet » parce que nous avions tout fait pour rationaliser le programme et ainsi réduire la facture, il nous avait fallu quand même donner un peu de lustre à la salle que nous avions louée pour nos délibérations au quatrième étage d'une tour à bureaux. La solution la moins coûteuse et la plus attrayante consistait à tendre sur les murs un magnifique tissu vert, à habiller les fenêtres de doubles rideaux aux couleurs assorties et à donner plus de chaleur au plancher en y posant un tapis neuf. La décoration était si réussie, en fait, qu'Aline a décidé de faire expédier le tout à Ottawa après le Sommet et de le recycler pour la salle à manger du 24 Sussex.

Lorsque la nécessité d'une rénovation s'est faite plus criante, nous nous sommes servis du tissu pour en revêtir les murs et deux douzaines de fauteuils, et il en restait encore pour les nappes, tout cela pour presque rien.

J'ai ajouté une touche personnelle au décor quelques semaines plus tard lorsque j'ai remarqué un tableau dans le salon du 7 Rideau Gate, la résidence officielle des invités du gouvernement, où j'étais allé donner une série d'entrevues pour la télévision marquant la fin de l'année. Il s'agissait d'une scène bucolique du grand peintre du XIXe siècle Cornelius Krieghoff, où l'on voit une rivière dévalant du haut d'une chute élevée. « Je connais cet endroit », me suis-je dit. En effet, la légende ne permettait aucun doute, il s'agissait de la Petite Shawinigan, qui se jette dans le Saint-Maurice non loin du lieu où j'ai grandi. J'ai même reconnu les pierres sur lesquelles Aline et moi allions nous embrasser dans notre jeune temps.

« Mon Dieu, ai-je dit à la dame responsable de la maison, mes frères et mes sœurs viennent passer Noël chez nous, ça va leur faire plaisir de voir ça. Je le prends.

— Non, non, monsieur Chrétien, a-t-elle répondu. Il faut que je demande la permission à mon patron.

— C'est *lui* votre patron maintenant, a laissé tomber l'un des gardes du corps.

— C'est vrai, ai-je ajouté, comme c'est moi le patron maintenant, j'imagine que c'est moi que je vole. Non, sérieusement, madame, faites savoir au conservateur que c'est moi qui ai pris ce tableau et que je vais le rapporter, le tableau, tout de suite, s'il y a un problème. »

Je l'ai alors décroché, j'ai traversé la rue en le tenant sous le bras et je l'ai placé dans le salon, où il est resté jusqu'au jour où j'ai quitté le 24 Sussex.

L'emménagement au 24 Sussex avait été plus facile et plus rapide que prévu, du fait que Kim Campbell avait décidé de ne pas occuper la maison après son élection à la tête de son parti en juin précédent. Lorsque je l'ai appelée pour discuter de la passation des pouvoirs, que je voulais aussi rapide que possible, j'ai découvert qu'elle était en difficulté : elle avait perdu son siège aux Communes, elle se retrouvait donc sans revenu, sans retraite, sans bureau, sans secrétaire, rien, et elle n'avait pas la moindre idée de ce dont le lendemain serait fait. Le gouvernement lui a alors accordé un bureau, un budget et un effectif de deux personnes pour l'aider à mettre en ordre ses documents destinés aux Archives nationales, et en 1996 je l'ai nommée consul général à Los Angeles, où elle a continué de servir son pays avec compétence.

Madame Campbell a écrit dans ses mémoires : « Ils furent nombreux à dire que la libéralité du premier ministre fut une leçon de bonnes manières à mon parti. »

J'ai toujours pensé que la magnanimité dans la victoire est une simple question de courtoisie et qu'il faut se garder de toute mesquinerie. La rancune est rarement rentable, et on n'est pas obligé de défaire tout ce que nos prédécesseurs ont fait. Par exemple, quand Glen Shortliffe, dont le poste de greffier du Conseil privé faisait de lui le premier fonctionnaire de l'État fédéral et qu'on savait proche de Brian Mulroney, m'a tout de suite offert sa démission, je lui ai demandé de rester encore quelques mois — à sa grande surprise d'ailleurs — parce qu'il était compétent et que j'aurais besoin de son aide pendant la transition. J'ai laissé à Benoît Bouchard son ambassade du Canada à Paris et j'ai nommé Perrin Beatty président de la Société Radio-Canada, même si tous deux avaient été ministres de Mulroney ; j'ai aussi nommé d'anciens députés conservateurs ou adjoints politiques de ceux-ci à des commissions et à de hauts postes quand j'étais d'avis qu'il s'agissait de personnes compétentes qui avaient besoin d'un emploi. Et, par-dessus tout, je me suis assuré de confier des postes ministériels importants à mes deux adversaires dans la course au leadership libéral de 1990, Paul Martin et Sheila Copps.

★   ★   ★

Dès la première séance du cabinet l'après-midi qui a suivi notre assermentation, j'ai voulu tout de suite imprimer mon style de gouvernement à moi. Il n'y aurait plus de ces réunions-marathons de six heures comme à l'époque de Pierre Trudeau où nous perdions tous un temps précieux et d'où nous ressortions totalement vidés. Mon cabinet ne serait pas non plus un séminaire de doctorat ou un cercle philosophique ; ce serait tout simplement un lieu de décisions. La séance commençait à 10 heures précises le mardi matin dans la salle du cabinet attenante à la suite du premier ministre dans l'édifice du Centre ; je consacrais une demi-heure à faire le survol des grandes questions qui agitaient le pays, puis on passait à l'ordre du jour, article par article, pour approuver ceci ou cela ou demander plus de réflexion, et la séance se terminait à midi tapant. Si les ministres étaient d'accord avec un collègue, ils n'avaient pas à répéter les mêmes arguments *ad nauseam,* et si quelqu'un parlait trop souvent ou trop longtemps, mon impatience se manifestait. Quand ils me voyaient refermer mes dossiers, ils savaient que je m'apprêtais à lire la liste des dernières nominations gouvernementales, chose que tout le monde voulait entendre, et cela signalait que la séance allait s'achever. Je crois que les ministres étaient très heureux de pouvoir planifier le reste de leur journée autour d'un horaire ferme et de sortir de là rapidement. En outre, le cabinet faisait retraite trois ou quatre fois par année dans l'édifice Pearson, promenade Sussex. Le programme était alors moins serré, les séances s'étendaient sur quelques jours et nous en profitions pour discuter librement des priorités du gouvernement et du parti.

Toujours en vue d'une plus grande efficacité, j'avais réduit à deux le nombre de comités permanents du cabinet — Politique économique et Politique sociale —, même si le Comité du Conseil du Trésor et le Comité spécial qui administre les décrets et règlements du gouvernement demeuraient techniquement des comités du cabinet. À l'occasion, si le gouvernement devait se pencher plus longuement sur une certaine question, par exemple la santé ou l'industrie aérienne, je créais un comité *ad hoc* —

mais seulement à titre temporaire. Quand on a trop de comités et trop de documents, tout le monde s'embourbe dans les détails et on décide moins. Sur le plan pratique, il ne sert à rien que le ministre des Pêches, par exemple, s'intéresse de près aux Anciens Combattants, ou inversement. Je voulais que mes ministres consacrent le plus clair de leur temps à leur ministère, qu'ils fassent le travail qu'on attendait d'eux et qu'ils prennent des décisions, et non qu'ils se conduisent comme des premiers ministres « bis » qui se mêleraient eux aussi de diriger le gouvernement.

Démentant le mythe du premier ministre dictateur, sympathique ou pas, je me voyais comme le chef d'une équipe où chacun avait la charge d'un ministère. Je n'avais nulle intention de pousser mes ministres dans le dos, de refaire leur copie ou d'intervenir auprès de leurs fonctionnaires tant et aussi longtemps que tout marcherait rondement. Je ne voulais pas non plus qu'ils accourent chez moi au moindre pépin. J'ai donc fait savoir au personnel du Bureau du premier ministre qu'il lui incombait strictement de coordonner le travail des ministères et non de dire aux ministres quoi faire. J'étais un peu comme un chef d'orchestre, et non un pianiste ou un batteur solo, et comme j'insistais pour avoir du temps à moi entre les séances du cabinet afin de réfléchir et de planifier ma stratégie, je me suis rendu compte que la plupart de mes journées étaient étonnamment moins lourdes que si j'avais été redevable à quelqu'un des activités quotidiennes d'un grand ministère, à moins bien sûr qu'une crise n'éclate ou que je n'aie une décision difficile à prendre.

Au cours de la première séance du cabinet, pour bien faire comprendre à mes ministres ce que j'attendais d'eux, je leur ai répété une anecdote que j'aimais bien. Un jour, dans le temps où j'étais ministre des Affaires indiennes et du Nord canadien, Trudeau m'avait téléphoné pour me demander si j'étais fâché.

« Non. Pourquoi tu me demandes ça ?

— Eh bien, je remarque que ça fait un an que tu n'as pas demandé à me voir. J'ai donc pensé qu'il y avait peut-être quelque chose qui n'allait pas. Es-tu fâché ?

— Non, tout va bien. C'est juste que, comme je sais que tu es très occupé, je veux pas t'appeler sans raison valable. Et je suis heureux que tu me téléphones jamais parce que ça veut dire que tu es content de moi, j'imagine.

— Crois-moi, Jean, m'avait-il dit, si tous mes ministres marchaient comme toi, ce serait bien plus facile d'être premier ministre. »

Le mot a fait son effet. Certains ministres tiraient même fierté de rester le plus longtemps possible sans m'adresser la parole. Lyle Vanclief, par exemple, qui était un vieil ami et qui a été un excellent ministre de l'Agriculture de 1997 à 2003, se vantait d'être venu me voir seulement quatre ou cinq fois en dépit de toutes les tuiles qui lui tombaient dessus.

Le système était très efficient. Le ministre qui voulait proposer un nouveau programme ou une modification à la politique gouvernementale soumettait un texte au comité social ou économique du cabinet pour discussion et décision. Quelqu'un du Bureau du premier ministre, normalement Chaviva Hosek ou Eddie Goldenberg, assistait à toutes les réunions de ces comités, et tous les deux me connaissaient assez bien pour prédire ma réaction à une initiative et prévenir les ministres qu'il valait mieux ne pas perdre trop de temps sur une idée qui n'aurait pas mon accord. Eddie avait raison à peu près 90 pour cent du temps, du fait de toutes ces années qu'il avait passées à mes côtés. Pour le taquiner, je lui disais que, dans les 10 pour cent des cas où il s'était trompé, c'était qu'il caressait un petit projet à lui. Une fois que le comité s'était entendu, la proposition m'était soumise, je l'analysais avant de la soumettre moi-même à tout le cabinet réuni pour qu'une décision collective soit prise, sous réserve des considérations strictement budgétaires que pouvaient faire valoir le Conseil du Trésor et les Finances, après quoi je signais et c'était fait.

Dans le système canadien, le premier ministre peut modifier une décision du cabinet simplement parce qu'il lui est loisible de déplacer tous les ministres à son gré. Il n'y a jamais de vote comme tel parce que tout le monde sait exactement qui a le dernier mot. Pendant mes années au pouvoir, si la haute fonction publique avait des objections ou des réserves, les sous-ministres compétents les communiquaient au greffier du Conseil privé et, en matière politique, le ministre s'adressait à mon chef de cabinet, à mon conseiller à l'action gouvernementale ou à la directrice de la recherche. J'écoutais les arguments, je lisais les documents voulus et j'apportais les modifications que je jugeais nécessaires. En pratique, cependant, si le premier ministre s'oppose constamment aux vues de la majorité du cabinet ou de ses ministres les plus influents, il pourra imposer sa volonté pendant un certain temps, mais, comme chef, il ne durera probablement pas longtemps.

★   ★   ★

Étant donné que la composition d'un cabinet est chose si difficile, on a pour instinct de conserver la même équipe tant et aussi longtemps qu'elle joue bien. Il est habituellement sage de laisser les ministres en place le temps qu'ils apprennent le métier et qu'ils puissent maîtriser les grands dossiers. Mais si les choses ne bougent jamais, on voit alors les députés d'arrière-ban s'agiter parce qu'il n'y a pas d'avancement pour eux. Comme personne ne peut exiger d'entrer au cabinet, le premier ministre subit constamment des pressions pour faire de la place au sang neuf, même s'il n'y a pas vraiment nécessité d'opérer un remaniement, et ce, malheureusement à cause de cette conception erronée qui a cours à Ottawa selon laquelle, si vous n'êtes pas ministre, vous n'êtes rien. C'est tout simplement faux. Certains députés peuvent exercer une influence considérable sans jamais avoir mis les pieds au cabinet, et on en connaît d'autres qui sont plus écoutés au caucus ou au sein du parti que de nombreux ministres.

Charles Caccia, par exemple, avait été ministre sous Trudeau, et même s'il n'est jamais entré dans mon cabinet, il n'en demeurait pas moins un grand défenseur de l'environnement ainsi qu'un éloquent champion du libéralisme social. Chaque fois qu'il prenait la parole au caucus, il était bien préparé, il parlait avec passion, ce qu'il disait était intéressant, avec pour résultat qu'il était écouté. Il savait aussi comment attirer mon attention : il entrait toujours au caucus en longeant la place à laquelle je m'assoyais habituellement et il me glissait une enveloppe contenant une note chargée de conseils sur les enjeux du jour. La plupart du temps, j'allais le trouver en sortant s'il avait besoin d'une réponse ou simplement pour le remercier. Clifford Lincoln et Ted McWhinney sont deux autres de ces nombreux et valeureux députés d'arrière-ban qui me reviennent en mémoire. Comme dans le cas de Charles Caccia, il s'agissait d'hommes d'un certain âge qui disposaient d'une vaste expérience et d'un grand savoir. On me dira que c'est injuste, mais il est vrai que leur âge nuisait à leur avancement étant donné l'image de fraîcheur que je tenais à donner à mon cabinet. Je voulais aussi donner tort à ceux qui avaient l'impression que j'étais entré en politique en même temps que John A. Macdonald. Néanmoins, Lincoln et McWhinney ont contribué puissamment à notre action gouvernementale sans jamais avoir de voiture de fonction avec chauffeur et joli titre à l'avenant.

Dans mon esprit, j'étais premier ministre parce qu'il y avait eu assez de libéraux pour se présenter aux élections et se faire élire ; il n'était donc que juste et utile que ces élus sentent qu'on les respectait. J'ai toujours tâché d'assister à la séance hebdomadaire du caucus le mercredi matin et tous les ministres étaient tenus d'y être aussi. J'arrivais souvent tôt, je parcourais la salle du regard et notais les noms de tous les ministres que je voyais. Parfois, rien que pour le plaisir, je faisais semblant de ne pas en voir un et, tout de suite, celui qui se croyait oublié agitait frénétiquement la main pour attirer mon attention. Les députés étaient heureux de savoir qu'ils pouvaient s'adresser directement au premier ministre pour plaider une cause quelconque, et peut-être qu'ils pouvaient se vanter chez eux par la suite d'avoir changé le cours de l'histoire canadienne. Une fois que les divers groupes régionaux ou techniques avaient présenté leurs rapports, quelques douzaines de députés par semaine pouvaient prendre la parole et exprimer leurs vues sans crainte d'être intimidés par mes collaborateurs du Bureau du premier ministre ou par des adjoints ministériels. S'ils éprouvaient des difficultés avec un ministère en particulier ou si un ministre refusait de les recevoir, ils avaient le loisir d'exprimer leurs griefs devant leurs collègues. Au besoin, je n'hésitais pas à ordonner à un ministre de se faire plus attentif. À d'autres moments, il me fallait rappeler aux membres du caucus qu'ils ne pouvaient pas toujours avoir gain de cause ou que tel ou tel ministre avait agi dans le respect de la politique gouvernementale.

Même si je ne présidais pas moi-même les séances du caucus, je veillais à ce qu'elles se déroulent dans l'ordre et dans le respect de l'horaire : 30 ou 40 minutes pour les rapports, une heure de questions ou de commentaires, chaque intervenant étant limité à trois minutes ; puis dix ou quinze minutes que je prenais pour répondre aux observations que j'avais notées. Si je n'avais pas les informations voulues à portée de main ou si je voulais discuter en privé avec un député, j'invitais l'intéressé à passer me voir à mon bureau à 15 heures, après la période des questions à la Chambre des communes. De même, j'invitais une douzaine de membres du caucus à luncher au 24 Sussex deux ou trois fois par mois.

Parce que rien n'est jamais tout noir ou tout blanc, je changeais souvent d'avis dans l'évolution d'un dossier après avoir écouté les membres du caucus. On décide de faire ceci ou cela, mais si on se bute sur un obstacle, il faut changer de cap ou trouver le moyen de contourner la difficulté. Tel est l'art de la politique. Mais ce sont ces tactiques qui vous permettent de mettre en musique les mesures que votre gouvernement juge nécessaires pour le pays. À mon avis, si vous commettez une erreur d'ordre administratif, votre action politique en souffrira ; et si vous commettez une erreur d'ordre politique, l'appui des gens vous fera défaut et votre capacité de gouverner s'en ressentira. Il faut donc tenir compte de ces deux aspects simultanément si l'on veut faire le bien ainsi que le possible.

★   ★   ★

Le premier conseil que j'ai adressé aux membres de mon cabinet à notre première séance a été celui-ci : obligation pour chacun de faire alliance avec son sous-ministre, c'est-à-dire le premier fonctionnaire du ministère. Je le savais pour l'avoir vécu, il existe une authentique communauté d'intérêts entre les dirigeants politiques et les hauts fonctionnaires, même si les responsabilités des uns et des autres sont tout à fait différentes. Je m'inquiétais de la tendance qui était apparue sous le premier ministre Mulroney, quand les ministres se dotaient d'une équipe rapprochée imposante et dirigée par un chef de cabinet. Celui-ci entrait souvent en concurrence avec le sous-ministre lorsqu'il s'agissait de savoir qui menait la barque ou qui aurait le dernier mot. J'ai donc aboli le titre de chef de cabinet afin de donner le goût de la modération à ces ministres qui collectionnaient les adjoints pour régner sur leur petit empire à l'ancienne manière, et j'ai tâché de donner l'exemple en conservant un effectif minimum au Bureau du premier ministre.

Il s'agissait entre autres de donner l'exemple de l'austérité financière en économisant ainsi 13 millions de dollars par année, mais le fait est que je préférais aussi avoir un effectif plus restreint. Il en résultait moins de querelles territoriales et on évitait ainsi le byzantinisme qui accable tant de grandes équipes. Je ne me sentais pas non plus le besoin d'être entouré d'une nuée d'hommes dociles. Comme Mitchell Sharp me l'avait dit un jour, plus il y a de monde au cabinet du ministre, moins chacun est important. Même à l'époque où j'étais simultanément ministre de la Justice, procureur général, ministre du Développement social ainsi que ministre responsable du référendum et de la Constitution, je n'avais dans mon cabinet qu'une poignée d'adjoints.

L'un d'entre eux, je me souviens, était un jeune homme particulièrement zélé à qui je confiais nombre de responsabilités et qui adorait ça. « Je m'amuse comme un fou, avait-il confié à sa

grand-mère, une dame âgée qui habitait la campagne, en Nouvelle-Écosse, et avait des idées d'un autre temps. J'assiste à des
réunions importantes, je fais affaire avec des sous-ministres,
j'écris des discours, je prépare mon ministre pour la période des
questions et je parcours le pays. Monsieur Chrétien me donne
des responsabilités incroyables pour un gars de mon âge. »

« Ça m'étonne pas, lui avait-elle répondu, les Canadiens
français sont tous des paresseux. »

Les querelles entre chefs de cabinet et sous-ministres non
seulement créaient de la tension et de la confusion autour du
ministre, mais contribuaient à accréditer cette fausse idée selon
laquelle une bonne politique et une bonne administration sont
incompatibles. Certains universitaires et penseurs ont même
recommandé l'érection d'un mur entre le politique et le fonctionnaire, comme s'il était souhaitable et même possible que les
deux ne se parlent jamais. Par exemple, il est inconcevable, dans
l'esprit de ces réformateurs de salon, que le greffier du Conseil
privé soit aussi bien le principal conseiller du premier ministre
que le maître de la fonction publique ; ils ne veulent pas non plus
voir le sous-ministre rendre des comptes à son ministre à propos
de l'administration du ministère. Si on écoutait ces messieurs-
dames qui savent tout, les élus ne dirigeraient plus rien.

Le rôle du politique dans une démocratie consiste à prendre
des décisions en fonction du programme électoral qui l'a fait
élire et à entendre les opinions de ses commettants. Exemple
extrême, les Américains, après chaque changement d'administration, congédient et recrutent ensuite près de 10 000 fonctionnaires, jusque dans les rangs subalternes. Quand un Canadien a
un problème, il peut s'adresser à son député, qui se tourne alors
vers un fonctionnaire pour trouver une solution, et ce, dans le
respect d'une série de règles et de formalités. Cela ne revient pas
à exercer une influence indue ; c'est tout simplement faire son
travail. Mais qu'adviendrait-il si le fonctionnaire ne rendait pas
de comptes au ministre ? Qui serait responsable de l'action ou
de l'inaction gouvernementale ? Inversement, c'est au fonctionnaire qui met en œuvre un programme qu'il appartient de tenir

compte du milieu politique, de faire savoir à ses supérieurs si leur politique sera impopulaire, ingérable ou injuste, et d'aider le gouvernement à faire de son mieux. Cela ne revient peut-être pas exactement à aider l'élu à se faire réélire, mais ce sont néanmoins des conseils politiques que le fonctionnaire prodigue à l'élu.

« Si vous paraissez bien, votre sous-ministre paraîtra bien aussi », ai-je expliqué à mes ministres, et j'ai adressé le même discours aux sous-ministres le lendemain. « Si vous avez l'air incompétent, votre ministre paraîtra mal lui aussi. Vous avez donc intérêt à vous entendre. Le personnel politique traitera des questions politiques ; les sous-ministres traiteront des questions législatives et administratives ; et chacun restera sur son terrain. Si vous observez cette ligne de conduite, vous, les ministres, serez bien conseillés, et les décisions que vous prendrez seront les bonnes. » Et j'ai ajouté à l'intention des sous-ministres : « Si l'un d'entre vous hésite à servir le gouvernement pour une raison quelconque, faites-le-moi savoir tout de suite. » Personne n'a ouvert la bouche. Le pli a été pris et n'a pas changé pendant les dix années qui ont suivi.

La seconde chose que j'ai fait savoir à mon cabinet, c'est que je m'attendais à ce que nous respections tous l'éthique la plus rigoureuse qui fût. J'étais résolu à restaurer la réputation de tous les parlementaires dans l'esprit des Canadiens. Ce qui nous obligeait à tenir nos promesses du mieux que nous pourrions et à rester au-dessus de tout soupçon, que ce soit comme ministres, comme députés ou comme simples citoyens. Au tout début de ma carrière politique, à l'époque où j'étais étudiant à Laval, j'avais été invité à prononcer un discours devant une association de comté aux élections fédérales de 1958. J'étais assez content de mon discours, mais le souvenir qui m'est resté gravé dans la mémoire pour le reste de mes jours, c'est ce conseil qu'une dame m'a donné après m'avoir entendu : « Jeune homme, m'a-t-elle dit, vous êtes très convaincant, alors ne faites pas de politique si vous n'êtes pas honnête. »

J'ai dit alors à mes ministres : « N'essayez même pas de faire de l'argent pendant que vous serez ici, parce qu'il n'y a pas d'argent à faire en politique. Mais si vous trimez dur et acquérez une réputation solide, vous allez bien vous placer après. » Dans mon propre cas, ai-je raconté, je me suis lancé en politique à l'âge de vingt-neuf ans et je n'avais presque rien lorsque j'ai pris ma retraite en 1986. Moins de quatre ans après, j'avais écrit un livre qui s'était bien vendu, contribué à ouvrir la succursale d'un cabinet d'avocats à Ottawa, travaillé pour une maison d'investissements à Montréal, et j'avais gagné assez d'argent pour être libre de retourner à la vie publique sans devoir quoi que ce soit à qui que ce soit. J'ai prévenu ensuite mes ministres : « Mais si vous cédez à la tentation et agissez mal, vous êtes finis. Votre réputation ne s'en remettra jamais. »

Pour mettre en œuvre ma décision, je tenais à remplir tout de suite notre engagement électoral en nommant un conseiller à l'éthique indépendant qui serait chargé de mettre au point un code de conduite s'adressant aussi bien aux serviteurs de l'État qu'aux lobbyistes, dans lequel seraient établies les règles selon lesquelles les ministres, les députés, les sénateurs, le personnel politique et les fonctionnaires transigeraient avec les lobbyistes. Mais certains, Mitchell Sharp tout particulièrement, m'ont averti que ce projet risquait de coûter très cher et de causer un véritable chaos politique. Si le conseiller à l'éthique est indépendant, m'a expliqué Sharp, il faudra le doter d'un nouveau bureau imposant, coûteux et compliqué, au moment où le gouvernement essaie d'effectuer des compressions, de se serrer la ceinture et de rationaliser ses activités. Chose encore plus importante, un conseiller à l'éthique indépendant se trouverait en fait en position de décider — au lieu de s'en tenir tout simplement au rôle de conseiller — de la capacité qu'a un ministre d'exercer sa charge. Autrement dit, le premier ministre du Canada déléguerait partiellement à un fonctionnaire la prérogative qu'il a de nommer les membres de son cabinet, étant donné qu'il renoncerait au droit, qui lui est conféré par le système actuel, de pardonner à un ministre qui aurait commis une erreur et de s'exposer à la critique à la Chambre des communes, dans la presse ou au cours de la prochaine campagne électorale.

Étant donné que cette fonction serait nouvelle et que personne ne pouvait savoir comment en pratique le tout se déroulerait, j'ai décidé qu'il serait plus responsable de notre part de limiter la réalisation de notre promesse électorale, du moins pour le moment, et de faire du premier conseiller à l'éthique un simple conseiller du premier ministre. En juin 1994, j'ai nommé à ce poste un fonctionnaire très respecté, Howard Wilson. Je ne l'avais jamais rencontré, mais il administrait déjà la *Loi sur l'enregistrement des lobbyistes* en sa qualité de sous-registraire général adjoint, et nous accroîtrions son autorité en resserrant la loi concernée et en lui donnant comme base de référence un code régissant les conflits d'intérêts plus abouti. Même si l'on en a voulu au gouvernement de ne pas avoir tenu la promesse que nous avions faite pendant la campagne, Wilson s'est fort bien acquitté de sa tâche. Ses rapports étaient objectifs, judicieux et portés à la connaissance du public tout entier. Chose certaine, je n'ai jamais cherché à l'influencer d'aucune manière, et il avait assez d'influence auprès de l'opposition et de la presse pour résister à toute pression que j'aurais pu exercer sur lui. On imagine aisément le prix politique que j'aurais eu à payer si j'avais ne serait-ce qu'essayé de le démettre de ses fonctions. Cependant, sa crédibilité a eu à souffrir — particulièrement dans les cas où il n'avait rien à reprocher au gouvernement — du simple fait qu'il avait été nommé par le premier ministre, qu'il pouvait être chassé par le premier ministre et parce qu'il rendait des comptes au premier ministre.

Plutôt que de nous féliciter d'avoir créé ce poste pour commencer, on nous a reproché de ne pas avoir nommé un conseiller totalement indépendant. Certains membres de notre caucus se demandaient même si nous n'avions pas commis une erreur en créant cette fonction. En octobre 2002, donc, le gouvernement a accepté de reconfigurer le poste dans le cadre d'un train de mesures d'éthique actualisées, qui a été mis sur les rails par mon successeur. L'expérience m'avait alors convaincu que l'avantage d'avoir un conseiller à l'éthique indépendant et relevant directement de la Chambre des communes démentait les craintes initiales de Mitchell Sharp. Nous avions eu presque dix ans pour mettre le système à l'essai et établir clairement qu'il appartient au premier ministre, et à lui seul, de décider qui est apte ou non à entrer au cabinet.

★ ★ ★

Mon bureau et mon cabinet une fois en place, je me suis attelé à nettoyer le gâchis que les conservateurs nous avaient légué et à remplir l'un après l'autre les engagements électoraux du Parti libéral. De la façon dont je voyais les choses alors, le legs de Mulroney imposait au gouvernement trois priorités : réduire notre épouvantable déficit et faire en sorte que le Fonds monétaire international n'ait pas à venir faire le ménage dans nos finances publiques ; réaffirmer notre indépendance et éviter que le Canada ne soit perçu comme le cinquante et unième État de l'Amérique ; et, face à la menace séparatiste au Québec et au sentiment d'aliénation palpable dans d'autres régions du pays, assurer l'unité du Canada.

Pour maîtriser la situation, il nous fallait essentiellement modifier l'état d'esprit du pays, soit passer du cynisme à l'optimisme, du désespoir à l'espoir. Gouverner, ce n'est pas seulement régler des problèmes, c'est aussi créer un climat positif dans le pays. Pourquoi ? Eh bien, parce que l'économie et la qualité de vie d'un pays reposent sur les millions de décisions que ses citoyens prennent tous les jours. Si les gens sont inquiets ou tristes, ils ne pensent pas en fonction de l'avenir, et je ne connais pas de programme gouvernemental sur terre capable de compenser cela. Si les gens sont heureux et confiants, ils dépensent, ils investissent, ils bâtissent. D'ailleurs, même si j'étais loin d'adhérer à toutes les idées du président Ronald Reagan à l'époque où il était président des États-Unis, je lui accorde d'avoir réussi magnifiquement à redonner aux Américains leur fierté et leur confiance. Ainsi, on pouvait m'accuser tant qu'on voulait de voir la vie en rose, je jugeais essentiel de dédramatiser nos problèmes et de redonner confiance aux Canadiens. Mon message sous-jacent était toujours positif et pratique. Je parlais de création d'emplois, et non de révision constitutionnelle, et je n'ai jamais cessé de rappeler aux Canadiens qu'il y a des millions de gens dans le monde qui donneraient tout pour partager ce que nous appelons nos misères.

Un jour, au début de mon mandat, un journaliste américain m'a demandé de dire quel souvenir je voulais laisser de moi. « Le souvenir d'un premier ministre compétent », lui ai-je répondu. Ambition qui peut paraître modeste, mais je ne me sentais pas le besoin de laisser le souvenir d'un grand homme. Le Canada est un grand pays, et ma tâche consistait à le rendre encore plus grand en réglant nos problèmes au fur et à mesure qu'ils se posaient et en laissant aux Canadiens le loisir de s'occuper de leurs affaires et de faire leur propre bonheur.

Quand on lit Platon ou Montesquieu, comme je l'ai fait au collège, on se rend compte que les problèmes essentiels des gouvernements n'ont pas changé au fil des siècles, parce que la nature humaine elle-même n'a jamais changé. Bien sûr, la mécanique de la vie peut changer, il faut donc des solutions différentes parce que les situations ne sont jamais les mêmes, mais les miracles ne sont pas de ce monde et les bonnes idées sont rarement nouvelles. En outre, les difficultés qu'ont tous les gouvernements sont presque toujours d'ordre financier. On peut avoir les visions les plus mirifiques et les idées les plus brillantes qu'on veut, mais il n'y a rien de plus important que de trouver assez d'argent pour faire ce qu'on veut faire, de définir les priorités qui s'imposent et d'exercer un bon jugement pour contribuer à ce que la société devienne meilleure. En somme, tout chef de gouvernement fait face aux mêmes problèmes complexes et aux mêmes crises imprévisibles qui font en sorte qu'il lui est presque impossible de concrétiser ou d'alimenter une vision, quelle qu'elle soit.

Je pense d'ailleurs qu'il n'y a pas, dans le discours politique, de mot plus vide de sens et plus galvaudé que « vision ». N'importe qui peut se réveiller au milieu de la nuit et dire qu'il a eu une vision. Mais qu'est-ce que ça veut dire ? Rien. C'est juste un mot qu'emploient les discoureurs et les journalistes pour donner à un politicien la stature d'un sage ou d'un sauveur omnipotent, jusqu'au jour inévitable où l'on se met à dire de lui qu'il a déçu, qu'il a échoué ou que c'était un homme comme les autres. John Diefenbaker disait avoir une vision du Grand Nord ; Pierre Trudeau, d'une société juste ; Brian Mulroney, d'une réconciliation nationale. La vision que Diefenbaker avait du Canada était-elle supérieure à celle de Louis Saint-Laurent ? Trudeau montrait-il plus de compassion que Lester Pearson ? La vision de Mulroney était-elle supérieure à celle de Joe Clark ?

À une vision, je préférais des valeurs : valeurs canadiennes, valeurs libérales, valeurs personnelles. Ce sont les valeurs qui façonnent les principes et les perspectives sur lesquels on s'appuie pour arrêter les priorités gouvernementales et maîtriser les difficultés de la gouvernance. Dans mon propre cas, même si j'ai été attiré au départ par la politique comme s'il s'agissait d'un sport, j'ai vite appris comment les partis et les gouvernements peuvent devenir une force au service de la tolérance, de la justice et de la prospérité. J'ai fait mes premières armes en combattant les politiques réactionnaires et les pratiques corrompues du gouvernement d'Union nationale de Maurice Duplessis dans les années 1950. J'ai adhéré au programme laïque, démocratique et réformiste du Parti libéral du Québec et aux vues progressistes des libéraux fédéraux du temps de Laurier, King et Saint-Laurent. Avant de me lancer en politique, j'ai été l'avocat d'une foule de petites gens, que je défendais souvent gratuitement, des gens qui n'avaient ni argent ni influence et qui essayaient de prouver leur innocence alors que tout le système pénal, avec sa police, ses procureurs et ses juges, semblait être contre eux. J'ai représenté aussi des syndicats dans leurs luttes contre les grandes entreprises. L'idée de défendre les laissés-pour-compte s'inscrivait dans mes valeurs libérales. Chose certaine, je ne me sentais pas le besoin de faire de l'argent comme de l'eau pour être heureux. Même après m'être mis à bien gagner ma vie, j'ai préféré me faire bâtir près de chez mes amis ouvriers dans un quartier qu'on a baptisé « la Place rouge » plutôt que dans le quartier cossu de Shawinigan.

Ma réputation de défenseur des petites gens a contribué à me faire élire à l'âge de vingt-neuf ans, c'est aussi bien sûr parce qu'on aimait mon côté terre-à-terre, rieur et optimiste. Dans les années 1960, on a tendance à l'oublier, l'opposition aux libéraux dans les campagnes du Québec, ce n'étaient pas les conservateurs mais plutôt les créditistes : de braves gens du terroir qui avaient adhéré aux théories monétaires simplistes du Crédit social de l'Alberta et formé un parti protestataire d'esprit conservateur. Dans le temps, ils avaient fait élire pas mal de monde à Ottawa. Leur chef, Réal Caouette, était un orateur dynamique au sens de l'humour redoutable, et lui-même aussi bien que son fils spirituel, Camil Samson, étaient originaires de la région de Shawinigan. Même que Samson et ma femme, Aline, avaient été voisins et camarades d'école. Donc, si les intellectuels et les snobs de Québec et de Montréal me regardaient de haut à cause de mon parler, peu m'importait, car c'était justement mon parler qui me faisait élire dans mon comté — et qui a d'ailleurs fait plus tard ma popularité auprès des autres Canadiens — et c'est mon parler qui m'a permis de me situer au centre-gauche du Parti libéral quand j'ai débarqué à Ottawa comme jeune député.

Aux États-Unis, un libéral, c'est quasiment un communiste ; en Europe, un libéral est une sorte de conservateur; mais au Canada, comme je le disais aux étrangers qui me demandaient de leur expliquer cette différence, on est un bon libéral quand la gauche dit que vous êtes de droite et que la droite dit que vous êtes de gauche. Ce qui a toujours fait mon étonnement et ma fierté, c'est de voir à quel point les valeurs du Parti libéral sont proches des valeurs du pays. Notre pays est fondamentalement libéral. En fait, ces valeurs canadiennes que sont la modération, le partage, la tolérance et la compassion sont essentiellement l'œuvre de toutes les politiques progressistes mises de l'avant par les libéraux depuis l'époque de Laurier. Il y en a qui prétendent que nous avons volé ces idées au CCF et plus tard au NPD. Ce n'est pas exact, et même si c'était le cas, qu'est-ce que ça peut bien faire ? Quiconque fait de la politique a le droit d'avoir de bonnes idées, mais le plus important, c'est d'avoir le courage et la capacité de mettre en chantier les idées qui ont de l'allure. Par définition, un libéral n'est pas sectaire. Un libéral n'écarte pas une bonne idée parce qu'elle ne vient pas de lui, et il ne s'entêtera pas non plus à mettre en œuvre une mauvaise idée s'il a la preuve qu'elle ne marche pas.

« Je n'ai pas de vision, moi ? que je demandais. Je veux que le Canada devienne le meilleur pays au monde, pas plus, pas moins. Imaginez si j'avais une vision ! »

CHAPITRE DEUX

Le cercle vertueux

S'il avait fallu que je me vante d'avoir une vision grandiose lorsque j'ai été élu premier ministre du Canada, celle-ci aurait été vite mise en pièces par la réalité dure et froide qui attendait le gouvernement à son premier jour. Le pays sortait lentement de sa récession, mais les progressistes-conservateurs nous avaient laissé un déficit de 42 milliards de dollars, qui représentait plus de six pour cent du produit intérieur brut du Canada, et c'était 10 milliards de plus que ce que les conservateurs avaient prédit dans leur dernier budget. La dette fédérale dépassait les 500 milliards de dollars, et nous devions nous priver d'environ 40 milliards de dollars par année, ou de 37 cents de chaque dollar perçu en impôt, rien que pour le service de la dette. C'était plus que ce qu'on dépensait pour l'assurance-chômage et la sécurité de la vieillesse combinées.

Je ne peux pas dire que j'ai été très choqué de voir l'état des finances publiques. Tout gouvernement sortant s'efforce de tracer un portrait optimiste de sa situation financière, et à l'époque où j'étais dans l'Opposition officielle, j'avais observé attentivement les projections du gouvernement. Mais là, même le ministère des Finances s'alarmait de la manière dont les choses s'étaient dégradées au cours de l'été. Nous avions en effet hérité d'un gâchis innommable. Je m'étais toujours considéré comme un libéral soucieux des questions sociales, mais Ottawa ne pouvait pas dépenser l'argent qu'il n'avait pas. Donc, première chose à faire, restaurer l'intégrité des finances nationales, non pas parce qu'il s'agissait d'une fin en soi, mais afin de stimuler l'emploi et la croissance comme nous l'avions promis au cours de la campagne électorale.

Peu après avoir été élu, j'ai visité une salle de classe de Vancouver bondée d'enfants de races et de religions différentes ; et il y avait là un petit bonhomme haut comme trois pommes, qui avait peut-être douze ans et qui s'inquiétait déjà de sa pension. « Hé, un instant, lui ai-je dit, fais-toi instruire, trouve-toi un emploi, travaille dur, et après ça tu t'inquiéteras de ta pension. » L'attitude de ce petit garçon m'a révélé à quel point les gens étaient nombreux à s'interroger sur l'avenir du Canada, et cette incertitude animait les investisseurs étrangers et les spéculateurs sur les devises, eux dont les décisions pesaient lourd sur la valeur de notre monnaie et le montant de nos paiements d'intérêt.

La réalité était que, partout dans le monde, les gouvernements, toutes couleurs confondues, s'étaient laissé piéger trop longtemps dans ce cercle vicieux où la prodigalité de l'État suscitait des déficits élevés, lesquels faisaient grimper les taux d'intérêt, lesquels alourdissaient le chômage et ralentissaient la croissance. Et tout cela à l'heure même où ces gouvernements devaient s'adapter aux mutations fondamentales de l'économie mondiale, au rôle nouveau que devait jouer l'État, à l'expansion des échanges internationaux, à la révolution technologique et aux pressions qui s'ensuivaient sur les programmes sociaux. De notre côté, au Canada, le Parti libéral hésitait entre la nostalgie de l'interventionnisme à la Trudeau et la réduction de l'État à la Turner, cette dernière école de pensée n'étant pas bien éloignée de celle des progressistes-conservateurs de Mulroney. Dans les années 1990, nous nous retrouvions divisés, indécis et incertains quant à notre avenir. Et nous, les libéraux, avions été dans l'Opposition trop longtemps, d'où cette attitude que nous avions prise de critiquer et de chercher tout le temps querelle au voisin, sans jamais avoir à prendre de décision, bien sûr. La gauche se battait contre la droite ; les protectionnistes cherchaient noise aux libre-échangistes ; les isolationnistes se chicanaient avec les apôtres de l'aide internationale. Nous devions donc trouver un terrain d'entente qui ménagerait la justice sociale aussi bien que la rigueur financière, pas seulement pour nous faire élire mais pour avoir une raison de nous faire élire, à un moment de notre histoire où personne ne pouvait dire de quoi l'avenir serait fait.

À l'époque où j'étais chef de l'Opposition, m'inspirant des conférences historiques du Parti libéral, celles de Port Hope en 1933 et de Kingston en 1960, j'avais invité à un séminaire du même genre cent vingt-cinq économistes, politologues, penseurs et politiques des quatre coins du Canada et du monde entier, qui représentaient la gauche, la droite et le centre, afin de discuter des problèmes qui attendaient le Canada. Cette conférence, qui a eu lieu en novembre 1991 dans un hôtel d'Aylmer au Québec, sur la rivière des Outaouais, n'a jamais fait parler d'elle comme elle le méritait, car c'est à partir de ce moment que les libéraux se sont unis et qu'ils ont marché vers la victoire de 1993. Du moins, c'est cette conférence qui nous a permis de définir clairement notre position lorsque nous avons lancé notre programme électoral une semaine après le début de la campagne. Le texte intitulé *Pour la création d'emplois, pour la relance économique : le plan d'action libéral pour le Canada,* appelé communément le Livre rouge, avait été rédigé sous la direction de Paul Martin et de Chaviva Hosek, après des consultations étendues qui s'étaient déroulées partout au pays. Il est vrai que tout parti définit ses politiques et ses engagements envers les électeurs, mais le Livre rouge avait l'avantage d'être remarquablement détaillé, d'une prudence rare, entièrement chiffré, et on l'avait présenté comme un train de mesures complet et homogène. Il avait eu droit à un accueil chaleureux de la part des Canadiens, qui s'estimaient floués par les promesses fantaisistes et vite oubliées des conservateurs de Mulroney.

Je n'étais pas allé à la conférence d'Aylmer avec l'intention de dire aux autres quoi faire ; j'y étais allé pour écouter et apprendre. J'avais lu tous les documents préparatoires, j'avais assisté à toutes les séances et j'avais été heureux de voir que ces discussions œcuméniques nous menaient à des conclusions auxquelles j'étais déjà parvenu moi-même, non pas parce que je suis plus fin que tout le monde, mais parce que ces idées allaient de soi. Il nous fallait créer des conditions plus propices à l'emploi et à la croissance. Nous devions équilibrer le budget et réduire la dette fédérale. Les frontières du Canada devaient s'ouvrir au commerce, et nous devions nous préparer à l'avènement de la nouvelle économie du savoir en investissant dans l'éducation et la recherche. Bref, il nous fallait agir en centristes pragmatiques, nous mettre à l'écoute de la gauche aussi bien que de la droite, maîtriser les problèmes avec réalisme et nous apprêter à mettre en œuvre les meilleures idées du moment sans nous demander d'où elles provenaient. Après tout, c'est comme ça qu'on fait dans la vie. Si on est au bord de la faillite, on se serre la ceinture pour payer les factures. Si on est riche, on choisit entre la vie de château et la philanthropie. Pourquoi un bon gouvernement agirait-il différemment ?

À la fin de la conférence, j'avais déclaré : « Nous avons appris ici que ces vieilles notions que sont la droite et la gauche sont inopérantes dans le monde d'aujourd'hui et de demain. Ce qui compte, c'est que la politique gouvernementale contribue au bien-être de tous les citoyens. Le protectionnisme n'est pas une idée de gauche ou de droite. C'est simplement une idée du passé. La mondialisation n'est pas une idée de droite ou de gauche. C'est simplement la nouvelle réalité de l'heure. »

Le problème le plus épineux qui s'était posé dans les deux années séparant la conférence d'Aylmer et la parution du Livre rouge, c'était la réduction du déficit, jusqu'où et à quelle vitesse. Les conservateurs et le Reform Party parlaient de le réduire à zéro en trois ans. Certains libéraux voulaient qu'on en fasse autant, mais la plupart jugeaient que cet objectif nous conduirait à une austérité inutile. Pour moi, l'idée était belle en théorie mais probablement impossible à réaliser en pratique, et je craignais qu'en retranchant aussi brutalement des dizaines de milliards de dollars de l'économie, on ne replonge le pays dans la récession. De mon côté, reprenant à mon compte la cible établie par le traité de Maastricht régissant l'adhésion à l'union monétaire de la Communauté européenne, j'avais décidé que notre but serait de réduire le déficit à trois pour cent du PIB avant la fin de notre troisième année au pouvoir. Sabrer les dépenses gouvernementales à la hauteur de près de 20 milliards de dollars en trois ans constituait en soi un défi de taille et, pour être franc, j'ai beau être optimiste de nature, il y avait des jours où je ne croyais pas vraiment que nous pourrions y arriver en un mandat.

« Si trois pour cent, c'est assez bon pour les Européens, ce devrait être assez bon aussi pour les Canadiens », avais-je dit à Paul Martin, qui se faisait chauffer par ses anciens collègues de la haute finance, eux qui voulaient qu'on adopte la position plus rigide, plus musclée de la droite. « Si on fait mieux que ça, tout le monde va nous féliciter, mais si on promet zéro et qu'on n'a que deux pour cent, alors tout le monde va dire qu'on a échoué. »

Il vaut toujours mieux se fixer un but réaliste et l'atteindre que de viser trop haut et de manquer son coup. Trop de politiciens s'imaginent qu'il faut faire des promesses extravagantes pour gagner des votes. Au contraire, les gens se méfient énormément des promesses mirobolantes. Au lieu de prétendre que j'allais régler tous les problèmes de la terre, je préférais avouer qu'il y avait des choses que je ne pourrais peut-être pas faire, ne serait-ce que parce que l'avenir n'est pas toujours conforme à nos espérances les plus chères et aux prédictions les mieux fondées. Par exemple, Mulroney avait hérité de Trudeau une dette fédérale de 160 milliards de dollars, qu'il avait « réduite » en huit ans à 450 milliards de dollars, et la dette ne cessait de croître. Voilà pourquoi il est déraisonnable de promettre des dépenses ou des baisses d'impôt avec l'argent qu'on pensera avoir dans dix ans ; c'est la raison pour laquelle je tenais à ce que nos prévisions budgétaires se limitent à deux ans.

Il est tout à fait conforme à mon style et à mes vœux d'être aussi honnête et franc que possible avec les électeurs. Il faut leur présenter les faits, leur dire ce que vous espérez faire, leur expliquer aussi les difficultés qui vous attendent, et, tout cela étant dit, on les laisse décider. C'est l'approche que j'ai toujours pratiquée depuis mes débuts en politique. Dans les années 1960, l'économie à Shawinigan faisait pitié. Les technologies et les débouchés évoluaient, les vieilles industries fermaient leurs portes ou réduisaient leurs effectifs, et on avait perdu plusieurs milliers d'emplois dans un comté de 70 000 habitants. Les gens étaient découragés et voulaient des réponses faciles. Mais il n'y avait pas de réponse facile. Autrefois, nos arrière-grands-pères conduisaient des voitures à chevaux ; aujourd'hui, on a des véhicules motorisés ; demain, nos arrière-petits-enfants iront peut-être à l'école en fusée. De la même manière, tout comme le réfrigérateur a mis au chômage les livreurs de glace, la pétrochimie a causé l'effondrement des usines électrochimiques de Shawinigan. C'est comme ça que l'humanité évolue, cela n'a rien à voir avec le fait qu'on a un bon ou un mauvais gouvernement au pouvoir. Tout ce qu'on peut faire, comme je l'expliquais à mes électeurs, c'est de se serrer les coudes et de travailler fort pour surmonter les difficultés. Les gens appréciaient que je leur dise la vérité et que je ne leur promette rien d'autre que de faire de mon mieux.

Au cours d'une de mes campagnes électorales, un de mes adversaires avait dit : « Monsieur Chrétien dit qu'il va faire son possible, moi, je vais faire l'impossible.

— Oui, lui avais-je répondu du tac au tac, mais ce qui est impossible pour vous sera facile pour moi. »

De même, quand j'étais ministre des Finances, je refusais systématiquement d'écouter les membres du caucus libéral et les stratèges du parti qui souhaitaient un budget prodigue afin d'acheter les votes aux élections de 1979. La gauche du parti, qui m'avait baptisé « docteur No » à l'époque où j'étais président du Conseil du Trésor, avait déclaré ensuite que c'était mon entêtement qui avait causé notre défaite, mais j'avais été trop bien formé par Mitchell Sharp pour ne pas mettre en péril à long terme la santé des finances de la nation pour des motifs électoralistes à court terme.

Pourtant, je n'aimais pas dire non. Après tout, je suis libéral, et pendant toutes mes années en politique j'ai été obsédé par la création d'emplois, par la santé et le bien-être des gens et par la justice sociale. Mais, à notre retour au pouvoir en 1993, nous n'avions d'autre issue que de réduire radicalement le déficit, sans quoi nous nous retrouverions avec une crise économique sur les bras. Et alors ce seraient de jeunes courtiers quasiment imberbes et à bretelles rouges qui décideraient, d'un clic sur la souris, de dévaluer notre monnaie et de hausser nos taux d'intérêt, forçant ainsi les financiers du monde à intervenir chez nous et à contrôler nos dépenses en échange d'un prêt : humiliation que je tenais à tout prix à éviter. Au départ, il a été extrêmement difficile de convaincre le gros de la députation libérale que nous avions à pratiquer la dernière austérité, mais tous ont vite compris que j'étais résolu à aller de l'avant, même si je risquais de n'être premier ministre que pendant un mandat. Je voulais me représenter et gagner un second mandat, d'accord, mais je ne pouvais pas aller plus haut dans la vie, donc, bien faire les choses était plus important pour moi que de rééditer un exploit. J'ai averti immédiatement mes ministres qu'il allait y avoir des cactus sur le chemin parce que nous allions tenir nos promesses.

À sa sortie de la première séance du cabinet, Lawrence Mac Aulay, le secrétaire d'État aux Anciens Combattants, a téléphoné à sa femme : « J'ai écouté le premier ministre ce matin et je pense que je passerai pas aux prochaines élections, alors aussi bien en profiter pendant que ça dure. »

Exemple : j'avais insisté pour arriver à la cérémonie d'assermentation à bord d'une simple Chevrolet plutôt que dans l'une des Cadillac qui avaient été achetées à l'époque de Mulroney. Cela posait des problèmes de sécurité à la GRC, qui m'a contraint par après à accepter une Buick blindée, mais je ne me servais d'une Cadillac qu'à l'occasion, par exemple lorsqu'il s'agissait d'aller accueillir un visiteur distingué à l'aéroport. Je refusais aussi de prendre l'Airbus aménagé de Mulroney, que j'avais baptisé « le Taj Mahal volant » pendant ma campagne électorale. Pour de nombreux Canadiens, c'était devenu le symbole de l'extravagance gouvernementale à un moment où les conservateurs leur faisaient avaler des compressions indigestes dans les programmes sociaux. Mais lorsque certains journalistes se sont mis à me supplier de reprendre l'Airbus parce qu'une bonne partie de son espace — et cela expliquait largement le coût de son aménagement — leur permettait d'envoyer leurs dépêches des airs, je leur ai dit : « Je vous connais, vous autres. Si je reprends l'Airbus, vous allez me le reprocher tout de suite. Mais si vous y tenez, très bien, adressez-moi une pétition et je vais donner mon accord. » Ils étaient piégés comme je l'étais, bien sûr, par nos mots d'esprit faciles, mais à moi personnellement, ça ne me faisait pas un pli.

Il y a eu une compression qui a été plus importante, surtout sur le plan symbolique, et elle a été décidée par le cabinet à sa première séance : annuler, comme nous l'avions promis durant la campagne, la commande du gouvernement conservateur de 43 nouveaux hélicoptères militaires EH-101, même si cela nous obligeait à payer une pénalité de 500 millions de dollars comme le voulait le contrat. Étant donné la taille du déficit que nous avaient légué les conservateurs, il nous aurait fallu emprunter six milliards pour payer la facture et, dès lors, nous nous serions éloignés encore plus de l'équilibre budgétaire. En fait, il nous aurait fallu emprunter beaucoup plus que ça. On pouvait calculer raisonnablement que ces hélicoptères auraient coûté aux Canadiens au moins six milliards de dollars supplémentaires en intérêts sur dix ans : à côté d'une telle facture, la pénalité était une véritable aubaine.

Après que nous avons eu réussi à passer du déficit à l'excédent budgétaire en prenant des décisions difficiles comme celle-là, les Forces armées sont revenues à la charge pour remplacer les Sea Kings qui avaient quarante-cinq ans. « D'accord, leur ai-je dit, si ces hélicoptères sont si dangereux que ça, allez en acheter tout de suite de bons de seconde main aux Américains. » Et savez-vous ce que notre ministère de la Défense a découvert ? Un, que le même modèle de Sea King était encore en usage dans l'armée américaine pour conduire le président de la Maison-

Blanche à sa retraite de Camp David. Et deux, que les hélicoptères que lorgnaient nos généraux étaient en plus mauvais état que ceux que nous avions déjà.

Une autre décision immédiate attendait le gouvernement et elle concernait John Crow, qui était gouverneur de la Banque du Canada depuis 1987, parce que son mandat de sept ans arrivait à échéance. Crow était un homme impressionnant, compétent, un expert, et j'aimais causer avec lui quand je le rencontrais en me promenant dans mon ancien quartier, mais c'était aussi un professeur par tempérament, doctrinaire jusqu'à l'os. Le problème avec les professeurs au pouvoir — à moins qu'ils n'aient la même agilité d'esprit qu'un Pierre Trudeau ou un Stéphane Dion —, c'est qu'ils ont tendance à mettre de l'avant leurs idées abstraites sans se préoccuper des conséquences pratiques, et ce, juste pour prouver que leur théorie se tient.

Je faisais affaire avec le gouverneur de la Banque du Canada depuis l'époque où Lester Pearson m'avait nommé ministre sans portefeuille délégué au ministère des Finances en avril 1967, et j'avais appris à saisir les questions complexes que pose la gestion des finances publiques aux côtés des éminents prédécesseurs de Crow qu'étaient Louis Rasminsky et Gerald Bouey. Un jour où j'étais ministre des Finances, au cours d'une petite fête marquant le dépôt de mon budget et réunissant quelques hauts fonctionnaires des Finances et de la Banque du Canada, j'avais invité tout le monde à gager 25 cents sur la question de savoir si la Bourse du lendemain ferait baisser ou monter le dollar. Tous avaient gagé que le dollar monterait, sauf trois. Eddie Goldenberg et moi-même avions parié qu'il baisserait, non pas parce que nous étions plus intelligents que les autres, mais parce que nous sommes prudents par nature. La troisième personne à avoir deviné correctement comme nous était un économiste du ministère des Finances.

« Comment avez-vous fait pour deviner juste ? lui ai-je demandé.

— Eh bien, monsieur le ministre, m'a-t-il répondu, j'ai enseigné l'économie pendant des années à l'Université de Toronto, j'ai travaillé à la Banque du Canada, je suis maintenant aux Finances, et tout ce que j'ai appris dans mes livres m'aurait donné à croire normalement que le dollar devait monter. Mais on ne sait jamais ce que la Bourse va faire, alors j'ai parié sur une baisse. »

Dans le cas de Crow, je n'étais pas d'accord avec ce qu'il avait fait à l'époque de Mulroney. Il avait décidé de terrasser l'inflation en pratiquant des taux d'intérêt élevés au beau milieu d'une récession, et avec un dollar canadien fort au moment même où notre économie devait s'adapter à l'Accord de libre-échange Canada–États-Unis que les conservateurs avaient négocié en 1988. Non seulement ces pratiques aggravaient le chômage, mais elles nous empêchaient d'éponger le déficit et la dette. Crow tenait également à abaisser l'inflation à un niveau qu'il jugeait acceptable, et je n'étais pas d'accord là non plus. Cela étant dit, l'homme était très respecté des économistes, des financiers internationaux et des élites d'affaires qui voyaient en lui le champion de la lutte contre l'inflation. Il était risqué de changer de gouverneur à cette époque-là, particulièrement au moment où les marchands d'obligations et les spéculateurs sur les devises observaient attentivement l'évolution de la politique financière du nouveau gouvernement. Les libéraux venaient tout juste d'être élus ; nous n'avions pas encore procédé à nos premières compressions budgétaires ; le crédit de la nation était compromis par la taille de notre dette et la menace d'un nouveau référendum au Québec ; et, comme toujours, les milieux financiers n'aiment pas le changement.

« Si tu veux garder John Crow, tu peux, ai-je dit à Paul Martin lorsque nous nous sommes vus à mon bureau le lundi 20 décembre, mais je te gage que, d'ici deux ans, l'un de vous deux devra démissionner parce qu'il aura étouffé les premiers signes de notre sortie de la récession. »

Ces discussions à propos de Crow n'ont pas été bien longues parce que Martin non plus ne voulait pas de lui. Nous nous sommes également entendus pour le remplacer par son second, le chevronné Gordon Thiessen. Nous étions d'avis tous les deux que la nomination d'un successeur aussi compétent marquerait une politique de continuité et de stabilité, et nous nous sommes mis d'accord pour que l'inflation se situe entre un et trois pour cent durant les trois prochaines années, une marge qui demeurait tout de même inférieure à celle qui prévalait aux États-Unis. Je dois avouer que la réaction des marchés m'a préoccupé. Ç'a même été l'une des rares nuits où j'ai mal dormi — insomnie bien vaine, comme les événements l'ont confirmé. Thiessen a été bien accueilli par les milieux financiers, et, en fait, le dollar a monté le lendemain.

*   *   *

Le cas de John Crow l'illustre bien : le ministre des Finances et moi-même nous sommes efforcés, dès nos premiers jours au pouvoir, d'oublier les tensions qui s'étaient élevées entre nous pendant la course au leadership de 1990 et d'œuvrer en tandem à restaurer la santé financière et économique du Canada. Je ne me souviens pas quand j'ai rencontré Paul Martin fils pour la première fois. C'était peut-être dès 1958, à l'époque où j'avais soutenu son père dans la course à la direction du parti, ou peut-être au cours d'une de mes premières visites à la maison familiale des Martin à Windsor. J'avais mécontenté Paul Martin père en refusant de lui renouveler mon appui dans sa quête du leadership en 1968, mais il avait préféré en plaisanter en disant que j'avais meilleur jugement quand j'étais jeune.

J'avais eu d'assez bons rapports avec le fils chaque fois que nous nous étions revus dans les années 1970 et 1980, à l'occasion de fêtes libérales ou dans les bureaux de Power Corporation, le conglomérat financier et industriel de Montréal où Martin collaborait avec mon gendre, André Desmarais, et mon ancien adjoint exécutif, John Rae. Martin et moi avions fait quelques parties de pêche ou de golf et nous avions alors parlé de politique. Ensuite, nous nous étions revus lors de la course au leadership de 1984, où j'étais candidat, et Martin, modérateur dans les débats entre aspirants. Nous n'étions pas des amis, mais nous n'étions pas des rivaux non plus, jusqu'au jour où il a décidé de se présenter contre moi en 1990. Je me rappelle que sa mère avait dit : « Paul contre Jean ? Ça ne sera pas facile pour nous. » Mais je lui avais dit de ne pas s'inquiéter : « Qu'il se présente, madame, ça ne me dérange pas, après tout, on vit dans un pays libre. » Si j'étais aussi généreux, c'était parce que sa candidature ne m'effrayait nullement. D'ailleurs, après avoir gagné la course, j'ai fait en sorte que Jean Pelletier attribue des postes clés à Paul Martin et à ses partisans, entre autres pour la corédaction du Livre rouge, et ce, afin d'unir le parti et de le préparer aux élections.

En outre, étant donné que j'avais été ministre du Revenu national, président du Conseil du Trésor et ministre des Finances moi-même, j'entrevoyais les difficultés qui l'attendaient. Même dans les années où je ne faisais plus de politique, j'aimais lire sur l'économie et la politique budgétaire du gouvernement, et la nature m'a pourvu d'un certain talent pour les maths. Je comprends les chiffres, je les retiens sans effort et j'adore faire des calculs pour le simple plaisir de la chose. Pour passer le temps en avion, je m'amuse à faire des jeux mathématiques. Étudier le rendement économique du Canada dans les moindres détails, vérifier tous les calculs budgétaires stylo à la main, poser des questions sur ce qui nous attend, ce n'était jamais une corvée pour moi. Au contraire, j'y prenais plaisir, et j'attendais avec impatience le début de chaque mois lorsque le ministère des Finances publiait sa *Revue financière* où l'on traitait du déficit, des taux d'intérêt et du reste. Chaque année, je gageais 100 dollars avec Paul Martin sur la question de savoir si le déficit ou l'excédent serait inférieur ou supérieur à ses prédictions budgétaires, et j'ai gagné chaque fois. (Cela dit, il ne m'a pas encore payé, et si je recevais un chèque de lui, je l'encadrerais.)

À maints égards, et il faut y voir l'œuvre de l'évolution plutôt que d'une volonté quelconque, le discours du budget a fini par prendre plus d'importance que le discours du Trône traditionnel, car c'est dans ce texte que le gouvernement définit les mesures et les priorités de l'année à venir. Dans le bon vieux temps, quand la Chambre des communes ne siégeait que six mois par an, le discours du Trône marquait le début de la nouvelle session, après quoi avaient lieu des débats sans fin et un vote de confiance. Mais le calendrier parlementaire s'étant mis à s'étendre sur plusieurs années civiles, les discours du Trône se sont espacés. De même, particulièrement dans les cas où le gouvernement est majoritaire, il est préférable de consacrer le temps dont dispose la Chambre à étudier les lois au programme, même si l'on réserve encore certains jours pour débattre de questions générales. Ainsi, par défaut, le discours du budget a fini par se muer en une sorte de discours sur « l'état de la nation ». Si sa facture et sa présentation demeurent les tâches les plus importantes du ministre des Finances, le discours du budget est voulu de plus en plus comme l'expression même de l'action gouvernementale.

Chose certaine, jamais avant moi le Bureau du premier ministre n'a pris une part aussi active à l'élaboration du budget. Martin me tenait parfaitement au courant de ce qui se passait dans son ministère, habituellement par l'entremise d'Eddie Goldenberg, que ses fonctions de conseiller supérieur aux affaires économiques mettaient en rapport constant avec Martin, en chair et en os ou par téléphone, particulièrement avant le dépôt du budget. Je rencontrais aussi Martin plusieurs fois au cours de l'année pour déterminer de concert avec lui nos cibles stratégiques ainsi que les priorités gouvernementales au chapitre des dépenses. Je rappelle que c'est en m'appuyant sur mon expérience du pouvoir et sur mon instinct politique que j'avais insisté pour qu'on ait une cible de trois pour cent dans le Livre rouge. Guidé par la même prudence, j'ai demandé qu'on établisse une réserve budgétaire de 2,5 milliards de dollars par année, qu'on a haussée à trois milliards de dollars en 1997-1998, et ce, strictement pour compenser toute augmentation de la dette attribuable à une hausse des taux d'intérêt. Comme nous avions déjà dans notre budget d'autres fonds pour éventualités, par exemple en cas de cataclysme naturel, d'intervention militaire, d'activités relatives à l'unité nationale et d'autres choses, nous avons essentiellement, d'un trait de plume, soustrait cette nouvelle réserve aux appétits des ministères, et si les taux d'intérêt devaient baisser au lieu de grimper, nous nous en servirions pour rembourser la dette fédérale.

Chaque année, en décembre, Martin venait me faire part des choix qui s'offraient à lui et me demandait de prendre les vraies décisions difficiles. Ainsi, le 2 mai 1994, une semaine avant le dépôt de notre premier budget, lui et moi nous sommes réunis pour discuter des quatre grandes questions qui étaient encore sans réponse.

Pendant toute l'année 1994, malheureusement, la hantise de l'inflation aux États-Unis et la crainte d'un nouveau référendum au Québec ont eu pour effet de hausser le loyer de l'argent à un niveau supérieur à ce que nous avions prévu dans notre premier budget, qui avait pourtant été prudent. Les marchés financiers nous reprochaient encore l'ampleur de notre déficit et de notre dette, et pourtant nous avions annoncé notre intention de réduire nos dépenses de 17 milliards de dollars sur trois ans par rapport aux plafonds établis précédemment : essentiellement, en diminuant les crédits de la Défense nationale, en resserrant les critères d'admissibilité à l'assurance-chômage et en gelant les transferts aux provinces pour la santé et l'enseignement supérieur. Étant donné qu'une hausse des taux d'intérêt de deux pour cent représentait presque 3,5 milliards en dépenses supplémentaires, nous nous retrouvions obligés de sabrer davantage rien que pour atteindre notre cible de trois ans, et ce, même avec notre réserve pour éventualités.

Le 2 mai, j'ai rencontré Paul Martin afin de discuter de l'économie, de l'emploi et des perspectives budgétaires pour le reste de l'année, et de connaître ses plans pour le budget décisif de 1995. Allions-nous remplir notre engagement de trois pour cent ? Est-ce que le programme du ministère des Finances répondait à nos autres objectifs en matière de création d'emplois et de réforme de la sécurité sociale ? Comment comptait-il fixer ses objectifs budgétaires et les atteindre ? Nous avons discuté aussi des conséquences financières d'une victoire possible du Parti québécois aux élections provinciales à venir et des réper-cussions économiques d'un autre référendum séparatiste.

Trois semaines plus tard, le 24 mai, après que Martin a eu présenté au cabinet un portrait particulièrement pessimiste de la situation si nous n'arrivions pas à atteindre les objectifs finan-ciers du budget de 1994 et à prouver que nous pourrions faire mieux après la troisième année, je l'ai rencontré de nouveau pour discuter de son orientation générale. Qu'en était-il de notre stra-tégie en matière d'emploi, pas seulement à long terme mais aussi pour le court terme ? Avait-il raison de fonder sa planification financière sur un scénario où les taux d'intérêt connaîtraient des hausses extrêmes, ou ne devait-il pas préparer un plan de rechange pour le cas où ses prédictions ne s'avéreraient pas ?

Entre-temps, sur un autre front, j'ai demandé à Marcel Massé, le ministre des Affaires intergouvernementales qui était également responsable du renouvellement de la fonction pu-blique, de présider un comité *ad hoc* de neuf ministres chargé d'entreprendre un examen systématique de tous les programmes fédéraux (sauf les transferts aux citoyens et aux provinces), ministère par ministère, dans le but de comprimer nos dépenses et de rationaliser nos services pour un total d'environ 52 mil-liards. Au grand étonnement de Massé, je me suis assuré au départ que les ministres les moins soucieux du déficit seraient majoritaires au comité. Je m'étais dit que si les ministres les plus gourmands prenaient une part active à cet exercice, nous aurions moins de mal à obtenir l'unanimité du cabinet lorsque viendrait le moment de prendre des décisions particulièrement difficiles. Si nous ne pouvions pas convaincre nos propres collègues de la conduite à observer, jamais nous ne pourrions convaincre les Canadiens. Le Groupe ministériel de coordination de l'Examen de programmes, comme il a fini par s'appeler, avait pour tâche de poser six questions simples mais absolument essentielles. Ce programme répond-il encore à l'intérêt public ? Le gouverne-ment a-t-il un rôle légitime et nécessaire à jouer dans ce pro-gramme ? Ce programme devrait-il être transféré en tout ou en partie aux provinces ou aux municipalités ? Ce programme devrait-il être transféré en tout ou en partie au secteur privé ou bénévole ? Si l'on maintient ce programme, comment peut-on le rendre plus efficace ? Enfin, est-ce qu'on peut encore se permettre de maintenir les programmes qui restent ?

On a fait bien peu de cas des états de service exemplaires de Marcel Massé, ne serait-ce que parce l'homme lui-même n'était nullement avide de reconnaissance. Ce francophone de Montréal, diplômé de l'Université de Montréal, de McGill, de Varsovie et d'Oxford, avait été sous-ministre des Finances et secrétaire du cabinet au Nouveau-Brunswick sous les conservateurs de Richard Hatfield, greffier du Conseil privé à Ottawa lors du passage en coup de vent de Joe Clark, président de l'Agence canadienne de développement international et sous-secrétaire d'État aux Affaires extérieures en 1984, à l'époque où j'en étais le ministre. Le jour où il m'a confié qu'il en avait assez de la fonction publique, je l'ai invité à se présenter sous la bannière libérale aux élections de 1993 et, à ma grande surprise et pour mon plus grand plaisir, il a dit oui. Étant donné son intelligence, ses capacités et son excellent jugement, j'ai même fait de lui mon lieutenant québécois, en dépit de son manque d'expérience politique. La politique est un art, non une science ; pour en faire, il faut être doué d'un gros bon sens. Massé avait du gros bon sens à revendre, et il m'a beaucoup manqué après avoir décidé de prendre sa retraite pour raisons de santé en 1999.

Je n'ai jamais vu homme aussi doué que Massé pour saisir les rouages de l'État. Il comprenait, par exemple, que dans une organisation pyramidale comme le gouvernement fédéral, le salaire d'un fonctionnaire est essentiellement dicté par le nombre de personnes qui relèvent de lui. Plus il y a de monde dans votre service, plus vous gagnez gros. Si l'on réduit votre effectif, vous gagnerez moins. Par conséquent, personne n'a intérêt à se serrer la ceinture, et on se défend bec et ongles contre tout changement. J'avais vu cela au lac Harrington, la retraite du premier ministre, où le patron A avait dit à l'adjoint B de couper les dépenses, alors B avait dit à l'adjoint C de réduire, C avait dit à l'adjoint D de réduire, et ainsi de suite jusqu'au bas de la pyramide. À la fin, les « pousseux de crayon » étaient encore en place alors que ceux qui poussaient la tondeuse à gazon étaient au chômage. Et l'herbe, elle, n'arrêtait pas de pousser.

Il faut dire cependant que, dans l'ensemble, les fonctionnaires fédéraux ont compris, souvent mieux que la plupart des Canadiens, la gravité de la situation financière du pays ; ils ont fait des efforts sans pareils ainsi que de nombreux sacrifices personnels pour aider le gouvernement à atteindre ses objectifs. Même lorsque nos décisions allaient à l'encontre de leur propre intérêt, ils ont accepté de prendre une retraite anticipée, de licencier du personnel, de gratter jusqu'à l'os, bref, de faire le nécessaire. En fort peu de temps, grâce à leur coopération sans faille et à leur ingéniosité, nous avons réussi à retrancher environ 60 000 postes de la masse salariale fédérale, y compris chez le personnel militaire ainsi que les fonctionnaires dont les emplois ont été transférés au secteur privé ou à d'autres paliers de gouvernement. Ç'a été difficile sur le plan humain et décourageant pour ceux d'entre nous qui croient que l'État est une force bénéfique dans la société. Nous avons perdu aussi les talents et le potentiel de nombreux jeunes gens qui ne pouvaient pas se joindre à la fonction publique fédérale ou qui nous quittaient pour un emploi plus lucratif ailleurs. Évidemment, le moral de ceux qui restaient était en berne. Mais ça n'a pas été tragique, je crois, parce que chacun pouvait voir que nous étions équitables et que nous étions contraints d'agir. Puis, lorsque nous avons finalement remporté la victoire contre le déficit, nous nous sommes retrouvés avec une fonction publique plus efficiente, moderne et à l'écoute des gens.

En été 1994, obligés comme nous l'étions de réduire nos dépenses de plusieurs milliards de dollars sans procéder à des compressions généralisées, Paul Martin et moi avons demandé aux fonctionnaires des Finances de nous proposer des cibles exigeantes, raisonnables et relativement arbitraires. Ainsi, nous saurions à combien auraient droit les différents ministres dans le prochain budget, et il leur appartiendrait alors, à eux et à leurs fonctionnaires, de voir comment ils emploieraient ces crédits. Puis, de septembre à novembre, le comité d'examen de Massé et les hauts fonctionnaires du Bureau du Conseil privé ont étudié les recommandations de chaque ministère et, en décembre, les membres du comité se sont réunis deux fois par semaine pour tracer le portrait complet de la situation, dénicher de nouvelles économies et produire un train de réformes. Lorsque j'ai rencontré Paul Martin le 28 novembre pour discuter du budget de 1995, les ministères avaient évalué à environ 4,3 milliards les possibles économies pour les deux prochaines années, mais il nous manquait encore 6,8 milliards de dollars pour atteindre notre cible de trois pour cent. Le groupe de coordination a donc réclamé de nouvelles compressions aux ministres ou a fait ses propres choix lui-même, et Massé a présenté son rapport au cabinet le 20 décembre.

Le plus difficile pour Massé était de résister aux ministres qui voulaient plus d'argent et qui n'admettaient pas qu'on leur oppose une fin de non-recevoir. Même si la majorité d'entre eux respectaient la mécanique de l'examen des programmes et n'essayaient guère de s'y soustraire, les ministres ou leurs sous-ministres avaient toujours le droit d'en appeler au greffier du Conseil privé, qui rédigeait alors une note à mon intention, ou de s'adresser à Jean Pelletier ou à Eddie Goldenberg. Je testais quelques options avec mon personnel, ou j'essayais d'arbitrer, ou alors je convoquais les responsables pour discuter du problème. Je réunissais rarement un grand nombre de personnes dans mon bureau parce que les réunions où il y a trop de monde aboutissent rarement à quelque chose. De toute façon, je finissais habituellement par donner raison à Massé.

Le degré de cohésion a néanmoins été remarquable étant donné les perspectives et les intérêts très divers des membres du comité, compte tenu aussi du nombre de questions fort délicates qui opposaient un ministère à un autre, une région à une autre, un ministre à un autre. Le ministre des Travaux publics ne voulait pas que le gouvernement fédéral se retire du logement social au motif qu'Ottawa avait un rôle légitime à jouer si l'on voulait aider les Canadiens à faible revenu à se loger. Le ministre de l'Industrie s'opposait à une réduction de 35 pour cent de l'aide fédérale aux entreprises parce que cela contrecarrait les efforts que nous faisions pour bâtir une économie plus novatrice. Le ministre du Patrimoine canadien ne voulait pas de compressions à Radio-Canada, à l'Office national du film et à Téléfilm Canada, pour la simple raison que le secteur privé était incapable à lui seul de préserver et d'encourager le secteur culturel au Canada. Si, de son côté, le ministre des Transports offrait d'économiser 560 millions de dollars par année en abolissant la Subvention du transport du grain de l'Ouest — initiative historique du fédéral qui avait pour effet de subventionner largement le transport du blé par train —, le ministre de l'Agriculture tenait pour sa part à ce que ces économies aboutissent dans les poches des agriculteurs des Prairies. Chaque ministre avait des arguments implacables, mais personne ne pouvait tout avoir. Les Canadiens avaient donné pour mandat au gouvernement de réduire le déficit ; échouer était donc hors de question.

Si Paul Martin et moi-même avons recueilli presque tout le mérite d'avoir équilibré le budget, ce sont en fait Marcel Massé et nos collègues du cabinet qu'il aurait fallu féliciter. « C'est facile pour vous de décréter des compressions, a avancé un jour au cabinet le ministre de l'Industrie John Manley, dont le budget avait fondu de 50 pour cent, mais c'est nous qui devons faire le sale travail, c'est nous qui devons licencier des gens, c'est nous qui devons abolir de bons programmes, c'est nous qui devons être plus productifs, c'est nous qui devons dire à nos clients qu'il n'y a plus d'argent pour les idées neuves ou les bons projets et c'est nous qui avons à vivre avec toute cette colère et cette misère. » Le mot a fait mal. Et ses objections étaient d'autant plus pénibles à entendre qu'il avait parfaitement raison.

Certains ministres malheureux se sont mis alors à accuser le ministère des Finances d'avoir délibérément exigé plus de compressions que nécessaire parce qu'il voulait dépasser ses objectifs budgétaires année après année. Je n'ai jamais rien cru de tel, et si ç'avait été vrai, j'aurais été d'accord avec le ministre des

Finances. La prudence valait mieux que les prévisions irréalistes et ultimement décevantes auxquelles le gouvernement Mulroney nous avait habitués, et la modestie restait au cœur de mon activité politique. « Vous le savez sans doute, répondais-je habituellement à ceux qui m'imploraient d'épargner un programme régional ou un projet auquel ils tenaient, le ministre des Finances doit faire de nombreux choix difficiles lorsqu'il prépare son budget, et il n'y a pas de solutions faciles. » Si certains ministres s'entêtaient, je leur demandais s'ils avaient du mal à s'acquitter de leur tâche avec les crédits dont ils disposaient, et généralement il n'en fallait pas plus pour les faire reculer.

En fin de compte, le ministre des Finances, c'est le ministre des Finances, et même si j'observais attentivement ce que Paul Martin faisait, je jugeais essentiel de donner à tous la conviction que je le soutenais fermement. Je n'ai jamais oublié l'humiliation que j'avais ressentie en août 1978 lorsque Trudeau avait annoncé deux milliards en compressions budgétaires à la faveur d'un discours télévisé sur l'économie adressé à la nation, et ce, sans même m'en avoir parlé ; et j'avais été témoin du fiasco politique qui avait éclaté en 1985 quand Mulroney avait laissé lyncher Michael Wilson, qui proposait dans son budget de désindexer partiellement les pensions de retraite. En conséquence, je me suis assuré que tout le monde mesurait la part que je prenais dans les décisions de Martin, que tous voyaient aussi que j'accordais une priorité absolue à la réduction du déficit dans le délai prévu. En revanche, s'il y avait un programme qui me tenait à cœur, Martin me cédait le terrain, et nous avons rarement eu des désaccords.

Il y en a eu un toutefois dans les jours ayant précédé notre second budget de février 1995. La récente crise du peso mexicain avait vivement ébranlé le ministère des Finances et le milieu financier. Voyant à quel point le pays était à la merci des réactions soudaines et parfois illogiques des marchés mondiaux, le gouvernement s'est montré d'autant plus résolu à garder la même ligne de conduite. Sans qu'il y eût de notre faute, le dollar canadien est tombé, nos taux d'intérêt ont augmenté, et l'avertissement de

Moody's relativement à notre cote de crédit menaçait de hausser à nouveau les taux d'intérêt. C'est à ce moment, justement, que le *Wall Street Journal* a déclaré le Canada « pays membre honoraire du tiers-monde », et ils étaient nombreux à Bay Street à dire que l'économie canadienne allait « frapper un mur » si le gouvernement n'atteignait pas ses cibles. Parmi bien d'autres mesures de précaution, Martin songeait à piger dans la sécurité de la vieillesse, qui coûte 20 milliards par année, en combinant en un seul paiement les pensions des maris et des femmes et en imposant ces montants aux ménages à revenu élevé. En théorie, l'idée se tenait. Chose certaine, cela nous permettrait de faire des économies, et la simple logique donnait à penser que les couples mariés sont heureux de tout partager, même les impôts. Cependant, j'étais sûr que l'idée refuserait de décoller sur le plan social ou politique parce qu'elle ne prenait pas en compte la vraie vie du monde ordinaire.

L'isolement est un danger de la profession politique à Ottawa. Les dirigeants et les fonctionnaires doivent donc sans cesse s'employer à rester en contact avec les besoins et les désirs des Canadiens. À l'époque où j'occupais un poste important dans le gouvernement Trudeau, je me faisais un point d'honneur de rentrer à Shawinigan presque toutes les fins de semaine pour y rencontrer mes commettants, et je m'étais rendu compte que j'attirais toujours l'attention du premier ministre en mentionnant les opinions des travailleurs de l'Alcan ou de la Consolidated Bathurst avec lesquels je venais de parler. Il y en avait parmi eux que Trudeau avait connus et dont il respectait le jugement depuis l'époque où il avait défendu les syndicats au Québec. Il en était venu à compter sur moi pour que je lui fasse part de ce que disaient ces gens, quand ils n'étaient pas d'accord avec telle ou telle idée ou s'ils pensaient qu'on avait perdu la boule.

Devenu moi-même premier ministre, j'aimais retourner dans mon comté chaque fois que j'en avais l'occasion, j'allais faire mon tour à la brasserie du coin ou prendre un petit café au restaurant, et les gens venaient parler politique avec moi sans cérémonie. J'avais encore des amis à qui il m'arrivait de téléphoner régulièrement — des avocats, des entrepreneurs, des militants syndicaux, des enseignants, des organisateurs partisans, des artistes, toutes sortes de gens ordinaires partout au pays — parce que j'étais à l'aise avec eux et que j'avais confiance dans leur discrétion. Personne d'autre n'a jamais su qui ils étaient, et s'ils s'étaient vantés du fait que le premier ministre leur téléphonait de temps en temps, ils n'auraient plus jamais eu de mes nouvelles. Je ne les appelais pas pour me faire dire que j'étais un grand homme, je n'avais pas besoin de ça, et ils étaient déjà assez nombreux autour de moi à s'imaginer qu'ils devaient leur pain quotidien à ce genre de flatterie ; ce que j'attendais d'eux plutôt, c'était qu'ils me disent ce que le gouvernement devait faire dans tel ou tel domaine, quelles critiques ils entendaient ou ce qui se passait chez eux.

Un soir, Aline et moi étions en train de souper avec Pierre et Angèle Garceau, de vieux amis à nous du temps de Laval, et nous nous sommes mis à discuter de l'idée qu'avait avancée Martin à propos des pensions de retraite. « Es-tu sérieux ? m'a demandé Angèle. Pour ces femmes qui sont restées à la maison toute leur vie, ce petit chèque est le seul peu d'argent qui soit vraiment à elles. Après avoir dû supplier leur mari pendant trente ou quarante ans chaque fois qu'elles avaient besoin de quelque chose, elles peuvent enfin s'acheter un nouveau chapeau ou sortir avec une amie, aller prendre un gâteau et un café sans avoir à demander la permission. Donc elles ne seront pas très contentes si tu leur enlèves ça ou si tu mets ça dans un compte conjoint, parce qu'il y a des maris qui sont vraiment pingres et qui ne pensent qu'à eux. »

J'avais bien ri. Ça me rappelait l'histoire que m'avait racontée Rachel Bournival, ma très compétente adjointe de comté pendant dix-sept ans. Il s'agissait d'une dame qui s'était présentée à mon bureau de Shawinigan un jour. Elle s'apprêtait à fêter ses soixante-cinq ans et elle avait toute une série de questions sur la pension de retraite, comment ça marchait, quels formulaires elle devait remplir, à combien elle avait droit, et ainsi de suite. Quelques mois plus tard, madame Bournival la revoit dans la rue. « Ah, merci, merci, merci de m'avoir aidée, lui dit la dame. J'ai jamais été aussi heureuse. Le jour que j'ai reçu mon premier chèque, j'ai mis mon mari à la porte. " Va voir ta blonde, pis dis-y de ramasser elle-même ton linge sale astheure, que j'y ai dit, je veux plus rien savoir de toi." Maintenant, avec ma pension pis l'argent que j'y ai pris dans ses poches quand y était chaud, j'en ai enfin assez pour faire la belle vie. » C'est ce genre d'anecdote ainsi que le souvenir des ennuis sur lesquels s'était buté Mulroney lorsque son ministre des Finances avait essayé de jouer avec les pensions de retraite, sans parler des avertissements d'Aline, qui m'ont fait comprendre l'importance de cette pension pour de nombreuses femmes, quel qu'en soit le montant, et l'instinct qui me poussait à dire non à Martin s'en est trouvé renforcé.

Il n'est pas venu lui-même, il a préféré dépêcher son conseiller Peter Nicholson un samedi après-midi au 24 Sussex pour plaider sa cause. Le texte du budget était à l'imprimerie, et le bruit courait que Martin était prêt à démissionner pour cette question. « Le ministre estime qu'il n'a pas assez coupé pour atteindre sa cible, m'a dit Nicholson.

— Vraiment ? ai-je répondu. Vous savez, j'ai toujours rêvé d'être mon propre ministre des Finances. Je serai heureux de lire moi-même le discours du budget. »

Martin n'a pas démissionné, et je lui ai proposé de me soumettre la même proposition l'année suivante, mais il a fini par conclure de lui-même que cette mesure était invendable.

★   ★   ★

Aucun gouvernement dans l'histoire du Canada ne s'est prêté à un exercice aussi complet et méthodique que l'Examen des programmes, dont les résultats furent inscrits dans les budgets de 1995 et 1996. La décision que nous avons prise d'abolir la Subvention du transport du grain de l'Ouest était un pari politique très risqué, étant donné que ses importantes ramifications sur les plans régional et structurel allaient changer pour toujours le visage de l'agriculture dans l'Ouest. Nous avons éliminé ou diminué substantiellement les subventions à la production laitière et aux entreprises. Nous avons intégré la Garde côtière du Canada à la flotte du ministère des Pêches et amalgamé les systèmes d'inspection alimentaire de trois ministères. Nous avons transféré aux provinces la responsabilité des eaux intérieures et confié la gestion des aéroports à des autorités locales parce que plus rien ne justifiait que ceux-ci soient administrés par des fonctionnaires fédéraux. Nous avons vendu le Canadien national, presque tout Petro-Canada et le Système de navigation aérienne parce qu'ils ne répondaient plus à un objectif national. Nous avons modifié ou réduit tous les autres postes budgétaires avec le nouveau Système de gestion des dépenses et une prestation plus novatrice des services, non seulement pour réaliser des économies à court terme, mais aussi pour hausser la productivité à long terme. En prenant ces moyens et d'autres, nous avons réussi à réduire les dépenses d'Ottawa de 120 milliards de dollars la première année à 104 milliards de dollars en 1996-1997.

Aucun ministère n'est sorti indemne de cet exercice, exception faite des Affaires indiennes. La misère profonde des peuples autochtones du Canada, dont le sort m'avait tellement préoccupé pendant mes six années vouées à ce ministère, contraignait notre société à ne jamais renoncer, ne fût-ce qu'un instant, à sa quête d'une plus grande justice sociale et de chances plus équitables pour eux. Bien sûr, je savais qu'il n'existait pas de solution miracle, que les dirigeants autochtones devaient faire preuve de diligence dans la gestion de leurs ressources et que tout progrès serait lent à venir. Les revendications territoriales étaient complexes ; des difficultés administratives se présentaient chez les fonctionnaires et dans les réserves ; et il n'est jamais facile à un peuple — qui, de surcroît, a été colonisé et a souffert de discrimination — de gérer cette transition où l'on cesse de vivre des fruits du sol pour se sédentariser en ville. Il faut souvent deux ou trois générations pour que l'on s'adapte aux mutations économiques et sociales d'une modernisation brutale, tout en restant fidèle à une culture ancienne et à son peuple. Entre-temps, il faut vivre avec ces problèmes que sont le chômage élevé, l'alcoolisme et la toxicomanie, la mortalité infantile, le suicide chez les adolescents et la pauvreté chronique.

Mais j'avais la conviction intime que nous faisions des progrès. C'est exprès d'ailleurs que j'ai nommé aux Affaires indiennes des personnes qui avaient toute ma confiance — Ron Irwin, Jane Stewart et Bob Nault — et qui savaient toutes que je les soutiendrais constamment en cas de difficulté. Nous avons ainsi mis sur pied des partenariats pour le développement de la petite enfance et les maisons de jeunesse, pour des stratégies commerciales et économiques, pour la réforme de l'éducation, pour la préservation du patrimoine et des langues autochtones et enfin pour des services de santé. Notre plan d'action de 1998 intitulé *Rassembler nos forces* a mis en musique bon nombre des recommandations de la Commission royale sur les peuples autochtones dont le rapport avait été rendu public en 1996. Ainsi, nous avons réaffirmé le droit inhérent des Autochtones à l'autonomie gouvernementale, accéléré les négociations territoriales, reconnu notre culpabilité dans le legs tragique des pensionnats autochtones et vu à la création d'un nouveau territoire, le Nunavut, en 1999. Il m'arrive parfois de parcourir les revues nordiques que reçoit chez nous mon fils Michel, qu'Aline et moi avons adopté bébé lors d'un voyage à Inuvik en 1971, et je suis fasciné de voir comment les peuples du Nord arrivent, dans leurs propres mots, à concilier leur respect des temps anciens et leurs ambitions pour l'avenir.

Je dois avouer aujourd'hui qu'il y a des domaines dans lesquels nous avons trop sabré. Dans certains cas, par exemple en ce qui concerne nos investissements dans l'innovation technologique et les institutions culturelles, nous avons pu corriger le tir après avoir équilibré le budget; dans d'autres cas, les effets ont été irréversibles. En rétrospective, pour ne prendre qu'un exemple, nous n'aurions jamais dû fermer le Collège militaire royal de Saint-Jean-sur-Richelieu, au Québec, lors du budget de 1994. Nous nous sommes trompés. Mais dans le temps nous avions désespérément besoin de ce genre d'économie, et comme nous avions décidé de fermer le collège Royal Roads de Victoria, on aurait pu nous accuser de favoritisme. Nous espérions aussi que, en déplaçant le collège de Saint-Jean à Kingston, nous pourrions faire du collège militaire de l'Ontario un établissement parfaitement bilingue. Malheureusement, le nombre de francophones aux échelons supérieurs des Forces armées a diminué à cause de cette mesure, chose que je regrette tout particulièrement, moi qui croyais dur comme fer dans le bilinguisme et dans une forte présence canadienne-française au sein de nos institutions nationales. Le seul avantage, c'est que nous y avons trouvé une nouvelle occasion de dénoncer l'hypocrisie congénitale des séparatistes. Tout à coup, les mêmes députés qui s'étaient toujours plaints des dépenses militaires du Canada et de la présence de l'État fédéral au Québec dénonçaient à grands cris la fermeture d'une institution de la Défense nationale dans un comté représenté par le Bloc québécois.

Tous les ministres ont eu du mal à concilier leurs priorités et nos valeurs nationales. Les Canadiens ne voulaient pas nous voir éliminer le déficit sur le dos de ceux qui avaient le plus besoin d'aide, ils ne voulaient pas non plus qu'on sabre aveuglément les services gouvernementaux essentiels. Ils tenaient à ce que nos compressions soient exercées avec compassion et intelligence. Ainsi, à l'heure où nous fermions des bases militaires et sabrions les subventions aux entreprises, nous avons investi de l'argent frais dans les programmes destinés aux jeunes, aux démunis et aux personnes vulnérables, particulièrement les familles monoparentales, les personnes handicapées et les enfants pauvres. Nous avons financé le Programme de nutrition prénatale, qui procurait des suppléments alimentaires et des conseils de nutrition aux femmes enceintes à faible revenu. Nous avons restauré le Programme national d'alphabétisation, car nous demeurions aux prises avec cette statistique consternante, à savoir que 38 pour cent des Canadiens étaient des analphabètes fonctionnels. Nous avons lancé Service jeunesse Canada et Jeunes Stagiaires Canada pour donner à des milliers de jeunes gens la chance d'acquérir une expérience professionnelle. Nous avons investi 1,7 milliard dans la Stratégie du poisson de fond de l'Atlantique afin de venir en aide aux travailleurs de la côte est, dont le gagne-pain avait été supprimé par le moratoire sur la pêche de la morue dans les Grands Bancs, et nous avons établi un fonds de transition de 1,6 milliard de dollars pour aider les fermiers de l'Ouest à véhiculer leurs produits.

De même, lorsque Lloyd Axworthy a dû aller chercher des économies importantes dans le programme d'assurance-chômage, dont le coût avait grimpé de 4,4 milliards à 20 milliards de dollars par an en moins de dix ans, il en a profité pour opérer une refonte du système de sécurité sociale qui avait trop tardé. Non seulement l'assurance-chômage ne répondait plus à son objectif premier, qui consistait à aider les gens à trouver du travail et à continuer de travailler, mais le système avait en fait découragé l'emploi à temps plein. Le nombre de chômeurs de longue durée avait triplé entre 1976 et 1993. Il y avait deux fois plus de Canadiens qui vivaient de l'aide sociale qu'en 1981. Parmi les chefs de famille bénéficiaires de l'aide sociale, 45 pour cent étaient à même de travailler ; 38 pour cent des bénéficiaires de l'assurance-chômage avaient reçu des paiements au moins trois fois en cinq ans ; et trop de travailleurs saisonniers n'étaient engagés que pour le minimum de semaines donnant droit à des prestations le reste de l'année. En avril 1994, je m'en souviens, je me suis retrouvé dans l'eau chaude, pour ne pas dire bouillante, quand j'ai dit qu'on ne pouvait plus se permettre de laisser des hommes valides à la maison à boire de la bière. La réaction a été féroce, et j'ai dû m'excuser, mais j'ai reçu aussi de nombreuses lettres d'appui, dont celle d'une dame qui m'a fait savoir que j'avais « raison en maudit ».

Lloyd Axworthy a été l'un des nombreux héros obscurs de la guerre contre le déficit. Il était très à gauche dans le Parti libéral et, de toute évidence, ce progressiste des plus sérieux n'était pas enchanté d'avoir pour mission de mettre de l'ordre dans les programmes sociaux trop généreux du Canada. Cependant, il a bien relevé le défi, et s'il est venu me voir plus souvent que tous les autres ministres pour me faire part de ses doléances, il faut dire à sa décharge qu'il avait un portefeuille plus lourd et plus difficile que presque tous ses collègues. À mon avis, il a abattu une superbe besogne dans des circonstances très éprouvantes.

Si le ministère du Développement des ressources humaines a perdu un tiers de son budget sur deux ans, Axworthy a bataillé hardiment pour retenir les 800 millions de dollars avec lesquels il a pu lancer des projets-pilotes novateurs pour mettre fin au cycle de la dépendance par l'acquisition d'une expérience professionnelle, ainsi que des programmes de recyclage. Il voulait aider les gens à trouver du travail à moindre coût et avec plus d'efficacité, tout en fournissant à la main-d'œuvre canadienne les compétences supérieures dont nous avions besoin pour que notre pays soit concurrentiel dans l'économie mondiale. Il y avait des emplois qui se retrouvaient sans preneurs au Canada parce que les gens n'avaient pas les compétences voulues ; pourtant, plus d'un million de Canadiens demeuraient sans travail, trois millions étaient coincés à l'aide sociale et un million d'enfants vivaient dans la pauvreté. Je me rappelle avoir rencontré une dame du Nouveau-Brunswick qui m'a dit : « Monsieur Chrétien, j'ai été sur le bien-être social toute ma vie, et j'ai maintenant la dignité d'apprendre quelque chose. Il y a rien qui bat ça. Quand je rentre chez moi le soir pour faire mes devoirs, pendant que mes enfants font leurs devoirs à eux autres, ils se rendent compte qu'ils auront jamais à aller sur le bien-être comme moi s'ils reçoivent l'éducation et la formation qu'il leur faut. » J'aurais tellement aimé avoir les moyens d'aider plus de monde comme elle.

Nous avons décidé aussi d'investir de l'argent frais dans plusieurs domaines stratégiques afin de stimuler la croissance et l'emploi. Tout d'abord, nous avons tenu la promesse que nous avions faite au cours de la campagne de dépenser six milliards de dollars sur deux ans pour rebâtir l'infrastructure du Canada dans le cadre d'un partenariat égal avec les provinces et les municipalités. Partout où j'allais au pays, je remarquais le piètre état de tant de nos routes, ponts, stations d'épuration des eaux et autres installations publiques, particulièrement en comparaison avec les infrastructures des États-Unis et de l'Europe. J'avais acquis la conviction qu'un programme d'infrastructures national nous aiderait à relancer l'économie, à créer des dizaines de milliers d'emplois en très peu de temps dans toutes les régions et à marquer le retour de l'espoir partout au pays. Les conservateurs avaient qualifié de gaspillage cette promesse du Livre rouge, mais en fait le gouvernement fédéral y retrouvait plus que sa part du programme, qui en représentait le tiers, du fait que nous percevions des recettes supérieures grâce aux diverses taxes et qu'il nous en coûtait moins cher pour le financement de l'assurance-chômage et de l'aide sociale.

Nous avons tenu une autre promesse du Livre rouge en investissant immédiatement dans la beauté panoramique du Canada, ainsi que dans ses activités culturelles et récréatives. Ma conviction personnelle sur ce point a été renforcée en novembre 1993 grâce à une conversation que j'ai eue au 24 Sussex avec le premier ministre israélien Yitzhak Rabin, le premier chef de gouvernement étranger à me rendre visite après mon élection. Après avoir discuté de la situation au Moyen-Orient, nous avions abordé les préoccupations pratiques qui sont le pain quotidien de tout homme de gouvernement : l'économie, le chômage, la création d'emplois et le déficit. « Vous savez, monsieur Chrétien, m'a dit Rabin, la création d'emplois dans la haute technologie et la recherche scientifique coûte très cher, cela exige beaucoup de capitaux, mais ce n'est pas le cas du tourisme. Israël se débrouille bien dans ce secteur pour presque rien. Tout ce qu'il faut, c'est de la promotion, chose qui devrait vous être facile étant donné la beauté de votre pays. »

En mai 1994, j'ai demandé à Judd Buchanan, un ancien ministre de Trudeau qui avait réussi dans l'industrie du tourisme depuis qu'il avait quitté la vie publique, s'il accepterait de me servir de conseiller spécial dans ce domaine. Sachant que l'opposition ne tarderait pas à m'accuser de patronage du fait que j'allais engager un ancien politicien libéral, je lui ai offert de devenir mon deuxième homme à un dollar par année ; pour ma plus grande joie, il a accepté parce qu'il croyait sincèrement dans l'intégrité de la fonction publique et dans l'importance de sa mission. En fait, Buchanan a fait économiser 50 cents aux contribuables en achevant son rapport en moins de six mois.

Après avoir visité toutes les provinces et tous les territoires et consulté plus de 350 experts dans le domaine, Buchanan est parvenu à la conclusion que le tourisme était une industrie lucrative qui pouvait — et devait — prendre plus d'ampleur. Les activités touristiques employaient plus d'un demi-million de Canadiens, généraient des dépenses de l'ordre de trois milliards de dollars et fournissaient des débouchés rapides et relativement peu coûteux aux jeunes et moins jeunes, aux travailleurs qualifiés et non qualifiés, dans les villes et les régions rurales de tous les coins du Canada. Mais, pour développer cette industrie, il fallait une approche coordonnée. Le tourisme est tributaire d'une foule d'éléments disparates, de la fluctuation de la monnaie à l'état des routes, des exigences relatives aux visas à la qualité des terrains de golf; je me rappelle avoir constaté le gaspillage auquel nous condamnait ce manque de coordination lorsque j'ai vu une annonce de deux pages qui avait été payée par le gouvernement du Yukon dans la revue *The Economist*. On imagine difficilement un touriste du Royaume-Uni parcourant tout le Canada rien que pour voir le Yukon; alors, pourquoi ne pas mentionner aussi les autres régions du pays pour lui offrir un forfait plus attrayant?

Donc, en nous basant sur les recommandations de Buchanan, nous avons proposé une approche coopérative à Ottawa, aux gouvernements provinciaux et territoriaux et aux grands acteurs de l'industrie; tous ont accepté de siéger à la nouvelle Commission canadienne du tourisme, dont Buchanan serait lui-même le premier président. Partant du principe que les gens ne vont jamais dans les endroits dont ils n'ont pas entendu parler, nous avons accepté aussi d'accroître de 15 à 50 millions de dollars par an le budget publicitaire dans le secteur du tourisme chez nous et à l'étranger en imposant des compressions dans d'autres domaines, et nous avons réussi à persuader l'industrie d'investir un dollar pour chaque dollar que nous y verserions.

Après quatre années de succès, nous avons accru notre part annuelle jusqu'à 65 millions de dollars, et le déficit commercial dans le domaine du tourisme a chuté de six milliards qu'il était en 1993 — soit presque un quart de notre déficit commercial global à l'époque — à 1,5 milliard en 2002, avant qu'il ne recommence à se creuser avec la force du dollar canadien, le resserrement de la sécurité aux frontières au lendemain du 11 septembre 2001 et l'épidémie du SRAS à Toronto en 2003. Rien que dans ma circonscription, l'industrie touristique a créé plus de mille emplois en sept ans et contribué à réduire le chômage de moitié.

Côté recettes, nous avions beau profiter énormément de la relance d'une croissance économique stimulée par les mesures budgétaires que nous prenions, la baisse des taux d'intérêt, la relance américaine et la faiblesse du dollar canadien, nous restions mal placés pour augmenter les impôts. Les Canadiens étaient déjà surtaxés, et même la gauche du Parti libéral en était venue à admettre que les gens n'étaient pas d'humeur à absorber une hausse des impôts. Nous avons dû nous limiter à exiger quelques droits des usagers, à boucher des échappatoires injustes pour les fiducies familiales, à imposer une taxe spéciale sur les profits bancaires, à éliminer l'exemption pour gains en capital de 100 000 dollars et à accroître la taxe d'accise fédérale sur le tabac et l'essence. Nous avons aussi débloqué de nouveaux crédits pour le ministère du Revenu national pour la simple raison qu'il faut plus de percepteurs si l'on veut courir après ceux qui ne paient pas leurs impôts.

Chose certaine, il n'y avait pas moyen de baisser les impôts d'une façon marquée avant l'heureux retour des excédents budgétaires. Pour ma part, je n'ai jamais cru dans la courbe Laffer, théorie portant le nom d'un économiste de l'offre américain qui avait été l'un des conseillers du gouvernement Reagan, et selon laquelle, en deux mots, un gouvernement augmente ses recettes s'il réduit l'impôt. Si c'était aussi facile que ça, tout le monde le ferait. Quel politicien ne voudrait pas réduire les impôts pour gagner des votes ? Poussée à sa logique extrême, la courbe Laffer ne tient pas debout parce que, si vous abaissez les taxes à zéro, comment allez-vous accroître vos recettes ? Dans la pratique, tous les gouvernements qui ont adhéré à cette thèse se sont retrouvés avec des déficits plus lourds, des taux d'intérêt plus élevés et des inégalités sociales plus prononcées.

Pour la plupart des Canadiens, la meilleure baisse d'impôt que leur a accordée le gouvernement libéral — plus que ce qu'ils auraient reçu en tout cas du Reform ou des conservateurs — a été la réduction des taux d'intérêt. Au cours d'un voyage en avion d'Ottawa à Halifax, par exemple, un jeune député est venu me remercier d'avoir équilibré le budget. Il avait pu ainsi renouveler son hypothèque de 100 000 dollars à un taux de six pour cent au lieu de 11,5 pour cent, soit une économie annuelle après impôt de 5 500 dollars qui allait directement dans ses poches, de l'argent rien qu'à lui qu'il pouvait consacrer à sa famille. Quand j'ai quitté la politique, les taux d'intérêt étaient à moins de cinq pour cent.

S'il y a une promesse que je n'avais jamais faite, cependant, c'était d'abolir la taxe fédérale de sept pour cent sur les produits et services. Il est vrai que, lorsqu'il formait l'Opposition, le Parti libéral avait fait tout en son pouvoir pour empêcher le gouvernement Mulroney d'imposer la TPS en 1989, mais dans la course à la direction du parti en 1990, j'avais été pratiquement le seul à dire qu'il ne fallait pas promettre d'abolir cette mesure tant qu'on ne saurait pas comment remplacer les recettes perdues. Il est vrai aussi que je m'étais laissé aller, comme chef de l'Opposition, à épouser l'hostilité de mon caucus à la TPS. Mais après avoir entendu un comité de trois experts me dire qu'ils n'entrevoyaient pas de solution meilleure, j'ai fait en sorte que notre plate-forme électorale ne nous engage pas à supprimer intégralement la TPS, à moins d'y trouver un substitut viable. « Le gouvernement libéral va remplacer la TPS, disait le Livre rouge, par un système qui générera des recettes équivalentes, qui sera plus équitable envers les consommateurs et les petites entreprises, qui atténuera les perturbations dans la petite entreprise et qui fera la promotion de la coopération et de l'harmonie en matière de fiscalité entre le fédéral et le provincial. »

Notre promesse était assez claire dans mon esprit — *remplacer,* et non abolir, la TPS — mais j'ai commis une erreur en finassant un peu trop sur les nuances. Chose certaine, ma crédibilité et celle de mon parti ont beaucoup souffert du fait que nous avons donné à de nombreux électeurs l'impression que nous allions les débarrasser de la taxe de vente, même sans système alternatif. J'avais moi-même semé une certaine confusion au cours de la campagne électorale en commettant un lapsus un jour où j'étais fatigué, et j'avais eu beau émettre une clarification dès le lendemain matin, la presse n'avait pas jugé bon d'en faire état. Ensuite, Sheila Copps avait embrouillé les choses en prenant un engagement imprudent dans le feu d'un débat télévisé : elle allait démissionner si le futur gouvernement Chrétien n'abolissait pas la TPS, rien de moins. J'ai trouvé que Sheila a eu du cran de tenir sa promesse quand elle n'a pas su me convaincre de changer d'avis. Comme je l'avais dit à mes ministres au début, si l'un d'entre eux me remettait un jour sa lettre de démission, ce serait pour une raison sérieuse, j'imagine, et je l'accepterais donc sans mot dire. Si Copps jugeait qu'elle devait démissionner, c'était son affaire ; chose certaine, je n'ai jamais pensé que ni moi-même ni quiconque de mon gouvernement, dont mon ministre des Finances, n'avions à nous excuser auprès des électeurs pour avoir omis de tenir une promesse que mon parti n'avait jamais faite de toute façon. Même les électeurs de Sheila ne semblaient pas trop s'en faire non plus avec ça, puisqu'ils ont voté pour elle à l'élection partielle qui a suivi.

Dieu sait que c'était dans l'intérêt du parti, dans l'intérêt aussi du gouvernement et du pays, de trouver un meilleur moyen de taxer les produits manufacturés ou la consommation individuelle. Pour ma part, j'ai vivement encouragé Paul Martin et ses fonctionnaires des Finances à me trouver une solution de rechange aussi vite que possible, et ils ont tous fait de leur mieux. En juin 1994, par exemple, j'ai reçu une note détaillée faisant état du pour et du contre du remplacement de la TPS par une seule taxe fédérale-provinciale sur la valeur ajoutée, une taxe sur les transactions commerciales ou une taxe sur la fabrication. Mais la réalité était celle-ci : une fois la TPS devenue loi et mise en place, il était impossible de trouver un autre système qui soit plus équitable ou plus efficient, et nous ne pouvions tout simplement pas nous permettre de perdre les 15 milliards de dollars que la TPS rapportait au trésor fédéral chaque année. Toutefois, nous avons pu faire avancer certaines choses pour ce qui était de la perception harmonisée de la taxe dans certaines provinces, de la réduction de son coût administratif, et aussi pour supprimer les dédoublements dans toutes les provinces, sauf au Québec. Ce n'était peut-être pas le remplacement de la TPS que nous, ou les Canadiens, avions espéré, mais c'était le mieux qu'on pouvait faire dans les circonstances.

★   ★   ★

Au terme de notre troisième année au pouvoir, au lieu d'avoir réduit le déficit fédéral à trois pour cent du PIB comme nous l'avions promis dans le Livre rouge, cette proportion n'était plus que de un pour cent. Un an plus tard, on en était à zéro. Le cercle vicieux était devenu un cercle vertueux : la diminution des dépenses avait supprimé le déficit, ce qui avait eu pour effet d'exercer une pression à la baisse sur les taux d'intérêt et le chômage et d'encourager la croissance. Mais ce qui me réjouissait encore plus, c'était de voir que les Canadiens une fois de plus avaient surmonté un défi formidable et l'avaient fait dans la patience, la discipline, la compréhension et la volonté de partager équitablement le poids des charges. Même après le budget très dur de 1995, les sondages d'opinion montraient que 40 pour cent des gens étaient d'accord avec nous et que 40 pour cent pensaient que nous n'allions pas assez loin ; de plus, sauf dans le Canada atlantique et dans certaines régions du Québec rural, les électeurs ne nous ont pas punis trop durement aux élections suivantes pour avoir fait ce qu'ils savaient être la chose à faire. Il est vrai que j'ai été hué par des travailleurs syndiqués à Shawinigan et que j'ai été brûlé en effigie à Bathurst au Nouveau-Brunswick, mais je ne me rappelle pas que ça m'ait fait bien mal, et, chose remarquable, nous n'avons jamais eu de grève nationale majeure sur les bras. Les chefs syndicaux et les organisations militantes avaient fini par comprendre que nous tâchions de traiter tout le monde aussi équitablement que possible, étant donné le gâchis terrible dont nous avions hérité, et que nous ne reculerions jamais devant l'affrontement.

Dès le départ, la constance et la résolution avaient été d'une importance primordiale, au même titre que la solidarité gouvernementale. Il n'y avait pas beaucoup de ministres heureux d'avoir à amenuiser leurs attributions et leurs programmes, mais la solidarité du cabinet a triomphé. Tous les ministres adhéraient à la cible du Livre rouge, même si cela contredisait les idéaux de certains et qu'ils risquaient la défaite aux prochaines élections. S'il y a une chose dont je ne doute pas, c'est que les gens nous croyaient parce que nous étions libéraux. Les Canadiens savaient qu'un libéral ne jouerait pas avec les programmes sociaux rien que pour le plaisir de la chose. Ils comprenaient que nous n'agissions pas dans l'abstrait ou pour quelque satisfaction sectaire: Lloyd Axworthy, évidemment, ne prenait aucun plaisir à sabrer les programmes sociaux; André Ouellet ne réduisait pas non plus l'aide internationale pour des raisons de doctrine; Sergio Marchi n'a pas imposé sa taxe d'établissement de 975 dollars aux nouveaux immigrants parce qu'il en voulait moins; et ainsi de suite. Tous les ministres ont pu faire leur devoir sans qu'on mette en doute leur engagement social.

Il y a eu des moments, oui, où j'ai même dû être plus dur que Brian Mulroney ne l'a jamais été. Mais les Canadiens étaient disposés à m'accorder le bénéfice du doute, je pense, parce que je n'avais jamais été aussi proche du milieu des affaires que lui. Si l'on pense que vous faites partie du monde des riches, les gens vont soupçonner votre gouvernement d'être trop favorable aux patrons et indifférent à la misère des Canadiens ordinaires. Ce n'était un secret pour personne que j'avais été ministre depuis 1967, que j'avais été au service de Gordon Capital et administrateur de la Banque Toronto-Dominion à l'époque où je ne faisais plus de politique et que ma fille, France, avait épousé un membre de la famille Desmarais, mais dans l'esprit de la plupart des gens, je restais le « p'tit gars » de Shawinigan.

Au même moment, aux Communes, l'opposition était faible, divisée et inconséquente. Le Bloc québécois demeurait obsédé par la séparation du Québec. Le NPD avait virtuellement disparu avec son discours marginal et désuet. Quant à la droite, partagée comme elle l'était entre le Reform Party et deux conservateurs qui devaient se sentir bien seuls, elle était assez mal placée pour s'opposer au régime minceur préconisé dans le budget et à la réduction du déficit et elle n'a jamais su formuler une solution de rechange claire et mitoyenne. Tous les politiciens commettent cette erreur fatale qui consiste à promettre la lune et à se retrouver ensuite incapables de livrer la marchandise. Mais, pour leur part, les politiciens de droite ont énormément de mal à vivre avec les contradictions de leur idéologie. D'un côté, ils blâment toujours l'État parce qu'il dépense trop. De l'autre, ils critiquent aussi les compressions qui frappent les entrepreneurs au service de la défense, les subventions aux entreprises, aux provinces et à leurs circonscriptions, sans cesser d'exiger de nouvelles baisses d'impôt. Ils sont invariablement mécontents, rarement conséquents, et ils refusent de voir que l'état-major militaire, les PDG du privé et les premiers ministres provinciaux auront toujours la main tendue parce qu'assez n'est jamais assez.

Pour les réducteurs d'État, de qui je n'ai jamais attendu bien des votes même lorsqu'ils se disaient heureux de ce que nous faisions, les réalisations du gouvernement libéral relevaient tout simplement de la chance. Il ne fait aucun doute que nous avons agi au moment opportun mais, en politique, si vous prenez une bonne décision, les gens pensent que vous avez de la chance ; si vous prenez une mauvaise décision, ils disent que vous êtes nul. Je crois pour ma part que notre redressement devait plus à la bonne gestion qu'à la chance, et c'est ce qu'ont cru aussi apparemment les délégations qui nous venaient de la France, de l'Allemagne, du Japon et de dizaines d'autres pays, qui venaient ana-

lyser notre réussite, sans parler de tous les chefs de gouvernement qui m'interrogeaient chaque fois que j'allais à l'étranger.
Ils secouaient la tête d'étonnement à voir que nous avions réussi
à diminuer nos dépenses et à réduire la bureaucratie fédérale de
près de 20 pour cent sans nous retrouver avec une révolution sur
les bras.

La réalité était celle-ci : dans les années d'endettement
qu'étaient les années 1980 et 1990, tous les pays occidentaux,
toutes les provinces canadiennes, toutes les municipalités — que
l'on fût conservateur, libéral ou socialiste — avaient le doigt pris
entre le même arbre et la même écorce, et les Canadiens avaient
probablement devancé leurs responsables politiques en reconnaissant l'ampleur de la crise. Ils étaient disposés à nous suivre
parce que nous avions établi une cible provisoire et réaliste de
trois pour cent en trois ans — et nous avons fait mieux que cela.
Sans une telle cible, nous aurions eu plus de mal à maintenir notre discipline financière et politique. Si nous n'avions
pas atteint notre cible, nous aurions suscité de nouvelles attentes
qui auraient été déçues une fois de plus. Au lieu de cela, après
ces années de noirceur, les Canadiens pouvaient voir la lueur
au bout du tunnel. Nous avons aussi aidé notre cause en opérant
ces réformes avec toute la transparence et l'équité voulues et en
préparant tout le monde au même moment avec nos débats
en comité ou nos documents de discussion.

Il est sûr qu'aucun gouvernement n'est parfait et que toute
société a son lot de difficultés, mais les Canadiens peuvent tirer
grande fierté de ce qu'ils ont accompli ensemble en si peu de
temps.

CHAPITRE TROIS

Amitiés américaines

J e n'avais même pas été assermenté que j'ai dû prendre ma première décision capitale concernant la relation entre le Canada et les États-Unis : il s'agissait de savoir tout de suite si nous allions donner force de loi à l'Accord de libre-échange nord-américain (ALÉNA) que le gouvernement de Brian Mulroney et le gouvernement américain avaient négocié avec le Mexique, mais qui n'avait cependant encore été ratifié ni par Ottawa ni par Washington. En novembre 1992, en dépit de la vigoureuse opposition du mouvement protectionniste agitant aussi bien républicains que démocrates, Bill Clinton avait été élu président des États-Unis avec la promesse de faire voter l'ALÉNA, en l'assortissant de quelques conventions subsidiaires concernant la main-d'œuvre et les normes écologiques. Un an plus tard, j'avais remporté une majorité avec le même engagement. Nous allions ratifier le traité, mais en l'assortissant de quelques conditions que nous avions à cœur.

Au cours de la campagne de 1993, cherchant à me prendre en flagrant délit de contradiction, les conservateurs avaient publié un petit vade-mecum reprenant certaines déclarations que j'avais faites au cours de ma longue carrière ; l'une d'entre elles était tirée d'un discours de 1971 où je proposais un accord de libre-échange avec le Mexique et les États-Unis. J'étais aux Affaires indiennes et au Nord canadien à ce moment-là, et je ne me rappelle pas comment j'aurais pu alors tenir des propos aussi étrangers à mes attributions ; quoi qu'il en soit, cela prouvait à tout le moins que j'avais toujours été en faveur du libre-échange. Plus que la plupart des pays, le Canada était, est et sera toujours une nation commerçante, nos emplois et notre croissance en dépendent. L'exportation de produits et de services comptait pour 40 pour cent de la production de notre secteur privé en 1993, et la promotion du commerce était aussi essentielle à notre rétablissement économique que l'équilibre budgétaire et l'abaissement des taux d'intérêt. Donc, pour renforcer la présence du Canada dans les régions du monde qui connaissaient la plus forte croissance, j'ai intégré deux nouveaux postes au cabinet, soit ceux de secrétaire d'État à l'Amérique latine et à l'Afrique et de secrétaire d'État à l'Asie-Pacifique. Moins d'un an après avoir pris le pouvoir, nous avons lancé Équipe Canada, soit une série de missions commerciales très réussies en Asie, en Amérique latine, en Russie et en Allemagne, où j'emmenais avec moi les premiers ministres provinciaux, les leaders territoriaux et des centaines de gens d'affaires.

Je ne faisais plus de politique lorsque John Turner avait mené la charge libérale contre le premier Accord de libre-échange Canada-États-Unis, l'ALÉ. Aussi, quand Mulroney a décidé en 1988 de faire de cet accord l'enjeu premier de sa campagne, j'ai averti le parti que nous risquions de ne pas faire bonne figure. Le pays étant presque divisé en deux sur ce thème, je craignais qu'on ne soit obligé de partager le vote protectionniste avec les néo-démocrates. Je pensais aussi qu'il valait mieux s'en prendre aux piètres états de service de Mulroney en matière économique et politique. Les libéraux, de manière générale, ont toujours été en faveur du libre-échange depuis l'époque de Laurier, lui qui avait courageusement fait campagne pour le traité de réciprocité en 1911 contre des conservateurs obstinément opposés au commerce avec les Yankees. Et, s'il est vrai qu'il y a toujours eu une faction nationaliste au sein du Parti libéral depuis les

La soirée des élections à Shawinigan, le 25 octobre 1993. Aline et moi regardons les résultats à la télévision en compagnie de notre fils, Hubert, de notre fille, France, et de nos quatre petits-enfants.

Les prédictions des experts à la veille des élections de 1993.

Avec mes plus proches conseillers, Eddie Goldenberg et Jean Pelletier, au lende-main de notre victoire, le 26 octobre 1993, dans l'avion qui nous ramènent de Shawinigan à Ottawa.

Fête de famille au 24 Sussex, le 4 novembre 2003.

Avec mon mentor, Mitchell Sharp, l'homme à un dollar par année.

Dans mon bureau avec Marcel Massé, le ministre responsable de l'Examen des programmes, initiative sans précédent.

Moment de gaieté avec trois de mes prédécesseurs : Kim Campbell, Joe Clark et Pierre Elliott Trudeau.

Le clan Chrétien sur la pelouse du 24 Sussex, juin 1995.

Parlementaire, avant toute chose.

Retraite du cabinet, juin 1994.

Quelques mots au caucus hebdomadaire du Parti libéral, à la Salle de lecture du Parlement.

Petit discours d'encouragement dans le Foyer du gouvernement, avant d'entrer à la Chambre des communes.

Le ministre des Finances, Paul Martin, me remet son second budget, février 1995. Budget capital.

Soirée typique dans mon salon du deuxième au 24 Sussex : au programme, lecture de documents sur fond de musique classique.

Un rare moment de tranquillité.

années 1960, j'adhérais pour ma part à la thèse plus sensée et à l'approche plus pragmatique de mon mentor, Mitchell Sharp. J'ignore si les hautes instances du parti ont eu connaissance de mes propos, sans doute que non, et Turner a décidé d'adopter une position qui faisait la joie des intellectuels et des lecteurs du *Toronto Star* en Ontario. Cependant, ceux-ci n'étaient pas bien nombreux, et il nous avait fallu partager leurs suffrages avec le NPD.

Devenu chef du parti en 1990, j'avais décidé que nous avions intérêt à clarifier notre position sur le libre-échange. Il fallait prouver aux Canadiens que nous n'étions pas seulement de meilleurs gestionnaires, mais que nos idées aussi étaient différentes. Nous devions également démontrer que nos principes avaient évolué en phase avec ces réalités modernes qu'étaient la mondialisation et les marchés communs. Sans jamais désavouer Turner, je me suis mis alors à parler en termes positifs de ce que j'allais faire lorsque je serais premier ministre, et j'ai profité de la conférence d'Aylmer et de la publication du Livre rouge pour préciser la nouvelle orientation du parti. Durant la campagne de 1993, nous nous sommes ralliés autour d'une seule et même promesse : soit l'expansion du commerce libre et équitable dans le cadre de l'Accord général sur les tarifs douaniers et le commerce, le GATT, la création de l'Organisation mondiale du commerce, l'OMC, et la ratification de l'ALÉNA, à la condition d'obtenir quelques améliorations à ce dernier texte, ce que Clinton avait d'ailleurs su faire en 1993 avec ses conventions subsidiaires sur la main-d'œuvre et l'environnement.

Le Livre rouge disait : « Le gouvernement libéral compte réviser les conventions subsidiaires pour s'assurer qu'elles répondent bien à l'intérêt supérieur du Canada. Le gouvernement libéral va renégocier l'ALÉ et l'ALÉNA pour y inscrire un code sur les subventions ; un code *antidumping* ; un mécanisme plus efficace de règlement des différends ; et la même protection pour l'énergie que le Mexique. » Nous avons ajouté l'eau à la liste pour que les Canadiens ne soient jamais contraints d'exporter de l'eau aux États-Unis au détriment de notre intérêt national.

Washington craignait que le Congrès ne refuse net de ratifier l'ALÉNA amendé par Clinton au moindre signe de recul de ma part. D'ailleurs, au lendemain de notre victoire électorale, j'ai reçu un appel de Ross Perot, le milliardaire texan qui s'était présenté à la présidence sous la bannière d'un tiers parti hostile à l'ALÉNA. Je n'étais pas d'accord avec ses idées politiques mais, c'est plus fort que moi, j'ai toujours aimé causer avec ces personnages hors du commun qui bouillonnent d'opinions où la loufoquerie le dispute au bon sens et, chose certaine, Perot était fait de cette étoffe-là. Étant donné que son nom sonne comme Perrault, j'ai commencé par lui dire à la blague qu'il avait peutêtre du sang canadien-français dans les veines. « Vos ancêtres étaient peut-être des Cajuns de l'État d'à côté, la Louisiane, qui ont américanisé leur nom au fil des siècles, tout comme il y a des Chrétien qui sont allés s'installer aux États-Unis et sont devenus des Christians. »

Perot m'a félicité pour ma victoire, puis il a dit, avec son lourd accent du Texas et sa diction de mitraillette : « Monsieur Chrétien, si vous réussissez à bloquer l'ALÉNA, je vais faire ériger une statue géante de vous ici au Texas.

— Vous êtes bien bon, monsieur, lui ai-je répondu du tac au tac, mais vous savez, il n'y a pas beaucoup de monde qui vote pour moi au Texas. »

En fin d'après-midi, le mardi 2 novembre, je n'avais même pas quitté mon bureau de chef de l'Opposition que James Blanchard, l'ambassadeur américain à Ottawa, a demandé à me voir. L'heure était grave. Ancien gouverneur démocrate du Michigan et intime de Bill Clinton, Blanchard était un homme brillant et énergique qui ne vivait que pour la politique et il adorait jouer au familier des grands de ce monde à qui tout réussit. Le président Clinton, m'a-t-il dit, allait soumettre le texte de l'ALÉNA au Congrès le lendemain, le vote serait extrêmement serré et le gouvernement américain craignait que je ne complique les choses en exigeant une renégociation. Je lui ai expliqué que les libéraux s'étaient opposés à l'ALÉ non pas parce que nous étions contre le libre-échange en principe, mais plutôt parce qu'il ne s'agissait pas d'un accord multilatéral et parce qu'il n'offrait pas au Canada un accès suffisamment assuré au marché américain. Même Mitchell Sharp s'était opposé énergiquement à cet accord. Cette fois-ci, nous allions ratifier l'ALÉNA si nous obtenions les changements dont nous avions besoin pour honorer les promesses du Livre rouge. J'ai également exigé que le gouvernement américain apporte quelques corrections de dernière minute à certains passages qui, accidentellement ou volontairement, avaient été arbitrairement modifiés sur la route du Capitole. Le Canada n'allait pas accepter ce qui avait été jugé inacceptable par le gouvernement Mulroney.

« Vous n'avez même pas encore formé votre cabinet, m'a dit Blanchard. Qu'est-ce qui va arriver si nous nous entendons sur une formule et que votre nouveau ministre du Commerce n'en veut pas ?

— Alors, j'aurai un nouveau ministre du Commerce le lendemain », lui ai-je répondu.

Non seulement je n'avais pas de cabinet, mais je n'avais même pas de conseiller politique ou de haut fonctionnaire à mes côtés. J'avais déjà passé le ballon à Eddie Goldenberg, qui me conseillait en matière de relations canado-américaines depuis des décennies, et lui avais demandé de procéder à des consultations le plus vite possible. Il a discuté de diverses approches et de formules précises avec des responsables américains dans le respect de mes instructions générales, puis il a pris avec lui deux fonctionnaires, Al Kilpatrick et John Weekes, pour traiter des questions techniques. Le 4 novembre, j'ai nommé Roy MacLaren, homme d'affaires torontois et ancien diplomate, ministre du Commerce international pour poursuivre la négociation. Je me disais que si l'accord était repoussé à la dernière minute, la réputation de MacLaren comme ardent partisan du libre-échange, conjuguée avec ses relations de Bay Street, rassurerait le milieu des affaires qui admettrait alors que nous avions fait de notre mieux. Mais, le temps de le dire, il a su négocier deux conventions subsidiaires sur l'énergie et l'eau qui n'exigeaient pas la réouverture de l'accord, ainsi qu'une déclaration commune annonçant la création de deux groupes de travail chargés de s'entendre sur les subventions et le *dumping*.

On m'a souvent demandé depuis ce que j'aurais fait si nous avions échoué, mais je ne réponds jamais à ce genre de question hypothétique et je ne perds pas beaucoup de temps non plus à y réfléchir. Souvent, on risque le tout pour le tout en sachant qu'il faut gagner à tout prix, sans quoi on est sûr d'avoir de gros problèmes, mais on n'a pas les solutions à ces problèmes tant qu'on n'y fait pas face. Pour moi, il ne sert à rien de conjecturer sur des plans de rechange si on n'en a pas besoin. En outre, j'étais optimiste. Il n'y avait rien dans ce que nous proposions qui allait mettre en péril l'accord avec les Américains, et le Canada était avantagé au départ. Bill Clinton avait plus à perdre que moi parce qu'il avait déjà sacrifié beaucoup de son temps et de son capital politique à faire avancer les choses à Washington. Moi, j'étais en début de mandat et j'avais laissé toutes les portes ouvertes au cours de la campagne électorale, notamment la non-ratification. Je sais que certains ont dit que nous aurions pu avoir plus, mais nous avons réussi à obtenir l'essentiel de ce que promettait le Livre rouge, et cela me suffisait amplement.

★   ★   ★

C'est à la fin de la journée, le 18 novembre 1993, que s'est déroulé mon premier face-à-face avec Bill Clinton, lui qui avait passé la moitié de la nuit précédente à suivre le vote sur l'ALÉNA à la Chambre des représentants, puis à célébrer sa victoire, qu'il n'avait remportée que par 34 voix. Notre rencontre a eu lieu dans une suite d'hôtel à Seattle, où devait se tenir le premier sommet des dirigeants des douze pays membres de la Coopération économique de la zone Asie-Pacifique, l'APEC. Je n'oublierai jamais que je suis arrivé à la rencontre en Challenger, c'était ma première conférence internationale comme premier ministre, et je m'étais rendu à Seattle via Yellowknife, où je venais d'inaugurer le nouveau Parlement des Territoires du Nord-Ouest. Alors, quand le petit avion du Canada s'est rangé entre deux Boeing 747 géants, l'un avec à son bord le président des États-Unis, et l'autre, le président des Philippines, je me suis rendu compte que j'avais peut-être un peu exagéré dans l'Opposition en raillant le train de vie impérial de Brian Mulroney. À côté de la plupart des chefs de gouvernement, mon prédécesseur avait des goûts parfois modestes.

Ma rencontre avec Clinton s'insérait dans un emploi du temps fort chargé, à 20 h 30, et c'est tout juste si nous avons abordé quelques questions, histoire de faire connaissance, tandis qu'une douzaine de membres de nos délégations respectives, assis sur deux rangées de chaises, nous observaient de loin. Clinton était manifestement épuisé par sa longue journée de voyage, mais je l'ai trouvé d'un abord agréable et prompt à rire. Mais j'hésitais encore à établir le genre de relations amicales que Mulroney avait cultivées avec Ronald Reagan et George Bush. Les Canadiens ne veulent pas que leur premier ministre cherche inutilement querelle au président des États-Unis, mais ils ne veulent pas non plus d'une relation trop intime entre les deux. « Je n'ai pas pour ambition d'aller pêcher avec le président des États-Unis, avais-je plaisanté au cours de la campagne, parce que je ne veux pas être le poisson. » Comme je ne voulais pas avoir l'air de me vautrer aux pieds de Clinton à notre première rencontre en territoire américain, j'ai refusé d'annoncer à Seattle l'adhésion du Canada à l'ALÉNA. Il m'a fallu aussi des mois avant que je sois suffisamment à l'aise avec Clinton pour l'appeler par son prénom.

« Monsieur le président, lui ai-je dit, il faut que je vous dise quelque chose. Je ne veux pas trop me rapprocher de vous. » Il a eu l'air surpris. J'imagine que le commandant en chef des forces armées américaines ne se fait pas souvent dire des choses pareilles. « Le Canada est votre meilleur ami, votre plus grand partenaire commercial et votre allié le plus proche, mais nous sommes aussi un pays indépendant. Il serait bon pour tous les deux de garder certaines distances. Si nous passons pour le cinquante et unième État de l'Amérique, nous ne pourrons rien pour vous à l'échelle internationale, au même titre que le gouverneur de la Californie ne peut rien pour vous à l'étranger. Mais si le monde voit que le Canada chemine seul, nous pourrons faire des choses pour vous que même la CIA ne peut pas faire. »

★ ★ ★

Il n'est jamais simple d'être associé et indépendant en même temps. Ma première rencontre avec Clinton avait été cordiale et positive — chose certaine, beaucoup plus qu'elle ne l'aurait été si j'avais refusé de signer l'ALÉNA —, mais nous avons eu un sérieux désaccord dès notre deuxième rencontre. C'était quelques mois à peine après Seattle, au sommet de l'Organisation du traité de l'Atlantique Nord à Bruxelles, en janvier 1994. (Où j'ai d'ailleurs eu le plaisir de revoir François Mitterrand. Il était accompagné de son premier ministre, Édouard Balladur. J'aimais beaucoup l'homme de l'Élysée, l'ayant rencontré plusieurs fois auparavant. J'admirais sa grande culture, son sens du mot juste, son habileté manœuvrière. Il est vrai que lui-même ne doutait nullement de sa grandeur, mais je lui trouvais tout de même une certaine humilité. Surtout après avoir rencontré monsieur Balladur…) Deux années plus tôt, au moment où les conservateurs de Mulroney étaient encore au pouvoir, les Nations unies et l'OTAN avaient jugé nécessaire d'intervenir dans la guerre civile qui mutilait l'ancienne Yougoslavie, et les libéraux avaient approuvé la décision du Canada d'envoyer 2 000 soldats là-bas. Il était de notre devoir, comme citoyens du monde, de mettre fin au nettoyage ethnique qui avait déjà fait tant de victimes de tous bords ; nous témoignions ainsi de notre attachement à l'ONU et à l'OTAN ; et cela relevait de notre rôle traditionnel de gardiens de la paix. Seuls les Britanniques et les Français avaient un contingent plus imposant que le nôtre sur le terrain.

Si les Américains hésitaient pour des raisons de politique intérieure à risquer la vie de leurs propres soldats, ils insistaient quand même pour dominer les discussions stratégiques à Bruxelles, et j'ai dû m'opposer énergiquement aux frappes aériennes contre les Serbes de Bosnie que proposaient les Américains. Je pensais pour ma part que cela ne ferait qu'inciter les forces serbes à exercer des représailles contre les Casques bleus canadiens qui étaient coincés dans la « zone de sécurité » entourant la ville de Srebrenica. « Si vous croyez que les frappes aériennes sont nécessaires sur le plan militaire, ai-je dit à Clinton, fort bien, mais allez faire ça ailleurs. » J'ai été plus franc encore avec la presse : « Les Américains sont prêts à se battre jusqu'au dernier Canadien. » Étant donné mes vives objections, les États-Unis ont reculé, et nous avons plus tard fait cause commune avec la France et le Royaume-Uni en menaçant de retirer nos forces de Bosnie afin d'empêcher les Américains de mettre fin à l'embargo sur les armes. Nous avons fait valoir à ce propos que, en armant les musulmans de Bosnie, nous perdrions tout espoir d'obtenir une solution négociée et que c'en serait fait de notre neutralité. Le jeu deviendrait de plus en plus périlleux pour nos soldats et l'on risquait aussi de voir la Russie intervenir en faveur des Serbes.

Nos troupes étant engagées sur place, je réfléchissais souvent à la question de la Bosnie, même si le Canada avait été exclu du groupe de haut niveau que les Américains, les Britanniques, les Français, les Allemands et les Russes avaient formé peu après le sommet de l'OTAN à Bruxelles pour trouver une solution politique. Étant donné que trois de ces pays n'avaient pas un homme sur le terrain, je ne peux pas dire que cet arrangement me plaisait, mais nos diplomates s'efforçaient de trouver une solution pacifique au front et en coulisses. En juin 1994, pour que l'on comprenne bien que nous étions décidés à mener à bien la tâche que nous avions entreprise, et aussi pour marquer ma solidarité envers nos hommes et nos femmes en armes sur place, j'ai fait une visite surprise en Bosnie. Accompagné d'un petit effectif, je me suis rendu de Paris jusqu'à Split, et de là nous avons survolé en hélicoptère les fermes et les villages dévastés jusqu'à la base canadienne de Visoko, près de Sarajevo. J'ai pu alors constater de mes propres yeux les difficultés de la mission de l'ONU ainsi que l'excellence de nos soldats. Je revois encore ce commandant qui m'expliquait comment il avait négocié un cessez-le-feu avec les Serbes dans les collines d'un côté de la rivière et les musulmans de l'autre pour rouvrir un pont que les deux camps pouvaient désormais utiliser. Je me rappelle aussi l'émotion que j'ai ressentie en rencontrant trois jeunes hommes qui travaillaient côte à côte dans le garage des Forces canadiennes : l'un était serbe, l'autre musulman et le troisième était moitié serbe et moitié musulman.

Il était évident que cette intervention était plus compliquée et plus dangereuse que toutes les opérations de maintien de la paix que nous avions menées depuis l'époque de Lester Pearson. À Chypre, par exemple, les Grecs et les Turcs avaient accepté d'être séparés par un mur, et notre mission au cours des décennies qui avaient suivi consistait à nous assurer qu'ils n'entreraient pas en conflit. En Bosnie et en Croatie, nous étions pris au milieu d'un feu croisé entre deux factions lourdement armées. Même si nous étions allés sur place pour des raisons humanitaires, entre autres pour livrer des aliments et des médicaments aux populations civiles, nous devions consacrer le plus clair de notre temps à nous défendre, nous et les civils. Nous n'étions pas vraiment des gardiens de la paix mais des pacificateurs, ce que j'ai appelé un jour « une Croix-Rouge armée ». Notre objectif et notre matériel étaient essentiellement les mêmes, mais le degré d'engagement militaire était beaucoup plus élevé, le risque de pertes aussi. Pour faire la paix, nos soldats devaient parfois livrer des combats terribles. Rôle très difficile à jouer, exaspérant aussi.

En juillet 1994, au G-7 de Naples, le président Clinton a demandé au Canada de lui venir en aide dans un autre pays troublé, Haïti, où le général Raoul Cédras avait renversé le gouvernement démocratiquement élu du président Jean-Bertrand Aristide en septembre 1991. Des milliers d'Haïtiens innocents se faisaient massacrer sous cette dictature militaire et plus de

40 000 réfugiés avaient fui par bateau aux États-Unis. Comme les Nations unies et l'Organisation des États américains n'avaient pas su imposer une solution pacifique, Clinton était pressé de toutes parts d'ordonner une intervention militaire. L'ennui, c'était qu'à l'approche des élections de mi-mandat au Congrès, en novembre, l'idée d'envahir Haïti ne suscitait guère l'enthousiasme des Américains, des dirigeants républicains et même de nombreux démocrates. Si l'on se souvenait de la victoire relativement facile de Ronald Reagan lors de l'invasion de la Grenade en 1983, on se souvenait encore plus du massacre des soldats américains en Somalie en 1993. Tous pensaient qu'il serait plus difficile d'entrer à Haïti que d'en sortir.

Clinton m'a demandé si le Canada était disposé à se joindre à la force multinationale sous le mandat des Nations unies que dirigeraient les Américains et qui serait chargée de chasser Cédras. Je lui ai répondu que le Canada n'avait pas pour vocation de renverser des dictateurs. Que nous préférions faire en sorte que les sanctions économiques aient l'effet recherché et, si une invasion était absolument nécessaire, nous contribuerions par la suite à rebâtir Haïti avec nos ingénieurs militaires, nos hélicoptères tactiques, nos experts en communications et notre personnel de sécurité dans la seconde phase de la Mission des Nations unies en Haïti, la MINUHA-II. « D'ailleurs, ai-je écrit au président le 29 août 1994, nous allons bientôt entreprendre la formation d'un nouveau corps de police composé d'expatriés haïtiens, ici au Canada. Nous allons ensuite participer à la MINUHA-II avec nos membres de la Gendarmerie royale du Canada et nous pourrons aussi fournir des experts qui verront à la réforme de la magistrature et aux autres refontes administratives qui sont essentielles à l'établissement d'un État de droit en Haïti. »

Dès lors, le Canada n'était pas de l'imposante force multinationale qui a contraint Cédras à céder le pouvoir en septembre et qui a ensuite facilité le tumultueux retour d'exil d'Aristide en octobre. Mais, fidèles à notre parole, nous avons participé en mars 1995, avec un contingent réduit composé surtout de soldats américains, à la restauration de la paix et de la démocratie.

Un an plus tard, à l'approche de sa réélection, Clinton tenait à fermer le dossier d'Haïti, craignant que la violence n'y reprenne et que de nouvelles vagues de Haïtiens ne déferlent sur les côtes de la Floride au beau milieu de la campagne. Il voulait donc voir le Canada assumer le commandement de la force multinationale à la fin de mars 1996. Nous avons donné notre accord et avons envoyé 700 soldats sur place à nos frais dans le cadre de la force de maintien de la paix des Nations unies.

À mon avis, Haïti est un exemple classique de ce que nous pouvons faire pour les Américains et qu'ils ne peuvent pas faire eux-mêmes. Le Canada et Haïti sont tous deux membres de la Francophonie ; nous avons des liens que nourrissent les universités québécoises et l'imposante communauté haïtienne de Montréal ; nous nous préoccupons de la situation politique et sociale du monde sous-développé ; et nous étions perçus à ce moment-là par nos nombreux amis des Antilles comme des gardiens de la paix neutres et non comme des envahisseurs impérialistes, en partie du fait que nous avions refusé de prendre part à la première phase de la mission. Plus tard, et en plus d'une occasion, en public et en privé, le président Clinton m'a témoigné sa gratitude la plus profonde.

★   ★   ★

En décembre 1994, pour mon plus grand plaisir, le gouvernement des États-Unis a organisé le premier Sommet des Amériques à Miami, soit la première fois que se réunissaient les 34 pays de l'Amérique du Nord, de l'Amérique centrale et de l'Amérique du Sud, exception faite de Cuba. Comme le Canada avait longuement insisté pour que Fidel Castro y soit invité, des manifestants m'attendaient à mon arrivée, et j'ai eu quelques échanges animés avec d'autres délégués ; mais le feu de la discussion était presque le bienvenu étant donné le froid qui régnait dans la salle de conférence hyperclimatisée du musée Vizcaya.

Autre problème : un soir, le chauffeur et le policier militaire chargés de conduire Roy MacLaren à un dîner en l'honneur des ministres du Commerce se sont perdus en route. Tout ce beau monde s'est retrouvé très loin de Miami tard le soir, dans un coin si reculé et si sombre que ni le chauffeur ni le policier n'ont osé sortir de la voiture pour demander leur chemin. Lorsqu'ils ont pu finalement regagner Miami, trois heures s'étaient écoulées et le dîner était terminé.

La principale discussion concernait l'établissement d'une zone commerciale hémisphérique. Non seulement je croyais dans le principe et les avantages du libre-échange, mais j'estimais aussi que, dans le cadre d'un ALÉNA élargi, il était dans l'intérêt du Canada d'avoir de son côté les 400 millions d'habitants de l'Amérique latine pour faire contrepoids à la puissance économique des États-Unis. Pour leur part, les Américains préfèrent normalement conclure des accords bilatéraux, un par un, pour devenir ainsi la plaque tournante des échanges, mais si nous étions à dix contre un en termes démographiques par rapport aux États-Unis dans le cadre de l'Accord de libre-échange de 1989, plus tard, avec le Mexique à nos côtés dans l'ALÉNA, nous étions à moins de trois contre un, et le poids démographique serait réparti encore plus équitablement si le Chili, l'Argentine ou le Brésil se joignait à nous.

À cette époque, la libéralisation politique et économique trouvait grâce aux yeux de la plupart des dirigeants latino-américains. Oui, après un siècle ou plus de coups d'État successifs, de gouvernements autoritaires, de collectivisme et de protectionnisme, il faudrait encore du temps pour bâtir des institutions démocratiques, mettre en place des procédures constitutionnelles, assurer le respect de l'État de droit et créer une économie de marché. Mais il était évident que le commerce et le développement avaient facilité le cheminement de la dictature vers la démocratie, évolution qui avait à son tour encouragé le commerce et le développement. Les Chiliens étaient particulièrement désireux de se joindre à l'ALÉNA. Les Argentins étaient tout ouïe. Les Brésiliens hésitaient quelque peu, en partie parce qu'ils cherchaient à consolider leur propre union douanière avec l'Argentine, l'Uruguay et le Paraguay, ce qu'on appelle le MER-COSUR, et aussi parce que les Européens, qui ont leurs propres liens historiques avec l'Amérique du Sud, les pressaient de négocier avec eux un traité de libre-échange. Raison de plus pour moi d'aller de l'avant le plus vite possible avec notre propre accord panaméricain.

« En dépit de ces progrès, avais-je écrit au président Clinton le 24 mai 1994 en réponse à son invitation officielle, nous devons quand même nous employer à soutenir et à consolider ces réformes démocratiques. Je recommande par conséquent que figurent en bonne place à l'ordre du jour la gouvernance démocratique, les droits de la personne, la coopération pour la sécurité et les réformes judiciaires et juridiques. Il subsiste de nombreux problèmes sociaux et écologiques dans l'hémisphère dont je n'ai pas à redire la gravité. Je crois donc que nos deux gouvernements doivent donner corps à l'engagement que nous avons pris d'améliorer les dures conditions de vie et de travail qui sont le lot de tant de gens, si l'on veut que ces populations adhèrent sincèrement à l'idée d'un développement humain et durable. Il faudra parler entre autres choses de l'allégement de la pauvreté, de la modération de la pollution industrielle et résidentielle aujourd'hui endémique, de la réduction du chômage chronique et de la lutte contre la criminalité, particulièrement contre le trafic de la drogue. »

En sa qualité de nation industrialisée membre de l'Organisation des États américains et de second pays de la Francophonie et du Commonwealth, le Canada joue un rôle utile et important dans l'hémisphère, particulièrement auprès des pays plus petits et plus pauvres des Antilles et de l'Amérique centrale qui font souvent appel à nous pour obtenir de l'aide ou des conseils. Quand leurs discours obligés à propos de l'oppression coloniale duraient trop longtemps à mon goût, je plaisantais : « Ça va, le Canada est un expert de ces questions. Nous avons été colonisés par les Français *et* les Anglais… » Il arrivait même parfois que nous les représentions à des conférences techniques ou au sein d'agences internationales quand ils ne pouvaient se permettre d'y envoyer une délégation. En 1998, me rendant au second Sommet des Amériques à Santiago, au Chili, j'ai pris à bord de mon avion quinze de leurs chefs se trouvant aux Bahamas, où s'était tenue une rencontre de la Communauté antillaise.

En rencontrant régulièrement les chefs antillais, au Canada et à l'étranger, j'ai pu en apprendre beaucoup sur ces pays et leurs préoccupations. À Miami, au cours d'un petit-déjeuner réunissant les dirigeants de tous les pays antillais membres du Commonwealth, ils m'ont fait part de la nature de leurs problèmes économiques et des difficultés qu'ils auraient à mettre en œuvre le libre-échange. Mais je trouvais encourageant qu'ils parlent pour une fois de commerce et non d'aide. Patrick Manning, le premier ministre de Trinité-et-Tobago, m'a baptisé plus tard le « parrain » du Commonwealth antillais. De même, je me suis lié d'amitié avec Cheddi Jagan, le pittoresque et controversé président de la Guyana, qui s'était converti du marxisme au capitalisme au cours de sa longue carrière. Il avait de la famille au Canada à qui il rendait régulièrement visite ; il m'a demandé mon aide pour faciliter l'envoi d'enseignants retraités en Guyana et encourager des initiatives de développement auxquelles il tenait ; et je l'ai toujours trouvé intelligent, éloquent et aimable. En 1997, alors qu'il était atteint d'une maladie mortelle, une de ses dernières requêtes a été de dire un mot à son ami Jean Chrétien. J'en étais ému aux larmes quand sa femme m'a raconté ça. Chaque heure que j'ai passée avec ces leaders et d'autres à discuter des affaires du monde ou de politique locale nous a rapporté énormément en matière de commerce et d'influence internationale, particulièrement au sein des Nations unies, où les pays antillais disposent d'un bloc de voix imposant.

Le premier Sommet des Amériques a été un succès, surtout parce qu'il s'est soldé par une résolution générale selon laquelle tous les pays s'engageaient à conclure un accord de libre-échange des Amériques qui supprimerait tous les obstacles au commerce et à l'investissement avant le 1er janvier 2005. Pour ma part, j'y tenais beaucoup. Sur scène avec Bill Clinton et le président mexicain Ernesto Zedillo à la conférence de presse de clôture, j'ai accueilli avec chaleur le président Eduardo Frei, du Chili, en l'appelant notre quatrième *amigo*. Un mois plus tard, je suis devenu le premier premier ministre canadien à me rendre en visite officielle à Santiago dans le cadre d'une mission imposante d'Équipe Canada en Amérique du Sud. J'avais alors emmené avec moi 200 dirigeants d'entreprises canadiens et nous nous sommes rendus au Brésil, en Argentine et au Chili. Lorsque Clinton n'a pu obtenir du Congrès l'adhésion du Chili à l'ALÉNA, nous les Canadiens sommes allés de l'avant et avons signé notre propre accord bilatéral avec le Chili en 1996.

Malheureusement, nous avons perdu trop vite l'élan qui nous aurait permis de fusionner l'ALÉNA et le MERCOSUR dans une vaste zone hémisphérique de libre-échange. La faute en était à la réémergence de régimes radicaux et américano-phobes en Amérique latine, et aussi au protectionnisme myope d'un trop grand nombre de parlementaires américains. Je le sais pour l'avoir vécu, tout président américain est en faveur du libre-échange. Mais pour s'entendre avec un pays, il doit faire voter à toute vapeur par le Congrès l'accord qu'il a négocié ; si les choses tardent, tous les sénateurs et tous les représentants se mettent à jouer les marmitons, la sauce se gâte et rien n'aboutit. Alors qu'un premier ministre canadien a rarement du mal à obtenir l'accord de la Chambre des communes, à condition qu'il ait un gouvernement majoritaire ; mais les présidents américains n'ont pas la même latitude.

Le Congrès des États-Unis réunit essentiellement des législateurs indépendants et non des partis disciplinés. Il est vrai que les parlementaires se réunissent en caucus entre démocrates ou républicains, mais un démocrate du Sud n'a pas nécessairement les mêmes vues ou intérêts que son homologue du Nord, et un républicain du Nord, ce n'est pas la même chose qu'un républicain du Sud. Le sénateur d'un tout petit État peut exercer une influence démesurée s'il siège à la toute-puissante commission des crédits budgétaires, et chaque vote du Congrès est en fait un vote libre. L'impasse s'éternise si un parti contrôle la Maison-Blanche, et l'autre, le Capitole. Le président des États-Unis est peut-être l'homme le plus puissant de la planète sur les plans militaire et exécutif, mais dans de nombreux dossiers intérieurs et législatifs, il est impuissant à imposer sa volonté.

Un matin de juillet 1997, tandis que j'assistais à un sommet de l'OTAN à Madrid, je me trouvais avec un groupe qui comptait Helmut Kohl, de l'Allemagne, et quelques autres dirigeants, et nous attendions Bill Clinton. Il était en retard, comme d'habitude, et nous étions tous de mauvaise humeur parce qu'il nous avait déjà fait attendre avant le dîner avec le roi de l'Espagne la veille. Nous prenions donc plaisir à médire des Américains et nous nous étions mis à parler de leur système politique. « Les parlementaires américains sont de vrais maquignons, ai-je dit. Tu me donnes un aéroport, je vais te donner un pont en échange. Au Canada, on nous ficherait en prison si on faisait ça. » Et tout le monde a éclaté de rire. Quelques minutes plus tard, j'étais assis à côté de Jean-Luc Dehaene, le premier ministre belge, qui m'a demandé ce qu'il y avait de si drôle. Donc, je lui ai répété ce que j'avais dit, sans me rendre compte que le microphone devant moi était ouvert et que ma plaisanterie était diffusée dans la salle des médias et partout ailleurs dans le monde par CNN. J'ai laissé les choses se calmer pendant quelques jours, puis j'ai téléphoné à Clinton pour lui présenter mes excuses. Je lui ai expliqué que je ne voulais pas l'insulter ; il ne s'agissait que d'une petite plaisanterie qui avait été diffusée par erreur.

« Ne t'en fais pas, Jean, j'ai déjà fait la même chose, m'a-t-il répondu, magnanime. Nous réglerons cette querelle un jour prochain, sur un terrain de golf. »

★   ★   ★

Le fractionnement du pouvoir complique énormément toute transaction avec le gouvernement américain, et le premier à s'en plaindre est le président lui-même. Disons que vous lui soumettez un problème et qu'il veut vous donner raison : vous allez voir, dans la plupart des cas, il ne pourra pas faire grand-chose. C'est cette réalité qui nourrit tant de conflits commerciaux entre le Canada et les Américains, ALÉNA ou pas. Prenons par exemple l'éternelle question du bois d'œuvre. Parlons franchement, les Américains ne s'attendaient pas à ce que le libre-échange fasse la vie aussi dure à leur industrie du bois d'œuvre ; autrement, ils se seraient battus pour avoir la même exemption que nous avons obtenue pour l'eau. Nous n'avons jamais dit que nous ne vendrions pas d'eau aux Américains ; nous avons tout simplement convenu que l'ALÉNA n'en ferait pas mention.

Aux États-Unis, la plupart des terres à bois sont des propriétés privées. Acheter une terre, planter des semis et attendre quarante ans pour couper son bois, ce n'est pas donné. Les propriétaires de ces terres à bois veulent donc qu'on leur assure un bon rendement et ils se prétendent incapables de concurrencer ces damnés Canadiens qui, allèguent-ils, profitent d'un dollar anémique et d'une subvention déguisée, soit le droit d'abattre des arbres sur les terres domaniales en échange d'un droit de souche dérisoire. Alors, l'industrie forestière, qui est riche à craquer et qui a le bras long partout, va crier famine chez tous les sénateurs et députés et hurle que les scieries vont être obligées de fermer si le libre-échange s'applique au bois d'œuvre. Les politiciens leur répondent : mais c'est vrai que vous faites pitié ! Très bien, c'est bien beau, le libre-échange avec le Canada, mais notre bois agonise, aidez-nous ! Et c'est comme ça que Washington finit par imposer des droits compensatoires sur le bois d'œuvre canadien et que ça nous coûte des milliards de dollars. J'ai dû un jour me taper le sermon d'un sénateur républicain du Sud qui me disait que, oui, les constructeurs immobiliers aiment bien le bois canadien mais, que voulez-vous, nos producteurs forestiers n'en veulent pas… Pour découvrir plus tard que la famille du sénateur possédait justement des terres à bois elle aussi ! Quand j'ai fait observer à un responsable américain que ce sénateur était en quelque sorte en conflit d'intérêts, il m'a répondu que, en vertu de la Constitution américaine, tout citoyen a le droit de défendre son bien. Ah bon…

Moi, je pensais que les Américains avaient tort, je pensais aussi qu'ils savaient qu'ils avaient tort (ne serait-ce que parce que les tribunaux et les comités d'arbitrage ne cessaient de leur donner tort), mais l'autorité politique restait impuissante. Clinton m'a même confié un jour que les États-Unis n'accepteraient jamais, au grand jamais, de pratiquer intégralement le libre-échange en matière de bois d'œuvre. En 1996, donc, plutôt que de céder aux braillements de ceux qui exigeaient des représailles qui consisteraient, par exemple, à limiter nos exportations d'énergie aux États-Unis ou à imposer un traitement défavorable à certaines importations américaines, ce qui risquait de nuire autant aux Canadiens qu'aux Américains, j'ai accepté à contre-cœur de signer un accord de cinq ans nous garantissant un tiers du marché américain. Lorsque l'accord est arrivé à échéance en 2001, j'ai proposé qu'on demande au gouvernement américain de le renouveler pendant encore cinq ans avec l'espoir d'augmenter le quota graduellement de 33 pour cent à 36 ou 38 pour cent. Un peu comme les Japonais ont fait pour prendre pied sur le marché de l'automobile nord-américain : en faisant leur place petit à petit, sans se faire remarquer, en reculant un peu les fois où les Américains se plaignaient trop, en poussant et en reculant ainsi jusqu'à obtenir une part importante du marché. Mais les provinces et les producteurs de bois d'œuvre canadien voulaient que j'obtienne des Américains l'accès total ou rien.

« D'accord, tu peux essayer, ai-je dit à Pierre Pettigrew, mon ministre du Commerce international de l'époque, mais tu cours à l'échec. Il y a des fois où la perfection n'est tout simplement pas de ce monde. » C'était écrit : le gouvernement américain a refusé de se soumettre au mécanisme de règlement des différends, et il a fallu des années de menaces et d'acrimonie avant qu'un autre accord, encore moins satisfaisant, ne soit conclu par monsieur Harper en avril 2006. Lorsqu'il s'agit de différends commerciaux avec les États-Unis, je le sais trop bien, le président américain a beau vous être acquis, sa toute-puissance légendaire redevient platonique.

C'est d'ailleurs exactement ce que Bill Clinton m'a avoué au cours du conflit parfois épineux que nous avons eu avec les Américains à propos de la pêche au saumon sur la côte du Pacifique. Lorsque je reprochais à son gouvernement de traîner de la patte dans la négociation d'un système de quotas équitable qui préviendrait la disparition des stocks de poissons, Clinton me faisait toujours la même réponse : « Désolé, Jean, mais ça, c'est l'affaire des États de Washington, de l'Oregon et de l'Alaska, des bandes amérindiennes, des ministères fédéraux compétents et du Congrès. Avec trois ou quatre douzaines d'acteurs en jeu, je n'ai tout simplement pas le pouvoir qu'il me faut pour agir dans l'intérêt commun. » Il a fallu un échange franc et peu diplomatique entre le vice-président américain, Al Gore, et le ministre des Pêches canadien, Brian Tobin, au cours d'un déjeuner au 24 Sussex en juillet 1994, la menace d'un droit d'immatriculation de 1 500 dollars pour tous les bateaux de pêche américains entrant dans les eaux canadiennes et le blocus d'un traversier de l'Alaska organisé par des pêcheurs canadiens en colère à Prince Rupert pour qu'un accord soit enfin signé en 1999.

Ce qui ne revient pas à dire que l'ALÉNA est un échec, loin de là. Le commerce entre le Canada et les États-Unis a doublé entre 1993 et 1997, il s'échange pour près de deux milliards de dollars par jour entre les deux pays, et les différends ne représentent que un pour cent de la valeur de ces transactions. Bon nombre de ces conflits ont été résolus à la satisfaction des deux parties grâce à l'âpreté au travail des ministres et des fonctionnaires compétents. En fait, si j'en crois mon neveu Raymond Chrétien, ce diplomate de carrière qui a été ambassadeur du Canada aux États-Unis de 1994 à 2000, le nombre de dossiers controversés qu'il avait à gérer avait en fait baissé de 120 à 10 au cours de son séjour à Washington.

Bien sûr, le Canada était avantagé du fait que Raymond était un diplomate chevronné, disposant d'une vaste expérience, doué d'un esprit vif, d'une voix forte et d'une personnalité formidable. Lucien Bouchard, à l'époque où il était chef du Bloc québécois, n'avait eu que des louanges à me prodiguer pour cette nomination parce qu'il savait que Raymond avait acquis une réputation d'éminent diplomate en Europe, en Amérique latine, en Afrique, au Moyen-Orient et aux Nations unies. Même s'il s'acquittait de son service en passant par les filières ministérielles voulues, je lui parlais avec plus de franchise et plus souvent qu'un premier ministre ne le fait normalement à l'un de ses ambassadeurs, pas seulement parce qu'il est mon neveu mais aussi parce qu'il était dans la capitale américaine et qu'il lisait extrêmement bien le jeu politique. Il comprenait à la perfection le système à Washington et à Ottawa ; il connaissait les hauts fonctionnaires dans les deux capitales ; et c'est lui qui m'a suggéré de prendre comme conseiller diplomatique James Bartleman, qui venait d'occuper le poste d'ambassadeur du Canada à l'OTAN à Bruxelles. Comme j'aimais le dire à la blague, chaque fois que Raymond téléphonait à la Maison-Blanche, on acceptait la communication parce que la standardiste ne pouvait pas savoir lequel d'entre nous deux téléphonait, et on m'a dit qu'il était le seul ambassadeur étranger que Clinton et Gore appelaient par son prénom. « Hé, Raymond, comment va ton vieil oncle ? » lui demandait toujours le président.

Il est sûr que la fraternité spontanée et les bonnes communications sont nécessaires lorsqu'il s'agit d'huiler les rouages de la diplomatie, mais les affaires sont les affaires, et l'amitié attend son tour. Même Brian Mulroney n'a pas toujours obtenu tout ce qu'il voulait de ses bons amis Ronald Reagan et George Bush. En fait, comme je l'avais dit à Bill Clinton au départ et comme je l'ai prouvé maintes fois par après, je voulais que notre relation soit amicale mais professionnelle. Cela dit, il était très difficile de résister au charme de Bill Clinton. Nous avions tous deux connu des débuts modestes, dans une petite ville de campagne. Nous parlions souvent au téléphone ou échangions des lettres. Nous nous voyions plusieurs fois par an : aux rencontres du G-7, de l'ONU, de l'OTAN, de l'APEC ou dans des séances de travail bilatérales. Nous avons joué au golf lui et moi une douzaine de fois. Même si ni l'un ni l'autre n'hésitait à défier son adversaire lorsque l'occasion l'exigeait, nous préférions tous les deux marquer des points par l'humour plutôt que par la colère. Un jour, après avoir protesté contre la décision de son gouvernement de limiter les importations de blé dur canadien, alors que tout le monde sait qu'il n'y a pas de meilleur produit au monde pour faire des pâtes, j'ai taquiné Clinton en lui disant qu'il perdrait le vote italo-américain s'il voulait courtiser le Midwest et je l'ai menacé de rapatrier Wayne Gretzky, des Kings de Los Angeles, en représailles. Il a éclaté de rire, mais il a compris le message en même temps.

Par-dessus tout, nous avions en commun l'amour et la connaissance du sport et de la politique. Clinton est fou de sport comme moi. Encore aujourd'hui, retraités comme nous le sommes tous les deux, quand l'envie me prend de jaser avec lui, le meilleur moment pour lui téléphoner, c'est quand un match de football ou de basket-ball important passe à la télévision, parce que je sais qu'il le regarde. Il nous est arrivé quelques fois de suivre un match et de parler politique au téléphone en même temps. Parler politique est chose naturelle pour tous les politiciens. C'est agréable ; c'est notre métier ; c'est ce qui nous unit ; mais Bill Clinton, lui, est un véritable aficionado. Durant les pauses ponctuant les sommets ou après dîner à l'occasion de visites d'État, lorsque le programme officiel et les discussions étaient interrompus ou terminés, nous nous plaisions à discuter des détails stratégiques et tactiques des victoires et des défaites électorales et, comme chaque fois que deux chefs de gouvernement se rencontrent n'importe où dans le monde, nous médisions à loisir des médias. « C'est ta vie privée à toi, lui ai-je dit un jour où les journalistes lui faisaient la vie plus dure que de coutume. Envoie-les donc tous chez le diable. Tu es un bon président et le mieux que tu puisses faire, c'est de bien travailler comme tu le fais toujours. »

Plus Aline et moi passions de temps avec Hillary et Bill Clinton, que ce soit à l'occasion de rencontres internationales ou de visites officielles, plus il était évident pour nous que la première dame était tout aussi passionnée de politique que le président. Elle tenait à prendre part aux discussions importantes ; elle voulait parler des questions de fond ; et chaque fois que j'étais assis à côté d'elle à un dîner officiel, plutôt que d'entendre parler des finesses de mes petits-enfants, elle voulait savoir comment j'avais maîtrisé les problèmes que posaient la santé ou la réforme de l'aide sociale. Tout l'intéressait, elle était bien informée, elle était intelligente, extrêmement plaisante aussi. À les voir ensemble, elle et Bill, j'étais frappé de voir à quel point ils s'entendaient bien. Elle ne se gênait pas pour exprimer un point de vue différent ou aborder un sujet délicat, mais je voyais bien que tous deux partageaient bon nombre d'idées et avaient une vision du monde commune. Elle ne me semblait ni à droite ni à gauche de son mari, et si Hillary n'a pas le charme naturel de Bill, elle possède une forte présence et une personnalité impressionnante.

Étant donné que les Canadiens connaissent généralement mieux la politique américaine que les Américains ne connaissent la nôtre, Bill Clinton et moi discutions habituellement de ce qui se passait aux États-Unis, mais il était étonnamment bien renseigné sur le Canada. Comme il n'avait besoin que de quelques heures de sommeil par nuit, il lisait tout ce qui lui passait sous les yeux. Un jour, il m'a mentionné qu'il avait récemment comparé les coûts administratifs de deux hôpitaux de taille semblable, un de Boston et un autre de Toronto. Il admirait notre pratique du multiculturalisme et du bilinguisme d'État. Il nous enviait aussi d'avoir su maîtriser ces enjeux sociaux que sont le contrôle des armes à feu, la décriminalisation de la marijuana et de l'avortement sans subir de ressac de la part de la droite. Et il n'avait que des éloges pour notre modération, notre tolérance, nos programmes sociaux. Le jour où une revue américaine l'a traité de « Canadien déguisé », à cause de ses idées et de ses programmes progressistes, il a répondu qu'il trouvait le mot flatteur.

« Dans un monde assombri par les conflits ethniques qui déchirent littéralement certains pays, a déclaré le président Clinton à la Chambre des communes, au cours de sa première visite officielle à Ottawa en février 1995, le Canada reste un modèle pour ceux d'entre nous qui rêvent de voir des gens de cultures diverses vivre et travailler ensemble dans la paix, la prospérité et le respect. »

Paroles nobles dont les événements de cette année-là allaient révéler le véritable sens.

CHAPITRE QUATRE

Un jour à la fois

J'aime l'ordre. Trait de caractère, si j'en crois ma femme, que j'aurais hérité de mon père et que j'aurais transmis à notre fils, Hubert. J'aime un horaire bien fait, j'aime aussi que mes outils soient bien rangés dans leur coffre, et pour moi la ponctualité est la politesse des princes. Presque tous les matins, au 24 Sussex, j'étais debout à sept heures, je prenais une douche, je faisais un peu d'exercice et j'avalais à la hâte un verre de jus, une *toast* ou un bol de Raisin Bran, suivis d'un café, un seul, ou d'un chocolat chaud. Certains jours, j'allais nager dans la piscine intérieure ; autrement, je me dirigeais tout droit vers mon bureau pour y lire des documents ou signer des lettres jusqu'à neuf heures, après quoi je faisais le court trajet qui me menait à la colline du Parlement.

Contrairement à mes prédécesseurs, je ne me suis presque jamais servi du bureau du premier ministre au deuxième étage de l'édifice Langevin, cet immeuble aux allures de forteresse en face du Parlement, rue Wellington, où sont situés le Bureau du premier ministre et le Bureau du Conseil privé, et j'ai fini par en céder l'usage à Jean Pelletier, mon chef de cabinet. Je préférais de loin ma suite en coin au troisième étage de l'édifice du Centre de la cité parlementaire, en partie parce que j'aimais être près du champ de bataille qu'est la Chambre des communes, même lorsque celle-ci ne siégeait pas, mais surtout parce que je n'avais pas besoin d'un deuxième bureau et que je ne me sentais pas deux fois plus important parce que j'en avais deux. Comme la pièce était très élégante, avec ses lambris chaleureux, son plafond élevé et ses grandes fenêtres, j'y gardais un minimum de meubles : le bureau de Laurier et un portrait de lui accroché au mur, des photos de famille, quelques sculptures inuites et une série de tableaux du grand peintre québécois Jean Paul Lemieux mettant en scène un roman de la Franco-Manitobaine Gabrielle Roy. Deux artistes canadiens-français qui donnaient corps à la vie dans les Prairies : symbolique qui me plaisait.

Ma première réunion de la journée avait lieu normalement à 9 h 30, avec Jean Pelletier et le greffier du Conseil privé. J'ai connu quatre greffiers pendant mon séjour au pouvoir: Glenn Shortliffe, Jocelyne Bourgon, Mel Cappe et Alex Himelfarb. Cette rencontre — que David Zussman a baptisée la « triangulation » — me permettait d'entendre au même moment mes conseillers politiques et administratifs et d'engager un dialogue avec mes deux conseillers les plus haut placés. Pendant à peu près une demi-heure, nous discutions des événements de la veille, des problèmes qui se posaient dans l'administration ou des difficultés ou différends qui agitaient les comités du cabinet. Le greffier me faisait un rapport verbal ; Pelletier faisait état des répercussions politiques et de la réaction du caucus, des ministres, de la presse ou des simples citoyens et des groupes organisés ; et je résumais le tout en leur faisant connaître mes vues et mes instructions. Le mardi, le cabinet siégeait de 10 heures à midi ; le mercredi, c'était la réunion du caucus libéral. La plupart des autres matins, je tâchais de conserver le plus de temps libre possible pour rencontrer des ministres, des fonctionnaires, des conseillers ou des membres du personnel qui avaient des questions particulières à me soumettre.

Mes visiteurs étaient souvent intrigués, même étonnés, de voir qu'il n'y avait pas un seul papier sur mon bureau. Le fait est que je déteste voir les rapports et la correspondance s'accumuler devant moi. Je crois que l'ordre favorise l'esprit de décision. La plupart des gens laissent s'amasser les documents sur leur bureau parce qu'ils ne savent pas quoi en faire. Quand vous gardez votre bureau dégagé, ça vous encourage à décider, même si vous ne faites que mettre la chemise dans le classeur qu'il faut. En outre, les seuls documents qui aboutissaient sur mon bureau étaient ceux que le greffier ou le chef de cabinet jugeaient dignes de mon attention, et ils me connaissaient assez bien pour savoir que je n'aurais pas un regard pour les dossiers que j'avais décidé d'oublier. La plupart des contentieux qui méritaient une place sur mon bureau étaient les grands problèmes que personne d'autre que moi ne pouvait régler, mais qui avaient été étudiés et discutés par assez de gens pour que la solution me paraisse plus ou moins évidente. Après tout, il est rare qu'on dérange le premier ministre avec des idées de broche à foin.

Tout de même, tout chef de gouvernement court le risque de s'enterrer sous le papier, alors que ce dont il a le plus besoin, c'est du temps pour réfléchir. Afin d'aller droit au cœur d'un problème rapidement, je demandais à mes fonctionnaires de résumer leurs documents en un texte de deux ou trois pages et d'y annexer tout le dossier à titre d'information. J'ai vite découvert que ces synthèses n'étaient ardues que pour ceux qui ne savaient pas vraiment de quoi ils parlaient. Même si je voulais toujours être en mesure de consulter le dossier en entier, j'avais été ministre de tant de choses si longtemps que je connaissais souvent le sujet par cœur ou j'avais vu les mêmes données se répéter sans cesse. Je tardais rarement à prendre une décision. Au contraire, j'avais pour habitude de régler les problèmes immédiatement, d'aller droit à l'essence du sujet, d'analyser les options et de parapher le haut du document si j'étais satisfait, ou alors j'inscrivais un point d'interrogation si je voulais plus d'information. Lorsque le greffier voyait un point d'interrogation, il me rapportait le document ; nous discutions des insuffisances ou des erreurs du texte ; puis le greffier s'en allait et revenait parfois plus tard avec une nouvelle ébauche ; et si le texte répondait cette fois à mes interrogations, je l'approuvais.

Règle générale, je préférais faire affaire avec les gens face à face. Bien sûr, j'écrivais parfois à des amis s'il s'agissait de questions personnelles, mais pour les affaires de l'État, je me contentais de proposer une réponse à mon personnel, je rédigeais quelques notes au bas de la page ou je lui laissais le soin de composer le texte que j'allais plus tard approuver. Si la question exigeait une réponse libellée prudemment, dans le cas d'un chef de gouvernement étranger ou d'un premier ministre provincial par exemple, j'en discutais d'abord avec mon chef de cabinet, mes conseillers ou les experts dans le domaine. Inutile de dire que la vaste majorité des lettres — et plus tard des courriels — que je recevais tous les jours étaient des requêtes prévisibles ou traitaient de questions mineures, et je déléguais simplement le tout à la section de la correspondance du Bureau du premier ministre qui répondait à ma place. Mais ça me faisait tout de même des tas de lettres à lire et à signer, et j'accordais toute l'attention voulue aux bons conseils ou aux bonnes idées qu'on m'adressait.

La plupart du temps, je rentrais chez moi pour un lunch rapide à 12 h 15, avec des invités ou seul avec Aline, et trois ou quatre fois par semaine je retournais à mon bureau à 13 h 30 pour y rencontrer mon adjoint législatif, mon équipe chargée de la presse et mon secrétaire parlementaire pour préparer la période des questions qui commençait à 14 h 15 à la Chambre des communes. Parfois, un ministre ou un fonctionnaire nous rejoignait si je jugeais nécessaire d'être bien documenté sur un sujet en particulier. Question de courtoisie, je répondais presque toujours aux questions des autres chefs de parti et, comme ils étaient quatre, cela prenait souvent presque une demi-heure des 45 minutes qui nous étaient allouées. Je dois admettre que j'avais du mal à ne pas me lever à tout bout de champ pour répondre à toutes les questions. Mon personnel me conseillait de laisser quelques questions à mes ministres : il fallait qu'ils aient le loisir de briller, ils devaient être vus à la télévision, etc. J'étais parfaitement d'accord, et de temps en temps j'autorisais mes ministres à répondre à quelques-unes des premières questions afin de prouver à l'opposition qu'ils maîtrisaient bien leurs dossiers. Le problème, c'était que j'adorais la période des questions et le défi qui venait avec. Loin d'être un fardeau redouté, c'était un moment exaltant de mon quotidien : les députés de l'opposition m'attaquaient, je me défendais, je gagnais ou je perdais, ou ça finissait par un match nul, et on recommençait le lendemain.

À 15 heures, en retournant à mon bureau, je m'arrêtais parfois pour rencontrer les médias, mais s'il n'y avait pas urgence, je préférais les rencontrer une fois par semaine après la séance du cabinet. Je jugeais plus respectueux à l'égard du Parlement de laisser les journalistes faire leur travail en se basant sur ce qu'ils avaient entendu à la Chambre. De retour à mon bureau, pendant environ une demi-heure, je recevais des députés, notamment des députés des partis d'opposition, qui avaient des choses à discuter avec moi ou voulaient me présenter leurs parents ou leurs commettants, ou des visiteurs distingués qui voulaient se faire photographier avec le ministre. Ces séances étaient nécessairement brèves, mais je jugeais important que le plus de gens possible aient l'impression que j'étais accessible. Le reste de l'après-midi, je le passais généralement avec des fonctionnaires, des diplomates étrangers, des responsables du parti, des ministres qui avaient une question à me soumettre et des collègues du caucus qui affrontaient un problème grave dont la résolution demandait plus de temps, et bon nombre de ces rendez-vous n'étaient pas prévus dans mon agenda.

★   ★   ★

De temps à autre, bien sûr, une crise venait déranger l'horaire ; dans ces cas-là, je pressais mon personnel et mes ministres de poursuivre leur travail comme si de rien n'était. La véritable différence, dans de tels moments, c'était qu'il me fallait jouer un rôle plus marqué parce qu'il y a des décisions que seul le premier ministre peut prendre. J'aimais dire d'ailleurs : « C'est pour ça qu'on me paie si cher. »

Le 8 mars 1995, par exemple, j'ai reçu à mon bureau Brian Tobin, mon ministre des Pêches et lieutenant de Terre-Neuve. C'est un homme énergique et un excellent communicateur, qui a le verbe facile, un homme pittoresque qui aime rire et qui a le sang chaud, et ce jour-là, il ne décolérait pas. Après des décennies de surpêche, l'industrie historique de la morue du Nord avait presque disparu. En décembre 1993, le gouvernement libéral avait été obligé de prolonger le moratoire qu'avait imposé l'année d'avant le premier ministre Mulroney et de verser des centaines de millions de dollars à ceux qui avaient perdu leur gagne-pain en mer ou dans les conserveries — rien qu'à Terre-Neuve, on estimait que 30 000 travailleurs vivaient de l'assurance-chômage — et ce, au beau milieu de notre lutte contre le déficit. À l'époque, on avait reproché au gouvernement de manquer à ses principes, mais nous estimions pour notre part que nous ne pouvions pas abandonner nos concitoyens qui souffraient de ces circonstances indépendantes de leur volonté.

Le vrai problème qui se posait consistait à rebâtir l'industrie de la pêche alors que les immenses chalutiers industriels d'autres pays, notamment l'Espagne et le Portugal, continuaient de prendre des tonnes de poissons à même les stocks diminués ou en danger des Grands Bancs, dans la zone dite du Nez et de la Queue et du cap Flamand, tout juste à l'extérieur de la zone territoriale du Canada de 200 milles marins. Aux élections, j'avais promis aux Terre-Neuviens que je mettrais fin à cette situation quoi qu'il advienne, et mon gouvernement avait modifié la *Loi sur la protection des pêcheries côtières* en mai 1994 afin de donner au Canada l'autorité pour agir, et ce, en dépit des objections juridiques et politiques de l'Union européenne. Et là, après une année d'accords, de quotas, de menaces et de négociations intenses entre le Canada et l'Union européenne, les Espagnols pêchaient encore la pauvre petite morue et prenaient plus que leur part convenue de turbot, le dernier poisson de fond commercial dont il restait une quantité suffisante.

« Ce turbot est une ressource naturelle du Canada même s'il se trouve à nager au-delà de notre limite des 200 milles marins, avait fait valoir Tobin. Il faut faire quelque chose, maudit ! » Et il avait donné du poing sur mon bureau. Essentiellement, il voulait que je donne l'ordre d'arrêter les chalutiers espagnols en haute mer pour qu'on inspecte leurs prises, et qu'on utilise la force armée au besoin.

Le cabinet était d'accord avec lui en principe et j'avais déjà lancé un avertissement diplomatique aux pays membres de l'Union européenne, mais les choses n'étaient pas si simples : il s'agissait après tout d'arraisonner un navire étranger — qui appartenait en fait à un allié de l'OTAN — dans ce que l'on considérait généralement être des eaux internationales. Les ministres des Affaires étrangères et de la Défense nationale hésitaient fort à voir le Canada s'engager dans ce genre de drame, l'enjeu était de taille. La greffière du Conseil privé, Jocelyne Bourgon, mon conseiller diplomatique, Jim Bartleman, et mon premier conseiller à l'action gouvernementale, Eddie Goldenberg, nous incitaient tous à la prudence et avaient déjà eu des échanges musclés avec Tobin. Pour ma part, je n'appréciais pas les querelles bruyantes et je ne voulais pas non plus désigner un gagnant ou un perdant dans cette affaire. En ce qui me concernait, personne n'avait gagné, personne n'avait perdu. J'avais écouté les deux parties, je m'étais fait une idée et j'avais décidé d'appuyer Tobin, sauf que je l'avais à l'œil aussi dans les moments où j'estimais qu'il allait trop loin.

Je voulais agir. Un, dans mon esprit, la conservation des stocks s'inscrivait dans les efforts que déployait constamment le Canada pour protéger l'environnement mondial au profit de l'humanité toute entière. Deux, mon offre minimale d'une trêve de soixante jours suivie d'une nouvelle négociation avait été laissée pour compte ou écartée comme s'il s'agissait d'une ruse. Trois, je tenais à ce que le monde sache que les Canadiens ne pouvaient pas — et ne voudraient pas — tolérer l'appauvrissement de nos pêcheurs alors que ceux des autres pays venaient nous prendre notre poisson, même si, techniquement, ce poisson se trouvait hors de nos limites. Nous avions toujours été à l'avant-garde en ce qui concernait le droit de la mer, et c'étaient nous qui avions repoussé la frontière territoriale de 3 milles à 12 milles, puis à 200 milles marins. Le Canada devait donc s'engager dans un bellicisme rare pour lui afin de défendre ses droits à l'extérieur de la limite des 200 milles marins, pour la bonne raison qu'il n'existe pas de frontière protégée par des gardes armés pour contrôler les entrées et les sorties de la morue et du turbot.

Le jeudi 9 mars, deux navires patrouilleurs canadiens armés de mitrailleuses, avec à leur bord des inspecteurs des Pêches et des membres de la GRC, et accompagnés d'un vaisseau de la Garde côtière et d'un avion de reconnaissance se sont lancés en haute mer dans une chasse qui a duré quatre heures, dans un brouillard épais, pour arraisonner le pire coupable, le chalutier espagnol *Estai*. J'étais à mon bureau tout ce temps pour suivre l'évolution de la situation. Bourgon et Bartleman m'adressaient des rapports toutes les heures. J'étais également en communication régulière avec les ministres et les fonctionnaires compétents. Heureusement, il n'a fallu que quatre rafales de mitrailleuse, qui n'ont fait aucun blessé, pour que le capitaine de l'*Estai* se rende et accepte d'être escorté jusqu'à St. John's.

Évidemment, les Européens n'étaient pas très contents. On a accusé le Canada de piraterie, on a agité la menace de sanctions économiques, et notre ambassade à Madrid a été lapidée d'œufs et d'autres projectiles par des manifestants venus des ports de la Galice. Pire, le gouvernement espagnol a autorisé le retour de dix autres chalutiers vers les Grands Bancs quelques semaines plus tard, accompagnés cette fois d'un navire patrouilleur.

Le vendredi 14 avril, Aline et moi rentrions tout juste à Ottawa d'une campagne de financement en Colombie-Britannique et en Alberta. Nous étions épuisés, et Aline avait hâte de jouir des quelques jours de repos que nous prendrions pendant le week-end de Pâques. « Peut-être pas, lui ai-je dit, parce que je déclare la guerre à l'Espagne demain matin. » Pauvre Aline, elle n'a pas fermé l'œil de la nuit.

On la comprend. La décision du cabinet de recourir à la force et de risquer des vies n'avait pas été prise à la légère, mais nous estimions que nous n'avions pas d'autre choix. M'inspirant de la suggestion intelligente de Jim Bartleman, j'ai dépêché un brise-glace pour qu'il se joigne à notre petite flotte qui se composait alors de trois patrouilleurs du ministère des Pêches, deux vaisseaux de la Garde côtière, un navire de ravitaillement et deux frégates militaires. En 1976, dans des circonstances semblables, les Islandais n'avaient pas hésité eux non plus à montrer les dents aux pêcheurs britanniques. Quand on est à bord d'un chalutier et qu'on voit arriver devant soi un brise-glace, pas besoin de canon pour comprendre qu'on a intérêt à déguerpir. À la dernière minute, heureusement, les deux adversaires étant à portée de canon, l'Espagne a reculé. J'ai alors ordonné à Tobin d'en faire autant, et tout le monde a accepté de retourner à la table des négociations.

Ces moments ont été difficiles mais exaltants, et j'ai pu tenir le coup grâce aux judicieux conseils de nos fonctionnaires et au soutien moral que ma décision avait recueilli chez nous et ailleurs dans le monde. Lorsque Royce Frith, le haut-commissaire du Canada à Londres, a visité les ports de la côte britannique, il a été applaudi par des pêcheurs qui agitaient des drapeaux canadiens, heureux de voir que quelqu'un avait enfin osé tenir tête aux Espagnols. Et lorsque Tobin s'est rendu aux Nations unies avec les filets saisis à bord de l'*Estai*, afin de prouver à la presse du monde entier que le pauvre petit turbot tout moche n'avait aucune chance de survie, Emma Bonino, la bouillante commissaire aux Pêches de l'Union européenne, s'est couverte de ridicule avec ses fausses représentations et ses réponses évasives. À tel point qu'elle a préféré prendre le premier avion pour rentrer chez elle. Le Canadien Peter Jennings, le respecté chef d'antenne de la chaîne de télévision américaine ABC, m'a raconté plus tard que la campagne de Tobin était probablement le meilleur coup de relations publiques qu'il ait jamais vu en politique.

Un mois plus tard, en mai 1995, j'étais à Moscou pour assister à une cérémonie commémorant le cinquantième anniversaire de la fin de la Seconde Guerre mondiale, et John Major m'a pressé d'aller serrer la main du premier ministre espagnol, Felipe

González. Notre rencontre s'est déroulée dans la plus grande civilité, mais je dois admettre que nos relations n'ont plus jamais été les mêmes qu'avant la crise. Il n'y a cependant pas eu de représailles graves ni d'amertume durable envers le Canada, peut-être parce que l'Union européenne elle-même y a réfléchi à deux fois avant de soutenir la ligne dure du gouvernement espagnol dans les négociations qui nous ont finalement conduits à un règlement. De même, grâce aux bonnes relations que j'avais établies avec les autres chefs de gouvernement européens, nous avons pu maintenir des voies de communications ainsi que de bons rapports avec tous, même avec ceux qui désapprouvaient notre action. Lorsqu'a eu lieu le sommet du G-7 à Halifax, en juin, tout le monde semblait avoir tout oublié de cette crise ; grâce à notre résolution, un meilleur régime international avait été mis en place ; et les relations avec l'Espagne étaient retournées à la normale lorsque je me suis rendu au sommet de l'OTAN à Madrid en 1997. Je dois dire que j'étais très fier de la manière dont mon gouvernement avait réglé ce problème.

★　★　★

Tous les jours ouvrables, à 18 heures, on me remettait un porte-documents plein de dossiers rouges, de documents et de lettres à signer que je rapportais chez moi, et Bruce Hartley m'en apportait habituellement une autre pile lorsqu'il quittait le bureau vers 20 heures. Si je ne recevais pas au 24 Sussex et que je n'avais pas à sortir, j'aimais souper tranquillement avec Aline avant de retourner pour encore quelques heures de travail devant le bureau lourd et carré qui avait été celui de Lester Pearson à l'époque où il était ambassadeur du Canada aux États-Unis. Parfois, au retour, je lisais quelques pages tard le soir ; parfois je lisais tout un rapport tôt le matin ; parfois je lisais un texte en diagonale pendant qu'on me conduisait au travail ; mais tous les documents étaient paraphés lorsque j'arrivais au bureau. Étant donné qu'aucun de mes proches collaborateurs ou hauts fonctionnaires ne savait jamais exactement ce que j'avais lu en détail ou non, j'aimais les asticoter en mentionnant un fait obscur ou une statistique insignifiante enterrée dans l'une des annexes. « Testez-moi », leur disais-je souvent, rien que pour le sport.

Quand j'étais fatigué de travailler, je m'enfermais dans le salon à l'étage pour y lire un livre — le plus souvent un ouvrage historique ou une biographie, en français ou en anglais, dont le sujet était américain ou européen, étant donné que tout ce qui avait à voir avec le Canada me semblait trop proche de mon travail pour me détendre — ou je fermais les yeux pour écouter de la musique classique, de préférence jouée par un orchestre ou au piano, d'un grand compositeur, Bach, Mozart, Beethoven ou Chopin. La fin de semaine, lorsque j'autographiais des photos à la douzaine ou signais la correspondance ordinaire, j'avais la folle habitude de regarder un match à la télé et d'écouter un CD en même temps. Je n'avais pas vraiment besoin d'entendre le commentaire du match de football, étant donné que je connaissais les noms de tous les grands joueurs et que la moitié des autres avaient l'air de s'appeler Smith de toute façon. Si je ratais une séquence excitante, je pouvais me rattraper avec la reprise. J'adorais tous les sports à la télévision : le football canadien, le football américain, le hockey, le baseball, le basket-ball, le golf, le soccer, le tennis, tout. La plupart des soirs, j'étais au lit à 11 heures. Je ne regardais jamais le téléjournal de fin de soirée, et c'est probablement la raison pour laquelle je dormais si bien.

CHAPITRE CINQ

La drôle de guerre

Assurer l'unité du Canada est sûrement la responsabilité la plus importante du gouvernement national et du premier ministre. Dans mon esprit, et les nombreuses personnalités que j'ai rencontrées ailleurs dans le monde me l'ont confirmé, le Canada est un exemple scintillant de tolérance, de diversité et d'égalité. Et toute ma vie je me suis employé à faire en sorte que les Canadiens de toutes les régions et de toutes origines puissent devenir des partenaires à part entière et actifs dans ce magnifique pays vaste comme un continent, de l'Atlantique au Pacifique, des Grands Lacs à l'Arctique. Il est vrai que l'insatisfaction et le mécontentement ont surgi partout au pays à diverses époques, par exemple en Nouvelle-Écosse quelques années à peine après l'avènement de la Confédération, ou en Alberta un siècle après, mais il n'y a que dans ma province natale, le Québec, qu'on a vu s'incruster un mouvement politique qui a réussi à s'emparer du gouvernement provincial plus d'une fois et à se vouer corps et âme à la sécession.

Le fédéralisme canadien est plus qu'un simple mode de gouvernement comme les autres. C'est aussi un système de valeurs qui permet à des gens différents, vivant dans des milieux différents, de vivre et de travailler ensemble pour le bien de tous.

L'indépendance va-t-elle donner aux gens du Québec un meilleur mode de gouvernement ? À mon avis, non. Un Québec indépendant sera-t-il plus paisible pour autant ? Plus prospère ? Plus juste ? Non. Ou, même, l'indépendance assurerait-elle mieux la survie de la langue et de la culture françaises en Amérique du Nord ? Je le répète, non. Parce qu'il fait partie du Canada, le Québec contribue énormément à la vitalité canadienne et il en profite lui-même beaucoup également. Si le Québec devenait un pays indépendant, je crois que le reste du Canada tomberait vite dans l'orbite américaine, et ce ne serait ensuite qu'une question de temps avant que la petite république du Québec ne connaisse le même sort.

Est-ce que quelqu'un s'attend honnêtement à ce qu'un sénateur francophone aille bien loin dans la défense des droits de la langue française à Washington, alors qu'il y a dix fois plus d'hispanophones américains dont les droits n'ont été reconnus nulle part ? Est-ce que le Québec obtiendrait rapidement et automatiquement le droit d'adhérer à l'ALÉNA, alors que le Chili attend toujours ? Est-ce que les Québécois jouiraient du même niveau de sécurité économique et de la même influence internationale sans l'accès au Pacifique, aux sables bitumineux de l'Alberta, au Commonwealth ou au club des démocraties industrialisées, le G-7 (qui est devenu le G-8 lorsque la Russie s'y est jointe officiellement en 1998 après maints atermoiements et débats) ? Et, en 1995, au moment où des Canadiens de la minorité francophone occupaient les postes de premier ministre, de chef de cabinet du premier ministre, de gouverneur général, de juge en chef de la Cour suprême, de greffier du Conseil privé, de ministre des Affaires étrangères et d'ambassadeur du Canada aux États-Unis, qui pouvait dire sans faire rire de lui que les Québécois souffraient de discrimination et d'oppression au Canada ?

Quand je songe à la discrimination et aux exclusions qui s'exerçaient à l'égard des Canadiens français lorsque j'ai débarqué à Ottawa en 1963, je n'en reviens pas de voir le progrès que nous avons accompli sur les plans politique, économique et social. Au Québec, au début des années 1960, le premier ministre libéral Jean Lesage a fait entrer dans le XXe siècle l'appareil gouvernemental, l'industrie et l'éducation avec sa Révolution tranquille, alors qu'ailleurs au Canada la Commission royale d'enquête sur le bilinguisme et le biculturalisme de Lester Pearson et, quelques années plus tard, la *Loi sur les langues officielles* de Pierre Trudeau mettaient en place des réformes significatives qui faisaient enfin des francophones des partenaires égaux ayant des chances égales à celles des anglophones dans la Confédération. Il y a eu des réactions négatives au début, c'est vrai, mais, une génération plus tard, plus personne ne trouve à redire au droit qu'ont tous les Canadiens d'expression anglaise ou française de traiter avec leur gouvernement national dans leur langue à eux, et tout le monde trouve normal aussi que tous les aspirants aux plus hautes fonctions du pays doivent être en mesure de s'exprimer dans les deux langues. Lorsque Pierre Trudeau a commencé à nommer des Canadiens français aux échelons supérieurs de l'État fédéral, on s'est mis à parler de « French Power ». à Ottawa. Devenu premier ministre moi-même, quand je me suis mis à en nommer autant, sinon plus, non pas parce qu'ils étaient francophones mais parce qu'ils étaient compétents, plus un mot.

En mai 1980, lorsque le gouvernement péquiste de René Lévesque a tenu un référendum pour solliciter le mandat de négocier la souveraineté-association avec le reste du Canada, une solide majorité de Québécois a vu combien les choses avaient changé pour le mieux en vingt ans et a voté résolument non. Sans s'arrêter à ce beau résultat, afin de tenir la promesse qu'il avait faite au cours de la campagne référendaire, Trudeau a lancé cette initiative historique qui a eu pour effet d'enchâsser les droits des Canadiens français dans la Charte des droits et libertés. Au même moment, réussissant là où avaient échoué divers gouvernements canadiens pendant cinquante ans, il a su rompre le dernier lien colonial entre le Canada et la Grande-Bretagne en « rapatriant » notre Constitution du Parlement britannique avec le consentement de toutes les provinces sauf le Québec.

Bien sûr, les séparatistes n'auraient jamais signé un texte constitutionnel améliorant la fédération sans perdre leur raison d'être. Cela ne les a pas empêchés cependant de hurler que le Québec avait été poignardé dans le dos par Ottawa, trahi par les autres premiers ministres provinciaux et exclu de la Constitution — ce qui est tout à fait faux, archifaux. Ottawa n'a fait qu'agir dans le respect des lois et des conventions arrêtées par la Cour suprême du Canada. C'est René Lévesque qui a trahi la bande des huit, cette alliance improvisée de huit provinces, dont chacune, pour des raisons bien à elle, avait pour objet de faire échec à l'initiative constitutionnelle, lorsqu'il a accepté la suggestion de Trudeau de tenir un référendum sur la Charte au Québec sans consulter aucun de ses collègues provinciaux. Et, signature ou pas, le Québec a indéniablement adhéré à la Constitution depuis. Ainsi, Robert Bourassa a invoqué la disposition de dérogation pour défendre sa loi linguistique contre ceux qui lui reprochaient d'attenter au droit de parole. C'est aussi un gouvernement péquiste qui s'est servi plus tard de la nouvelle formule de révision pour modifier le caractère confessionnel du système scolaire provincial en place depuis 1867.

En dépit de tous les efforts que déployait le PQ pour organiser des manifestations de masse ou des protestations à l'Assemblée nationale, la plupart des Québécois étaient prêts à tourner la page et à s'occuper des vraies choses de la vie : leur emploi, leur famille, leur bien-être futur. Lévesque, découragé mais voyant les choses en face, a fini par jeter l'éponge et se retirer des affaires en 1985. Trois mois plus tard, son successeur, Pierre Marc Johnson, était défait aux urnes par Robert Bourassa, qui avait été premier ministre libéral de 1970 à 1976 et avait repris la tête de son parti en 1983. Non seulement Bourassa a remporté une majorité écrasante aux élections de décembre 1985, mais quatre ans plus tard il a été réélu.

Tout était tranquille sur le front constitutionnel, pour ainsi dire, jusqu'au jour où le premier ministre Brian Mulroney, dont le gouvernement progressiste-conservateur avait été élu en 1984 avec le soutien des nationalistes québécois, a décidé de cristalliser cet appui en concluant un accord avec Bourassa. Aux termes de l'accord du lac Meech que Mulroney et les dix premiers ministres provinciaux avaient signé en 1987, accord qui devait être ratifié par tous les parlements du pays dans les trois années à venir, le Québec obtenait cinq concessions importantes en échange de sa signature pour la *Loi constitutionnelle* de 1982. Quatre d'entre elles ne faisaient pas particulièrement problème : un droit de veto sur la plupart des futures révisions constitution- nelles, des pouvoirs accrus en matière d'immigration, le droit à la compensation financière pour toute province qui décidait de se retirer d'un nouveau programme fédéral à coûts partagés et le droit pour la province d'être consultée pour la nomination des sénateurs et des juges de la Cour suprême. La cinquième, qui reconnaissait le Québec comme une « société distincte » au sein du Canada, a été l'étincelle qui a mis le feu aux poudres.

Il est évident que le Québec est une société distincte pour diverses raisons, du fait par exemple de sa majorité française ou de son Code civil. Le problème, c'était que personne ne savait au juste ce que signifiait fondamentalement cette expression, ni quelle incidence elle aurait si on l'enchâssait dans la Constitu- tion. D'une part, elle attisait les émotions de ces Québécois qui investissaient tous leurs espoirs et toutes leurs aspirations collec- tives dans ces deux mots. D'autre part, elle avivait les hantises de ces Canadiens qui craignaient que l'on octroie au Québec des pouvoirs que les autres provinces n'avaient pas, ainsi qu'un sta- tut particulier dans la fédération. Même Mulroney, qui avait vigoureusement défendu cet ajout en disant qu'il était absolu- ment essentiel, affirmait vers la fin de la période prévue pour la ratification que cette expression n'aurait aucun effet tangible, renversement de position qui a dû causer une amère surprise à ces Québécois qui avaient bataillé ferme pour deux mots désor- mais vides de sens.

Moi qui avais survécu de justesse aux querelles ayant entouré le rapatriement de notre loi fondamentale et la Charte des droits à titre de ministre de la Justice sous Trudeau, je jugeais que Mulroney avait eu tort de rouvrir la Constitution. De manière générale, j'estimais que la révision constitutionnelle détournait l'attention du gouvernement des vrais problèmes du jour et que ce n'était la chose à faire que si toutes les autres options avaient échoué. Il s'agissait après tout de la loi mère du pays, de sa loi référentielle et, comme disait Jean Marchand, l'ancien chef syndical et ministre de Trudeau, ce n'était pas en jouant avec la Constitution qu'on allait faire pousser des patates en Ungava. En l'occurrence, j'estimais que l'accord du lac Meech avait une signification plus symbolique que tangible, mais qu'il n'en serait pas moins source de problèmes pour autant. Quand on joue avec des symboles, on risque souvent de rallumer des passions profondes sans régler de vraies questions parce que les gens y investissent tous leurs espoirs et toutes leurs angoisses. Par exemple, je connais peu de Canadiens qui s'intéressent au Sénat, et la nomination d'un sénateur est rarement un événement important pour les gens, exception faite des proches de l'intéressé. Mais si l'on ose y réduire le nombre de sièges auquel une province a traditionnellement droit ou si l'on accorde à une région quelques sièges de plus du fait de son évolution démographique, cette initiative qui semble tout à fait raisonnable à prime abord peut vous exploser au visage comme une bombe parce que les uns et les autres se sentent tout de suite lésés ou blessés dans leur orgueil. C'est exactement ce qui s'est produit au cours des trois années qui se sont écoulées entre la signature de l'accord et le délai de sa ratification, soit le 23 juin 1990, date qui, coïncidence curieuse, était aussi celle qui avait été fixée pour le congrès où le Parti libéral devait se donner un nouveau chef.

Au début, au moment où je livrais bataille partout au pays et me préoccupais essentiellement de grossir ma délégation, l'accord du lac Meech était beaucoup moins mon problème que celui de Mulroney. Après tout, ce n'était pas moi qui avais voulu retoucher la Constitution de 1982, et dans le temps j'étais encore en retrait de la politique. Mais c'est devenu un problème pour moi lorsque mes adversaires dans la course, Paul Martin et Sheila Copps, se sont prononcés en faveur de Meech et se sont mis à invoquer mes réserves à propos de la société distincte pour gagner l'adhésion des délégués québécois. Robert Bourassa n'ayant pas réussi à convaincre David Peterson, premier ministre libéral de l'Ontario et signataire enthousiaste de l'accord, de se présenter contre moi, les organisateurs de Bourassa s'étaient partagés entre Martin et Copps. Les députés libéraux à l'Assemblée nationale qui étaient de mes amis se sont vu interdire de rallier mon camp. Même mon propre député provincial, qui avait été pourtant élu par les mêmes électeurs que je l'avais moi-même été à Shawinigan, s'est volatilisé lorsqu'on lui a demandé s'il allait voter pour moi.

L'un des moments les plus durs de la campagne, je l'ai vécu au cours du dernier débat entre les candidats à Montréal en 1990, lorsque les partisans de Martin se sont mis à hurler que j'étais un traître et un vendu. Certains d'entre eux, qui avaient été emmenés en autobus de l'Ontario, n'étaient même pas capables de prononcer correctement ces mots. Je dois avouer que ça m'a fait mal, mais si j'ai perdu des délégués à cause de ma position face à Meech, j'en ai probablement gagné aussi.

Certains de mes partisans qui s'opposaient vivement à Meech se sont même mis à souhaiter que l'accord passe, ne serait-ce que pour mettre fin à la zizanie qui régnait au sein du Parti libéral et régler une fois pour toutes la question de la signature du Québec pour la Constitution avant que nous ne reprenions le pouvoir. Ils avaient peut-être raison, oui, mais la mise en œuvre de l'accord risquait aussi d'ouvrir une autre boîte de Pandore dont seraient sorties de nouvelles complications qui auraient compromis le fonctionnement du gouvernement fédéral. J'ai donc procédé à des consultations étendues ; j'ai écouté les arguments pour et contre ; j'ai tâché de négocier un compromis en passant par des intermédiaires. En fin de compte, cependant, lorsque l'accord est mort de sa belle mort le jour même où j'ai remporté l'investiture de mon parti à Calgary avec 58 pour cent des voix, il n'y avait plus rien à faire. Lucien Bouchard avait déjà quitté le gouvernement conservateur parce que Mulroney n'avait pas su gérer le dossier ; Mulroney avait creusé sa tombe en se vantant prématurément d'avoir gagé l'avenir du Canada en

« lançant les dés » ; et l'accord avait reçu le coup de grâce à cause d'un vote négatif au parlement provincial du Manitoba et de la décision de dernière minute du premier ministre de Terre-Neuve de ne pas soumettre l'accord à un vote.

Par après, néanmoins, les conservateurs et les séparatistes ont trouvé politiquement avantageux de me diaboliser dans la province de Québec. Aux yeux des conservateurs, ces attaques personnelles devaient avoir pour effet d'arracher des voix aux libéraux fédéraux. Pour les séparatistes, c'était un moyen de s'en prendre au Canada. Comme l'a écrit feu Pierre Bourgault dans son livre de 1990, *Maintenant ou jamais* : « Jean Chrétien ? Il peut nous faire encore beaucoup de mal. On le dit fini et impuissant. C'est faux. Il est toujours l'homme politique le plus populaire au Canada anglais, et même au Québec, il peut compter sur des forces qui, sans être considérables, n'en sont pas moins importantes. » On a eu beau écrire des livres, des articles, tourner des documentaires démontrant que je n'avais pas passé la nuit du 4 novembre 1981 à me promener dans les rues d'Ottawa pour conspirer avec les premiers ministres provinciaux dans le but d'exclure René Lévesque de l'accord qui a conduit au rapatriement de la Constitution — j'étais à la maison cette nuit-là et personne ne pouvait entrer en rapport avec moi, et il ne faut pas oublier non plus que c'était Lévesque qui avait lâché ses alliés provinciaux avant qu'eux ne l'abandonnent à leur tour, et que jamais le Québec n'avait eu la moindre intention de signer quelque accord que ce soit —, il n'y avait pas moyen d'enterrer ce mythe, d'une part, parce qu'il est difficile de détruire un mythe, et d'autre part, parce qu'il était dans l'intérêt de mes adversaires politiques de l'entretenir. Il n'y a pas si longtemps, par exemple, l'un de mes petits-fils s'est fait chicaner dans sa classe à l'école secondaire parce qu'il osait réfuter le faux récit des événements que donnait son manuel d'histoire, lequel a été autorisé par le ministère de l'Éducation du Québec. Il ne s'agissait pas simplement d'une certaine interprétation de l'histoire, c'était une pure affabulation.

De même, en 1990, on me blâmait d'avoir fait échouer

Meech, même si le Parti québécois et Lucien Bouchard avec son nouveau Bloc québécois s'opposaient avec véhémence à tout arrangement avec le Canada. D'ailleurs, lorsque Mulroney et Bourassa ont réussi à obtenir des premiers ministres provinciaux, des leaders territoriaux et des dirigeants autochtones un second accord constitutionnel à Charlottetown en 1992, l'accord de la dernière chance qui a été soumis à l'approbation du peuple dans un référendum national en octobre de la même année, je me suis prononcé en faveur de ce nouveau pacte, mais les séparatistes à Québec et à Ottawa ont tout fait pour le saborder.

Les auteurs de l'accord de Charlottetown voulaient plaire à tout le monde en jouant avec la composition du Sénat, de la Chambre des communes et de la Cour suprême, la répartition des pouvoirs entre Ottawa et les provinces, les futures révisions constitutionnelles, sans que personne connaisse les conséquences qu'il aurait sur le plan pratique. Je vais le dire franchement, je n'aimais pas tout dans cet accord. Mais le Parti libéral, le caucus et moi-même avions assez souffert avec Meech, et c'était d'ailleurs aussi le cas du pays tout entier ; de plus, même si Charlottetown reconnaissait l'existence de la société distincte du Québec, c'était à l'intérieur d'un préambule qui reconnaissait tout autant les principes d'égalité et de diversité pour tous les Canadiens.

Ce qui me préoccupait le plus, c'était que ma prise de position en faveur de Charlottetown ne soit publiquement dénoncée par mon ami et estimé prédécesseur, Pierre Trudeau, qui demeurait convaincu que la mention de la société distincte aurait pour effet d'enchâsser le statut particulier du Québec dans la Constitution. Le Québec disposerait ainsi d'un levier pour gagner davantage de pouvoirs et se rapprocherait de la séparation. Aussi, quand le sénateur Jacques Hébert a averti mon chef de cabinet que Trudeau s'apprêtait à faire une sortie en règle contre Charlottetown à la Maison du Egg Roll à Montréal le 1er octobre 1992, Pelletier m'a pressé de rencontrer secrètement l'ancien premier ministre afin que nous puissions nous entendre. Trudeau a hésité au début, mais il a fini par accepter de dîner avec moi dans une suite de l'hôtel Royal York à Toronto.

Notre discussion, qui a duré environ deux heures et demie, a été très vigoureuse, tout en demeurant respectueuse. Nous avons surtout discuté de la signification que prendrait l'expression « société distincte ». Pour lui, elle avait un sens juridique, auquel cas le gouvernement du Québec pourrait l'invoquer pour passer outre à la Charte des droits ou s'emparer de nouveaux pouvoirs par le biais des tribunaux. Je maintenais pour ma part que ça ne voulait rien dire.

« Jean, m'a répondu Trudeau, il n'existe pas de mots qui ne veulent rien dire.

— Je ne connais pas beaucoup de mots, ai-je admis, mais je sais que ces deux-là ne veulent rien dire. »

Le fait même que Trudeau et moi-même, qui avions été les alliés les plus proches dans la plupart des dossiers constitutionnels, puissions être en désaccord sur la signification de ces deux mots et avoir des points de vue diamétralement opposés illustrait la confusion que Mulroney et Bourassa avaient réussi à semer. À la fin de la soirée, au café, Trudeau et moi nous sommes mis d'accord pour rester en désaccord. Même si nos chemins s'écartaient à Charlottetown, il m'a promis de ne pas miner mon autorité en public et il a ajouté qu'il demanderait à ses admirateurs du caucus libéral de l'imiter. « C'est toi le chef, a-t-il conclu, tu devras donc vivre avec les mêmes réalités politiques dont je ne peux pas me permettre de faire abstraction. »

Cela étant dit, certains de mes conseillers ont cherché à me dissuader d'appuyer Mulroney. S'il arrivait à obtenir l'accord unanime qui avait fait défaut à Trudeau en 1982, me disaient-ils, il pourrait s'en servir pour gagner un troisième mandat. Mais, en politique, si on n'obéit qu'à la logique, on ne va jamais bien loin, et souvent il faut faire des compromis. « Permets-moi de te donner un conseil politique, ai-je dit à Mulroney lorsque j'ai accepté de rallier son camp. Je ne vais pas faire beaucoup campagne pour l'accord au Québec. Dans la plupart des dossiers, je passe bien au Québec, mais à cause de ma mauvaise image dans la presse, les gens n'aiment pas entendre ce que j'ai à dire à propos de la Constitution. Et peut-être qu'à cause de tes problèmes d'image à toi aussi, tu devrais pas toi non plus faire trop campagne. » Je pensais qu'il était d'accord, mais il s'est vite fait rabrouer quand il a traité les opposants à l'accord d'« ennemis du Canada » et qu'il a déchiré un bout de papier pour illustrer ce qui adviendrait des justes revendications du Québec si Charlottetown ne passait pas. Comme discrétion, on avait déjà vu mieux.

Le 26 octobre 1992, Mulroney a perdu son référendum sur Charlottetown. Un an après, son parti a été répudié par tous ces Canadiens, dans toutes les régions du pays, qui en avaient soupé de la question constitutionnelle. « Si vous voulez parler de la Constitution, avais-je dit pendant la campagne, ne votez pas pour moi. »

Les libéraux l'ont emporté haut la main, c'est vrai, mais Brian Mulroney a causé un tort infini à la cause de l'unité canadienne en recourant à des moyens douteux pour faire accepter ses accords. Il a nourri le mythe nationaliste selon lequel le Québec avait été « abandonné, isolé, humilié », comme il l'a déclaré en 1982, et a voulu établir une adéquation hasardeuse entre le destin de Meech et de Charlottetown et l'avenir du Canada. Non seulement le Bloc québécois a remporté assez de sièges au Québec pour former l'Opposition officielle aux Communes en profitant de l'effondrement du vote conservateur sous Kim Campbell et de la concentration du vote de l'Ouest en faveur du Reform, mais en plus le Parti québécois, sous la direction de Jacques Parizeau, séparatiste pur et dur, a pris un coup de jeune. Si le PQ l'emportait aux prochaines élections provinciales, le Canada allait se retrouver avant longtemps aux prises avec un autre référendum déchirant.

CHAPITRE SIX

« Je veux de la clarté ! »

Aucun doute dans mon esprit : Robert Bourassa, étant donné l'accord du lac Meech et ses liens d'amitié avec Brian Mulroney, aurait été plus heureux si les progressistes-conservateurs avaient conservé le pouvoir à Ottawa au lieu d'essuyer une défaite cuisante face aux libéraux de Jean Chrétien. Il est vrai que tous les chefs provinciaux, toutes couleurs confondues, s'efforcent avant toute chose de préserver et d'améliorer les acquis de leur province, mais il existe généralement une communauté d'intérêts et une compréhension naturelle entre les ailes fédérale et provinciale d'un même parti. Mais au Québec, du fait que la thèse nationaliste se retrouve au cœur de tout débat et de toute campagne, on peut se retrouver avec des conservateurs fédéraux proches du Parti libéral provincial et des libéraux provinciaux qui votent pour le Bloc québécois. En fait, s'il est parfaitement normal que le Parti québécois soutienne le Bloc à Ottawa et inversement et que des libéraux fédéraux votent pour les libéraux provinciaux, c'est presque un péché pour le PLQ d'appuyer le Parti libéral du Canada, car on dit alors de lui qu'il compromet son autonomie.

En janvier 1994, à peine deux mois après que j'avais pris le pouvoir, Bourassa démissionnait pour raisons de santé et cédait la place à Daniel Johnson fils, lui qui avait déjà représenté la province quelques semaines plus tôt à ma première conférence fédérale-provinciale. À maints égards, Johnson était aussi proche des conservateurs fédéraux que Bourassa, peut-être même plus. Il provenait d'une famille plus bleue que nature. Son oncle Maurice avait été député conservateur sous John Diefenbaker. Son père avait été ministre de l'Union nationale sous Duplessis et avait accédé au poste de premier ministre après avoir battu Jean Lesage en 1966. L'Union nationale étant partie en quenouille, son frère cadet Pierre Marc avait adhéré au Parti québécois et, plus tard, succédé à René Lévesque au poste de premier ministre. Quelles que soient ses affiliations partisanes, la famille Johnson conservait des liens étroits avec la poignée de conservateurs québécois qui avaient fait clan à Montréal après la défaite de Diefenbaker, ayant survécu à l'avènement de Pierre Trudeau, à la dissolution de l'Union nationale et à la déconfiture de leur parti une fois Mulroney hors de scène. D'ailleurs, Daniel Johnson fils a peut-être été le premier membre de sa famille depuis des générations à voter libéral, et ce n'était bien que parce qu'il s'opposait ardemment à la séparation du Québec.

Au début, il n'y a eu aucun contentieux entre lui et moi, exception faite de la fermeture du Collège militaire royal de Saint-Jean et de quelques autres mesures budgétaires qui frappaient toutes les provinces, certaines plus durement que la sienne. Nous nous téléphonions régulièrement, et j'avais agi avec diligence en février lorsqu'il avait demandé à Ottawa de mettre fin à la contrebande de tabac qui prenait sa source aux États-Unis. La différence dans le prix des cigarettes rendait la contrebande si lucrative que ni la GRC ni les polices provinciales ne pouvaient endiguer le phénomène, particulièrement en ce qui concernait les cigarettes qui transitaient par les réserves des Premières Nations. Bravant la colère de la plupart des autres gouvernements provinciaux, du lobby antitabac et de mon propre ministère de la Santé, nous avions réduit la taxe fédérale sur les cigarettes et supprimé ainsi pratiquement la contrebande du jour au lendemain.

Johnson ayant fixé les élections au 12 septembre 1994, je voulais qu'il gagne, sans nul doute, et j'ai fait tout ce que j'ai pu pour l'aider, sans donner l'impression qu'il était à la remorque d'Ottawa. Malheureusement pour lui, pour le Québec et pour le Canada, Jacques Parizeau l'a emporté. Mais le Parti québécois n'avait repris le pouvoir qu'avec à peu près le même nombre de votes que les libéraux, et bon nombre des électeurs n'avaient voté PQ que pour se défaire d'un gouvernement libéral devenu impopulaire après neuf ans de pouvoir. C'est tout à fait le genre de problème qu'il ne faut jamais soumettre à un politologue, mais la réalité, c'est que certaines personnes vont voter pour l'enfant du pays, quelle que soit son affiliation partisane ; d'autres vont voter pour des partis différents à des paliers différents parce qu'elles n'aiment pas mettre tous leurs œufs dans le même panier; et s'il est vrai qu'un séparatiste pur et dur ne votera jamais pour un libéral fédéral, il y a beaucoup de nationalistes mous et de fédéralistes mécontents qui iront voter pour le Parti québécois. Ça, je le savais, comme je savais aussi que le vote provincial n'aurait aucune incidence sur un futur vote référendaire.

J'ai été particulièrement choqué d'entendre Jacques Parizeau dire le soir de sa victoire que les Québécois voulaient devenir « un peuple normal dans un pays normal ». J'imagine qu'il s'appuyait sur cette idée désuète et irréaliste selon laquelle tout groupe ethnique ou linguistique aurait droit à son État à lui. Mais est-ce qu'il était « normal » aussi dans le monde d'aujourd'hui de scinder un pays qui avait été fondé sur le respect de valeurs telles que la tolérance, la générosité, l'ouverture ? De briser un pays qui avait permis à des personnes issues d'ethnies et de langues différentes de vivre ensemble dans une société paisible, démocratique et libre ? De renoncer à un pays que les Nations unies avaient classé premier au monde en matière de qualité de vie ? De tourner le dos, après quatre cents ans de luttes et de réalisations, à la prospérité et aux promesses d'un pays qui s'étend de l'Atlantique au Pacifique, du pôle Nord à la frontière américaine ?

« Lorsque messieurs Parizeau et Bouchard parlent de devenir un pays normal, ai-je déclaré dans un discours devant la

Chambre de commerce canadienne à Québec le 18 septembre 1994, ça revient à dire que le Canada n'est pas un pays normal. Ça ne m'arrive pas souvent, je l'avoue, mais cette fois je suis d'accord avec eux. Il est vrai que le Canada n'est pas un pays normal. Le Canada est un pays exceptionnel. Le Canada est un pays formidable. Le Canada est le meilleur pays au monde ! »

★   ★   ★

Début décembre 1994. Je rentrais d'une réunion de l'Organisation pour la sécurité et la coopération en Europe à Budapest quand on m'a fait savoir que Lucien Bouchard avait été transporté d'urgence à l'hôpital, atteint d'une rare infection bactérienne qui lui avait arraché la jambe gauche et l'avait conduit à l'article de la mort. Une véritable tragédie pour lui d'abord, étant donné son âge et sa jeune famille, mais qui allait avoir aussi des répercussions importantes sur le plan politique.

Jusqu'à ce moment, malgré tous ses dons d'homme politique érudit, intelligent et éloquent, Lucien Bouchard semblait mal à l'aise dans son rôle de chef de la Loyale Opposition de Sa Majesté. Je ne le savais que trop bien moi-même, il n'y a pas grande satisfaction à critiquer sans arrêt, à vitupérer, à trouver des défauts au voisin, bref, à chialer tout le temps. Surtout après qu'on a été soi-même au pouvoir et qu'on a connu l'exaltation que donne la certitude de contribuer au bien public, avec toutes les nuances que cela suppose. En outre, étant donné son parti pris séparatiste, Lucien Bouchard ne pouvait pas s'intéresser à nos objectifs nationaux pour le long terme. Après tout, il avait essentiellement pour mission de se servir de la Chambre des communes comme d'une plate-forme pour dénoncer tout le mal que le méchant fédéral est censé faire au Québec.

Beaucoup de théâtre dans tout ça. Même s'il l'avait voulu, le Bloc n'aurait jamais pu perturber les travaux de la Chambre comme le faisaient les nationalistes irlandais au Parlement britannique à la fin du XIXᵉ siècle, car les modifications de la procédure avaient supprimé bon nombre de tactiques obstructionnistes du passé. De même, étant donné que les libéraux étaient majoritaires et qu'aucun autre parti n'allait permettre aux séparatistes de tourner en dérision le Parlement du Canada, le gouvernement avait toujours le loisir de recourir à la procédure pour éviter un vote et ainsi contourner le Bloc. Et puis, il faut le dire aussi, Lucien Bouchard avait des manières, sauf qu'il était soupe au lait et capable des pires méchancetés dans ses discours.

Il y a eu des moments, je suis gêné de l'admettre, où je n'ai pas pu résister à l'envie de lui rendre la monnaie de sa pièce. Un jour, au cours d'un débat aux Communes sur l'indépendance, je lui suis rentré dedans. « Pour vous, c'est facile, lui ai-je dit. Vos deux enfants ont la double citoyenneté parce que leur mère est américaine. Si ça ne va pas comme vous voulez au Québec, vous pourrez toujours aller vivre aux États-Unis. Donc, pas de risques pour vous, mais vos copains du Lac-Saint-Jean n'ont pas la même porte de sortie. » Il était tellement furieux qu'il était sorti. J'avais peut-être été trop loin, mais j'avais dit vrai, et c'est peut-être ça qui lui avait fait le plus mal.

Mais le fait qu'il a vu la mort de près, l'amputation de sa jambe gauche et son rétablissement remarquable ont fini par le faire entrer dans la légende. Par exemple, le jour de son opération, il a griffonné un mot à ses médecins : « Que l'on continue, merci. » Il leur donnait ainsi l'ordre de tout faire pour stopper la bactérie mangeuse de chair, mais les nationalistes y ont vu un appel au peuple québécois l'invitant à œuvrer pour l'indépendance. Dieu l'avait épargné, disaient-ils, parce qu'Il lui réservait un grand destin historique, et sa réapparition sur la colline du Parlement en février suivant a été comparée à la résurrection du Christ Lui-même, rien de moins. Même la façon dont il se déplaçait en s'appuyant sur sa canne entretenait le mythe du miraculé dans la conscience des Québécois.

★   ★   ★

Pendant les premiers mois de 1995, cependant, les séparatistes n'avaient pas d'yeux que pour Lucien Bouchard, leurs activités se concentrant autour de la personne de Jacques Parizeau,
qui manigançait à gauche et à droite pour obtenir la victoire référendaire qui lui ouvrirait toute grande la porte sur l'indépendance. Il avait fait de petits voyages à Paris pour amener les
Français à entrer dans son jeu. Il avait dépensé des millions avec
une commission qui avait parcouru le Québec pour gagner des
appuis à sa cause. Et, le 12 juin, il avait formé un front commun
unissant le PQ, le Bloc et l'Action démocratique du Québec,
de Mario Dumont, ce dernier s'opposant cependant à la séparation et ne désirant un OUI que pour obtenir davantage de pouvoirs pour la province. Leur accord promettait la négociation
d'un traité parfaitement loufoque entre le Québec et le reste du
Canada, selon lequel les deux signataires géreraient le gouvernement et l'économie conjointement, ce qui rappelait un peu beaucoup le mouton à deux têtes des foires. Il était entendu que les
Québécois pourraient conserver la double citoyenneté, travailler
n'importe où au Canada, conserver le dollar canadien, avoir
accès au marché commun canadien et rester dans l'ALÉNA,
comme si le gouvernement du Canada n'allait pas avoir son mot
à dire dans tout ça. Au bout d'un an, quel que soit le résultat
de cette négociation, il serait loisible à l'Assemblée nationale de
déclarer le Québec souverain.

D'où j'étais, le cirque de Jacques Parizeau faisait oublier les
vrais problèmes économiques et sociaux qui se posaient alors au
Canada. Paul Martin avait présenté un budget particulièrement
dur en février ; Brian Tobin avait fait la guerre du turbot en
mars ; j'avais reçu les chefs du G-7 à Halifax en juin. Nous nous
inquiétions bien sûr des effets qu'auraient sur les Québécois nos
compressions dans les programmes, notre réforme de la sécurité
sociale et la réduction des paiements de transfert aux provinces,
mais nous avions la conviction qu'en gouvernant bien, en restau-

rant la confiance dans le système politique, en créant des emplois et en remettant en ordre les finances de la nation, nous ferions meilleure impression auprès des électeurs qu'en essayant d'acheter leur soutien avec des promesses de fou. D'ailleurs, selon les sondages, les fédéralistes étaient en meilleure position en 1995 que nous l'étions en 1980, à l'orée de la campagne référendaire, que nous avions fini par gagner 60 pour cent contre 40.

Néanmoins, de son côté, Preston Manning me talonnait pour que je produise un plan B pour le cas où le OUI serait victorieux, faisant valoir que le OUI serait légitime si les séparatistes l'emportaient avec 50 pour cent des voix plus une. Mais pour moi, il n'y avait pour le camp du NON qu'une seule manière de gagner: c'était de faire une bonne campagne et de mériter la victoire, et non de passer la moitié de son temps à se demander ce qu'on ferait si les autres gagnaient. Il y avait tout simplement trop de scénarios possibles quant au déroulement des événements. Ce qui ne voulait pas dire qu'il n'existait pas de plan B, C ou D. J'étais au courant de toutes les options qui avaient été envisagées par un groupe que Pierre Trudeau avait constitué avant le référendum de 1980 (mais je lui avais dit que, pour ma part, je n'allais pas perdre une minute de mon temps à jouer avec des scénarios catastrophes et que j'irais plutôt sur le terrain pour me battre) et je présumais que mes ministres avaient ordonné à leurs services de prévoir toute éventualité : Paul Martin verrait aux conséquences financières et budgétaires, Allan Rock, aux aspects juridiques et judiciaires, André Ouellet, aux répercussions diplomatiques et aux traités, et ainsi de suite. Il n'y avait rien d'inhabituel là-dedans ; c'étaient les mesures de précaution que prend tout gouvernement en pareil cas.

Quant aux conjectures sur la taille d'une majorité du OUI, je trouvais illogique et irresponsable que Manning se livre à ce genre de petit jeu. Illogique parce que, personne ne lui prêtant la moindre attention au Québec, il pouvait raconter n'importe quoi. Irresponsable parce qu'il était complètement fou d'avancer qu'un seul vote suffirait à briser le pays. Imaginez qu'un gars décide de rentrer chez lui sans voter parce qu'il aurait oublié ses lunettes. L'Église catholique, qui n'est pas l'organisation la plus démocratique au monde, que je sache, requiert la majorité des deux tiers du conclave pour l'élection du pape ; toute entreprise ou tout syndicat exige la majorité des deux tiers pour modifier sa charte ; même le Reform a eu plus tard besoin d'un vote des deux tiers pour se métamorphoser en l'Alliance canadienne. Chose certaine, même si Trudeau se faisait toujours le champion des droits démocratiques et du respect de la volonté populaire, ni lui ni moi n'avons jamais donné dans les considérations abstraites sur la taille de la majorité dont auraient besoin les séparatistes pour atteindre leur but. Je soupçonnais Manning d'avoir toujours su qu'il ne pourrait jamais être premier ministre du Canada, faute d'appuis au Québec, et que, par conséquent, il n'aurait pas versé beaucoup de larmes si la province avait quitté la fédération.

★   ★   ★

Le 7 septembre, à l'Assemblée nationale, Jacques Parizeau a annoncé la date du référendum, soit le 30 octobre, et dévoilé la question dans le cadre d'un projet de loi affirmant la souveraineté du Québec. Au lieu de demander aux Québécois s'ils voulaient se séparer du Canada, oui ou non, il avait décidé de poser une question qui serait encore plus ambiguë que celle de Lévesque en 1980 : « Acceptez-vous que le Québec devienne souverain, après avoir offert formellement un nouveau partenariat économique et politique, dans le cadre du projet de loi sur l'avenir du Québec et de l'entente du 12 juin 1995 ? » Comme si tous les électeurs de la province savaient à quoi se référaient le projet de loi ou ce qui était écrit en tout petit dans l'accord que Jacques Parizeau avait signé avec Lucien Bouchard et Mario Dumont.

Jacques Parizeau avait eu beau rêver tant qu'il voulait d'une déclaration unilatérale d'indépendance, vite faite et irréversible, imbu qu'il était de ses idées de grandeur, il était évident que

Lucien Bouchard et les sondages l'avaient persuadé qu'une question claire ne lui donnerait jamais la majorité voulue. Évident aussi que certains de ses stratèges avaient avancé, comme ils l'avaient fait par le passé, que le mieux serait de se faufiler en douce vers l'indépendance, étape par étape, de la même façon que le Canada s'était défait du lien colonial, en chipant des pouvoirs l'un après l'autre, un petit bout à la fois, jusqu'à ce qu'il n'en reste presque plus rien. Mais ceux qui étaient plus vite en affaires, les pressés du Grand Soir, estimaient qu'on obtiendrait plus aisément la majorité en trompant les gens. C'est justement pour cette raison qu'ils avaient écarté les mots qui faisaient peur, « indépendance » et « séparatisme », en faveur de la notion plus confuse de « souveraineté ». Du jour au lendemain, les dangereux « indépendantistes » et « séparatistes » s'étaient mués en sympathiques « souverainistes ». Sauf quelques âmes téméraires qui n'avaient pas honte de rêver à voix haute d'un Québec indépendant, les séparatistes se froissaient quand on leur rappelait leur identité véritable : séparatistes, répétez après moi. En fait, le vocable « souverainiste » était totalement absent de l'édition du *Grand Larousse* de 1977, et *Le Petit Robert* de 2001 le définit comme un adjectif ou un nom, apparu en 1974, qui signifie : « au Canada, partisan de la souveraineté du Québec ». Comme ces fourberies lexicales n'avaient pas réussi à berner la plupart des électeurs, les séparatistes avaient assorti leur projet de souveraineté d'une promesse de négociations qui était d'une loufoquerie achevée : ainsi, on allait former une association économique et même peut-être politique avec le reste du Canada, qui donnerait à un Québec indépendant le droit de conserver le dollar canadien, le passeport canadien, les pensions canadiennes, et l'armée canadienne aussi, pourquoi pas, tant qu'à y être ! Cette fois-ci, Jacques Parizeau parlait de partenariat, mais c'était encore la bonne vieille souveraineté-association de René Lévesque habillée de vocables neufs. Deux projets qui avaient en commun d'être malhonnêtes sur le plan intellectuel et irréalisables dans le concret, mais qui permettaient aux séparatistes de dissimuler leurs desseins véritables sous un nouvel emballage verbal.

J'ai pour ma part la conviction que les séparatistes ont commis l'erreur de se penser plus fins qu'ils ne l'étaient. Ils auraient mieux servi leur cause s'ils avaient été francs avec les gens. L'idée que le Québec puisse divorcer tout en restant marié avec le Canada était farfelue, évidemment, et ça prouvait de surcroît que les séparatistes eux-mêmes ne croyaient pas à leur projet. Un jour, j'en avais même entendu un à la télévison qui disait : « C'est sûr qu'on veut le meilleur des deux mondes, c'est pour ça qu'on le demande ! » Oui, bien sûr, comme le gars qui dirait à sa femme : « Écoute, chérie, j'ai envie de passer la semaine chez ma blonde, mais est-ce que je peux revenir la fin de semaine ? » Ça m'étonnerait qu'elle dise oui.

*   *   *

Dès le début de la campagne, mes conseillers m'avaient convaincu que je devais limiter ma participation, même si l'idée du profil bas allait à l'encontre de mon instinct politique et de ma personnalité compétitive. J'ai suivi leur conseil à contrecœur, dans une large mesure parce que je ne voulais pas trop m'engager dans l'émotion du combat, comme je l'avais en fait en 1980, et j'ai accepté de circonscrire mon rôle parce que je me souvenais que Pierre Trudeau n'avait prononcé que trois ou quatre grands discours la dernière fois, alors pourquoi en faire plus ? En outre, Daniel Johnson nous avait fait savoir très clairement qu'il ne voulait pas me voir trop souvent.

Le comité du NON, l'organisation parapluie menée, selon les règles du PQ, par le chef provincial de l'Opposition, Daniel Johnson fils, ne se servait pas bien des libéraux fédéraux, quand il se servait d'eux. Bon nombre de nos organisateurs les plus solides et les plus efficaces ne cessaient de se plaindre à moi-même que personne ne les invitait à donner un coup de main ; Jean Pelletier et Eddie Goldenberg estimaient qu'on les obligeait à accepter des compromis plus souvent qu'à leur tour ; et le jour

où je suis allé saluer les bénévoles du quartier général du NON
à Montréal, j'ai constaté avec surprise que je ne connaissais
presque personne. La place grouillait de libéraux provinciaux et
de conservateurs fédéraux. D'ailleurs, Johnson donnait plus
d'importance et d'attention à Jean Charest, le chef conservateur
à Ottawa, qu'à Lucienne Robillard, l'ancienne ministre provinciale bien connue que j'avais persuadée de se présenter sous la
bannière libérale fédérale à une élection partielle, plus tôt en
février de cette année-là, et que j'avais nommée tout de suite
ministre du Travail et représentante fédérale au sein du comité
du NON, et tout cela, à la demande expresse de Johnson lui-
même. Mais l'entourage de Johnson refusait même de commu-
niquer à madame Robillard l'horaire quotidien du patron.

Lorsque j'ai partagé la tribune avec Charest et Johnson lors
d'un ralliement des partisans du NON à Shawinigan le 6 octobre,
je n'ai pas été très impressionné par les arguments que j'entendais — il y a même eu une chicane parce que les organisateurs
ne voulaient pas qu'on joue *Ô Canada* —, mais rien à faire, il ne
me restait qu'à ronger mon frein. C'était irritant à mort, d'autant
plus qu'on allait me blâmer par après de ne pas en avoir assez
fait.

L'un des plus grands obstacles que les séparatistes devaient
surmonter était cette question très tangible de la partition du
Québec. Soyons logique, si le Québec peut se séparer du Canada,
pourquoi les régions anglophones ou les Premières Nations du
nord du Québec ne pourraient-elles pas décider de rester dans le
Canada ? Et, abstraction faite de toute logique, l'image internationale des séparatistes aurait beaucoup souffert si 90 pour cent
des minorités isolées avaient supplié le monde de leur permettre
de rester au Canada. En fait, Jacques Parizeau avait eu beau
annuler le projet de développement hydro-électrique de Grande
Baleine afin de rallier l'appui des Autochtones, les communautés
indiennes et inuites du nord du Québec avaient organisé leur
propre référendum et voté massivement en faveur du Canada.
Mon ministre des Affaires indiennes, Ron Irwin, avait eu le courage d'aborder le sujet publiquement en mai 1994, et j'étais très

satisfait de lui. « Les séparatistes vont devoir vivre avec cette vérité, Ron, lui avais-je dit pour le rassurer. Qui c'est qui dit qu'on peut diviser le Canada mais pas le Québec ? Souviens-toi, le Québec de 1867 n'était qu'une petite partie de la province d'aujourd'hui. C'est Ottawa qui a lui a cédé les territoires du nord, qui appartenaient à la Couronne, en 1898 et en 1912, donc, en toute logique, ces territoires n'appartiennent au Québec que si celui-ci fait partie du Canada. Il faut sortir les Québécois de leur aveuglement et les faire réfléchir à deux fois aux conséquences de la séparation. »

Naturellement, les adeptes du OUI refusaient d'admettre ces conséquences, et même d'en discuter, dans l'espoir que, s'ils faisaient semblant de rien, le problème disparaîtrait de lui-même. Mais le comité de Johnson considérait le sujet comme trop provocant pour en parler durant la campagne, tout comme il tenait à cacher le drapeau canadien et limitait au minimum les mentions du Canada. Cette stratégie me fatiguait royalement, mais je me rassurais à la pensée que l'écart 55-45 pour cent en faveur du Canada tenait bon. Certains fédéralistes allaient même jusqu'à dire que nous pourrions même gagner avec 65 pour cent. Plus des trois quarts des Québécois étaient tannés d'entendre parler de ça ; 84 pour cent d'entre eux jugeaient que d'autres sujets étaient plus importants et presque le tiers des Québécois qui comptaient voter OUI disaient aussi qu'ils voteraient OUI pour rester au Canada après. Il était sûr que notre cause bénéficiait aussi du fait que Jacques Parizeau n'avait rien de la chaleur, du charme ou du talent oratoire d'un René Lévesque. L'homme pouvait être assez agréable en personne, mais à la télévision ou sur une tribune, il avait l'air orgueilleux, imbu de lui-même et extrêmement pompeux. Par nature, il était plus technocrate que politique, plus aristocrate qu'homme du peuple, et ça paraissait.

★   ★   ★

La situation a changé du tout au tout et le monde a viré à l'envers le samedi 7 octobre, au lendemain de notre ralliement à Shawinigan, avec la nomination-surprise de Lucien Bouchard au poste de « négociateur en chef » du partenariat promis dans la question référendaire. En fait, tout le monde le voyait bien, Jacques Parizeau venait de se faire tasser comme chef du OUI par un rival plus éloquent, plus charismatique et beaucoup plus populaire. Je dois admettre qu'au début je n'ai pas bien saisi cette stratégie. Je me disais que le fait de changer de chef au beau milieu d'une campagne est toujours un aveu de désespoir et qu'une telle initiative peut conduire à une débâcle encore plus cuisante. En 1988, par exemple, lorsque des libéraux influents m'avaient pressenti pour que j'assume la direction du parti au milieu même de la campagne électorale, j'avais refusé, en partie parce que l'idée de diriger une mutinerie ne m'enchantait pas, mais aussi parce que j'étais convaincu qu'il est impossible de faire virer de bord à mi-chemin un bateau qui coule. Ainsi, même dans mes rêves les plus fous, je n'aurais jamais imaginé que l'humiliation publique de Jacques Parizeau pouvait être autre chose qu'une bonne nouvelle pour le NON.

Je n'aurais jamais su non plus prédire ou maîtriser le phénomène bizarre qui a tout de suite été déclenché. Lucien Bouchard a quitté Ottawa pour Québec comme le prophète qui descend de la montagne pour guider son peuple vers la terre promise. Les foules accouraient à lui et le suppliaient de bénir le fleurdelysé, c'était à n'y rien comprendre, il fallait le voir pour le croire. Le miracle de sa guérison, conjugué à son talent oratoire, tout lui prêtait une auréole imperméable à la logique ou à la réalité. Il a par exemple déclaré dans un discours que les Québécois étaient « une des races blanches qui avaient le moins d'enfants », ce qui aurait valu à tout autre politicien du Canada une volée de bois vert, mais pas à lui, il s'en était sorti indemne. Il parlait de la magie d'un partenariat rapide et facile avec le reste du Canada comme si c'était presque chose faite. Rares étaient les journalistes qui prenaient la peine de réfléchir au phénomène ou de se demander si son discours avait la moindre substance, parce qu'ils s'amusaient comme des petits fous à couvrir ce tournant dramatique, et la perspective soudaine d'un démantèlement du Canada faisait vendre beaucoup de journaux. De mon côté, ma seconde intervention dans la campagne, soit le discours que j'ai prononcé devant la Chambre de commerce à Québec le 18 octobre, est passé presque inaperçue dans la province, alors que l'avertissement de Paul Martin à propos de l'incidence négative d'un OUI sur l'emploi a été jugé alarmiste à l'excès.

Le lendemain soir, John Rae m'a téléphoné pour me dire qu'un sondage de la veille révélait un changement soudain dans les intentions de vote : le OUI était désormais en avance, 54 à 46, et le camp du NON était en chute libre. Personne ne savait comment renverser la vapeur.

★   ★   ★

Le samedi 21 octobre, à peine neuf jours avant le vote, j'assistais à New York au cinquantième anniversaire de la fondation des Nations unies. Et là, occupant le siège du Canada, j'ai reçu sur le cellulaire de Bruce Hartley un appel de John Rae qui m'informait que nous avions perdu sept points en une semaine, soit plus d'un quart de million d'électeurs, et que le OUI conservait son avance. Le même jour, Daniel Johnson a aggravé les choses en confiant à un reporter qu'il accueillerait favorablement une révision constitutionnelle qui ferait état de la société distincte. Lorsqu'on m'a interrogé à ce sujet au sortir d'un entretien avec le président de la Pologne, j'ai répondu : « On ne parle pas de Constitution, on parle de séparation. » Johnson n'a pas tardé à se rétracter, mais trop tard, la presse s'était jetée sur son erreur, y voyant le signe de la division au sein du camp du NON ainsi que de l'intransigeance d'Ottawa à l'égard du désir de changement au Québec.

Pour bon nombre de délégués aux Nations unies ce jour-là, on trouvait mystérieux autant que tragique qu'un pays industrialisé et évolué comme le Canada, que l'ONU classait constamment au haut de la liste des pays où il fait bon vivre dans le monde, soit au bord du gouffre. Si notre pays ne pouvait survivre, avec toute la tolérance et la diversité qu'on nous connaissait, quel espoir subsistait-il pour tous ces autres pays dont le passé était lourd de conflits religieux ou ethniques, où l'on trouvait des langues et des cultures différentes à la douzaine et où des centaines de millions de gens croupissaient dans la pauvreté et le désespoir? Certains chefs étaient non seulement abasourdis, mais carrément furieux. Au lieu d'être un modèle à atteindre pour d'autres sociétés, le Canada risquait tout à coup d'incarner la futilité qu'il y a à imaginer un monde plus paisible, plus harmonieux. Et tout ça pour quoi? Pour en finir avec l'oppression, l'injustice, la persécution? Impossible d'expliquer tout cela sans s'attirer des regards d'incrédulité et d'impatience.

Plus tard ce jour-là, j'ai rencontré Bill Clinton à une réception, et il m'a demandé comment allait la campagne. «On a beaucoup de misère», lui ai-je répondu, et je lui ai expliqué pourquoi j'étais si mécontent qu'on m'empêche de faire ce que je jugeais nécessaire.

«Tu sais, Jean, ce serait une tragédie épouvantable pour le monde entier si un pays comme le Canada disparaissait. Ça aiderait ta cause si je disais quelque chose?»

J'étais persuadé en effet qu'une telle intervention nous serait utile parce que je savais à quel point Clinton était respecté et aimé au Canada, surtout au Québec.

Quatre jours plus tard, au cours d'une conférence de presse télévisée à Washington, Clinton a répondu à une question qui avait été plantée avec la complicité d'un journaliste canadien. «Le référendum est une affaire strictement canadienne, il n'appartient qu'aux Canadiens de décider du cours des choses, je n'ai pas à intervenir là-dedans, a-t-il répondu. Mais je peux vous dire qu'un Canada fort et uni a été jusqu'à ce jour un partenaire formidable pour les États-Unis ainsi qu'un citoyen du monde à l'action exemplaire. Rien que depuis que je suis président, j'ai été à même de voir comment notre partenariat fonctionne, comment l'initiative canadienne porte ses fruits à tant d'égards partout dans le monde, et je sais à quel point le monde est rassuré à la pensée qu'il existe un pays comme le Canada où les choses vont bien essentiellement. »

Malheureusement, le concours du président de la République française n'a pas été de la même eau. Quelle que fût la question référendaire, si le OUI l'emportait avec 50 pour cent des voix plus une, Jacques Parizeau avait secrètement formé le projet de procéder à une forme quelconque de déclaration unilatérale d'indépendance. Et il comptait sur la reconnaissance immédiate d'un Québec libre par la France pour convaincre l'Amérique et le reste du monde d'en faire autant. En janvier 1995, avec cette stratégie déjà en tête, il avait réussi à se faire recevoir avec tous les égards par le maire de Paris, Jacques Chirac. Étant donné qu'il est normal pour un premier ministre québécois de se faire photographier avec le plus de dignitaires possible en France et étant donné que Chirac n'avait rien dit de particulièrement neuf ou d'offensant à cette occasion, j'avais minimisé l'importance de cette rencontre lorsqu'on m'avait interrogé à ce sujet au cours d'une mission commerciale en Amérique du Sud. M'appuyant sur le fait que Chirac était loin derrière le premier ministre Édouard Balladur dans la course à la succession de François Mitterrand, lui que j'avais rencontré souvent au soir de sa vie et qui croyait ferme dans un Canada uni, j'avais dit : « Chirac n'a pas plus de chances de gagner l'élection présidentielle que les séparatistes de gagner le référendum. »

Jean Pelletier, mon chef de cabinet, avait pété un plomb. Chirac et lui étaient des amis de longue date, ils avaient fait connaissance à l'époque où Pelletier était maire de Québec, de 1977 à 1988, et depuis ce temps il déployait moult efforts pour immuniser Chirac contre les arguments spécieux et les tactiques insidieuses des séparatistes québécois. Il l'avait persuadé de ne pas dire un mot au moment du référendum de 1980 et il avait plaidé auprès de lui la thèse selon laquelle le fait français en Amérique du Nord est mieux protégé par un Québec canadien que par un Québec indépendant. De même, depuis que j'étais pre-

mier ministre, Pelletier se rendait à Paris en secret deux fois par
an pour « arroser ses plantes », comme il aimait dire. Pelletier
m'avait même persuadé d'aller rencontrer Chirac à la mairie de
Paris en juin 1994, en dépit des réserves que j'entretenais à son
égard, moi qui voyais en lui un gaulliste de droite. Pelletier craignait donc que ma petite pique à l'endroit de Chirac ne réfrène
tous ses efforts, particulièrement si les événements me donnaient
tort. En effet, Chirac a remporté la présidence en mai 1995.

Et là, le 23 octobre, en réponse à une question de Larry King
à CNN, Chirac a dit : « Ma foi, oui, bien sûr que nous reconnaî-
trions ce fait », si le Québec votait la séparation. Il n'a pas dit que
la France reconnaîtrait aussitôt un Québec indépendant. Il a
seulement dit que la France prendrait note de la réalité d'un
OUI. Et alors ? Moi aussi j'en aurais pris note si les séparatistes
l'avaient emporté avec une majorité infime et une question tordue, mais cela aurait marqué le début, et non la fin, d'un débat
long et pénible sur le sens à donner à une telle victoire. Jacques
Parizeau pouvait gober tous les fantasmes qu'il voulait, la France
y penserait à deux fois avant de donner sa bénédiction à l'aventure séparatiste. Après tout, la France était aux prises avec
ses propres dissensions, comme c'était le cas de la Grande-
Bretagne, de l'Allemagne, de l'Espagne et de presque tous les
autres pays d'Europe. Quel droit moral aurait l'un de ces pays
de dire NON à ses propres séparatistes s'il disait OUI à ceux du
Canada ? Néanmoins, comme ces propos avaient été tenus à une
heure des plus sombres pour nous, le mot de Chirac me paraissait indélicat au mieux et provocateur au pire.

Lorsque j'ai revu Chirac quelques semaines après le référendum, au sommet de la Francophonie au Bénin, début décembre,
notre rencontre n'a pas été des plus plaisantes. Il était impoli,
arrogant et mécontent du Canada dans un certain nombre de
dossiers commerciaux et diplomatiques. Moi aussi j'ai été impoli
avec lui, dur et d'une franchise extrême avec lui à propos du
Québec. « Que diriez-vous si je me présentais sur le parterre
de l'hôtel de ville de Paris et que je hurlais " Vive la Corse
libre ! " ? » lui ai-je demandé, debout devant lui et ouvrant grand

les bras en signe de victoire comme l'avait fait Charles de Gaulle à Montréal en 1967. Le pauvre Pelletier avait l'air quelque peu décontenancé par la vigueur de notre échange, mais il espérait — et s'y attendait à demi aussi, lui qui nous connaissait si bien tous les deux — qu'il sorte quelque chose de bon de cette explosion de colère où l'un ne ménageait pas l'autre. Il avait raison. Chirac et moi sommes devenus — et sommes restés — les meilleurs amis du monde depuis ce jour.

Faisons un saut de quelques années. Je crois que Jacques Chirac s'est enfin converti aux mérites du fédéralisme canadien grâce au sommet de la Francophonie qui s'est tenu à Moncton en septembre 1999. L'existence d'une communauté de langue française ancienne et vivace à l'extérieur du Québec lui a ouvert les yeux, à lui et aux autres dirigeants qui étaient tous sincèrement impressionnés par l'épopée acadienne. Mais le plus émouvant pour lui, c'est la visite que nous avons faite ensemble à Iqaluit après le sommet. Chirac est passionné d'art autochtone. Il en fait collection, il l'étudie et il a même fait construire un magnifique musée dédié aux arts des premiers peuples sur les rives de la Seine, qui est le legs culturel de sa présidence. Chirac était tellement heureux à l'idée de voir le Grand Nord qu'il avait même appris quelques mots d'inuktitut en préparation de son voyage, au cours duquel il allait également rencontrer les habitants francophones du lieu, inaugurer un site Internet de langue française et visiter un centre communautaire francophone. Un soir, pendant le dîner, j'ai regardé par la fenêtre et vu la plus belle aurore boréale de ma vie. Nous avons cessé de manger et sommes sortis sur le balcon. La danse céleste était d'une beauté incroyable, saisissante.

« Tu sais, Jacques, lui ai-je dit alors pour le taquiner, *ça*, c'est une responsabilité fédérale. »

Le lendemain, nous avons pris l'avion pour Cape Dorset, où il a eu le plaisir d'acquérir quelques sculptures inuites que j'ai revues plus tard dans son bureau, et de là nous nous sommes rendus au parc national Auyuittuq que j'ai fondé en 1976, à l'époque où j'étais ministre des Parcs nationaux et où j'avais été saisi d'admiration un jour en survolant cette contrée magnifique, avec ses fjords et ses glaciers. Lorsque Chirac et moi avons atterri sur le lit asséché d'une rivière, au beau milieu de nulle part, à bord d'un hélicoptère militaire géant, nous avons aperçu une tente isolée non loin de nous et nous nous y sommes rendus pour dire bonjour à ses occupants, une Saskatchewanaise et sa fille. On imagine la surprise qu'elles ont eue de voir debout devant eux le premier ministre du Canada et le président de la République française. Puis, vers la fin de la journée, avec le coucher de soleil qui dorait la neige, nous avons survolé un énorme bloc de glace parfaitement plat qui surgissait du flanc d'un glacier abrupt. Impossible d'imaginer scène à la fois plus spectaculaire et plus paisible.

« Savez-vous comment les Inuits appellent ça, monsieur le président ? lui ai-je demandé. Ils appellent ça le Trône des dieux, et vous êtes peut-être le premier Européen de l'ère moderne à le voir. » Il a paru très touché. « Et il y a autre chose que vous devez savoir. Cela nous appartient à nous Québécois, ainsi qu'aux Inuits et à tous les autres Canadiens. »

Chirac a compris immédiatement ce que je voulais dire. Si le Québec se sépare un jour du Canada, il renoncera par le fait même à toute cette splendeur ainsi qu'à tous les autres privilèges, avantages et merveilles naturelles du Canada. Coïncidence ou non, il est vite devenu un grand adepte du fédéralisme. Malheureusement, rien de tout cela ne nous a aidés au cours du référendum de 1995.

⋆   ⋆   ⋆

Comme il ne restait plus que huit jours avant le référendum, je suis rentré de New York, décidé à contrer tout de suite et par tous les moyens l'avance des séparatistes. J'allais enfin écouter mon instinct à moi et me jeter dans la campagne. Je précise à ce propos que le comité du NON, en proie au désespoir le plus vif, avait déjà décidé au cours de la semaine de faire appel à moi. Le comité savait que je pouvais mobiliser mieux que lui l'attention des médias du simple fait que j'étais premier ministre du Canada, et que, en définitive, j'étais le seul à pouvoir promettre de changer radicalement les choses et à avoir les moyens de tenir parole. L'heure était venue pour moi de m'adresser au cœur des Québécois plutôt qu'à leur portefeuille ; c'était aussi le moment de faire en sorte que les 20 pour cent de fédéralistes mous et d'indécis comprennent enfin que le Canada était en péril.

J'ai passé presque toute la journée du lundi en compagnie d'Eddie Goldenberg et de Patrick Parisot à rédiger le discours ultra-important que j'avais déjà prévu de livrer le lendemain soir, mardi 24 octobre, à l'occasion d'un ralliement monstre à l'aréna de Verdun. En 1980, Trudeau avait profité de sa dernière intervention pour adresser aux Québécois un plaidoyer d'une rare intensité dramatique. J'ai préféré pour ma part prendre un ton plus modeste et m'en tenir à deux sujets fondamentaux. Le premier consistait à assurer aux Québécois que leur province aurait un droit de veto sur toute révision constitutionnelle. Cette disposition figurait dans l'accord que Pierre Trudeau avait conclu avec tous les premiers ministres provinciaux à Victoria en 1971, avant que Bourassa ne rentre au Québec et ne revienne ensuite sur sa parole. Pour sa part, René Lévesque avait bradé ce droit de veto le jour où il s'était entendu avec la bande des huit pour faire dérailler le rapatriement de 1982. J'avais essayé de l'insérer dans la formule d'amendement à l'époque et j'étais d'accord pour qu'on l'ajoute à l'accord de Charlottetown dix ans plus tard.

Le second sujet, soit la reconnaisance de la société distincte du Québec, était plus épineux. La plupart des Canadiens demeuraient très méfiants, y voyant l'octroi de pouvoirs spéciaux au Québec, et je m'inquiétais davantage de la déception que je causerais parce que ces mots signifiaient bien peu de chose dans la pratique. Le vrai risque, si j'en parlais à ce moment-là, était que j'aurais l'air de me convertir tardivement par faiblesse et désespoir. Mais c'était devenu un symbole important pour les Québécois, et si c'était ce dont ils avaient besoin pour se sentir plus respectés et à l'aise au Canada, alors je n'hésiterais pas deux secondes à leur faire cette concession.

Lorsque j'ai téléphoné le lundi à Pierre Trudeau pour lui faire savoir ce que je comptais dire, je l'ai trouvé aussi nerveux que tous les autres fédéralistes à cause des sondages défavorables. Quelqu'un avait planifié de réunir tous les anciens premiers ministres du Canada encore de ce monde pour qu'ils plaident ensemble la cause de l'unité nationale, mais le comité du NON ne voulait ni de Trudeau, ni de Mulroney, ni d'aucun des autres. Trudeau était profondément alarmé de voir le camp fédéraliste hésiter à défendre le Canada avec cœur et fierté, mais pas autant que moi.

« Est-ce vrai qu'on est en train de perdre, Jean ? m'a-t-il demandé.

— Ça va être serré, mais j'ai la conviction qu'on peut renverser la vapeur si on travaille dur, lui ai-je répondu. Il faudra peut-être que je dise quelque chose à propos du veto et de la société distincte.

— C'est toi le patron, a-t-il dit. Fais ce que tu crois devoir faire. »

La circulation en direction de l'aréna de Verdun était si dense qu'Aline et moi avons décidé de franchir à pied les quelques pâtés de maisons qui nous en séparaient, en dépit de la pluie froide et des trottoirs bondés. Le hasard a voulu que nous rejoignions Jean Charest et sa femme ; tout au long du chemin, les gens étaient sur leur balcon et leur perron à nous saluer et à nous crier des mots d'encouragement. Nous savions tous que nous allions vivre un moment crucial, décisif, dramatique. À un moment donné, John Rae s'est mis à siffler la *Marche du colonel Bogey* pour nous calmer les nerfs, et nous l'avons tous imité, comme une petite armée qui se dirige vers une bataille où c'est l'ennemi qui est favori. J'ai regretté alors de devoir m'en tenir strictement à mon texte, étant donné que la plupart de mes meilleurs discours, je les avais prononcés quand l'occasion historique m'incitait à m'exprimer avec passion, sans aucune note, mais le contenu de ce discours était trop important pour que je prenne le risque de travailler sans filet.

« Je sais que certains d'entre vous envisagent de voter OUI

parce qu'ils s'imaginent que c'est le meilleur moyen d'opérer des changements au sein du Canada, ai-je déclaré aux 7 000 fédéralistes qui agitaient des drapeaux, avec autant de monde qui attendait dehors sous une pluie battante. Ils pensent que ça va leur donner un nouveau levier. Ils pensent que la seule chose que veulent les tenants du OUI, c'est un mandat pour négocier au sein du Canada. Je leur réponds qu'ils se trompent. À tous ceux d'entre vous qui s'imaginent qu'ils peuvent voter OUI, je demande d'écouter attentivement ce que disent messieurs Jacques Parizeau et Lucien Bouchard. Il n'est pas question pour eux de renouveler le fédéralisme ou d'obtenir la reconnaissance du Québec comme société distincte. Ce qu'ils veulent, c'est un pays séparé. Le pays qu'ils veulent créer n'est pas un Canada amélioré, c'est un Québec séparé. Pensez-y avant de voter. »

Le lendemain matin, j'ai pris la parole devant un caucus très ému. Certains députés se sont mis à pleurer parce qu'ils savaient mon amour du Canada. Moi aussi j'étais au bord des larmes en songeant à l'indécence que je voyais dans le fait de me faire traiter de traître à mon peuple, surtout par un homme comme Lucien Bouchard qui avait changé de parti quatre ou cinq fois dans sa vie. Je persistais à croire que les fédéralistes avaient encore le temps de regagner le terrain perdu et de remporter le référendum, mais le caucus et le cabinet étaient très sceptiques et agités. Certains murmuraient même que je devrais démissionner si nous perdions le référendum, étant donné que, en ma qualité de Québécois de langue française, on ne pouvait pas s'attendre à ce que je défende les intérêts supérieurs du Canada. Ces bruits ne m'ont nullement froissé. En démocratie, tout le monde a le droit de débattre de ce qu'il veut, et il est naturel que les ministres conjecturent sur les événements de l'heure et la direction du gouvernement lorsqu'ils se réunissent autour d'un verre ou d'un repas. Cependant, j'avais gagné la majorité des sièges à l'extérieur du Québec et trois fois plus de sièges que tous les autres partis. Je serais demeuré le premier ministre légitime du Canada, élu partout au Canada, par le peuple du Canada. J'aurais continué d'exercer tous les pouvoirs de ma fonction. Je ne croyais pas non plus qu'aucun de ces ministres, même les plus ambitieux ou les plus paniqués, ne m'aurait défié ou aurait été mieux placé que moi pour maîtriser cette situation difficile.

Néanmoins, je sympathisais avec les députés et ministres qui voyaient leur grand pays s'effondrer sans pouvoir lever le petit doigt. Comme tant d'autres Canadiens ordinaires, ils avaient le désir de témoigner d'une manière quelconque leur affection ou leur inquiétude à leurs concitoyens du Québec. Donc, lorsque Brian Tobin a eu l'idée d'organiser un gigantesque ralliement pro-Canada à Montréal pour le vendredi suivant, qui allait s'ajouter à une autre manifestation déjà prévue, je lui ai donné le feu vert. Tobin et d'innombrables autres comme lui se sont mis alors immédiatement à faire des appels et à affréter des autobus, des avions, à mettre au point toute la logistique, quoi.

Le mercredi après-midi, j'ai enregistré un discours télévisé à la nation qui devait être diffusé à 19 heures le soir même. Encore une fois, j'ai promis au Québec de reconnaître sa société distincte et d'affirmer son droit de veto sur toute révision constitutionnelle, mais je me suis adressé au cœur aussi bien qu'à la raison des gens. J'étais dans une situation très difficile. D'un côté, je voulais encourager les nationalistes mous et les indécis à voter NON en leur signalant les dangers tangibles d'un OUI. D'un autre côté, je devais éviter de me piéger moi-même en donnant à entendre qu'un OUI gagnant enclencherait inévitablement et irréversiblement la mécanique de la séparation. J'ai alors décidé qu'il était plus important de ne pas parler de ces conséquences que personne ne pouvait prédire et de faire tout ce qui était en mon pouvoir pour assurer tout de suite la victoire du NON.

« La fin du Canada marquerait la fin d'un rêve, ai-je déclaré, la fin d'un pays qui a fait de nous l'envie du monde entier. Le Canada n'est pas un pays comme les autres. C'est un pays unique. C'est le meilleur pays au monde. Peut-être que nous avons fini par le tenir pour acquis. Ce qui est toujours une erreur. Une fois de plus, il appartient à chacun d'entre nous de réaffirmer son attachement au Canada. De dire que nous ne voulons pas le perdre. Ce que nous avons bâti ensemble au Canada, c'est quelque chose de très grand et de très noble. Un pays dont les valeurs comme la tolérance, la compréhension, la générosité ont fait de nous ce que nous sommes : une société dont la priorité numéro un est le respect et la dignité de tous nos citoyens. D'autres pays investissent dans l'acquisition d'armes meurtrières ; nous, nous investissons dans le bien-être de nos citoyens. D'autres pays tolèrent la pauvreté et le désespoir; nous, nous nous donnons du mal pour assurer à tous un niveau de vie décent. D'autres pays ont recours à la violence pour régler leurs différends ; nous, nous réglons nos problèmes par le compromis et le respect mutuel. C'est ça que nous avons accompli. Et je dis à mes amis québécois : ne laissez personne diminuer ou vous prendre ce que nous avons accompli. Ne croyez jamais ceux qui vous disent que vous ne pouvez pas être à la fois un fier Québécois *et* un fier Canadien. »

Si l'on en croit les sondages, le discours de Verdun et l'allocution télévisée ont stoppé notre chute et repoussé le camp du NON vers les 50-50. Nous avons également été aidés par le fait que le discours de Lucien Bouchard, qui suivait le mien à la télévision, a terni sa réputation aux yeux de nombreux indécis. Même moi j'ai été choqué de voir sa bassesse lorsqu'il s'est mis tout à coup à agiter la première page d'un journal nationaliste de novembre 1981 où la photo nous montrait, Trudeau et moi, en train de rire d'une blague durant une pause dans les pourparlers constitutionnels, et qu'il a osé dire que nous nous moquions alors du Québec. Affirmation totalement fausse, totalement injuste, le pire genre de démagogie qui puisse se pratiquer. De toute ma vie en politique canadienne, je n'avais jamais vu astuce plus dégradante.

Quelques semaines plus tard, durant une rencontre dans mon bureau dans l'après-midi du 13 décembre — la première rencontre en tête-à-tête que nous avions —, je lui ai dit sans ménagement que je m'étais attendu à mieux de lui. « Vous devriez avoir honte, un homme instruit comme vous, d'avoir déformé l'histoire sciemment.

— Parfois, a-t-il admis en guise d'excuse, on est tenté d'exagérer dans le feu du moment. »

Le jeudi, alors qu'il ne restait plus que cinq jours avant le vote, j'ai donné une entrevue à *Mongrain*, l'émission de télévision à la cote d'écoute record qui rejoignait directement des tas de gens dans leur cuisine et leur salon à l'heure du souper. Le vendredi, j'ai assisté au ralliement pro-Canada à Montréal, qui a sûrement été l'un des événements les plus extraordinaires de l'histoire canadienne. Je sais que les organisateurs avaient planifié à l'origine de réunir 10 000 personnes et que les séparatistes ont essayé de faire croire que nous n'étions que 35 000, mais le fait est que nous étions plus de 100 000. Des gens venus de tous les quartiers de la ville, de toutes les régions de la province et du pays s'étaient massés dans les rues autour de la Place du Canada pour marquer leur amour du pays et leur solidarité, applaudir leur pays ; dans le vent fort et froid, on voyait s'agiter des dizaines de milliers d'unifoliés. Quelques donneurs d'opinion professionnels ont fait valoir par la suite que, loin d'avoir un effet positif, le ralliement nous aurait joué un tour parce que nous réveillions ainsi la colère et la ferveur des forces du OUI, mais je n'en crois rien. Rappelez-vous qu'à ce moment-là le camp du NON devait rattraper le terrain perdu, et la meilleure façon de perdre, c'était d'être absent. Pour ou contre, le ralliement a fait parler de lui dans les médias pendant les deux jours qui ont suivi, et les Québécois ont eu un motif de plus de réfléchir à deux fois à la perte du Canada.

Les séparatistes étaient tellement sûrs et contents d'euxmêmes qu'ils se sont mis à organiser la fête de la victoire, mais pendant ce temps nous ne cessions pas de travailler. Toute la fin de semaine, l'équipe du NON, nouvellement revitalisée et unie dans une cause commune, s'est efforcée de dominer l'actualité et de mobiliser les organisateurs partout dans la province pour faire en sorte que les électeurs se présentent aux bureaux de scrutin le lundi. Si nous n'avions rien fait, je suis convaincu que nous aurions perdu. Le dimanche, je me suis adressé à un ralliement de dernière minute à Hull, où 10 000 personnes ont bravé le vent glacial, unifolié en main. Le lundi matin, j'ai voté à Shawinigan, puis j'ai repris tout de suite l'avion pour Ottawa. Nous étions tous nerveux mais également résignés. Je sentais que nous avions repris notre élan et que nous allions l'emporter ; je partais de l'hypothèse que la plupart des indécis étaient pour le NON mais qu'ils restaient silencieux parce qu'on les intimidait ; je pensais aussi que l'effet Bouchard, qui était affaire d'émotion plus que de substance, avait fait long feu ; et j'étais content parce que nous avions fait de notre mieux. Il ne restait plus maintenant qu'à attendre la décision du peuple québécois.

J'ai regardé le reportage de la soirée référendaire dans le salon du deuxième, au 24 Sussex, entouré d'Aline, de ma fille France et de son mari, André Desmarais, tandis que divers membres de mon personnel entraient et sortaient sans arrêt. Certains ne pouvaient supporter de regarder la télévision plus de quelques instants et ils allaient faire les cent pas dans le couloir ou trouver un coin tranquille pour être seuls. Comme d'habitude, dans les moments de stress extraordinaire, je ne disais pas un mot, replié sur moi-même, presque froid. Lorsque les premiers résultats nous sont parvenus des Îles-de-la-Madeleine, une petite circonscription au vote instable dont j'observais toujours les résultats aux élections, j'ai vu que nous avions essuyé la défaite. « On a gagné là en 1980, ai-je dit à mon gendre. Ce sera plus serré qu'on pensait. On va gagner par un point ou deux. »

Le camp du NON a marqué le pas pendant presque toute la soirée, et à certains moments il traînait de la patte par plus de huit points, mais une fois que les résultats ont commencé à s'afficher pour Montréal, les Cantons-de-l'Est et la région de Gatineau, notre remontée s'est amorcée. Longtemps, les chiffres étaient presque à égalité, passant sans cesse du OUI au NON, et enfin, à 22 h 30, il a été annoncé que nous avions gagné avec 50,6 pour cent des voix contre 49,4, soit moins de 55 000 votes. Même si nous l'avions emporté de justesse — et que le résultat était, chose certaine, beaucoup plus serré que je ne l'avais imaginé en début de campagne avec Jacques Parizeau comme adversaire —, j'étais heureux et soulagé. Nous étions revenus de l'arrière et avions repris sept points dans les neuf derniers jours, et nous avions gagné, point à la ligne.

Avant de me rendre sur la Colline pour m'adresser au peuple canadien, j'ai vu Jacques Parizeau à la télévision qui blâmait « l'argent et des votes ethniques ». Déclaration qui a mis fin à sa carrière, il a démissionné le lendemain. J'ignore si on lui a fait sauter les pieds ou s'il est parti sur un coup de tête, mais il devait se sentir doublement humilié, lui qui avait été remplacé par Lucien Bouchard à la tête de la campagne et qui voyait s'enfuir le rêve de sa vie, soit d'être le premier président de la République du Québec. Voilà pourquoi, chaque fois qu'on me demande de parler des vertus de la démocratie politique, je conseille aux candidats de se préparer de deux façons pour le vote final. Premièrement, il faut être prêt à dire que vous acceptez le verdict du peuple ; et deuxièmement, préparez ce que vous allez dire pour le cas où vous seriez défait demain, même si vous êtes sûr de gagner aujourd'hui. Au fil des ans, j'ai vu trop de politiciens gâcher leur carrière parce qu'ils n'arrivaient pas à accepter la défaite avec dignité. Dans mon propre cas, j'avais un discours de concession de prêt juste au cas… et heureusement je n'ai pas eu à le sortir de ma poche.

Je n'ai pas discuté alors, et je n'en discuterai jamais, de ce que j'aurais fait si le OUI l'avait emporté. La minceur de notre victoire a choqué de nombreux Canadiens et le pays n'était manifestement pas d'humeur à la fête, mais ce que ni les gens ni les soi-disant experts ne comprenaient pas, c'était que même une victoire du OUI n'aurait pas provoqué rapidement ou inévitablement la dislocation du Canada. Peu importaient les trucs que Jacques Parizeau avait dans sa manche, la réalité était que sa question tordue ne faisait pas état d'un mandat pour opérer la sécession. Les événements auraient été chaotiques ; les émotions auraient été portées à leur comble ; mais le fait demeure qu'une mince majorité pour le OUI n'aurait pas pu être interprétée comme la preuve irréfutable que la majorité des Québécois voulaient rompre leurs liens historiques avec le Canada. Il aurait fallu beaucoup, beaucoup de temps pour résoudre tous les problèmes, sans que les séparatistes soient sûrs de leur triomphe en fin de compte. À Chypre, par exemple, les négociations entre Grecs et Turcs durent depuis 40 ans et ce n'est pas encore fini.

Si Jacques Parizeau avait proclamé unilatéralement l'indépendance sans l'appui des Québécois, il aurait été obligé d'agir en conséquence par après. Il aurait eu à édifier des frontières et à s'emparer des institutions fédérales au Québec. Et il se serait retrouvé avec toute une bataille sur les bras, menée par Jean Chrétien lui-même.

⋆　⋆　⋆

Aussitôt le référendum derrière nous, je me suis assuré que plus jamais nous n'aurions à revivre de tels moments. J'avais pour première tâche de tenir les promesses que j'avais faites dans mon discours de Verdun. Le jeudi 2 novembre, à Toronto, où j'étais allé prendre la parole à un dîner-bénéfice, je me suis arrangé pour prendre le petit-déjeuner en secret avec Mike Harris, le premier ministre de l'Ontario. Je voulais qu'il appuie une révision constitutionnelle ayant pour effet de reconnaître la société distincte du Québec et de donner à cette province un droit de veto sur toute révision future, droit qu'auraient aussi l'Ontario, le Canada atlantique et les provinces de l'Ouest, selon la formule qui avait été adoptée unanimement par Trudeau et les dix premiers ministres à Victoria en 1971. Je me disais que je perdais sans doute mon temps, mais j'estimais que je devais essayer, ne serait-ce que parce que j'avais promis d'essayer. Depuis son élection en juin précédent, Harris et moi nous étions toujours bien entendus en dépit de nos divergences de vues ; il avait répondu présent lors du ralliement pour le Canada à Montréal ; et l'Ontario avait traditionnellement joué le rôle de courtier honnête entre le Québec et le reste du Canada lorsqu'il s'agissait d'unité nationale. Mais durant cette rencontre au Westin Harbour Castle Hotel, j'ai trouvé Harris de mauvaise humeur, grippé et totalement fermé à l'idée de rouvrir la Constitution.

Étant donné qu'une révision constitutionnelle était justement la dernière chose que je souhaitais de toute façon, ce refus m'arrangeait d'une certaine manière, et j'ai décidé d'écarter cette solution. Sans l'aval de l'Ontario et du Québec, jamais je ne pourrais obtenir le soutien des 50 pour cent de la population que requiert la formule d'amendement de 1982. Au lieu de cela, j'ai résolu de proposer un projet de loi sur le veto ainsi qu'une résolution sur la société distincte à la Chambre des communes avant le congé de Noël. Ces principes ne se retrouveraient peut-être pas enchâssés dans la Constitution, me disais-je, mais il serait désormais presque impossible sur le plan politique pour le gouvernement de déclarer qu'il allait passer outre au droit de veto des provinces ou au caractère distinct du Québec. Lucien Bouchard et le Bloc voteraient contre les deux mesures, indication de plus que les séparatistes n'accepteraient jamais de s'entendre avec le Canada.

Les événements ont révélé par la suite que mon plus gros casse-tête n'était pas le Québec mais la Colombie-Britannique. La population de cette province a vite fait savoir par la voix de ses représentants à Victoria et à Ottawa qu'elle n'appréciait nullement le fait d'être amalgamée aux autres provinces des Prairies, comme le voulait la nouvelle formule, et qu'elle exigeait un veto à elle étant donné la taille croissante et l'importance de la province dans la fédération. Moi, je n'avais pas vraiment d'objection. J'avais toujours voulu faire en sorte que la Constitution soit aussi difficile que possible à modifier, parce qu'il y a trop d'élus qui rêvent de réforme constitutionnelle — comme d'autres des Affaires étrangères — pour fuir la réalité des problèmes difficiles et concrets du jour. Mais une fois le projet de loi déposé, j'ai hésité à céder aux revendications de la Colombie-Britannique. Je craignais que toutes les autres provinces exigent elles aussi des concessions et que toute l'opération s'effiloche à partir de là. Mon entêtement s'est mis à causer des maux de tête inutiles au caucus, au cabinet et dans mon propre bureau, si bien qu'au bout de quelques jours j'ai fait ce que j'aurais dû faire au départ et j'ai accordé à la Colombie-Britannique son droit de veto bien à elle.

Sur le deuxième front, j'ai créé un groupe de travail ministériel sur l'unité, présidé par Marcel Massé, qui aurait pour tâche de voir où en était le pays au lendemain du référendum et de me conseiller sur les solutions à court et à long terme autres qu'une révision constitutionnelle. À maints égards, ce nouveau comité était un prolongement naturel de celui qui était chargé de l'examen des programmes, sauf que cette fois l'atmosphère était beaucoup plus lourde, et la composition du comité, différente. Ainsi, Massé avait déjà entrepris une révision méticuleuse de toutes les options pour déterminer quels pouvoirs ou programmes pouvaient ou devaient être décentralisés, révision qui non seulement permettrait à la longue des économies et rendrait l'État plus efficace, mais aussi qui aurait pour effet de promouvoir l'unité nationale. Le comité a commencé à siéger tout de suite et se réunissait deux fois par semaine. Ç'a été le théâtre de débats extrêmement houleux entre ceux qui étaient disposés à céder aux revendications des provinces gourmandes de pouvoirs et d'argent et ceux qui voulaient maintenir des liens forts à l'échelle nationale ou des normes universelles. J'ai fait savoir alors à Massé, en termes peu équivoques, que si j'étais plus qu'heureux d'en finir avec les chevauchements bureaucratiques et les chicanes juridictionnelles, par contre, une dévolution massive était hors de question. Après tout, le Canada est déjà l'une des fédérations les plus décentralisées du monde, et l'unité du pays ne se réaliserait que si nous disposions d'un certain nombre de normes et de programmes nationaux axés sur le partage.

Le Comité sur l'unité nationale a soumis son rapport au cabinet début février, et ses principales recommandations ont été incorporées dans le discours du Trône plus tard ce mois-là. Nous nous engagions à imposer au pouvoir fédéral des restrictions dans les dépenses ; nous allions nous retirer de la gestion des forêts et des mines ; nous ne gérerions plus la formation de la main-d'œuvre ; nous allions consolider notre partenariat avec les provinces en matière de gestion écologique, de logement social, de tourisme et de pêche en eau douce ; nous promettions aussi de protéger et de promouvoir l'union économique et sociale du

Canada, notamment la mobilité de la main-d'œuvre et le commerce interne. Nous avons également pris note de la recommandation du comité qui nous invitait à hausser la visibilité du Canada au Québec.

Entre-temps, je m'étais dit que nous avions besoin au cabinet de sang neuf provenant du Québec afin de montrer aux plus jeunes et aux faiseurs d'opinions que nous ne faisions pas du sur-place. Ayant suivi les discussions entre experts à la télévision pendant la campagne référendaire, Aline avait été impressionnée par les vues fermes et la logique froide d'un jeune professeur de l'Université de Montréal du nom de Stéphane Dion. « Ça, ce n'est pas un peureux, il ne recule jamais, m'avait-elle dit, et tu me connais, Jean, je n'aime pas les peureux. »

Un soir, moins d'un mois après le référendum, nous étions seuls à la maison tous les deux lorsqu'elle m'a soudainement demandé d'aller la rejoindre dans la bibliothèque. Dion était interviewé à la télé. Plus je le regardais, plus j'étais impressionné, comme l'avait été Aline, par sa défense ferme et intelligente du fédéralisme canadien. Cela me surprenait un peu d'ailleurs parce que son père, Léon, politologue et professeur à l'université Laval, avait encouragé le gouvernement du Québec à user de la menace de la séparation pour obtenir plus de pouvoirs d'Ottawa, le notoire « couteau sur la gorge », sans jamais songer cependant aux conséquences d'une telle tactique sur la viabilité du Canada.

« Il est très solide, ai-je dit à Aline. Qu'est-ce que tu penserais si je l'invitais à se joindre à mon gouvernement ?

— Je pense que ce serait une excellente décision.

— Bon, très bien, c'est ce que je vais faire », et j'ai tout de suite pris le téléphone pour demander au standard du Bureau du premier ministre d'appeler monsieur Dion.

La standardiste a rejoint sa femme, Janine, à leur maison de Montréal. Lorsque Janine a entendu dire que le premier ministre était au bout du fil, elle s'est tellement énervée qu'elle a bafouillé : « Quel premier ministre ? » Quand elle a appelé son mari, il lui a répondu que ça devait être une farce d'étudiant.

« Monsieur Dion, lui ai-je dit en l'entendant enfin au bout du fil, ici Jean Chrétien. Je viens de vous voir à la télévision et j'aimerais causer avec vous. Venez-vous à Ottawa de temps en temps ?

— Justement, je dois y être demain. »

Il a tu le fait qu'il venait y prononcer un discours où il critiquerait durement la prestation des dirigeants du NON, dont la mienne.

Donc, sans en dire mot à quiconque, même pas à Pelletier ou à Goldenberg, je l'ai invité à passer au 24 Sussex le matin du samedi 25 novembre 1995. Il est venu à pied dans la tempête de neige et avait dû se faire accompagner par un ami pour trouver la maison. Lorsque je l'ai vu avec sa tuque et ses grosses bottes, tout couvert de neige, chargé de son sac à dos, je me suis dit : « Baptinsse, dans quoi je me suis embarqué ? » Mais nous avons eu une discussion longue et intéressante dans le solarium qui donne sur le jardin et les collines de la Gatineau. À un moment donné, Aline nous a interrompus pour demander si monsieur Dion aimerait rester pour le lunch et, me prenant à part, elle m'a demandé comment ça se passait. Au cours du lunch, je lui ai offert un poste au cabinet : c'était la première et la seule fois que j'y invitais quelqu'un qui n'avait même pas encore décidé de se présenter. Et pas n'importe quel poste, celui de ministre des Affaires intergouvernementales responsable du dossier de l'unité nationale. Sa première réponse fut : « Non, merci beaucoup, mon métier à moi, c'est d'enseigner à l'université et non de faire de la politique. » Mais j'ai insisté, et il a demandé un peu de temps pour réfléchir. Il m'a aussi suggéré de lancer la même invitation à son ami Pierre Pettigrew, un ancien conseiller gouvernemental à Québec et à Ottawa qui faisait carrière dans les relations internationales. Peut-être que Dion se souvenait que Pierre Trudeau n'était pas entré en politique fédérale en 1965 sans avoir à ses côtés les deux autres « colombes », Gérard Pelletier et Jean Marchand.

À peu près un mois plus tard, le 21 décembre, Bruce Hartley s'est rendu à la gare d'autobus d'Ottawa pour y cueillir Dion et le conduire au lac Harrington où je l'attendais. Notre discussion a repris, mais il refusait toujours de plonger. Ce n'est qu'après les fêtes, le 6 janvier 1996, qu'il a fini par dire oui. Le 25 janvier, lui et Pettigrew étaient assermentés à la faveur du premier grand remaniement ministériel que j'effectuais depuis la prise du pouvoir. Dion succédait à Massé aux Affaires intergouvernementales et se chargerait de mettre en musique le rapport du Comité sur l'unité nationale ; Massé passait au Conseil du Trésor où il poursuivrait son beau travail sur l'examen des programmes ; et Pettigrew entrait à la Coopération internationale. En mars, Dion et Pettigrew entraient aux Communes après avoir remporté les élections complémentaires qu'avaient exigées la nomination au Sénat de Shirley. Maheu et le départ d'André Ouellet.

Mon pauvre Dion en était encore à sa première journée qu'un journal de Montréal lui reprochait en termes très durs d'avoir envisagé la partition du Québec dans l'un de ses premiers articles universitaires. Un jour où nous nous promenions tous les deux d'un pas rapide sur la colline du Parlement, avec les journalistes prêts à se jeter sur nous, j'ai vu qu'il éprouvait manifestement du mal à passer de l'amphithéâtre universitaire aux tranchées de la politique parlementaire.

« Stéphane, lui ai-je demandé, c'est vrai que t'as écrit ça ?

— Oui.

— Est-ce que tu y croyais ?

— Oui.

— Eh bien, si t'as écrit ça et que tu y croyais, dis à la presse que tu as écrit ça et que tu y crois encore, point final. »

Avant peu, je me suis rapproché de lui plus que d'aucun de mes ministres. J'avais pourtant toujours suivi l'exemple de Trudeau, qui ne témoignait jamais de préférence à tel collègue ou à telle clique du cabinet parce que ça crée des jalousies et des complications. Dion a été l'exception qui a confirmé la règle. D'abord, sa mission nous a fait vivre à tous les deux des moments intenses à l'heure où l'unité nationale figurait en première place dans mes préoccupations, et nous avions ceci en commun que nous étions la cible de choix des nationalistes du Québec. En outre, sa femme, Janine, et lui se sont liés d'amitié avec ma fille, France, si bien que je les voyais souvent ensemble avec la famille.

J'invitais aussi Stéphane au lac Harrington parce qu'il partageait la passion d'Aline pour la pêche. Il y avait peut-être aussi le fait que je me sentais une responsabilité personnelle dans son engagement politique, et je voulais le prendre sous mon aile et lui enseigner quelques trucs du métier. Pour mon plus grand plaisir, il apprenait très vite et il est devenu une vraie vedette avec sa série de lettres publiques adressées à Lucien Bouchard et aux autres chefs séparatistes, dans lesquelles il démentait les mythes et les faussetés que ceux-ci propageaient. Ses lettres ont fini par retenir l'attention du fait de leur logique implacable et de leur honnêteté courageuse. Sauf que Bouchard n'y a jamais répondu, lui qui disait que, pour lui, Stéphane Dion n'existait pas.

Depuis le départ de Trudeau en 1984, on aurait dit que trop de fédéralistes hésitaient à se faire les champions du Canada au Québec. Brian Mulroney, comme Joe Clark avant lui, pensait que le meilleur moyen pour les conservateurs de déloger les libéraux dans la province était de courtiser les nationalistes, dont bon nombre étaient issus de la clientèle rurale de l'Union nationale ou du Crédit social. Donc, sur les conseils de fédéralistes à temps partiel et de séparatistes avoués, dont le moindre n'était pas Lucien Bouchard, Mulroney avait mené la charge contre la révision constitutionnelle de 1982 (même s'il l'avait appuyée dans le temps) pour nourrir le mythe de l'humiliation politique du Québec. Tout à coup, on ne voyait plus de drapeaux canadiens dans les bureaux de poste ou les tribunaux de l'immigration, peut-être pour empêcher quelque immigrant en colère d'assommer le juge avec la hampe ! Et le gouvernement d'Ottawa s'est mis à verser de l'argent au gouvernement provincial sans jamais demander de contrepartie ou le moindre remerciement. Pendant une décennie, le Canada avait virtuellement disparu du Québec.

Aussitôt que j'ai pris le pouvoir, j'ai décidé de changer cet état de choses. Le contribuable du Québec, me disais-je, a le droit de savoir que c'est son gouvernement fédéral qui paie la moitié d'une route ou d'un musée, et il me semblait juste et correct d'ordonner que flotte le drapeau canadien sur tous les immeubles publics ou projets que nous contribuions à financer. Bien sûr, les séparatistes hurlaient au meurtre lorsque nous les menacions de leur couper les vivres si on ne hissait pas le drapeau, la presse nous accusait de vouloir acheter des votes de cette manière et la droite estimait que tout cela était du gaspillage. Cependant, il fallait bien donner plus de visibilité au Canada pour assurer l'unité nationale.

La situation avait empiré avec l'élection du gouvernement péquiste en 1994. On avait alors envoyé à tous les ménages du Québec, aux frais de la princesse, s'il vous plaît, l'ébauche du projet de loi sur l'indépendance. On avait dépensé des millions et des millions pour promouvoir la cause de l'indépendance avec des commandites directes et une publicité subliminale, tout ça sur le bras du contribuable. Personne n'avait alors contesté cet état de choses, ni même plus tard d'ailleurs, mais lorsque les fédéralistes ont voulu combattre le feu par le feu, on nous a accusés d'être mauvais joueurs ou de contrevenir à une loi quelconque. Ensuite, lorsque nous avons failli perdre le référendum en 1995, des critiques de salon se sont mis à déplorer qu'on n'en avait pas assez fait, que nous n'avions pas été suffisamment émotifs, que nous n'avions pas su toucher le cœur des Québécois. Étant donné le résultat serré, j'inclinais à admettre certains de ces reproches. Et alors je me suis dit : plus jamais ! Particulièrement après que Lucien Bouchard a succédé à Jacques Parizeau au poste de premier ministre du Québec en janvier 1996 et qu'il a promis de tenir un référendum dès que les « conditions gagnantes » seraient réunies.

En 1996, mettant en œuvre le rapport du Comité de l'unité nationale, j'ai renouvelé la raison d'être d'un programme existant et y ai fait injecter 50 millions de dollars par an pour améliorer le profil du Canada et souligner le soutien fédéral à toutes sortes d'institutions et d'événements partout au pays. Que ça plaise ou non, les commandites gouvernementales, qu'elles soient municipales, provinciales ou fédérales, font vivre de nombreuses organisations sociales et culturelles qui profitent énormément aux Canadiens de toutes les régions du pays. Sans ces commandites, il y aurait beaucoup moins d'orchestres symphoniques, de musées, de galeries d'art, de compagnies de ballet et d'épreuves sportives. Même les députés du Bloc et du Reform se plaignaient que leurs comtés n'obtenaient pas leur juste part. De même, nous voulions répondre du tac au tac au PQ en finançant des activités qui faisaient la joie et la fierté des bénévoles du lieu. Si les dirigeants d'une petite ville ou d'une organisation régionale voyaient que le Canada était avec eux, leur message gagnait en autorité et en crédibilité.

Au cours des deux premières années de la mise en œuvre du programme, par exemple, seul le tiers de ces fonds était géré par le ministère des Travaux publics et des Services gouvernementaux du Canada pour la publicité et les grands événements. Les deux autres tiers étaient administrés par le ministère du Patrimoine canadien et le Bureau d'information du Canada, qui venaient en aide, entre autres, aux athlètes canadiens en route pour les Jeux olympiques d'Atlanta de 1996, aux activités entourant la Fête du Canada, aux remises de prix, au Centre Terry-Fox, au Conseil de l'unité canadienne. Mentionnons aussi la conférence sur le fédéralisme, les équipes sportives, les courses de voitures et de vélos, les festivals de musique, les tournois de tennis, les échanges jeunesse, la promotion de la culture canadienne à l'étranger et toute une série d'attractions touristiques partout au pays.

Le programme visait à faire beaucoup plus que hisser le drapeau, même s'il n'y a rien de mal en soi à hisser le drapeau. Le drapeau est un symbole important pour qui veut nourrir la fierté et l'esprit patriotique. Si les Canadiens consacraient à l'unifolié la moitié de l'argent *per capita* que les Américains dépensent pour la bannière étoilée, les Québécois en particulier se rendraient compte que leur gouvernement national est plus qu'un percepteur d'impôt : qu'il est aussi directement présent dans leur milieu de toutes sortes de manières. Pendant des générations, à l'époque où Montréal était la locomotive industrielle et financière du Canada, le reste du pays profitait de la prospérité du Québec. Maintenant que la richesse s'est déplacée vers l'Alberta (grâce à Dieu et à la Constitution canadienne), la roue de l'histoire a tourné et le Québec bénéficie de la prospérité des autres provinces. C'est la façon canadienne de faire les choses et c'est la raison pour laquelle les Québécois doivent ressentir au quotidien qu'ils vivent au Canada aussi bien qu'au Québec.

L'argent provenait de l'une des réserves que le gouvernement avait mises de côté pour les urgences, une sécheresse en été, une inondation au printemps, une incidence de verglas l'hiver, le règlement d'une grève ou un jugement de la cour. Ces réserves constituent une sorte de police d'assurance, sauf qu'ici Ottawa est en même temps l'assureur et l'assuré, et elles figurent dans le budget annuel du ministre des Finances, budget qui est approuvé par le premier ministre et voté par le Parlement. Ce n'est pas moi non plus qui ai inventé la réserve destinée à l'unité nationale. Il en existait déjà une sous Trudeau et Mulroney. Nous allions donc la consacrer au Québec, à l'heure où les finances publiques se portaient bien, dans le but de faire connaître aux Québécois la grandeur du Canada. Il m'apparaissait que c'était un prix raisonnable à payer pour éviter la facture qui nous attendait si le pays était démantelé. Si nous n'avions pas dépensé un sou et que les séparatistes avaient gagné plus tard, je ne peux qu'imaginer la furie de l'opposition, de la presse et des Canadiens. Ils en auraient voulu avec raison à leur premier ministre de ne pas avoir su prendre tous les moyens dont il disposait pour protéger la fédération.

Mes instructions, en date du 7 décembre 1999, n'auraient pas pu être plus claires, plus sévères ou plus conformes aux lignes directrices en usage : « Travaux publics et Services gouvernementaux Canada, par l'entremise de la Direction générale des services de coordination des communications, veillera à ce que les services de création et/ou les espaces achetés dans les médias, les programmes de commandite, les activités promotionnelles et toutes autres initiatives de commercialisation/marketing soient conformes aux politiques et aux lignes directrices du Conseil du Trésor et à ce qu'elles procurent une valeur ajoutée à la Couronne. De plus, la Direction générale des services de coordination des communications continuera de garantir que tous les services de communications, y compris la publicité et la recherche sur l'opinion publique, soient concurrentiels et que les contrats voulus seront adjugés par la suite. »

Après que j'ai eu établi les priorités à respecter pour l'utilisation de la réserve, le président du Conseil du Trésor s'est vu confier la responsabilité d'allouer cet argent aux ministres compétents. Les ministres se tournaient ensuite vers leurs sous-ministres, qui à leur tour chargeaient leurs fonctionnaires d'attribuer les contrats aux agences publicitaires et de faire affaire avec les responsables des événements importants et des diverses institutions. Dans le cas de la publicité, par exemple, le ministre des Travaux publics, Alfonso Gagliano, a confié la gestion de son budget à son sous-ministre Ranald Quail, qui a ensuite délégué cette tâche à Charles Guité, un fonctionnaire chevronné. Comme celui-ci l'a plus tard confirmé dans son témoignage devant un comité parlementaire qui faisait enquête sur les dépenses irrégulières relevées dans l'application du programme des commandites, c'était bien lui qui négociait les contrats, prétendument sous la direction de son sous-ministre. Chose certaine, personne au Bureau du premier ministre ou au Conseil privé n'était habilité à mener ce genre de négociations, et si Guité avait senti qu'on l'obligeait à faire quelque chose de douteux, il avait le droit et le devoir d'en parler à son sous-ministre, qui avait pour sa part le droit et l'obligation d'en parler à son ministre. En outre, étant donné que les sous-ministres sont nommés par le premier ministre, ils peuvent toujours contourner leur propre ministre et s'adresser directement au premier ministre s'ils jugent qu'ils ont été traités injustement. Cela ne s'est pas produit souvent de mon temps, mais lorsqu'un sous-ministre demandait à être reçu, je disais toujours oui. Dans ce cas-ci, je n'ai jamais reçu un seul appel concernant les commandites de la part du sous-ministre des Travaux publics. Dans la mesure où j'avais l'assurance qu'on se servait de cet argent pour promouvoir l'unité nationale et rien d'autre, j'étais tranquille, et il est évident que, faute de temps ou de motif, je ne prenais pas la peine de passer moi-même à la loupe les centaines de contrats du programme.

Je croyais alors et je persiste à croire aujourd'hui que le programme des commandites était un élément nécessaire de la stratégie globale que nous avions mise en place pour défendre l'unité nationale, que le programme a été conçu de bonne foi, que ses objectifs étaient nobles et qu'il a été mis en œuvre correctement dans l'ensemble par des fonctionnaires honnêtes et consciencieux. Cela dit, je déplore le fait qu'une poignée d'individus sans scrupules aient enfreint la loi et ainsi trahi leurs collègues, leur gouvernement et leur pays pour se remplir les poches, chose que les tribunaux ont confirmée, mais j'aurais eu beaucoup plus de regrets si Ottawa n'avait pas fait tout en son pouvoir pour préserver l'unité du Canada.

★   ★   ★

De tous les aspects de notre stratégie postréférendaire, le plus important était cette idée fixe que j'avais d'en finir avec la folie des questions référendaires mensongères, et cela m'importait beaucoup plus que l'argent des commandites, la guerre des lettres de Stéphane Dion, la résolution sur la société distincte, le projet de loi sur le veto, la limitation du pouvoir de dépenser et la dévolution des compétences en matière de mines ou de forêts, tout, quoi. Je ne sais combien de fois, à bord d'un avion qui me conduisait outre-mer ou accroché au téléski, que ce soit en consultant mes conseillers ou plongé dans mes pensées, je me disais que je n'en pouvais plus de ces questions-là. Tout le monde savait que si les séparatistes avaient un jour l'honnêteté et la dignité de poser une question franche en six mots : « Voulez-vous vous séparer du Canada ? », ils perdraient, et pas à peu près. Et si jamais ils remportaient une majorité claire avec une question claire comme celle-là, je dirais : « D'accord, le peuple s'est exprimé clairement. C'est une vraie honte, ça va nous faire reculer de vingt ans, mais c'est pas la fin du monde. » Cependant, j'avais la conviction que le Canada n'avait pas à supporter une minute de plus le mensonge et l'absurdité de la souveraineté-association ou des partenariats fictifs. Mais comment mettre fin à ces subterfuges tout en demeurant équitable et responsable ?

La solution s'est présentée d'elle-même au début de 1996 lorsque Guy Bertrand, un séparatiste désillusionné, a invoqué son droit de citoyen pour demander à la Cour supérieure du Québec de dire si le Québec était autorisé par le droit international à faire sécession unilatéralement après un OUI au référendum. Au départ, comme ils étaient nombreux au Québec à penser que Bertrand était un personnage controversé, nous avons hésité à nous associer à sa démarche. Mais en avril, lorsque le gouvernement du Québec est intervenu pour débouter le requérant au motif que les tribunaux ne sauraient attenter aux pouvoirs et privilèges de l'Assemblée nationale, je me suis dit que le gouvernement fédéral n'avait pas le choix : il devait intervenir lui aussi. Comme me l'a alors expliqué Allan Rock, le procureur général du Québec prétendait essentiellement que la Constitution canadienne était nulle et non avenue lorsqu'il s'agissait de l'accession du Québec à l'indépendance, position aussi intolérable qu'absurde. Je voulais pour ma part qu'on reconnaisse une fois pour toutes que la séparation est aussi une question juridique, pas seulement politique, assujettie à la Constitution du Canada. Tout particulièrement, je voulais en finir avec le mythe séparatiste selon lequel le Québec aurait droit à l'autodétermination en vertu du droit international. En fait, le droit à l'autodétermination n'est reconnu que dans les situations où les populations souffrent d'une oppression extrême ou d'une domination coloniale, et il fallait beaucoup d'imagination pour dire que ces critères s'appliquaient au peuple du Québec.

Lucien Bouchard n'était pas content du tout. « Monsieur le premier ministre, si vous accompagnez Bertrand devant les tribunaux, je vais déclencher des élections, m'a-t-il dit le 6 mai 1996 à Montréal, au moment où nous partagions la tribune à la faveur d'une cérémonie officielle.

— Monsieur Lucien Bouchard, lui ai-je répondu, si vous déclenchez des élections, qu'est-ce qui va arriver ? Vous allez gagner ou vous allez perdre. Si vous perdez, mon problème est réglé. Si vous gagnez, vous allez rester premier ministre du Québec, j'imagine, et je serai toujours premier ministre du Canada, et je vais quand même m'adresser aux tribunaux. Donc, déclenchez vos élections, ça m'est totalement égal. »

Nous avons alors tous les deux tourné le dos à l'assistance et un photographe a capté l'expression de colère qu'affichaient nos visages.

Le 30 août, la Cour supérieure du Québec donnait entièrement raison au gouvernement fédéral en affirmant que la Constitution canadienne demeurait au cœur de tous pourparlers débouchant sur la séparation du Québec. Elle autorisait aussi monsieur Bertrand à aller de l'avant avec sa requête. Rock craignait pour sa part que la cause ne traîne pendant des années et que cela ne devienne une nouvelle source d'inquiétude et de controverse. Un après-midi, à la mi-septembre, lui et Dion sont passés me voir au 24 Sussex pour me recommander de soumettre nous-mêmes la question à la Cour suprême, en posant nos propres questions et en imposant nos propres échéances. J'étais conscient des objections qu'on me ferait et des risques que cette démarche posait, mais je leur ai donné mon accord sur-le-champ. Il est du devoir du premier ministre de s'assurer que chacun respecte l'État de droit et la loi fondamentale du pays, autrement, il est indigne de gouverner.

Fin septembre, avec le concours enthousiaste et expert d'Allan Rock et de ses collaborateurs, Stéphane Dion a rédigé les trois questions qui allaient être soumises à la Cour suprême du Canada. Un, le gouvernement du Québec peut-il, en vertu de la Constitution du Canada, faire sécession unilatéralement ? Deux, le gouvernement du Québec peut-il, en vertu du droit international, faire sécession unilatéralement ? Et trois, dans l'éventualité d'un conflit entre la Constitution du Canada et le droit international, lequel aurait préséance au Canada ?

« Nous devons être très clairs et dire que nous ne voulons pas empêcher le Québec de tenir un troisième référendum, ai-je expliqué à mes collègues du cabinet le lendemain. Nous ne contestons pas non plus le pouvoir qu'a l'Assemblée nationale de poser la question de son choix. Notre message doit également indiquer que si une majorité claire de Québécois votent sur une question claire pour quitter le Canada, l'intégrité du pays ne sera pas maintenue par la force. Cependant, les péquistes ne pourront plus poser de question confuse et s'imaginer, à partir de là, que le reste du Canada sera obligé de négocier le démantèlement du pays. »

Deux ans plus tard, le 20 août 1998, la Cour suprême s'apprêtait à rendre son jugement. J'étais avec Jean Pelletier dans son bureau du Langevin lorsque le jugement est tombé à 9 h 45. Ç'a été l'extase, on n'aurait pas pu demander mieux. Le jugement était sage, éloquent et nuancé, et je pense aujourd'hui qu'il faudrait le décréter lecture obligatoire dans toutes les universités du pays. En bref, la cour statuait qu'une déclaration unilatérale d'indépendance était contraire au droit canadien aussi bien qu'au droit international. Pour accéder à l'indépendance, le Québec — ou toute autre province — était tenu de prendre en compte les droits des Canadiens vivant en dehors de la province, les droits de ses habitants, les droits des autres provinces ainsi que les droits des minorités. Dans toute négociation débouchant sur une séparation, tout serait sur la table, notamment le partage de la dette nationale, les frontières existantes, la protection des minorités linguistiques et culturelles et les droits des peuples autochtones. En outre, les résultats du référendum devaient être « dénués de toute ambiguïté en ce qui concerne tant la question que l'appui reçu ». Autrement dit, la question devait solliciter « l'expression claire d'une majorité claire de Québécois de leur désir de ne plus faire partie du Canada ». Donc, pour que les résultats du référendum aient la moindre légitimité, la sécession d'une province exigerait davantage qu'une simple majorité.

Même si on me pressait de toutes parts de réagir immédiatement, j'ai préféré attendre le commentaire de Lucien Bouchard. Je craignais — et je m'y attendais aussi — qu'il ne fasse ce que font invariablement tous les gouvernements du Québec en pareil cas. Lorsque la Cour suprême rend un jugement favorable à la province, le premier ministre du Québec félicite aussitôt les juges pour leur sagesse et leur savoir. Dans le cas contraire, le premier ministre québécois est tout aussi prompt à dire que ces juges ne sont que des pions de l'État fédéral et à déclarer, comme le faisait Duplessis, que la Cour suprême, c'est comme la tour de Pise, elle penche tout le temps du même bord. Par conséquent, ses jugements n'ont aucune légimité ni aucune crédibilité aux yeux du Québec. Mais, à ma grande joie et à ma grande surprise, Lucien Bouchard s'est jeté sur un passage du jugement qui disait que, oui, dans certaines circonstances, le Québec pourrait légalement se séparer de la fédération. À mon avis, le fait qu'il acceptait une partie du jugement confirmait qu'il en reconnaissait toute la légitimité. J'ai donné un coup de poing sur le bureau et surpris tout le monde en m'écriant : « Ça y est ! Je le tiens ! »

« La Cour suprême a rendu hier un jugement d'une importance extrême, ai-je ensuite déclaré aux Canadiens. Ne parlons pas d'une victoire pour les gouvernements ou les politiques. C'est une victoire pour tous les Canadiens. Le jugement protège pour toujours les droits juridiques et politiques des citoyens de notre pays. Il établit le cadre juridique à l'intérieur duquel les décisions démocratiques doivent être prises. Il arrête clairement les principes suivant lesquels le Canada a évolué et fleuri : le fédéralisme, la démocratie, le respect de la Constitution et de l'État de droit ainsi que le respect des minorités. »

C'est à partir de ce moment qu'a germé en moi l'idée d'une loi ou d'une intervention quelconque qui arrêterait le cadre juridique et démocratique à l'intérieur duquel il serait loisible à une province de faire sécession. Au début, étant donné que Lucien Bouchard risquait de perdre ses élections, j'ai pensé qu'il n'y avait pas lieu d'agir tout de suite. Cependant, lorsque le PQ a vu son mandat renouvelé trois mois plus tard, le 30 novembre 1998, mais avec moins de suffrages que n'en avaient recueilli les libéraux provinciaux, ce qui le privait du mandat de faire l'indépendance, j'en ai conclu qu'on n'en avait pas fini avec les entourloupettes et les manigances des séparatistes. Les « conditions gagnantes » permettant à Lucien Bouchard de déclencher un troisième référendum pouvaient apparaître du jour au lende-main. Le jugement de la Cour suprême avait dit explicitement qu'il appartenait désormais aux élus de déterminer ce qui consti-tuait une question claire ainsi qu'une majorité claire.

Au début, parmi le groupuscule de conseillers à qui j'avais confié mes réflexions, seuls Jean Pelletier et mon secrétaire de presse Patrick Parisot ont exprimé leur accord total. Eddie Gol-denberg, pour sa part, craignait qu'une telle initiative ne soit per-çue comme une provocation inutile et que le moment soit mal choisi, car à l'époque le soutien à la souveraineté faiblissait au Québec et tout le monde était écœuré d'en entendre parler. Stéphane Dion voulait plus de temps pour engager avec le peuple québécois un dialogue constructif sur les vertus du fédé-ralisme canadien et il voulait aussi raffermir notre soutien dans les sondages d'opinion. Je le savais pour l'avoir vécu, quand les gens veulent stopper ou ralentir l'action que le premier ministre estime être juste, ils font toujours valoir qu'il est quatre ans trop tôt ou quatre ans trop tard. Au lieu de parler de la substance de l'idée elle-même, ils ergotent sur le choix du moment ou la manière de faire les choses. Mais, en août 1999, ma décision était prise, sauf que je ne savais pas encore quel genre d'initiative je voulais ni si je devais la garder provisoirement en réserve.

Au lieu de passer par la voie habituelle en m'adressant au ministère de la Justice, où Anne McLellan avait succédé à Allan Rock en juin 1997, j'ai prié Stéphane Dion de former dans le plus grand secret un groupe de hauts fonctionnaires choisis au sein du Bureau du premier ministre et du Bureau du Conseil privé qui m'aideraient à rédiger un texte de loi. Plus ils s'enga-geaient dans cet exercice, plus leur enthousiasme augmentait. Un texte préliminaire en date du 6 octobre 1999 m'a été pro-posé, que j'ai transmis ensuite au ministère de la Justice pour qu'on me le traduise en langage juridique.

Au début, pour ce qui était de la clarté de la question réfé-rendaire, l'ébauche stipulait que la question devait bien indiquer qu'un OUI signifiait l'indépendance. Mais si la question ne faisait état que d'un mandat pour une négociation, les juristes du ministère estimaient que les séparatistes pourraient contester cette interprétation trop restrictive du jugement de la cour ; c'est pourquoi nous avons abandonné cette idée. Ensuite, en ce qui concernait la définition de la « majorité », nous nous demandions si le gouvernement fédéral aurait *l'obligation* de négocier si, en réponse à une question claire, le OUI l'emportait avec 60 pour cent des voix ou davantage, et s'il aurait *l'option* de négocier si le OUI l'emportait, disons, avec 53 ou 55 pour cent. C'est cette incertitude qui a provoqué le débat le plus âpre. Dion et Mel Cappe, le greffier du Conseil privé, faisaient valoir la nécessité de fixer un seuil quelconque, ce à quoi le ministère de la Justice répondait que ce serait contraire au principe qui permettrait à la Chambre des communes d'interpréter le résultat référendaire à la lumière des circonstances du moment. Enfin, le débat a porté sur la question de savoir si le projet de loi devait aborder ces sujets controversés qu'étaient les frontières, les droits des Autochtones, le partage des biens et les modalités de la sécession. Dion était pour, Cappe avait des réserves. L'ébauche du 22 octobre qui nous est revenue de la Justice englobait tous ces domaines dans le préambule, mais Dion tenait à une nouvelle disposition qui ferait en sorte que tous ces problèmes seraient réglés avant qu'une sécession ne soit autorisée par voie de révision constitutionnelle.

Du 7 au 20 novembre 1999, j'étais en visite officielle au Sénégal et au Nigeria, et je devais également assister à la conférence du Commonwealth en Afrique du Sud ainsi qu'à une réunion de l'OCDE en Turquie. À mon retour, Cappe m'a mis au courant de ce qui avait été fait : « Dans nos discussions avec le ministre Dion, on a émis des réserves quant aux premières ébauches du projet de loi. La dernière version ne fait aucune mention d'un seuil numérique et ne fait pas état non plus d'une question claire à laquelle on répondrait simplement par un OUI ou un NON. Le texte laisse plutôt croire qu'il appartient à la Chambre des communes d'étudier la clarté de la question et de se prononcer à ce sujet avant le référendum (mais sans nécessairement l'approuver ou la désapprouver), et après le vote, si une majorité a répondu OUI à la question, de déterminer si la population s'est prononcée clairement en faveur de la sécession, compte tenu de divers facteurs. »

J'étais d'accord. On ne démantèle pas un pays rien qu'avec un texte de loi ordinaire, mécanique ; il s'agit d'une mutation radicale qui est difficile à réaliser dans le calme. Par conséquent, le gouvernement en poste doit être en mesure d'interpréter ce qui constitue une majorité selon les facteurs religieux, linguistiques, régionaux et sociaux qui entrent en jeu. S'il y avait par exemple partage régional du vote, le sud du Québec voterait probablement pour rester au Canada, alors que la partie est voudrait en sortir. Tout cela devait être pris en considération, de même que la position des nations autochtones du nord et le partage des voix sur l'île de Montréal.

Un jour, je me souviens, Aline et moi déjeunions avec un haut responsable du gouvernement français à l'ambassade de France à Ottawa, et le monsieur nous a dit : « Monsieur Chrétien, j'aimerais vous poser une question qui me chatouille. Est-il vrai que vous avez dit que la séparation ne se fera que si l'on vote à 80 pour cent pour ?

— Non, monsieur, je n'ai jamais dit ça. Je n'ai jamais dit quel genre de majorité serait nécessaire, parce qu'il faut interpréter le sens de la majorité selon des critères linguistiques, régionaux et socioéconomiques.

— Donc, c'est une majorité qualifiée que vous voulez ?

— Oui, et dites-moi, qu'est-ce qu'il y a de mal à une majorité qualifiée ?

— Absolument rien, monsieur Chrétien. »

Puis il s'est tourné vers sa femme et lui a soufflé : « On nous a menti. » De toute évidence, les séparatistes avaient repris leurs petits jeux à Paris.

Cependant, le paragraphe qui suivait dans la note de Cappe indiquait qu'il y avait eu un recul nerveux pendant mon absence. Des bruits avaient commencé à circuler, et il n'y avait pas beaucoup de monde au parti, au caucus et même au cabinet qui était très heureux d'attaquer de front les séparatistes à ce moment-là.

« Si la nouvelle version donne réponse à certaines questions importantes, on n'y fait pas état de la clarté qui doit prévaloir avant la tenue d'un référendum, et on pourrait nous reprocher de faire de la provocation ou dire que notre approche manque de fermeté. Étant donné la difficulté qu'il y a à se servir d'une loi pour faire en sorte que le débat sur la sécession soit clair, comme le veut le gouvernement, il y a peut-être lieu d'envisager d'autres solutions qui nous permettraient quand même d'atteindre notre objectif. »

De toute manière, j'étais résolu à aller de l'avant. Le 23 novembre, au cours d'une séance particulièrement houleuse du cabinet, Stéphane Dion a soumis pour la première fois la toute dernière version du texte à ses collègues et les a invités à lui faire leurs commentaires. Ils ont été très rares à le suivre. La plupart, dont Paul Martin, craignaient qu'on y voie une provocation dirigée contre le Québec. Bien sûr, personne n'était en faveur de l'ambiguïté — comment quelqu'un aurait-il pu l'être, d'ailleurs ? —, donc, tous leurs arguments tournaient autour de la réaction de Lucien Bouchard et du moment opportun pour agir. J'ai fini par leur dire : « Je vois que vous tous ici présents êtes d'accord pour que l'on fasse quelque chose, mais que personne ne sait quoi faire au juste. Je vais donc agir à votre place. »

Je jugeais tout de même prudent d'avoir de mon côté le plus grand nombre possible de ministres, j'ai donc soumis le texte à un comité du cabinet qui devait en modifier le libellé mais non l'objectif. Eddie Goldenberg et Allan Rock, lequel siégeait à ce comité même s'il n'était plus à la Justice, accompagnés de quelques fonctionnaires, se sont employés au cours des semaines suivantes à raffiner le texte. Ainsi, on a vu ressortir beaucoup plus clairement que dans les versions antérieures les obstacles et les complications qu'entraînerait la dislocation du pays.

Même Pierre Trudeau s'inquiétait des répercussions qu'aurait un tel projet de loi, mais il n'en a jamais contesté la substance. « On me dit que c'est très dangereux, Jean, m'a-t-il dit au téléphone. Es-tu sûr que ça ne va pas réveiller l'ours ?

— Non, je ne peux pas en être sûr, Pierre. Mais je suis sûr

que ça doit être fait, et mieux vaut agir quand tout est calme. Si je manque mon coup, j'imagine que je devrai démissionner et aller exercer le droit à Montréal avec toi.

— Tu as mon appui, m'a-t-il dit à la fin. Et bonne chance. »

J'ai été déçu de voir que bon nombre de ses anciens conseillers n'étaient pas aussi enthousiastes, et ce, même si l'initiative que j'avais en tête portait à maints égards un coup plus dur aux séparatistes que tout ce que Trudeau avait pu faire. Les sénateurs Serge Joyal, Jerry Grafstein et Michael Pitfield, entre autres, voulaient que j'aille plus loin et que je corrige ce qui avait été, dans leur esprit, l'erreur originale que Trudeau avait commise en refusant de déclarer le Canada indivisible au moment du référendum de 1980. Il est vrai qu'il n'y a pas beaucoup de pays dans le monde qui ont défini les modalités de leur dissolution, mais Trudeau et moi étions d'avis que toute province a le droit, sur les plans juridique et politique, de quitter la fédération, mais à la condition de répondre à certains critères explicites, et c'était précisément l'avis qui avait été exprimé dans le jugement de la Cour suprême.

La dernière version du texte était prête le 8 décembre ; nous y avons changé quelques mots et j'ai demandé à Dion de déposer le projet de loi C-20 à la Chambre des communes le 10 décembre. J'étais dans mon bureau avec quelques collaborateurs lorsque j'ai reçu le texte définitif. La première chose qui m'a frappé était la longueur et la complexité du titre du projet de loi : « Loi donnant effet à l'exigence de clarté formulée par la Cour suprême du Canada dans son avis sur le Renvoi sur la sécession du Québec ».

« Personne va comprendre ce que ça veut dire, me suis-je exclamé, furieux. Après tout, il est censé être question de clarté, donc il faut que ce soit clair. Je veux de la clarté ! Qui peut être contre la clarté ? Personne ne pourra dire : " Je ne veux pas de clarté. Je veux de la confusion. Je ne veux pas une question claire, je veux une question trompeuse." Pourquoi ne pas l'appeler simplement la *Loi sur la clarté* ? »

S'il est vrai que j'étais décidé, j'étais également nerveux.

L'une des raisons pour lesquelles j'avais demandé à Dion de présenter son projet de loi en décembre, c'est que c'est le mois de la neige et des examens pour les étudiants au Québec. Même les plus extrémistes n'aiment pas beaucoup descendre dans la rue sous la neige et dans le froid. Et c'est le moment de l'année où les étudiants passent des nuits blanches à préparer leurs examens ou rentrent chez eux pour les vacances. À leur retour des vacances de Noël, en dépit de tous les efforts qu'avait déployés Lucien Bouchard pour attiser la colère des Québécois, le débat était clos. Il a prononcé quelques discours et obtenu une résolution unanime de l'Assemblée condamnant le projet de loi, mais pas grand monde ne l'a écouté. Aux Communes, bien sûr, le Bloc et quelques conservateurs ont voté contre, et je n'ai pas été très heureux lorsque j'ai vu certains sénateurs libéraux et conservateurs tenter d'en retarder l'adoption en proposant quelques amendements, mais j'étais au septième ciel le jour où la *Loi sur la clarté* est entrée en vigueur, le 29 juin 2000. Ma joie a redoublé quand 60 pour cent des Québécois ont exprimé leur soutien à cette loi dans un sondage qui a suivi.

Dans son adieu aux armes, en 1984, Trudeau avait eu raison de dire que le Canada était enfin entré dans l'âge adulte. Mais le Canada que j'ai trouvé neuf ans plus tard était un jeune adulte en pleine crise existentielle. La tourmente constitutionnelle de Meech-Charlottetown avait ébranlé son identité, l'économie chancelante et la crise des finances publiques lui faisaient douter de son avenir. Le Canada était devenu ce jeune homme découragé par la vie adulte et qui n'a plus qu'une envie : tout plaquer là, quitter sa femme et ses enfants, laisser la banque reprendre sa maison, tourner le dos à ses dettes, s'acheter une moto et disparaître dans le néant, irresponsable et bienheureux.

Je n'ai pas tout fait tout seul, loin de là, mais je peux dire qu'avec mon équipe au pouvoir le jeune homme s'est ressaisi. Il a surmonté son angoisse identitaire, il a assumé ses dettes, il s'est serré la ceinture, il a su faire face à ses créanciers et, l'économie et l'emploi s'améliorant, il a repris le dessus. Dix ans plus tard, il est toujours marié, le couple tient bon, les enfants ont grandi, les arbres dans le jardin ont poussé bien droit, ses dettes ont fondu, une partie de l'hypothèque a été remboursée, il s'entend mieux que jamais avec ses voisins, tout va si bien qu'ils sont nombreux à vouloir emménager dans le même quartier que lui. La vie lui sourit. Le jeune homme est devenu un homme accompli, et sa femme ne l'a pas quitté pour un autre. C'est un peu ça que nous avons fait. Ensemble. Et je suis convaincu aujourd'hui que la *Loi sur la clarté* a joué un rôle déterminant dans l'évolution du jeune homme qu'était le Canada.

Non, ce n'est pas le genre de choses dont parlent les manuels d'histoire, plus friands de drame que de calme. Même que c'est très canadien tout ça : paix, ordre et bon gouvernement. Les peuples heureux n'ont pas d'histoire, dit-on. Peut-être bien, mais je préfère les réussites tranquilles aux récits d'héroïsme meurtrier. Mon rôle à moi dans cette aventure ? Comme le disait Voltaire, que haïssaient tant les maîtres de ma jeunesse, les bons pères du collège : « J'ai fait quelque bien, c'est mon meilleur ouvrage. »

Partie de golf avec le président Clinton, Halifax, juin 1995.

Au travail avec le président Clinton, Washington, avril 1997.

Les « quatre amigos » : Clinton et moi en compagnie du président Eduardo Frei, du Chili, et du président Ernesto Zedillo, du Mexique, au Sommet des Amériques, Miami, décembre 1994.

Discussion avec les leaders antillais, avril 1998.

À la défense du Canada pendant la campagne référendaire au Québec. Shawinigan, le 6 octobre 1995.

Daniel Johnson fils et moi félicitons Jean Charest après son discours à l'auditorium de Verdun, le 24 octobre 1995.

Près de 150 000 personnes se réunissent au centre-ville de Montréal pour témoigner leur amour du Canada, le 27 octobre 1995.

Je garde le contact avec mes électeurs de Shawinigan.

Avec Stéphane Dion, qui a assumé la responsabilité du dossier de l'unité nationale au début de 1996.

Après la chicane avec Lucien Bouchard, Montréal, mai 1996.

Rejouant la tentative d'assassinat au 24 Sussex avec la comédienne Mary Walsh. À gauche, Bruce Hartley, mon adjoint exécutif.

Point de presse inhabituel avec les journalistes d'Ottawa, Rio de Janeiro, janvier 1995.

Préparatifs en coulisses en vue de la campagne électorale de 1997.

Un vétéran de la politique en campagne électorale.

Avec nos braves Casques bleus en Bosnie, mai 1998.

Fête-surprise pour Mike Harris, premier ministre de l'Ontario. Les autres premiers ministres et moi rentrons de la mission d'Équipe Canada en Amérique latine, janvier 1998.

CHAPITRE SEPT

Questions de sécurité

Dans l'après-midi du samedi 4 novembre 1995, cinq jours à peine après le référendum québécois, on m'a fait savoir que Yitzhak Rabin, le premier ministre d'Israël, avait été assassiné. Triste nouvelle qui m'a rappelé les beaux moments que nous avions passés ensemble à l'occasion de ses visites au Canada, où nous avions discuté comme deux camarades, comme cela se fait entre tous les politiques du monde entier qui ont duré dans ce métier et consacré leur vie au bien public.

Tout chef politique s'expose à être assassiné et tout pays doit consacrer beaucoup d'argent et d'efforts à sa protection. J'avais saisi cette réalité malheureuse de la vie moderne à ma première visite officielle au Mexique en mars 1994. Au terme d'une journée de cérémonies et de réunions, me préparant à assister au dîner officiel que devait donner en mon honneur le président Carlos Salinas, j'ai été informé que Luis Donaldo Colosio, le candidat de son parti à l'élection présidentielle et son successeur probable, venait d'être assassiné dans la ville de Tijuana, dans le nord. Événement tragique, bien sûr, pour Salinas, qui était sans cesse appelé au téléphone lorsque je suis arrivé à sa résidence; nous nous sommes alors entendus pour annuler le dîner. Nous avons salué les invités qui s'étaient déjà réunis pour l'apéritif, nous leur avons expliqué la situation et avons pris congé d'eux.

Le lendemain, la plupart de mes rendez-vous ayant aussi été annulés, j'ai décidé d'aller témoigner de mon respect devant la dépouille mortelle de Colosio, qui venait tout juste d'être ramenée au quartier général de son parti à Mexico pour y être exposée. Je n'avais jamais rencontré cet homme, mais j'estimais que c'était la moindre des choses, et je suis parti avec mes gardes du corps de la GRC. La rue était envahie par une foule hystérique, tous les visages étaient chagrinés et consternés et tous se bousculaient pour entrer au quartier général. Mes gardes essayaient de me frayer un chemin dans la foule en disant que j'étais le premier ministre du Canada et tout le reste, mais on ne cessait de me bousculer. Fidèle à moi-même, je rendais coup pour coup et j'ai réussi péniblement à me rendre jusqu'à la porte. Parvenu à destination, je me suis fait dire qu'à cause de la densité de la foule, on avait décidé de ne laisser entrer personne. J'imagine que j'aurais pu insister, mais je ne voulais pas gêner. Je me suis donc glissé avec mon escorte derrière l'immeuble et je suis parti. Je ne crois pas avoir été en danger, mais ç'avait été toute une expérience que de voir d'aussi près un tel flot d'émotions.

Même un pays relativement paisible et stable comme le Canada a vécu sa part de tragédies de ce genre, quand on songe à Thomas D'Arcy McGee en 1868 et à Pierre Laporte en 1970, et il circule toujours chez nous des rumeurs de complot ou de menace. La Gendarmerie royale avait pour politique de ne jamais m'en parler, et je ne voulais rien savoir de toute façon, même si parfois je voyais que mes anges gardiens étaient plus nombreux autour de moi ou semblaient plus vigilants. Je ne posais jamais de questions. Il n'y avait rien que je pouvais faire de toute façon. Je savais aussi que je ne pouvais pas tenir ma sécurité pour acquise. Aline et moi en sommes alors venus à accepter que notre vie privée avait pris fin après mon entrée au 24 Sussex. Désormais, chaque fois qu'elle et moi allions voir un film dans un cinéma d'Ottawa, l'un de nos passe-temps favoris, des membres de la GRC étaient assis dans la rangée derrière nous.

Au départ, Aline trouvait désagréable d'être constamment suivie. Peu après la conférence de l'APEC à Seattle en novembre 1993, je m'en souviens, elle et moi avions été invités chez de vieux amis à nous qui vivaient en Californie. Lorsque nous sommes allés jouer au golf, nous avons trouvé autour de nous une demi-douzaine de gardes du corps canadiens et une vingtaine de gorilles américains. Ça n'avait peut-être pas de sens dans notre cas, mais les Américains ont toujours été beaucoup plus préoccupés que nous par la sécurité de leurs dirigeants, qui demeurent protégés par le Service secret même après avoir quitté le pouvoir. Aline était trop intimidée d'avoir à jouer avec tant de gens qui la regardaient, et nous avons par conséquent conclu un accord pour réduire le nombre de nos gardes du corps au strict minimum quand nous jouions au golf. De temps en temps, pour plaisanter, mes gardes du corps allaient chercher une balle que j'avais expédiée à gauche ou à droite, et je la retrouvais placée sur un té dans le bois. À d'autres moments, je voyais mes gardiens hocher la tête si je jouais bien, sauf lorsque je jouais contre mes petits-fils, parce que les gendarmes les encourageaient tout le temps et leur donnaient toujours raison quand nous nous chicanions sur les règles du jeu.

Pour assister aux funérailles de Rabin, je devais partir un dimanche, le 5 novembre, la veille du jour de mon départ prévu pour la conférence du Commonwealth en Nouvelle-Zélande, et nous ferions un arrêt à Jérusalem en route. Donc, le samedi soir, après un dîner agréable avec des amis dans un restaurant près du lac Harrington, Aline et moi sommes partis tôt sans nous attarder pour le dessert et le café et nous sommes rentrés au 24 Sussex à 21 h 30 pour préparer notre voyage. Une expédition inhabituellement longue et chargée m'attendait ; j'étais encore épuisé émotionnellement par le référendum et ses suites ; et comme je sentais venir la grippe, Aline m'a donné un cachet pour dormir. Elle-même est restée debout jusqu'à minuit pour disposer sa garde-robe dans le couloir et décider de ce qu'elle emporterait pour les deux prochaines semaines.

Quelques heures plus tard, peu avant trois heures du matin,

elle a été réveillée par des pas à l'étage supérieur. Désorientée et s'imaginant que le personnel était arrivé plus tôt que prévu pour faire nos valises, elle s'est levée pour faire en sorte qu'on me laisse dormir. Mais après avoir quitté notre chambre et traversé le petit bureau attenant qui lui était réservé, elle est tombée sur un homme dans le couloir qui portait des verres et une tuque. Il était en train d'enfiler ses gants.

« Qui êtes-vous ? » lui a demandé Aline.

L'homme n'a rien dit, mais il a esquissé un sourire étrange en fixant le long couteau qu'il avait dans la main droite. Il a plus tard raconté à la police : « Je ne voulais pas faire de mal à madame Chrétien. Je voulais seulement trancher la gorge de son mari. »

Aline a gardé son sang-froid. En prenant soin d'éviter que la clé ne tombe par terre, elle a refermé la porte aussitôt, l'a verrouillée et a retraversé son bureau en courant pour revenir dans notre chambre. Elle m'a secoué le pied en passant à côté du lit et a poursuivi sa course pour aller verrouiller la porte principale menant au hall du deuxième étage. Puis elle s'est jetée sur notre table de chevet et a pressé le bouton d'alarme pour appeler les gendarmes dans les guérites de sécurité aux portes du 24 Sussex. « Venez tout de suite ! » a-t-elle hurlé au téléphone. Elle a réussi enfin à me tirer de mon sommeil : « Jean, il y a un étranger dans la maison.

— Voyons, Aline, lui ai-je répondu, encore engourdi par le médicament. T'as fait un mauvais rêve. Il peut pas y avoir d'étranger dans la maison, on est entourés de gardes.

— Non, Jean, je l'ai vu. Il avait une tuque sur la tête et il tenait un couteau. Il ressemble à Forrest Gump. »

Assise à côté de moi sur le bord du lit, elle s'est mise à trembler comme une feuille.

J'ai compris que la situation était grave. Un peu plus tard, nous avons vu une ombre qui se déplaçait au bas de la porte du hall. Je me suis emparé d'une lourde sculpture inuite, un huard que je tenais par le cou, prêt à m'en faire une arme si l'intrus parvenait à forcer la porte. Il avait dû entendre Aline me réveiller ; il a peut-être pensé que j'étais armé ; chose certaine, il se savait coincé. Sans même essayer d'ouvrir la porte — il a bien fait parce que j'aurais pu le tuer avec mon huard inuit —, il s'est dirigé sans bruit vers le banc qui est au haut de l'escalier, il s'est assis et a attendu l'arrivée des gardes. Nous aussi. Aline leur a téléphoné une seconde fois. « Venez tout de suite ! On a peur ! » Nous avons appris plus tard qu'ils étaient arrivés à la porte avant de la maison sans les bonnes clés.

Enfin, après une attente de dix minutes, nous avons entendu des voix, et j'ai ouvert la porte juste au moment où les gendarmes emmenaient notre homme. Curieux comme toujours, j'ai enfilé ma robe de chambre et je suis descendu pour voir de quoi il avait l'air; on venait de le faire asseoir sur la banquette arrière de la voiture. Il m'a regardé d'un drôle d'air, rien de plus. « Il était venu vous assassiner », m'a dit l'un des gardes. En regagnant ma chambre à coucher, j'ai vu que le gars avait laissé par terre sa tuque, ses gants et un couteau à ressort flambant neuf avec une lame de huit pouces, assez longue en tout cas pour tuer un homme endormi.

L'homme s'appelait André Dallaire. Il était diplômé en sciences politiques, commis de dépanneur de son métier. On le considérait comme instable sur le plan mental et mésadapté sur le plan social, et il avait décidé de me tuer parce que le résultat référendaire l'avait déçu. Il avait d'abord planifié de m'attaquer sur la colline du Parlement le lundi, mais il avait dû entendre dire que je partais pour Israël un jour plus tôt et avait décidé d'agir tout de suite. Il avait gravi l'escarpement qui longe la rivière, avait escaladé la clôture et était entré chez nous par la porte latérale. Les deux gendarmes dans les guérites avaient pensé que la figure qui se déplaçait sur l'écran de télévision en circuit fermé était le troisième factionnaire qui patrouillait dans le jardin. Au même moment, ce troisième homme était en train, m'a-t-on dit, de jouer aux cartes avec un gardien du peloton de sécurité du gouverneur général, en face.

Après avoir brisé une petite fenêtre du rez-de-chaussée pour pénétrer dans la maison, Dallaire avait cherché notre chambre à coucher. Mais, au lieu de tourner à gauche et de passer par le salon pour entrer dans le vestibule, il avait tourné à droite, il était entré dans mon bureau et s'était retrouvé au bas de l'escalier arrière. Il était monté pour parvenir dans le couloir qui donnait sur le bureau d'Aline ; il avait donc dû penser que notre chambre se trouvait au troisième étage. Il avait alors continué de monter, et c'est à ce moment qu'Aline avait entendu ses pas. S'il avait tourné à gauche au lieu de tourner à droite après s'être introduit par effraction, s'il avait traversé le salon et pris le grand escalier menant au deuxième étage, il serait arrivé directement à la porte de notre chambre à coucher. Celle-ci n'étant pas verrouillée, il aurait pu entrer avec son couteau et m'aurait trouvé devant lui, dormant à poings fermés.

Dallaire a fini par être reconnu non coupable de tentative de meurtre pour raison de maladie mentale et il s'est retrouvé dans un foyer de groupe — pas très loin de chez moi — à Ottawa.

Après que les gendarmes l'ont eu emmené, je n'ai pu refermer l'œil, j'ai donc téléphoné à ma fille à Montréal et à quelques-uns de mes plus proches conseillers pour leur dire ce qui s'était passé, même si on était encore au beau milieu de la nuit. Étant donné que la GRC se sentait contrainte de minimiser l'incident, pour des raisons évidentes, nous avons décidé que je raconterais toute l'histoire à la presse avant de prendre l'avion pour Jérusalem. Mais les reporters n'ont pas semblé faire grand cas de notre décision. Chose certaine, la presse québécoise n'a pas aussitôt conclu que Dieu m'avait épargné pour quelque grand destin historique. Mais, pour Aline et moi, ç'a été une expérience traumatisante. La nuit suivant notre retour au Canada de la Nouvelle-Zélande, Aline s'est réveillée à précisément trois heures du matin, comme si elle avait entendu un réveille-matin. Au début, elle a attribué cela au décalage horaire, mais le même phénomène s'est reproduit la nuit suivante, et elle s'est rendu compte qu'elle regardait alors vers la porte de son bureau. Pendant quelques jours, elle a dû aller dormir au lac Harrington ou à la maison de France à Montréal, jusqu'à ce qu'elle se sente reposée et que son angoisse se soit dissipée.

L'une des premières mesures que j'avais prises comme premier ministre avait été de diminuer la taille de mon peloton de sécurité à mon bureau et au 24 Sussex. Je me trouvais trop surveillé, et je voulais prêcher d'exemple au moment où je demandais aux Canadiens d'accepter des restrictions budgétaires dans tous les services gouvernementaux. La GRC avait accédé à ma demande à l'époque, mais elle regrettait désormais de l'avoir fait. Philip Murray, le commissaire de la GRC, est venu me voir et m'a dit : « Monsieur Chrétien, la sécurité, c'est pas de vos affaires. La sécurité, c'est de mes affaires à moi. Si on vous tue, c'est moi qu'on va blâmer, je vais donc faire mon service et je n'accepterai plus d'ordres de vous en matière de sécurité. Vous devrez accepter les gardes du corps dont nous allons vous entourer. C'est notre responsabilité à nous. » À compter de ce moment, il a affecté à ma protection des agents spécialement formés et fait installer davantage de barrières, un meilleur système de surveillance électronique et des dispositifs d'alarme autour de la maison.

★   ★   ★

À peine quelques mois plus tard, le jeudi 15 février 1996, il s'est produit un autre incident, moins dramatique celui-là, où la question de ma sécurité s'est posée de nouveau. Dans la foulée de notre victoire au référendum, Patrimoine canadien voulait organiser une cérémonie sur les bords de la rivière des Outaouais, à Hull, le jour qui avait été désigné officiellement pour honorer le drapeau canadien. Sheila Copps m'avait invité à venir y prononcer quelques mots. Je craignais que les séparatistes n'y voient une provocation, mais les organisateurs m'avaient assuré que ce ne serait qu'un grand rassemblement, surtout une cérémonie destinée à des écoliers, avec plein de bon monde, et qu'il n'y aurait pas de manifestants. Ce n'était pas loin de mon bureau, la Chambre ne siégeait pas ce jour-là, et j'aimais bien l'idée d'honorer le drapeau entouré d'enfants québécois ; j'ai donc fait taire mon instinct et accepté d'y aller. En chemin, j'ai même interrogé la police, qui m'a assuré que tout était tranquille. Mais, dès mon arrivée, quelques douzaines de manifestants sont sortis de leur cachette en agitant des cloches à vache, en soufflant dans des trompettes et en scandant des slogans.

J'ai pris des bains de foule toute ma vie, cela ne me fait pas peur. Normalement, les foules sont composées de partisans amicaux qui veulent simplement vous voir ou vous serrer la main. Il arrive que des manifestants hurlent des mots désagréables, mais il y a toujours quelqu'un sur place pour leur dire de se taire, ou alors la police contrôle leurs mouvements. Ce jour-là, cependant, j'étais mécontent de voir que les organisateurs et les responsables de la sécurité avaient mal fait leur travail parce qu'ils ne m'avaient pas préparé à ce qui s'en venait. J'ai prononcé quelques mots et je suis retourné à ma voiture. Mes gardes du corps et moi étions assiégés par les enfants, qui me pressaient de signer leur drapeau, et il semblait que les manifestants avaient vidé les lieux à la fin de la cérémonie. Je me suis donc arrêté pour signer quelques autographes. Tout à coup, deux gars ont bousculé les enfants en sacrant après eux, ils les ont tassés et se sont mis à m'insulter en se servant d'un porte-voix en acier. Surpris et furieux, j'ai attrapé à deux mains celui qui était le plus proche de moi et je l'ai renversé, sauf que je ne me rappelle pas exactement la suite des événements. Il y avait à peine trois mois que quelqu'un avait essayé de m'assassiner, ma réaction a donc été instinctive et probablement plus musclée que d'habitude. Puis, en une fraction de seconde, j'ai arraché le porte-voix à l'autre manifestant parce que j'avais peur qu'il ne s'en serve comme d'une arme, la police s'est énervée et l'a renversé lui aussi.

À mon retour à la maison, Aline a vu tout de suite que quelque chose ne tournait pas rond. « Ça ne s'est pas bien passé ? m'a-t-elle demandé.

— Juste un petit incident, lui ai-je répondu. J'ai poussé un gars.

— Est-ce que ça va passer à la télévision ?

— Peut-être. »

La presse en a fait tout un plat. Les séparatistes ont déclaré que j'étais devenu fou, que je m'étais jeté sur un passant innocent dans la foule et que je l'avais presque tué. La presse a même trouvé des psychiatres pour présumer que le résultat serré du référendum m'avait fait perdre la boule. Si la couverture de la presse de langue anglaise a été moins hystérique, les images à la télévision et les photos dans les journaux me donnaient vraiment mauvaise apparence, ne serait-ce qu'à cause de mes verres fumés qui me faisaient ressembler à un gangster. Des parents à moi m'ont téléphoné, certains d'entre eux en pleurs, me demandant ce qui m'était arrivé. Ma pauvre Aline n'était pas contente. C'était toujours elle qui devait apprendre les mauvaises nouvelles aux amis et aux membres de notre famille, et on a souvent de mauvaises nouvelles quand on est mariée au premier ministre du Canada. Elle a fini par me dire : « Jean, peut-être que tu vas être obligé de t'excuser.

— Peut-être », lui ai-je répondu, mais dans mon for intérieur je ne voyais pas pourquoi je devais m'excuser de quoi que ce soit. Aline et moi ne nous querellons jamais ; nous discutons.

Peter Donolo, mon directeur des communications, m'a téléphoné chez moi peu après pour me donner les dernières nouvelles : « Monsieur le premier ministre, le *Toronto Star* publie en première page un texte sur la réaction populaire à l'incident.

— C'est bon ou mauvais ?

— Je ne vous le dirai pas, monsieur le premier ministre, parce que si je vous le dis, vous allez sortir et tordre le cou à quelqu'un d'autre ! »

De son bureau à l'étage, Aline m'a entendu rire. Du haut de l'escalier, elle m'a demandé : « Jean Chrétien, si tu trouves quelque chose de drôle dans cette histoire-là, je voudrais bien le savoir. » Je lui ai donc expliqué, à son grand soulagement, que le sondage du *Star* m'était largement favorable. De même, à une station de radio de langue anglaise de Montréal, la vaste majorité des intervenants m'avaient applaudi parce que, selon ce qu'avait dit le directeur de la programmation de la station, « il est à peu près temps qu'on ait un premier ministre qui n'est pas une mitaine ».

J'ai ri encore plus fort quand Donolo m'a raconté que Bill

Clennett, la soi-disant victime de ce que mes gardes de la GRC appelaient la « passe de Shawinigan », avait prétendu dans une conférence de presse que je lui avais cassé son pont dentaire et il exigeait d'être dédommagé. « Ne vous inquiétez pas, monsieur le premier ministre, m'a dit Donolo, on va le lui rembourser avec le programme des infrastructures. »

Trois semaines plus tard, à l'occasion d'une rencontre à Grenade avec des dirigeants antillais, je pouvais percevoir un certain malaise autour de moi au premier dîner. La vidéo de l'incident avait été diffusée partout dans le monde par CNN ; manifestement, tous les convives étaient au courant, mais il a fallu un certain temps pour que quelqu'un aborde le sujet. « Les séparatistes au Québec disent que je l'ai presque tué, et le reste du Canada se demande pourquoi je ne l'ai pas tué », leur ai-je dit. Ils ont tous éclaté de rire. Quelques mois plus tard, à une rencontre internationale à Vancouver réunissant des dirigeants retraités et dont Pierre Trudeau était l'hôte, un ancien premier ministre du Japon m'a demandé ce qui s'était passé. « Au Japon, m'a-t-il dit, on raconte que le premier ministre du Canada est un homme très fort. »

Dans nos déplacements dans une foule, il s'est créé une sorte de collaboration instinctive entre mes gardes du corps et moi. Étant donné que chacun avait sa propre technique, ses propres réactions et sa propre compréhension de la façon dont je me déplaçais et me comportais, je jugeais que le système fonctionnait mieux s'il y avait moins de roulement dans le personnel. Par exemple, je ne crois pas que je me serais fait entarter par cet autre manifestant, comme c'est arrivé au cours d'une visite à une exposition agricole à l'Île-du-Prince-Édouard en août 2000, si les gendarmes du lieu avaient mieux connu mes habitudes ou remarqué que le gars qui s'approchait de moi portait un manteau d'hiver au beau milieu de l'été.

L'officier responsable se confondant en excuses, je l'ai arrêté en lui disant : « Oublie ça, tu as fait ton devoir, on a tous les deux été pris par surprise, et ça m'a pas fait mal. Même que ça goûtait pas si pire que ça. Et t'inquiète pas, si je l'avais vu venir, je lui aurais fait la passe de Shawinigan à lui aussi. »

Plus tard, à une réception à la ferme de Lawrence MacAulay, j'ai dit : « Mon Dieu, vous autres à l'Île-du-Prince-Édouard, vous êtes bizarres. Ici, on sert la tarte avant la soupe ! » Après avoir été condamné à quelques mois de prison pour voies de fait, l'entarteur, un jeune homme de la Nouvelle-Écosse, s'est fait passer à tabac par ses codétenus, qui étaient des *fans* à moi apparemment et qui n'avaient pas apprécié de le voir abuser de l'hospitalité légendaire de l'île.

★   ★   ★

Bien sûr, la question de la sécurité personnelle n'est pas à prendre à la légère, et nombreux sont les dirigeants qui lui accordent une grande attention. Le président Suharto, de l'Indonésie, par exemple, avait menacé de ne pas assister au sommet de l'APEC, dont le Canada devait être l'hôte à Vancouver en novembre 1997, si nous ne pouvions garantir qu'il n'y aurait pas de manifestation contre l'action de son gouvernement au Timor oriental. Je ne pouvais pas donner de garantie de ce genre, mais je lui ai promis que nous assurerions sa sécurité du mieux que nous pourrions. Étant donné que la conférence coïncidait avec l'effondrement monétaire en Corée, en Thaïlande et en Indonésie, et vu les problèmes économiques avec lesquels Hong-Kong et le Japon étaient aux prises, je jugeais important d'avoir sur place tous les grands dirigeants de la région, dictateurs ou pas. Il fallait montrer au monde entier que la crise financière de l'Asie ne nous effrayait pas.

Mais nous ne pouvions pas stopper ceux qui voulaient protester contre les forces de la mondialisation et nous ne voulions pas le faire non plus. Les manifestants ont pu ainsi s'approcher davantage des dirigeants qu'à tout autre sommet de mémoire récente, et on leur a donné amplement le loisir d'exprimer leurs vues, même si cela mécontentait le président Suharto. Nous avions même subventionné le Sommet populaire, une coalition rassemblant plus de mille délégués non gouvernementaux qui planifiaient de se réunir à Vancouver juste avant le sommet de l'APEC.

En démocratie, tout le monde a droit de parole. Notre société irait bien mal si l'on ne pressait pas constamment les gouvernements d'effectuer des réformes et de se montrer plus justes. Parfois, quand j'étais premier ministre et que je me faisais prendre dans une manifestation très bruyante, je me disais que je l'avais mérité, à cause de toutes les manifestations que j'avais moi-même organisées contre Duplessis et Diefenbaker à l'époque où j'étais étudiant. Je comprenais ceux qui manifestaient contre la mondialisation, même si je n'étais pas d'accord avec eux. Pour moi, l'hostilité envers la mondialisation n'est souvent qu'une forme de protectionnisme : les gens ne veulent pas perdre leur emploi au profit de quelqu'un d'autre, c'est évident. Au même moment, ces gens disent qu'ils veulent aider les pauvres en Afrique, en Amérique latine ou en Asie. C'est une contradiction, à mon avis, parce que le protectionnisme a justement pour conséquence de refuser à d'autres le loisir qu'ils auraient de produire et de vendre davantage de biens. La réalité, c'est que l'abaissement des barrières tarifaires a créé plus d'emplois et de richesses dans le monde, cela ne fait aucun doute, et grâce à cela il y a plus de gens que jamais qui peuvent désormais nourrir leur famille ou se faire instruire.

Peut-être, répondent les protestataires, mais le système mondial a causé une répartition injuste de la richesse, l'exploitation des démunis et l'asservissement des enfants. Ils ont raison, et il n'existe pas de solution facile, mais c'est exactement de ce genre de problème que discutent les dirigeants au sommet de l'APEC, au sommet du G-7 ou au Sommet des Amériques, où ils tentent de réformer les institutions financières internationales, de contrer la spéculation sur les devises et de stabiliser l'économie mondiale. Lorsqu'éclate une crise financière, après tout, ce sont toujours les pauvres qui trinquent. Ils sont les premiers à perdre leurs emplois ou leurs droits, les premiers à avoir faim et les derniers à pouvoir vivre de leurs économies.

En tant que président du sommet de Vancouver, j'avais dit aux autres leaders de l'APEC que je voulais m'en tenir strictement à l'ordre du jour et publier un communiqué commun qui serait prêt à 16 heures le dernier après-midi, et pas une minute plus tard, sans quoi la presse se mettrait à raconter que la discorde régnait entre nous. Je coupais la parole à tout dirigeant qui parlait trop longtemps. À un moment donné, j'ai même dû demander à Bill Clinton d'abréger son discours. Pris par notre travail à l'intérieur du splendide Musée d'anthropologie de l'Université de la Colombie-Britannique, avec ses immenses sculptures haïdas, sa vue magnifique sur la mer et les montagnes et ses allures de jardin, nous ne savions pas ce qui se passait dans les rues. La GRC avait décidé de recourir à des tactiques musclées, notamment en aspergeant de gaz poivré la barricade humaine érigée sur la seule voie menant aux jardins de l'université, et qui était donc notre seule porte de sortie en cas d'urgence.

Les dirigeants s'étant entendus sur le communiqué final et la conférence s'étant terminée à temps, je suis sorti rencontrer la presse. J'étais de très bonne humeur, je dois l'avouer, parce que nous nous étions acquittés de nos obligations sans accroc. Tout à coup, tous les journalistes se sont mis à hurler, ils parlaient de poivre, et j'ai toujours beaucoup de mal à entendre quand il y a beaucoup de bruit dans une salle, à cause de ma mauvaise oreille. « Du poivre ? ai-je plaisanté. Moi, j'en mets dans mon assiette. » Si j'avais su de quoi il était question, j'aurais pris un ton moins léger, même s'il ne s'agissait pas exactement du massacre des saints Innocents. Néanmoins, le comportement de la police nous a obligés à ouvrir une enquête qui n'a mené nulle part, et la presse en a fait le petit scandale du lieu et du jour.

Ce n'est pas moi qui ai eu l'idée de créer la commission d'enquête. J'avais déjà reçu ma leçon avec la commission d'enquête sur la Somalie, dont j'avais réclamé la tenue à l'époque où j'étais dans l'Opposition officielle et que, par conséquent, je m'étais cru obligé de créer après être devenu premier ministre. Au lieu de s'en tenir aux allégations concernant quelques soldats membres du Régiment aéroporté canadien, qui servaient dans le cadre d'une mission des Nations unies en 1993 et qui avaient torturé et tué un jeune prisonnier, les trois commissaires s'étaient mis à faire enquête sur ce qui s'était passé avant cet incident tragique, sur ce qui s'était passé après, à chercher qui avait dit quoi à qui, pour voir si le dossier était complet ou non, et de là les commissaires s'étaient enlisés dans toutes les digressions imaginables. L'enquête avait traîné pendant deux ans et son coût avait gonflé à plus de 15 millions de dollars. Chaque fois qu'on mentionnait en passant le nom d'un soldat ou d'un fonctionnaire au cours d'une audience publique, le gouvernement était obligé de payer de nouveaux honoraires d'avocat. Cette enquête menée à tâtons suscitait toutes sortes de dépenses inutiles : il y avait ainsi des centaines de milliers de pages de documents qui coûtaient des millions de dollars au contribuable parce qu'il fallait bien rémunérer l'armée de fonctionnaires chargés de réunir, de copier et de présenter ces documents. C'était comme entrer dans la maison d'un simple citoyen pour fouiller parmi toutes ses lettres et ses chéquiers et l'interroger ensuite à propos d'une note qu'il aurait griffonnée sur un bout de papier dix ans auparavant.

Dans ce genre d'enquête, les avocats sont rémunérés à l'heure et non à forfait, si bien que plus ils demandaient à voir plus de documents, à entendre plus de témoins, à prendre plus de temps pour se préparer et poser leurs questions, plus ils gagnaient d'argent. Je me rappelle avoir demandé à l'un d'entre eux que je connaissais pourquoi il perdait tant de son temps précieux dans le dossier de la Somalie. « Parce qu'on me paie », m'a-t-il répondu. Rien d'étonnant donc à ce qu'on ait si mal réagi lorsque j'ai décidé de mettre la clé dans la boîte.

Bien sûr, si on étudie assez de documents pendant assez d'années, on peut toujours trouver des erreurs dans une organisation qui compte plus de 325 000 personnes, mais la commission avait tout simplement acquis une vie à elle, très lucrative je le précise, et causé une querelle interministérielle particulièrement nocive. Donc, lorsqu'il est devenu évident que la commission d'enquête avait un mauvais effet sur le moral de nos troupes et ne menait nulle part, j'ai décidé d'en finir, appuyé fermement que je l'étais par le ministre de la Défense nationale, Doug Young. Cela nous a valu quelques éditoriaux défavorables pendant une semaine, mais plus personne n'en a reparlé après. Et je n'ai jamais nommé de nouvelle commission d'enquête.

Pour en revenir à ce que la presse s'était mise à appeler le « Peppergate », la Commission des plaintes du public contre la GRC, cette commission d'examen civile et indépendante qui a été mise sur pied en vertu d'une loi du Parlement en 1988, était obligée de faire enquête sur toute accusation de brutalité policière. Mais, au lieu de procéder calmement et avec efficacité comme d'habitude, sa présidente, Shirley Heafey, et non le gouvernement fédéral, a décidé de tenir des audiences publiques. C'était inévitable, toute l'affaire a rapidement viré au cirque médiatique, et il y a eu même tout un fiasco autour de la nomination des trois membres de la commission, qui ont fini par démissionner, cédant la place au juge Ted Hughes. Un jour, Radio-Canada a annoncé qu'elle avait découvert de nouvelles preuves. Mon Dieu, me suis-je dit, de nouvelles preuves, il faut que je regarde ça ! Et on a entendu alors une entrevue avec une dirigeante autochtone qui avait été invitée à réciter une prière au début de la rencontre de l'APEC. Je me souvenais très bien d'elle parce que j'avais dû l'empêcher de transformer sa prière en un discours. Elle était là à la télévision, disant qu'elle avait vu monsieur Chrétien donner des ordres aux gendarmes. Il est vrai que c'était moi qui menais l'affaire. Comme les dirigeants de l'APEC arrivaient un par un, je veillais par exemple à ce que personne ne soit laissé seul pendant que j'accueillais les autres à la porte, et je donnais constamment des ordres, normalement en français, à mon personnel pour que tout marche rondement, dans le moindre détail. Étant donné que la plupart de ces gars-là étaient bâtis comme des armoires à glace et que la pauvre dame ne parlait pas le français, elle avait dû penser avoir vu Jean Chrétien donner personnellement l'ordre de mater les manifestants.

En août 2001, trois ans et demi après cet incident, après 170 jours d'audiences où on avait entendu 153 témoins et pris connaissance de 40 000 pages de preuves documentaires, le rapport de 453 pages du juge Hughes faisait état d'erreurs, d'insuffisances et de la conduite incorrecte de certains membres de la GRC — mais, chose certaine, les méchancetés des uns ou les fautes des autres ne justifiaient pas une dépense de 12 millions de dollars, dont les salaires de ces étudiants en droit chômeurs qui étaient payés par le gouvernement fédéral pour faire des grimaces aux témoins.

Les partis d'opposition raffolent des commissions d'enquête, car c'est habituellement un moyen facile de nuire au gouvernement ou de nourrir un contentieux après qu'ils ont épuisé toutes leurs questions sur le problème. Le gouvernement aime bien ça aussi, car créer une commission d'enquête, c'est souvent un mécanisme qui lui permet de ne rien faire, d'esquiver ses responsabilités ou de retarder une décision controversée qui sera prise après les prochaines élections. Je connais très peu d'enquêtes qui ont été d'une grande utilité et, dans les rares cas contraires, c'était parce qu'elles n'avaient pas viré en téléfeuilletons. Si on a un problème, il faut faire face à la musique et décider. S'il vous faut plus d'information, vous pouvez toujours demander au ministère de vous fournir un rapport complet. Si c'est un point de vue indépendant qu'il vous faut, vous pouvez nommer un enquêteur qui agira sans tambour ni trompette. Comme cela s'est fait lorsque j'ai demandé à Robert Nixon, l'ancien ministre des Finances de l'Ontario, de faire enquête sur les circonstances ayant entouré le contrat de privatisation de l'aéroport Pearson de Toronto qu'avaient signé les conservateurs et qui avait constitué un enjeu électoral en 1993. Si vous voulez examiner une question sociale aux ramifications profondes, vous pouvez aussi créer une commission royale, comme nous l'avons fait pour la santé. Mais il est dans la nature des enquêtes publiques de se muer en procès-spectacle, en parodie de justice, en cirque politique. Les règles de la preuve n'ont pas à être respectées comme c'est le cas devant un tribunal normal. Les personnes visées n'ont pas droit comme d'habitude à des procédures équitables. La personne innocente n'est pas protégée de la même façon au cours d'une telle enquête. Des douzaines de réputations sont salies en vain ; des gens perdent leur gagne-pain rien que parce que leur nom a été mentionné au passage ; et le crédit de toute la fonction publique est entaché à coups de ragots et d'insinuations malveillantes. Une commission ne peut même pas non plus intenter de poursuites contre quiconque, étant donné que, traditionnellement, au Canada, les poursuites au criminel sont entamées par un gouvernement provincial sur la foi des preuves recueillies par la police.

★   ★   ★

Dans l'ensemble, les membres de la GRC s'efforçaient de ne pas m'étouffer, et je me suis lié d'amitié avec bon nombre d'entre eux, par exemple Pierre Giguère, un grand gars taciturne, très consciencieux, qui se trouvait aussi à être originaire de ma circonscription. J'étais moins proche de ses camarades, mais ce qui est sûr, c'est que nous avons tous ri un bon coup ensemble. Un jour, je me rappelle, l'un d'entre eux, un francophone, s'était retrouvé tout seul avec l'ambassadeur de Turquie au Canada. Histoire de faire la conversation, il avait demandé à Son Excellence, en anglais : « *Are there many Turkeys like you in Canada ?* » On avait taquiné le pauvre gars avec ça pendant des mois.

La plupart de mes gardes du corps partageaient mon amour du sport. Chaque fois que j'avais besoin d'un partenaire de golf, je choisissais l'un d'entre eux, et lorsque j'allais faire du ski, je devais y aller avec une équipe spécialement formée pour me protéger sur les pentes. Un matin, j'avais dû me rendre par hélicoptère à Mont-Tremblant pour affaires et, comme c'était une magnifique journée d'hiver, j'avais décidé de passer l'après-midi sur les pentes. « Excusez-moi, ai-je dit au garde du corps qui se trouvait en congé jusqu'au moment où on lui avait donné l'ordre, à la dernière minute, de m'accompagner parce qu'il était lui-même skieur. J'espère que je ne gâche pas vos plans de fin de semaine.

— Oui, Monsieur le premier ministre, c'est impardonnable

ce que vous m'avez fait, m'a-t-il répondu. Je suis ici, il fait soleil, la neige est belle, on n'a jamais à attendre le remonte-pente et c'était mon tour aujourd'hui de rester à la maison avec mes trois filles. À la place, c'est ma femme qui reste à la maison, moi je m'amuse à skier avec vous et on me paie temps double pour ça. La vie est dure, vous savez, monsieur Chrétien. »

Mais ils ne s'amusaient pas tous autant. Au cours de vacances de Noël au Colorado avec mes quatre petits-enfants à la fin de 1997, un gendarme s'est cassé le bras, et un autre, le poignet, en essayant de me suivre sur les pentes. J'étais censé me rendre ensuite au Mexique pour une mission commerciale qui allait parcourir toute l'Amérique latine, mais la fameuse crise de verglas ayant dévasté certaines régions du Québec et de l'Ontario, je suis rentré en vitesse à Ottawa pour prendre part au règlement de la crise : le verglas avait abattu des arbres, brisé des fils d'électricité et ainsi privé de courant quatre millions de Canadiens, certains d'entre eux pour plus d'un mois. Près de 16 000 membres des Forces canadiennes avaient été mobilisés pour contrer l'un des plus grands cataclysmes naturels de notre histoire. Les conditions étaient encore périlleuses lorsque je suis allé inspecter l'est de l'Ontario, et à l'atterrissage il y avait quelques gendarmes au bas de la rampe pour veiller à ce que je ne glisse pas sur la piste. « Ne vous inquiétez pas pour moi, leur ai-je dit. C'est probablement plus dangereux pour vous. Vous savez, deux de vos copains sont à l'hôpital en ce moment parce qu'ils n'arrivaient pas à suivre le bonhomme. »

Il y a eu aussi des occasions, je le confesse, où j'ai cédé à l'envie irrésistible de semer mon peloton de sécurité. Trudeau aimait se jeter dans sa Mercedes et se faire courir après par ses gardes, m'a-t-on dit, et je ressentais parfois la même impulsion qui m'avait fait fuir mon pensionnat, jeune homme, à l'époque où je courtisais Aline. Ayant trouvé le moyen de me glisser sous la clôture qui entourait l'établissement, j'allais la voir en ville en cachette et je revenais par le même chemin entre deux patrouilles des bons pères.

En 1998, j'étais au sommet du G-8 qui se tenait dans un

gigantesque manoir non loin de Birmingham, en Angleterre, entouré de jardins splendides, de champs, de bosquets qui grouillaient de gardes du corps. Clinton et moi étions derrière la maison, à bavarder comme d'habitude, et nous parlions cette fois de Fidel Castro et de mon récent voyage à Cuba, lorsque je me suis rendu compte tout à coup qu'il n'y avait plus de gardes du corps autour de nous. « Bill, je lui dis, viens, on va se sauver. » Nous nous sommes précipités dans les bois, excités comme deux petits gars qui font l'école buissonnière, nous sommes allés faire une longue promenade, tout seuls, et sommes revenus par un pré qui bordait un petit lac, environ une heure plus tard, au grand soulagement des gorilles de Clinton qui se faisaient des cheveux blancs. À côté de la maison, il y avait un muret de pierres avec une rampe qui menait à la terrasse, et j'y ai vu tout de suite un petit défi.

« Viens-t'en, Bill, on va voir qui va arriver en haut le plus vite. » Un, deux, trois, et j'avais escaladé le muret en un instant. Je me suis retourné et j'ai vu le président Clinton, qui avait une douzaine d'années de moins que moi mais plus d'une douzaine de kilos de plus, qui haletait. L'un de ses gardes s'est précipité pour l'aider pendant que mon photographe, Jean-Marc Carisse, prenait un cliché ; mais cette photo de moi qui souriais triomphalement n'a jamais paru dans un journal américain. Clinton a eu sa revanche lorsque, à la suite d'un autre pari que nous avions fait, j'ai dû enfiler le chandail des Capitals de Washington après qu'ils avaient éliminé les Sénateurs d'Ottawa dans la course à la coupe Stanley.

Ma seconde grande évasion a eu lieu en juillet 2001 en Italie, où Aline et moi étions accompagnés de notre petit-fils de quinze ans, Philippe. Nous étions logés au dernier étage d'un petit hôtel très confortable sur le bord d'une rivière près de Florence. Nous arrivions de Moscou, où j'avais rencontré Vladimir Poutine, qui avait accepté d'appuyer la candidature de Toronto pour les Jeux olympiques de 2008, et nous allions prendre quelques jours de repos là-bas avant de nous rendre au sommet du G-8 à Gênes. Tout le monde était nerveux, on nous avertissait que les altermondialistes allaient organiser des manifestations de masse, ce à quoi s'ajoutaient des menaces terroristes — même si l'attaque d'Al-Qaida contre New York et Washington n'allait avoir lieu que deux mois plus tard, et les Italiens avaient même planifié de faire monter les délégations à bord de deux navires de croisière qui s'éloigneraient dans la Méditerranée au premier signe de troubles.

Un soir, cependant, je me suis mis à avoir des fourmis dans les jambes. « Viens-t'en, Philippe, ai-je dit à mon petit-fils, on va voir si on peut sortir sans se faire prendre. » Nous avons donc sauté du balcon sur un toit, puis sur un autre toit, puis un troisième, et nous nous sommes retrouvés au-dessus d'une cour fourmillant de carabiniers italiens. Philippe voulait se glisser le long d'un tuyau et courir à toute vitesse vers le chemin, mais je l'ai averti qu'on avait affaire au genre de gars qui tire d'abord et qui pose des questions ensuite. Nous sommes donc remontés pour planifier une autre stratégie de sortie.

« Philippe, lui ai-je dit, il y a un garde du corps dans le couloir. Fais comme si tu avais un nœud dans ton lacet de soulier et que tu avais du mal à le dénouer, et demande-lui de l'aide. Quand il va entrer dans ta chambre, je vais sortir de la mienne et on va se rencontrer au bas de l'escalier. »

Le plan a marché à merveille. Lorsque Philippe est arrivé, nous avons franchi une petite porte dans la clôture puis une haie très épaisse, et hop ! le ciel ! le chemin ! la liberté ! — nous étions libres. Pendant à peu près une demi-heure, nous avons fait une promenade dans les rues étroites du village d'à côté, et mon Dieu que c'était plaisant. Bruce Hartley était en train de souper avec un inspecteur de la GRC dans un restaurant du lieu lorsqu'il a appris que je m'étais enfui. « Le PM a quitté l'hôtel ! » disait le message frénétique. « Le PM a quitté l'hôtel ! » Les deux hommes se sont précipités à l'hôtel et ils étaient en train de discuter le coup lorsque nous avons surgi dans la cour, les mains dans les poches, en sifflotant. À compter du lendemain matin, il y avait six colosses italiens qui ne lâchaient pas Philippe de l'œil.

CHAPITRE HUIT

Histoires de golfeurs

Il y a une bonne raison pour laquelle les politiques aiment tant le golf. C'est un bon exercice, bien sûr, mais c'est surtout un moment privilégié où l'on peut délaisser ses dossiers, fuir le téléphone et avoir un peu de temps pour réfléchir tranquillement.

C'est aussi une promenade agréable dans un parc en compagnie de personnes qui ne vous en veulent pas et c'est un moyen agréable de savoir ce qu'elles pensent. En fait, j'ai joué plus souvent à l'époque où j'étais premier ministre qu'après ma retraite, non parce que j'avais plus de temps libre, mais parce que j'avais un plus grand besoin de paix.

Le samedi matin, je golfais en français, et le dimanche matin, en anglais, avec quelques habitués qui n'étaient pas tous des *fans* de Jean Chrétien ni même des libéraux. On s'amusait beaucoup, et si quelqu'un parlait de politique, je l'accusais de vouloir donner un crochet à mon coup de départ ou de me faire manquer mon coup roulé, et le fâcheux changeait tout de suite de sujet. Parfois j'étonnais les gens en me présentant tout seul au Royal Ottawa Golf Club, à la recherche d'un partenaire de jeu. Je me rappelle cet Américain à qui l'entraîneur du club avait demandé si un quatrième joueur pouvait se joindre à son trio, et qui s'était retrouvé à faire une partie avec le premier ministre du Canada. Le gars n'en revenait tout simplement pas.

Je jouais souvent avec Aline aussi. Un matin d'été, elle est allée jouer avec des amis, me laissant à une réunion avec mes fonctionnaires à mon bureau du 24 Sussex. À peu près une heure plus tard, le maître d'hôtel nous a interrompus pour me faire savoir que madame Chrétien était au téléphone et qu'elle tenait à me parler tout de suite. Cela ne ressemblait pas du tout à Aline. Il y avait un problème ? Il lui était arrivé quelque chose ? En courant au téléphone, je ne sais pas comment j'ai fait, mais j'ai deviné exactement ce qu'elle allait me dire. « Jean, m'a-t-elle annoncé, je viens de faire un trou d'un coup ! » La chose s'est sue et on en a parlé aux nouvelles le soir même.

« Donc, monsieur Chrétien, m'a-t-on demandé à ma conférence de presse suivante, est-il vrai que madame joue mieux que vous ?

— Oui, ai-je dû admettre, du moins pour ce trou-là. » Et j'ai eu beau essayer, je n'ai jamais pu égaler son exploit.

L'une des parties de golf les plus plaisantes que j'ai jouées dans ma vie s'est déroulée à St. Andrews, en Écosse, avec le premier ministre Goh Chok Tong, de Singapour, et son jeune ami, Sitiveni Rabuka, le premier ministre des îles Fidji, qui était un partenaire de golf coutumier du grand Vijay Singh. C'était en octobre 1997. Les leaders du Commonwealth avaient été emmenés là par train de notre conférence à Édimbourg, et nous avions disposé d'un après-midi libre pour faire une partie sur ce célèbre terrain de golf. Les deux derniers trous longent la route, si bien qu'il y avait beaucoup de monde qui nous regardait. J'étais très nerveux. Goh était un excellent golfeur, peut-être parce que la résidence officielle dont il avait hérité de l'ancien Empire britannique était assortie de son propre terrain de golf et, mon Dieu, Rabuka, lui, était un vrai champion. Le dix-septième trou était réputé pour la profondeur de sa fosse ; c'est là que Jack Nicklaus et tant d'autres grands golfeurs avaient connu leur Waterloo, mais j'avais réussi à l'éviter. Au dix-huitième, j'avais frappé un bon coup de départ, suivi par un joli coup avec mon bois-5 directement sur le vert. J'avais raté mon oiselet, mais de peu, et j'étais content de ma normale. Même si Goh et moi n'arrivions pas à égaler Rabuka la plupart du temps, je pense — ou préfère penser — que je l'ai battu sur ce dernier trou. Ç'a été l'une de ces fins de match spectaculaires qu'un golfeur vit rarement devant une foule. J'étais peut-être aiguillonné par la crainte de me couvrir de honte, ou peut-être que j'ai bien joué grâce aux applaudissements des quelques Canadiens présents qui agitaient un grand unifolié. Un mois plus tard, au sommet de l'APEC à Vancouver, nouveau match avec le premier ministre Goh, et notre partenaire de jeu cette fois était Bill Clinton. En dépit de la pluie torrentielle qui nous trempait jusqu'à l'os, Clinton avait allumé un gros cigare et refusé de déclarer forfait.

Clinton ayant pris sa retraite, je l'ai invité au terrain de golf privé de la famille Desmarais au Québec. Nous avions été rejoints par mon gendre, André, mon petit-fils de vingt et un ans, Olivier, et son frère cadet, Philippe. C'était un jour froid et pluvieux, et notre accoutrement était plus indiqué pour la pêche en haute mer que pour le golf. Arrivé au dix-huitième trou, Clinton a sorti de son sac un décrocheur tout neuf, cadeau du champion australien Greg Norman, et il a envoyé un coup de 260 verges, la balle atterrissant au milieu du parcours. « Olivier, a-t-il dit, si tu arrives à faire mieux que ça, je te donne mon bâton.

— Vas-y, p'tit gars, ai-je dit à mon petit-fils, donne le coup de ta vie. »

Usant de toute sa force, Olivier a réussi un coup parfait de plus de 300 verges. Clinton a demandé qu'on lui donne trois ou quatre chances de faire mieux, mais il n'y est pas arrivé. Après un certain temps, Olivier m'a dit, en français : « Donne-lui un panier de balles, il peut essayer tant qu'il voudra, il vient de perdre son décrocheur. » Depuis ce jour-là, ma famille et moi conservons le souvenir d'une belle journée passée en compagnie du président Clinton.

★   ★   ★

En octobre 1999, j'ai joué une autre partie avec Clinton à Mont-Tremblant. Stéphane Dion, mon ministre des Affaires intergouvernementales, m'avait demandé d'inviter le président à prendre la parole durant la conférence internationale intitulée « Le fédéralisme à l'ère de la mondialisation », qui était organisée par le Forum des fédérations. « Tu sais pas à quel point ce gars-là est occupé, lui avais-je dit. Il acceptera jamais. » Mais Dion est un homme têtu et, pour qu'il me fiche la paix, j'avais transmis l'invitation à Clinton au cours d'une pause pendant le sommet du G-8 à Cologne cet été-là. « S'il te plaît, penses-y, Bill. Viens le matin inaugurer la nouvelle ambassade américaine à Ottawa, on t'emmènera à Mont-Tremblant par hélicoptère, tu feras ton petit discours et après ça on va faire une petite partie de golf. Ça pourrait être plaisant. » À mon grand étonnement et pour mon plus grand plaisir, il a dit oui.

J'ai eu un peu plus de mal à convaincre le président du Mexique, Ernesto Zedillo, de se joindre à nous, ne serait-ce que parce qu'il lui fallait la permission de son Parlement chaque fois qu'il voulait quitter le pays. Si j'avais été soumis à une telle restriction, je n'aurais probablement jamais mis le pied hors du Canada en dix ans. Cependant, ayant visité sa maison un jour, j'avais remarqué qu'il possédait les disques de la grande chanteuse de jazz canadienne Diana Krall. « Ernesto, lui ai-je dit pour l'attirer à la conférence, j'aimerais tant ça que tu puisses venir. Je me suis arrangé pour que Diana Krall soit là pour chanter toutes tes chansons favorites, rien que pour toi. » Le temps de le dire, il obtenait la permission de son Parlement. Zedillo était au septième ciel lorsque sa femme et lui ont été envoûtés par Diana Krall au piano, dans le salon du 24 Sussex, après le lunch que nous avions donné en leur honneur. Preuve de plus que l'art et la culture peuvent contribuer à l'avancement de la société, même dans le domaine de la politique internationale.

Quelques instants avant de prendre la parole, Clinton s'est penché vers moi et m'a posé des questions sur quelques personnes présentes ; il a noté leurs noms et jeté un coup d'œil sur son texte. Puis il s'est lancé dans une longue dissertation savante sur le fédéralisme sans un regard sur ses feuilles. Démonstration d'érudition et de talent oratoire tout simplement magistrale. « Il convient tout à fait que cette conférence se tienne au Canada, a-t-il dit. Ce pays plus grand que la Chine, qui s'étend sur cinq fuseaux horaires et dix provinces distinctes, a prouvé au monde comment des gens aux cultures et aux langues différentes peuvent vivre dans la paix, la prospérité et le respect mutuel. Nous, Américains, avons toujours chéri nos liens avec un Canada fort et uni. Nous vous admirons, nous apprenons de votre exemple. Ce partenariat que vous avez créé entre peuples aux origines diverses et entre les gouvernements à tous les niveaux, c'est justement le sujet de votre conférence et c'est l'essence même de la démocratie, avec tous ces gens qui se déplacent de plus en plus sur la surface de la planète, qui se mêlent de plus en plus et qui vivent de plus en plus dans la proximité. »

Avant le début de la conférence, Lucien Bouchard avait demandé à prendre la parole en sa qualité de président de la conférence des premiers ministres cette année-là ; il avait promis de ne pas parler de la séparation du Québec. En sa qualité de premier ministre de la province hôtesse, il avait également exigé une rencontre privée avec le président. Les Américains hésitaient à accréditer les séparatistes, mais ils lui ont quand même accordé dix minutes à condition qu'il s'en tienne à certains sujets neutres. Mais lorsqu'il s'est servi de son discours pour faire la promotion de l'indépendance du Québec, ils sont entrés dans une colère telle qu'ils ont menacé d'annuler son tête-à-tête avec Clinton et ont refusé qu'un photographe assiste à l'entretien. Mais c'était leur chicane à eux, et Ottawa ne s'en est pas mêlé ; cependant, je ne peux pas dire que j'étais déçu que leur rencontre soit abrégée, parce que Clinton et moi avions autre chose de plus important à faire : notre partie de golf.

La partie a commencé tard de toute façon ; nous avons joué nos derniers trous après le coucher du soleil, avec les phares des véhicules utilitaires qui illuminaient les parcours et nos gardes du corps qui éclairaient les verts de leur lampe de poche. Ça m'a rappelé cette vieille anecdote que j'aimais raconter et où je disais que, quand j'étais enfant, les Canadiens français avaient le droit de jouer au club de golf très anglo de Grand-Mère seulement le soir. Pas étonnant que mon handicap soit si mauvais, ajoutais-je pour plaisanter. Et moi j'étais sur un prestigieux terrain de golf, un demi-siècle plus tard, premier ministre du Canada en compagnie du président des États-Unis, et j'étais encore obligé de jouer dans le noir.

★   ★.   ★

En juin 2001, après un sommet Canada-Union européenne en Suède, Bruce Hartley et moi devions rentrer au Canada à bord d'un vieux Challenger du gouvernement canadien. Cet avion, dont je me servais normalement pour mes déplacements au Canada, avait connu de meilleurs jours, mais on n'a jamais beaucoup parlé de tous les accidents qu'il avait frôlés. Un jour, je me rappelle, durant un vol de Québec à Ottawa, j'étais en compagnie de Gordon Giffin, l'ambassadeur des États-Unis de l'époque, et l'avion avait perdu un moteur — ce qui non seulement était effrayant, mais qui n'était pas non plus de la bonne publicité pour un pays qui fabrique des avions. Cette fois-là, le système de décompression du Challenger est tombé en panne à 27 000 pieds. Nous avons perdu la pression en cabine, nos oreilles ont éclaté, l'avion a plongé de plusieurs milliers de pieds en quelques secondes et Bruce et moi avons dû mettre nos masques d'oxygène pour respirer. De peine et de misère, nous sommes rentrés à Stockholm, et je me suis arrangé pour revenir à Québec dans l'Airbus des Forces canadiennes, qui n'avait pas encore décollé et qui avait à son bord le ministre des Affaires étrangères, nos fonctionnaires et les journalistes.

Dès notre atterrissage, un médecin militaire est accouru pour m'examiner. Je ne le savais pas, mais quiconque a souffert d'un manque d'oxygène à bord d'un avion n'est pas censé revoler avant soixante-douze heures. Son examen terminé, le médecin m'a dit : « Ça va, prenez seulement un peu de repos. » Arrivé au Canada, j'ai continué vers Shawinigan en voiture. Mais c'était le matin et, comme je n'arrivais pas à dormir, j'ai invité Bruce Hartley à venir golfer avec moi. Chose curieuse, nous avons tous les deux joué la meilleure partie de notre vie. Depuis ce temps, je dis à mes amis : « Si vous voulez faire une vraie bonne partie de golf, tout ce que vous avez à faire, c'est de demander à quelqu'un de vous étrangler gentiment juste avant le match pour vous priver un petit peu d'oxygène. »

★   ★   ★

Trois mois plus tard, le 5 septembre 2001, au tournoi de bienfaisance professionnel-amateur qui précédait l'Omnium canadien au Royal Montreal Golf Club, j'ai été invité à jouer avec Tiger Woods. Je n'ai rien vécu en politique d'aussi énervant que cette partie de golf. Tiger prenait son match très au sérieux, et en plus nous étions suivis partout par des milliers de spectateurs avides et des journalistes de la radio qui donnaient un compte rendu intégral de notre partie. J'ai donné un bon coup de départ au premier té, mais je n'ai pas très bien joué après. La pression était intense, le risque d'être humilié aussi. Même quand j'arrivais à faire un bon coup, celui de Tiger qui venait ensuite était cent fois meilleur.

Woods a été aimable avec moi et la conversation était agréable, sauf que, de toute évidence, il préférait se concentrer sur son jeu. Sa concentration était d'ailleurs une merveille à observer: il refusait de donner des autographes ou d'échanger des propos avec la foule, c'était donc à moi d'amuser les gens en serrant des mains et en faisant des blagues. À quelques reprises, j'ai dû courir pour retourner à ma balle pendant que Tiger Woods attendait, un peu impatient. À un moment donné, juste pour faire avancer le match, j'ai enfreint le règlement et cessé de jouer vu que ma balle était tombée dans deux ou trois fosses consécutives. Comme pénalité, on m'a décerné un 7 sur une normale de 3, mais on m'aurait donné un 100 que ça n'aurait fait aucune différence. « Je joue pas mal, ai-je dit à la blague, c'est le parcours qui est difficile. » Résultat, j'ai joué 92, et lui, 64. J'avais bien sûr toutes sortes d'excuses et j'avais été distrait, mais la vérité vraie, c'est que je n'étais que le premier ministre du Canada alors que lui, c'était Tiger Woods.

CHAPITRE NEUF

Mais qui garde le chien ?

L e 27 avril 1997, soit trois ans et sept mois après mon entrée en fonction, je me suis rendu à Rideau Hall pour prier le gouverneur général, Roméo LeBlanc, de dissoudre le Parlement et de déclencher des élections nationales pour le 2 juin. La loi stipule qu'il doit y avoir des élections au moins une fois tous les cinq ans. En pratique, la plupart des gouvernements, à moins qu'ils ne soient en sérieuse difficulté, songent à les déclencher au bout de quatre ans, essentiellement parce que l'opposition et les médias commencent à leur faire la vie dure à l'approche de l'échéance. Cependant, rien dans nos règles ou nos traditions n'interdit au premier ministre de déclencher des élections quand il veut, sauf qu'il risque d'être puni pour excès d'opportunisme politique, comme c'est arrivé à David Peterson en Ontario en 1990.

Même s'il existe un certain mouvement en faveur d'élections à date fixe à l'américaine, cette idée entre en conflit avec le principe parlementaire fondamental selon lequel le gouvernement ne demeure en place que tant et aussi longtemps qu'il a la confiance de la Chambre des communes. Si le gouvernement perd cette confiance et tombe pour une question grave, alors là, le mandat fixe est inopérant. Par ailleurs, s'il se produit une crise majeure au beau milieu d'un mandat fixe, le gouvernement en place voudra peut-être obtenir un nouveau mandat clair de la population avant de faire certaines choses. Je trouve donc imprudent de promettre trop vite de telles réformes institutionnelles, et celles-ci doivent toujours être mises en œuvre avec prudence.

Je m'étais mis à penser que le moment était désormais venu de donner aux Canadiens l'occasion de juger de ce que nous avions accompli jusque-là et de solliciter un second mandat pour conduire le Canada vers le nouveau millénaire. Même si nous avions encore à traduire en actes certaines de nos promesses du Livre rouge, nous avions déjà fait beaucoup pour concrétiser les trois grandes priorités que j'avais arrêtées pour le gouvernement à l'automne 1993 : garder le FMI à distance, préserver notre indépendance par rapport aux États-Unis et maintenir le pays uni. Si certaines régions et certains secteurs n'étaient pas enchantés des réformes que nous avions opérées pour combler le déficit, on ne pouvait nier que la confiance dans le gouvernement national avait été restaurée et que, sur le plan économique, nous avions d'assez bons états de service pour faire campagne. Les jours sombres où nous avions sabré le budget étaient derrière nous, et nous étions à la veille de déposer le premier budget équilibré depuis 1969-1970. Notre économie connaissait la croissance la plus rapide du G-7, États-Unis compris. Presque 800 000 nouveaux emplois avaient été créés depuis 1993 et le chômage était tombé à 9,6 pour cent, le taux le plus bas en dix-neuf ans. Les taux d'intérêt étaient en baisse constante. Au classement en matière de compétitivité mondiale, nous occupions le quatrième rang, alors que nous étions en seizième place trois années auparavant.

L'une des réalisations les plus importantes de notre gouvernement avait été de restaurer la santé financière du Régime de pensions du Canada. Lorsque le régime avait été créé en 1966, il y avait au Canada huit personnes en âge de travailler pour chaque retraité. Trente ans plus tard, elles n'étaient plus que cinq. Dans un autre laps de 30 ans, si l'on en croyait les projections, elles ne seraient plus que trois. Avec des chiffres pareils, pas besoin d'être grand mathématicien pour conclure que la caisse du régime serait épuisée avant 2015 si les taux de cotisation et le faible rendement sur ses investissements restaient tels quels. Cependant, Lloyd Axworthy, en sa qualité de ministre du Développement des ressources humaines, s'opposait avec véhémence à ce que l'on modifie l'âge donnant droit à la retraite ; Paul Martin n'avait de conviction ferme ni dans un sens ni dans l'autre ; j'ai conclu pour ma part qu'on en avait assez sur les bras pour le moment.

Il aurait été relativement facile d'esquiver le problème qui se posait pour le long terme et de faire comme les gouvernements précédents — c'est-à-dire rien —, mais notre génération aurait abdiqué la responsabilité qu'elle avait envers ses enfants et ses petits-enfants. Nous n'étions pas d'accord non plus avec le Reform Party et ses amis de l'industrie des services financiers qui voulaient qu'on se lave les mains du problème et qu'on remplace le régime de pensions public par une sorte de super-régime enregistré d'épargne-retraite. Il est sûr qu'il est sage d'avoir un REÉR quand on peut se permettre de vivre avec les risques d'un placement privé, mais les caprices boursiers ne pouvaient pas assurer aux Canadiens ordinaires la sécurité et la prévisibilité que donne un gouvernement prêt à défendre cette pension qu'ils ont gagnée à la sueur de leur front. « Au Canada, ce n'est pas la loi du plus fort ou du plus gros qui mène, comme je le disais dans mes discours à l'époque. Il s'agit plutôt pour nous de mettre en commun les risques et d'être solidaires les uns des autres. Il s'agit aussi de fournir un minimum vital à ceux qui ont travaillé toute leur vie pour bâtir ce grand pays. » Nous avons ainsi obtenu l'accord nécessaire des provinces afin, d'une part, de créer en décembre 1997 l'Office d'investissement du régime de pensions du Canada, ayant pour mandat de nous procurer un meilleur rendement sur le capital, et, d'autre part, de hausser les cotisations annuelles versées par les entreprises, les gouvernements, les employeurs et les employés — tout le monde, quoi. Choc que nous avons atténué en réduisant au même moment la cotisation versée à l'assurance-chômage pour la faire passer par étapes, de 3,30 $ pour 100 $ de gains à 1,98 $ en 2003.

Un soir, au cours d'un dîner privé en Floride, j'ai rencontré Peter Peterson, un grand homme d'affaires américain qui avait été le secrétaire au Commerce de Richard Nixon. Ce monsieur faisait valoir que tous les programmes nationaux de retraite couraient à la faillite parce qu'ils étaient basés sur des obligations futures qu'il serait impossible d'honorer. Lui et moi avons échangé quelques lettres par après, et à la fin il a dû admettre que le Canada était le premier grand pays industrialisé au monde à avoir donné une base actuarielle solide à son régime de pensions public pour les 50 à 75 années à venir. Cette stabilisation est sans aucun doute l'un des legs les plus importants de notre gouvernement; pour y arriver, nous avons pris les moyens que je préférais entre tous : on agit doucement, avec efficience, sans plastronner, sans causer de remous non plus, au risque que personne ne vous remercie tellement ça paraît facile, voire normal.

Entre-temps, le commerce canado-américain continuait de croître grâce à l'ALÉNA et les relations entre les deux pays étaient chaleureuses et respectueuses. Au début d'avril 1997, j'avais fait ma première visite officielle aux États-Unis pour y rencontrer le président Clinton. Nous avions discuté des affaires du monde et des irritants bilatéraux habituels : le bois d'œuvre, le saumon du Pacifique, le blé dur et l'impact des produits culturels américains, revues, télévision et cinéma, sur la culture canadienne. La veille du jour où les rencontres officielles devaient avoir lieu dans la salle du cabinet, où les membres de nos cabinets respectifs feraient état des progrès dans leurs divers dossiers, Clinton m'a téléphoné spontanément pour m'inviter à aller faire un tour à la Maison-Blanche. Un tête-à-tête à la bonne franquette, à 9 heures. Seuls tous les deux dans son logement de fonction, pendant environ une heure et demie, sous les portraits des présidents américains qui ornaient les murs rouge sombre, nous avons fait un survol de la scène politique dans nos deux pays dans le confort de nos fauteuils et nous avons discuté de toute une série de problèmes mondiaux, de la Bosnie à Haïti, du prochain sommet du G-8 à Denver à la réforme des Nations unies, des mines terrestres à Cuba.

Étant donné que Clinton était si intelligent et si bien informé, j'avais rarement à élever la voix ou à lui expliquer dix fois la même chose pour qu'il comprenne. Il avait immédiatement compris, par exemple, le problème que nous posaient les revues américaines comme *Time* ou *Sports Illustrated*. Celles-ci pouvaient publier une édition supplémentaire pour quelques sous l'exemplaire, la remplir de messages publicitaires canadiens bon marché et la larguer au nord de la frontière avec à peu près pas de contenu canadien. Cela menaçait non seulement notre industrie du magazine, mais aussi notre identité culturelle, et c'était la raison pour laquelle nous avions exercé tant de pressions pour gagner le droit de protéger nos industries culturelles dans le cadre de l'ALÉNA. Chose rare, passant outre au très puissant lobby des médias américains, Clinton a essentiellement ordonné à ses collaborateurs de négocier un compromis acceptable avec le Canada.

Le seul accroc est survenu à notre dernière conférence de presse lorsqu'un journaliste m'a posé une question sur l'augmentation du trafic de la drogue à nos frontières. À cause de ma mauvaise oreille, j'ai entendu « trucks » au lieu de « drugs ». « Pas de problème, ai-je répondu, ça fait plus d'échanges entre nous, c'est tout. »

J'étais sûr que Clinton allait mourir de rire. « Je suis heureux que nous ayons clarifié cela, a-t-il dit. Autrement, il serait contraint de reporter le déclenchement des élections ! »

À Ottawa, pendant ce temps, l'opposition était divisée et confuse. Les réformistes et les conservateurs étaient encore loin d'une fusion, et ni les uns ni les autres ne pouvaient nous reprocher de ne pas en avoir assez fait pour réduire le déficit. Quant au NPD, qui était alors dirigé par Alexa McDonough, personne aimable, je le précise, il demeurait captif de l'idéologie protectionniste des syndicats et par conséquent déphasé par rapport à l'humeur du public. En Ontario, la défaite infligée au gouvernement de Bob Rae par Mike Harris avec sa très conservatrice révolution du bon sens en 1995 l'avait d'ailleurs abondamment prouvé. Le Bloc québécois avait été affaibli par la perte du référendum et par le départ *ipso facto* de Lucien Bouchard, qui avait succédé à Jacques Parizeau au poste de premier ministre du Québec. Si je me fiais aux sondages d'opinion et à mon propre instinct, le moment était bien choisi pour donner aux libéraux une seconde majorité, particulièrement si le cycle normal de quatre ou cinq ans de progrès économique s'essoufflait, mettant ainsi un terme à la période de croissance que nous avions connue et provoquant la nervosité de la Bourse.

La seule chose qui m'a fait hésiter a été l'inondation à la fin avril causée par la rivière Rouge, qui avait dévasté un large secteur du Manitoba méridional et menaçait Winnipeg. En rétrospective, je me dis que j'aurais dû retarder d'un mois le déclenchement des élections. Des dizaines de milliers de personnes avaient dû évacuer leurs maisons, il était presque impossible de faire campagne dans certaines régions de la province et on n'était même pas sûr que, dans une ou deux circonscriptions, les électeurs seraient en mesure de voter. Non seulement j'ai eu l'air d'être indifférent à ces malheurs en allant de l'avant avec ma décision, mais une fois que celle-ci a été prise et que la machine électorale a été mise en branle, j'ai eu l'air d'un sans-cœur qui profitait de la misère des autres lorsque je me suis présenté sur les lieux quelques jours avant le déclenchement des élections pour jeter un sac de sable symbolique sur un barrage qui avait été construit à la hâte. Cette photo à elle seule a suffi à défaire presque tout le beau travail que le gouvernement fédéral avait accompli, lui qui avait pourtant dépêché sur place 8 500 membres des Forces armées de toutes les régions du pays, et moi qui avais téléphoné au président Clinton pour qu'il facilite la gestion hydrique du côté américain de la frontière. En plus, nous avions mis sur pied des programmes d'aide, de concert avec les gouvernements provincial et municipaux, et offert de payer 90 pour cent des dégâts.

Pour le reste, la campagne libérale a marché comme sur des roulettes. Nous promettions dans notre deuxième Livre rouge de maintenir l'équilibre budgétaire, d'investir de nouvelles ressources dans la santé et les programmes d'allégement de la pau-

vreté pour les enfants et d'aider le Canada à demeurer concurrentiel dans la nouvelle économie mondialisée avec des subventions à l'éducation, à la recherche et à la technologie de pointe.
Preston Manning n'avait tout simplement pas de programme
digne de ce nom. Incapable de nous reprocher quoi que ce soit
dans ces grands dossiers qu'étaient le déficit et l'emploi, il en
était réduit à faire de la basse politique et à embêter les libéraux
avec de petites choses, par exemple en mettant la main, Dieu sait
comment, sur une copie de notre programme et en la publiant
avant même son lancement officiel, ou en s'égarant avec ses
idées de broche à foin sur la démocratie directe et la réforme du
Sénat.

Certaines de ses idées paraissaient peut-être raisonnables sur
papier, mais en pratique elles ne tenaient pas debout. Et ne parlons pas du gaspillage de temps et d'énergie qu'il aurait fallu
pour les concrétiser, alors que tant d'autres dossiers plus importants sollicitaient notre attention. À première vue, par exemple,
un Sénat élu semblerait préférable à une Chambre haute dont
les membres sont nommés par le premier ministre et restent
en poste jusqu'à l'âge de soixante-quinze ans. Mais imaginons
une majorité libérale à la Chambre des communes et une majorité conservatrice au Sénat, les deux Chambres ayant été légi-
timement élues par les Canadiens. Laquelle serait la seule habili-
tée à mettre en œuvre la volonté des Canadiens ? Laquelle des
deux prévaudrait en cas de différend ? Est-ce que les sénateurs
seraient élus au même moment que les députés et pour combien
de temps ? Quels seraient les pouvoirs de ce nouveau Sénat ?
Est-ce que la composition existante du Sénat serait modifiée
par voie de révision constitutionnelle ? Si oui, est-ce que la Nouvelle-Écosse, le Nouveau-Brunswick et l'Île-du-Prince-Édouard
seraient disposés à renoncer aux sièges qui leur ont été garantis
en 1867 ? Autrement dit, Manning ne faisait que se piéger politiquement lui-même en jouant, pour le simple plaisir de la chose,
avec un système complexe qui marchait en fait fort bien. Ceux
qui tirent leur pain quotidien des difficultés du gouvernement, je
l'ai remarqué, se font souvent les grands champions de mesures

qui ne feraient que compliquer davantage le fonctionnement du gouvernement, alors que, logiquement, ils devraient s'efforcer de faire en sorte que le gouvernement fonctionne mieux.

Je ne peux pas dire que j'ai bien connu Manning. Nous avons parlé quelques fois dans mon bureau au début ; on se disait bonjour dans les réceptions ; il a dit des choses aimables à mon sujet, par exemple que j'étais un bon père de famille ; je lui parlais de la carrière de son père, Ernest Manning, l'ancien premier ministre de l'Alberta, avec qui j'aimais échanger des anecdotes à l'époque où il siégeait au Sénat. Mais Preston était beaucoup trop fils de prédicateur à mon goût. Comme tant d'autres pharisiens qui aiment faire la morale aux autres en arborant leur moralité supérieure, l'hypocrisie ne le rebutait pas toujours. Pendant un certain temps, par exemple, il s'assoyait dans la deuxième rangée à la Chambre des communes pour faire acte d'humilité, comédie qui n'a pas duré bien longtemps. Ensuite, après avoir fait tout un cirque en tournant le dos aux à-côtés de sa fonction, il avait pris en douce l'argent de son parti, qui était comme les autres subventionné indirectement par les contribuables du Canada pour se payer des costumes et une voiture.

L'une des manigances favorites du Reform Party consistait à protester bruyamment contre toute augmentation des pensions des députés, puis à empocher l'argent quand les gens avaient le dos tourné. Deborah Grey, une adversaire combative et efficace, s'est même présentée un jour à la Chambre avec un cochon, et lors d'un vote elle et ses collègues portaient des macarons avec une tête de porc barrée d'un trait rouge. Lorsqu'ils s'étaient tous mis à grogner, Doug Young leur avait lancé : « Hé, je savais pas que vous étiez bilingues, vous autres ! » Durant toutes mes années à la Chambre des communes, je n'ai jamais entendu répartie plus prompte ni plus drôle. Aline m'a dit plus tard qu'elle avait entendu mon éclat de rire hors caméra en regardant la séance de la Chambre à la télévision. « D'accord, leur ai-je dit finalement, à compter de maintenant, si vous voulez toucher votre pension un jour, vous allez devoir signer un papier pour y avoir droit. » Ils étaient tous furieux, bien sûr, parce que cela voulait dire qu'ils manqueraient publiquement à la promesse faite à leurs électeurs. Presque tous ont fini par signer, notamment Preston Manning et Deborah Grey. La fois suivante, lorsque Grey s'est mise à s'en prendre au gouvernement, j'ai dit simplement : « Désolé, monsieur le président, j'ai bien peur de ne pas pouvoir répondre à une personne qui a perdu toute crédibilité à mes yeux. » Elle m'a jeté un regard de tueur. Mais le fait est que je l'admirais beaucoup. Elle travaillait bien ; elle n'avait pas froid aux yeux ; et elle savait parfaitement qu'elle m'aurait fait le même coup si elle avait été à ma place. Il nous est arrivé par après de nous croiser dans les couloirs et nos échanges étaient toujours polis.

Le plus gros problème de Manning tenait au fait que son Reform ne pouvait pas s'appuyer sur sa base populiste de l'Ouest canadien pour attirer les électeurs conservateurs de l'Ontario et du Canada atlantique. Il a essayé, mais il a manqué son coup. À sa place, j'aurais remué ciel et terre pour noyauter le plus vite possible le Parti progressiste-conservateur. Les conservateurs étaient dans la dèche, il ne leur restait plus que leur beau passé, le Reform aurait pu aisément infiltrer le parti en achetant des cartes de membre, circonscription par circonscription, en faisant élire les exécutifs locaux, en désignant les délégués au congrès et les candidats du parti, s'assurant ainsi que le prochain chef conservateur serait favorable à une fusion avec les réformistes. J'ignore pourquoi Manning n'a rien fait de tout cela. Peut-être qu'il n'arrivait pas à pardonner aux conservateurs d'avoir trahi l'orthodoxie conservatrice. Peut-être croyait-il aussi que sa clientèle droite-droite de l'Ouest n'admettrait jamais le genre de compromis que Brian Mulroney avait forgé avec les conservateurs de gauche de l'Ontario et les nationalistes québécois pour s'emparer du pouvoir. Si c'était cela, il se trompait. Même si Jean Charest, qui avait remplacé Kim Campbell au poste de chef du Parti conservateur après la débâcle de 1993, avait du mal à tenir la droite tout en se déplaçant vers le centre, il était encore assez fort pour diviser le vote de droite, ce qui permettait aux libéraux de se faufiler par le milieu.

Prenons par exemple le contrôle des armes à feu. C'était devenu un enjeu social important sous les conservateurs dans la foulée du massacre de l'École polytechnique à Montréal le 6 décembre 1989, quand un déséquilibré avait assassiné quatorze étudiantes dans une horrible fusillade. Le premier Livre rouge des libéraux promettait de resserrer le contrôle des armes à feu, comme l'avaient déjà fait la plupart des autres démocraties industrialisées ; au congrès libéral de mai 1994, nous avions adopté une résolution selon laquelle tous les propriétaires d'armes à feu seraient contraints d'obtenir un permis et toutes les armes à feu seraient dorénavant enregistrées ; puis, après de longues consultations, nous avons fait voter une loi en novembre 1995 qui obligeait plus de deux millions de propriétaires d'armes à feu à faire enregistrer leurs armes et à les conserver en lieu sûr chez eux. Après tout, si les Canadiens étaient déjà obligés de faire immatriculer leurs chiens et leurs vélos, ce n'était guère attenter à leurs libertés fondamentales que de les contraindre à enregistrer leurs armes à feu. Malheureusement, à cause du lobby bien organisé et bien financé des armes à feu, d'une longue et inutile contestation judiciaire menée par plusieurs gouvernements provinciaux jusqu'à la Cour suprême et de la complexité de la réglementation elle-même, il s'est avéré encore plus difficile de mettre la loi en œuvre que de l'adopter. Et il en a coûté beaucoup plus qu'on ne l'avait prévu à l'origine.

Ces dépenses supplémentaires n'avaient pas grand-chose à voir avec l'enregistrement des armes. Le registre fédéral des armes de poing existait depuis les années 1930, après tout, et il coûtait déjà au contribuable une trentaine de millions de dollars par an. Ce sont les permis pour les propriétaires qui exigeaient des vérifications sécuritaires compliquées, coûteuses et fastidieuses. Sans parler de la publicité, des trousses d'information, des incitations financières et de la nouvelle technologie informatique. Allan Rock, l'un de mes ministres les plus compétents, a été blâmé pour ces dépassements de coûts, et c'est peut-être cela aussi qui l'a privé plus tard du poste de chef du Parti libéral, mais c'était injuste pour lui. C'était lui qui avait proposé la loi, mais je l'avais déplacé de la Justice à la Santé après les élections de 1997, moment auquel on n'avait pour ainsi dire pas dépensé un sou pour ce programme. Il était également injuste de la part de la vérificatrice générale, dans son rapport de 2002, d'omettre les coûts du registre existant, de les confondre dans l'esprit du public avec ceux des permis d'armes à feu et de lancer ce chiffre alarmant d'un milliard de dollars en faisant des projections sur une période de dix ans.

Néanmoins, sondage après sondage, il apparaissait que le contrôle des armes à feu demeurait une idée populaire, particulièrement dans les comtés urbains, non seulement parce que cela décourageait le crime, mais aussi parce que c'était une valeur fondamentale qui contribuait à accentuer la différence entre Canadiens et Américains. Un jour, je m'en souviens, un chef de police m'a expliqué à quel point il était important pour ses agents, lorsqu'ils s'approchaient d'une maison où de l'agitation avait été signalée, de savoir au préalable si l'occupant possédait une arme à feu ou non. « S'il n'y a pas d'arme à feu, disait-il, nous pouvons entrer plus doucement et l'on risque moins de se retrouver avec une situation explosive qui pourrait mettre en péril la vie d'un citoyen innocent. » Les résultats étaient parlants : il y avait aux États-Unis sept fois plus de meurtres commis avec une arme à feu *per capita* qu'au Canada et quinze fois plus de meurtres commis avec une arme de poing ; le nombre de morts causées par des armes à feu était plus élevé dans les régions rurales du Canada que dans les villes, étant donné le nombre plus grand de propriétaires d'armes à feu qu'on y trouve ; et les taux de mort accidentelle, de suicide et de meurtre d'un conjoint où des armes à feu étaient en cause avaient diminué de beaucoup grâce au programme. Entre 1991 et 2002, 500 Canadiens de moins par an avaient été abattus par une arme à feu ; le taux d'homicide commis avec une carabine ou un fusil de chasse avait baissé de 64 pour cent pendant à peu près la même période ; et plus de 9 000 personnes s'étaient vu refuser un permis ou l'avaient perdu.

Voici ce que j'ai déclaré aux étudiants de l'Université d'État du Michigan à East Lansing le 7 mai 1999 : « C'est parce que nous croyons dans la nécessité d'équilibrer les droits individuels et les responsabilités d'une citoyenneté commune que nous avons proposé des lois qui interdisent la haine et qui, à notre avis, imposent des limites raisonnables au droit de parole. C'est aussi la raison pour laquelle nous préconisons une approche beaucoup plus sévère en matière de contrôle des armes à feu. Nous avons une des lois relatives au contrôle des armes à feu les plus draconiennes du monde, et les Canadiens y tiennent. Je suis peut-être un adepte enthousiaste du libre-échange mais, croyez-moi, la National Rifle Association est une de ces exportations américaines qui ne marcheront jamais au Canada. Charlton Heston devrait savoir que, lorsqu'il prêche l'évangile des armes à feu, le Canada n'est pas la terre promise. »

Personnellement, je suis resté un partisan enthousiaste de ce programme. Il m'est arrivé de temps à autre d'aller à la chasse, mais je n'ai jamais aimé les armes à feu et je n'en ai jamais acheté non plus. J'en ai peur, c'est vrai, et je ne vois pas vraiment ce qu'il y a de très sportif à tuer des animaux ou des oiseaux. Par contre, étant d'une région du Québec où la chasse est presque une tradition culturelle parmi les agriculteurs et les sportifs, j'ai bien vu l'impopularité de l'enregistrement des armes à feu dans le Canada rural. L'un de mes plus anciens partisans m'a même dit un jour qu'il n'allait pas voter libéral la prochaine fois à cause de ça, même s'il pouvait fort bien se permettre de se procurer le permis. En fait, nombreux étaient les députés libéraux qui craignaient de perdre leur siège à cause de cette question.

Cela me posait un problème délicat. Si je leur avais permis de voter contre la loi, celle-ci n'aurait jamais été adoptée. Si j'avais permis à certains d'entre eux de voter contre, j'aurais probablement réuni assez de voix avec celles des néo-démocrates et du Bloc pour gagner, mais cela n'aurait pas été juste envers les membres du caucus qui étaient restés fidèles au programme du parti. Examinons le cas de deux députés libéraux d'arrière-ban dont les comtés seraient voisins dans le nord de l'Ontario. Qu'est-ce qui arriverait si je contraignais l'un d'entre eux à voter pour la loi et que je permettais à l'autre de plaire à la population en votant contre ? Le premier aurait probablement été blâmé par ses commettants parce qu'il aurait eu l'air d'un mouton, et il en aurait voulu à son collègue qui aurait eu tous les avantages d'être candidat libéral sans avoir aucun désavantage. C'est exactement ce qui s'est produit. Lorsque j'ai fermé les yeux sur les trois députés qui avaient perdu la bataille mais qui ont voté non en deuxième lecture du projet de loi, les autres sont immédiatement accourus à mon bureau pour m'accuser de ne pas avoir été assez sévère envers eux et ils ont exigé que je chasse les traîtres du caucus. J'ai trouvé un compromis en retirant à ces députés le droit de siéger à leur comité.

« Il y a deux choses, leur ai-je expliqué à ce moment-là. D'abord, quand on gouverne, il faut avoir du jugement. Parfois, on a tort d'être trop rigide. Parfois, il faut soulager la pression qui s'exerce sur les députés et montrer un peu de compréhension et de souplesse. Ensuite, il ne faut pas s'inquiéter, le contrôle des armes à feu est une bonne chose pour vous même si c'est impopulaire dans votre comté. Je vais vous dire pourquoi. Chacun d'entre vous se présente contre le Reform et le Parti conservateur. Le Reform Party va faire valoir le fait que les conservateurs prennent une position plus ambiguë afin d'obtenir les votes des villes et, par conséquent, il va gagner les voix de ceux qui s'opposent fortement au contrôle des armes à feu. Donc cet enjeu les divise et tout enjeu qui les divise vous facilite la vie. »

La campagne de 1997 a marqué un nouveau record de bassesse lorsque le Reform a eu l'indignité de faire passer des annonces qui demandaient essentiellement aux Canadiens s'ils voulaient avoir des Québécois francophones au pouvoir pour toujours. On s'engage dans une voie dangereuse quand on commence à juger les politiques canadiens sur autre chose que leurs mérites. En 1984, je m'étais opposé à ceux qui disaient que John Turner méritait de devenir chef du Parti libéral simplement parce que c'était au tour d'un anglophone de l'être, et en 1990 j'avais refusé d'avancer que je devais lui succéder du seul fait que j'étais francophone. C'est le meilleur candidat qui doit gagner, quelles que soient sa langue maternelle, son origine ethnique ou sa province d'origine. Heureusement, les annonces du Reform se sont retournées contre lui, peut-être parce qu'elles visaient deux Québécois qui avaient été âprement critiqués dans leur propre province justement parce qu'ils étaient trop canadiens.

Lucien Bouchard étant parti pour Québec, c'était la première campagne de Gilles Duceppe comme chef du Bloc québécois. Il avait remporté le tout premier siège du Bloc à Montréal à la faveur d'une élection partielle qui s'était déroulée dans la tourmente émotive de l'échec de Meech en été 1990. Loin d'être un candidat-vedette, Duceppe était alors simplement considéré comme un syndicaliste radical qui se trouvait à être le fils d'un célèbre comédien québécois. Même après être devenu chef, il était clair qu'il n'avait pas le charisme ni le métier de Lucien Bouchard, et il a joué de malchance tout de suite lorsque la presse s'est mise à se moquer de lui parce qu'il s'était coiffé d'un bonnet de plastique en visitant une fromagerie. Mais l'homme a fini par grandir dans sa fonction. Un poste de commande vous élève ou vous abaisse. Certains y grandissent, d'autres se retrouvent diminués. C'est la raison pour laquelle il est toujours dangereux de se porter candidat sur une vague d'adulation médiatique où l'on vous présente comme un sauveur, un thaumaturge ou un génie. Il n'y a pas de génie en politique, du moins je n'en ai jamais rencontré. Il n'y a que des êtres humains, dont certains sont meilleurs que d'autres, qui s'élèvent ou qui tombent selon les difficultés qu'ils rencontrent. Duceppe était entré en politique sans autres moyens que son intelligence, il avait été sous-estimé au début et il a fini par dépasser les attentes de tous au cours de la campagne.

Pendant que je devais assister à des ralliements partout au pays et me préparer pour le débat des chefs à la télévision, le Bloc se démenait pour me ravir mon siège de Shawinigan. Son candidat était Yves Duhaime, un séparatiste convaincu et le successeur de Jacques Parizeau au poste de ministre des Finances dans le gouvernement péquiste de René Lévesque. J'avais connu sa famille, qui appuyait les libéraux depuis longtemps dans ma circonscription, et j'avais aidé un jour Duhaime à s'installer comme

avocat, mais nous avions eu lui et moi des échanges très vifs lorsqu'il était passé de l'autre côté. Il se battait désormais contre moi
avec une telle âpreté que tout le monde le donnait gagnant. Après
tout, je n'aurais pas été le premier chef de parti à être défait dans
sa propre circonscription. C'était arrivé, entre autres, à Mackenzie King, à René Lévesque et à Robert Bourassa. Mais l'idée me
déplaisait beaucoup et le risque était tangible.

Je ne pouvais pas demeurer dans le comté bien longtemps ;
c'était aussi l'une des régions les plus pauvres du Québec, qui
avait été durement frappée par nos réformes à la sécurité sociale
et nos compressions budgétaires ; et Jacques Parizeau, Lucien
Bouchard et Duceppe faisaient tous campagne pour le Bloc. Les
organisateurs de Duhaime recouraient à tous les vieux trucs
connus. Alors que les syndicats et le PQ dépêchaient des centaines de bénévoles dans le comté pour faire du porte-à-porte,
le Bloc a protesté parce que le sénateur Philippe Gigantes, un
ami à moi très éloquent dans les deux langues, faisait campagne
pour moi sans mentionner son temps et toutes ses dépenses dans
mon rapport. J'ai dû téléphoner à Gigantes et lui dire : « Merci
beaucoup, monsieur le sénateur, mais sortez de là, autrement ils
vont intenter des poursuites contre moi et je risque de perdre le
droit de siéger comme député fédéral. » La bataille a été très
dure, mais j'ai quand même réussi à l'emporter avec plus
de 1 600 voix de majorité.

Le Parti libéral aussi avait gagné. Nous avions perdu
22 sièges dans une Chambre des communes quelque peu élargie, mais nous avions remporté une seconde majorité d'affilée
pour la première fois depuis 1953 en prenant 155 sièges sur 301.
Au Québec, nous étions passés de 19 à 26 sièges et, avec le vote
conservateur combiné, nous avions haussé le vote fédéraliste à
presque 60 pour cent. Nous avions perdu quelques sièges en
Alberta, en partie parce que l'Ouest avait voté pour le Reform
afin de chasser le Bloc de l'Opposition officielle (ce qui est
arrivé) et en partie parce que les Albertains s'enrichissaient —
et j'ai rarement rencontré des riches qui n'en voulaient pas au
gouvernement. Le Canada atlantique était mécontent à cause de

nos compressions, de nos modifications à l'assurance-emploi, et parce qu'on m'avait cru indifférent aux effets qu'avait notre lutte contre le déficit sur les travailleurs saisonniers et l'arrière-pays.

Cet épisode illustre bien le caractère ingrat de la politique. Quand le gouvernement libéral a décidé de tenir le sommet du G-7 à Halifax moins de deux ans plus tôt, nous avons contribué à faire connaître le nom de la ville partout dans le monde. Les leaders des autres pays étaient étonnés de voir à quel point la ville était conviviale et jolie. Certains n'avaient pas pris de bain de foule depuis des années à cause des problèmes de sécurité que cela posait, mais là ils n'avaient pas hésité à serrer des mains et à causer avec les gens qui les accueillaient dans les rues. Autrement dit, ils s'étaient beaucoup amusés parce qu'il n'y a rien qu'un politique aime autant que de rencontrer les gens. Et même si nous avions choisi Halifax pour le bien du Canada, je dois admettre que j'avais fait ce choix en m'attendant à ce que la Nouvelle-Écosse nous récompense en reconduisant ses 11 députés libéraux aux prochaines élections. Pas de chance, nous avons perdu tous nos sièges, même ceux d'Halifax. Une bonne leçon pour tout politique qui croit ses électeurs quand ils lui disent : si vous faites ceci ou cela pour moi, mon soutien vous est acquis pour toujours. La réalité, c'est que si vous faites plaisir à quelqu'un aujourd'hui, ne vous attendez pas à ce qu'il s'en souvienne demain.

★   ★   ★

Au lendemain des élections de 1997, avec l'économie qui marchait fort, le déficit qui se rétrécissait et l'emploi à la hausse, les partis d'opposition n'avaient pas d'enjeux importants sous la main pour contrer la popularité constante des libéraux ; ils ont donc dû se contenter d'un petit scandale. Mon Dieu, ce fut en effet un bien petit scandale. En fait, c'était tellement banal que je n'aurais jamais parlé de cette affaire si elle n'avait pas occupé tant de place durant la période des questions pendant des mois, si elle ne nous avait pas fait gaspiller autant de temps et d'énergie qu'on aurait mieux utilisés en discutant de problèmes beaucoup plus importants au Parlement et si elle n'avait pas menacé de miner tous les efforts que nous avions faits pour restaurer la confiance des Canadiens dans l'intégrité de leurs institutions démocratiques.

En 1988, à une époque où je ne faisais plus de politique et où je m'en croyais sorti pour toujours, j'avais entendu dire que le club de golf de Grand-Mère était à vendre et j'avais réussi à persuader deux amis à moi qui réussissaient bien, Louis Michaud et Jacques Marcotte, de se joindre à moi pour l'acheter, ce que je voulais faire beaucoup plus par amour du sport que pour faire de l'argent. C'était un terrain de golf magnifique, qui avait été aménagé en 1910 pour les propriétaires et les gestionnaires anglophones des usines à papier locales, et on disait que c'était le terrain qui avait le style le plus écossais au Québec. Cela m'amusait de penser qu'il appartenait désormais à trois Canadiens français. Nous avions même conservé à notre emploi le professionnel qui était anglophone, et nous nous étions retrouvés propriétaires du cimetière protestant ! Au bout du chemin, il y avait un vieil hôtel plutôt délabré, l'Auberge de Grand-Mère, qui appartenait à la Consolidated Bathurst. La compagnie nous a demandé si la prise en charge de l'hôtel nous intéressait, sans qu'il soit question de l'acheter, mais bien de le louer. Combien ? Un dollar par an. Étant donné qu'aucun de nous trois n'avait la vocation d'hôtelier, nous y avons investi environ 200 000 dollars en réaménagements et l'avons sous-loué à d'autres. Ainsi, comme je devais le répéter — en vain — des centaines de fois, je n'ai jamais, jamais possédé une seule action de l'Auberge de Grand-Mère.

Cinq ans plus tard, en 1993, avant que je ne devienne premier ministre, j'ai vendu mes actions du club de golf à un promoteur immobilier de Toronto, et mes associés et moi avons cédé le bail de l'hôtel à un entrepreneur local du nom d'Yvon Duhaime — aucun lien de parenté avec mon adversaire politique, Yves Duhaime —, qui nous a remboursé les travaux de rénovation rubis sur l'ongle. Par la suite, il a pu acheter l'Auberge de la Consolidated Bathurst et il a tracé des plans pour la rénover et l'élargir, créant ainsi une vingtaine de nouveaux emplois. Pour ça, il avait besoin d'argent. S'il y a une chose que bien des Canadiens ne peuvent pas comprendre, c'est la difficulté qu'il y avait à emprunter au début des années 1990 pour de nombreuses entreprises québécoises. Les grandes banques et les compagnies d'assurance ne l'admettront jamais publiquement — elles ont toujours une belle excuse ou une autre à donner —, mais la menace de la séparation les faisait beaucoup hésiter à prêter aux petites entreprises en dehors de la région montréalaise. Le Canada dans son ensemble a été bien servi par ses six grandes banques au fil des ans, mais ça n'a jamais été le cas à Shawinigan.

C'est l'une des bonnes raisons, si l'on me permet cette digression, pour lesquelles je me suis opposé plus tard aux fusions bancaires et c'est aussi pour ça que je ne crois pas que l'on soit nécessairement meilleur si l'on est plus gros. Les banques prétendaient qu'elles devaient prendre plus d'expansion afin d'être plus efficientes et plus concurrentielles. « Mais les plus grandes banques du monde sont japonaises, leur répondais-je, et elles ont toutes l'air d'être au bord de la faillite. » Puis elles faisaient valoir qu'elles devaient fusionner afin de mieux servir le pays. « Fort bien, disais-je, vous avez mon accord, mais seulement si vous pouvez d'abord démontrer votre bonne foi envers le public en annonçant qu'aucun de vos administrateurs ou dirigeants ne monnayera ses options d'achat d'actions dont la valeur va décupler avec les fusions. » Bien sûr, personne n'a accepté mon offre. J'avais été ministre des Finances, j'avais siégé au conseil d'administration d'une banque et je soupçonnais les banques d'avoir pour seule motivation de hausser le prix de leurs actions dans le court terme pour que leurs PDG puissent prendre leur retraite dans le luxe et laisser à leurs successeurs le soin d'assumer les conséquences des fusions. Et l'un des moyens de hausser le prix des actions, c'était de prêter moins et de fermer des succursales dans les régions rurales, pas seulement au Québec mais partout au pays.

Étant donné la situation des banques dans le Québec rural, il était normal qu'un entrepreneur de Grand-Mère trouve ailleurs les fonds dont il avait besoin pour l'expansion de son hôtel. En fait, Yvon Duhaime avait réussi à obtenir des prêts de deux institutions financières indépendantes, la Caisse populaire et le Fonds de solidarité de la FTQ, ce qui prouvait que son entreprise n'était pas entièrement sans mérite. Il avait également pressenti la Banque de développement du Canada (BDC), cette société d'État qui avait été conçue pour aider les petites entreprises à réunir suffisamment de capitaux pour créer des emplois et tonifier la croissance régionale, et il avait obtenu d'elle un prêt de 615 000 dollars puisés à même son Fonds du tourisme. Le problème, c'était que la BDC tardait à approuver le prêt. Je connaissais un peu Duhaime et il m'arrivait d'assister à des réceptions à son hôtel, mais ce n'était pas un copain à moi et il n'avait jamais donné un sou au Parti libéral. Ce n'était qu'un concitoyen qui essayait de se rendre utile dans ma circonscription rurale et qui avait besoin d'aide.

J'ai beau fouiller mes souvenirs, je n'ai rencontré François Beaudoin, le président de la Banque de développement du Canada, qu'une seule fois, lorsqu'il a assisté à une réception au 24 Sussex avec d'autres dirigeants d'affaires. Il s'était présenté et avait demandé à faire prendre sa photo avec moi. « Si je puis faire quoi que ce soit pour vous, m'avait-il dit à ce moment-là, téléphonez-moi. »

Donc je lui ai téléphoné. « Écoutez, lui ai-je dit, je vous téléphone en ma qualité de député fédéral de Shawinigan et non de premier ministre. La Caisse et le Fonds de solidarité vont embarquer dans ce projet et ils attendent votre décision. Donc, oui ou non, mais s'il vous plaît, prenez une décision. » C'est tout. Aucune pression indue n'a été exercée pour qu'on approuve le prêt et personne n'a profité d'une faveur démesurée. Beaudoin m'a accusé plus tard de l'avoir fait congédier comme président. Au contraire, j'avais même renouvelé son mandat, passant outre aux conseils du ministre titulaire.

Premier ministre ou pas, j'estimais qu'il était de mon devoir de régler ce problème moi-même. Quand on est député d'une circonscription avec un taux de chômage de 19 pour cent, on pense constamment à l'emploi, et je ne voyais pas pourquoi mes commettants devaient être privés de mes services simplement parce qu'il se trouvait que leur député était également le premier ministre. Dans la mesure où les politiques respectent les lois et les règles, il leur appartient d'aider leurs commettants à profiter d'un programme gouvernemental ou de leurs conseils. Autrement, toutes les décisions seraient prises par des fonctionnaires qui ne sont pas élus. Je me rappelle, un jour, que j'avais fait valoir cet argument à Trudeau lorsqu'il m'avait demandé de prendre comme ministre une décision que j'estimais contraire aux intérêts des gens de mon comté. « Ne me force pas à choisir entre ma fonction de ministre et mon devoir envers mes électeurs, lui avais-je dit, parce que je préférerai toujours mes électeurs. Ce sont eux qui m'ont élu ici, pas toi. »

D'ailleurs, lorsque j'ai quitté la politique, j'étais extrêmement fier de dire que le chômage avait baissé à 10 pour cent dans ma circonscription grâce aux nouveaux emplois dans le secteur du tourisme, l'industrie du bois, certaines entreprises de haute technologie et d'autres petites entreprises. Même le député local à l'Assemblée nationale s'est porté à ma défense. « Je trouve déplorable, avait déclaré le péquiste Claude Pinard à la presse, qu'on lapide monsieur Chrétien parce qu'il a fait son travail dans le cadre des programmes gouvernementaux. »

Et voilà ce que c'était, le parfait scandale canadien : pas de sexe, pas de violence… et j'ai même perdu un peu d'argent dans la transaction.

★　★　★

Le « Shawinigate » — c'est le nom qu'on a donné à cette affaire — a connu une longévité et une intensité inusitées dans le débat parlementaire à cause de la rivalité entre le Reform et le

Parti progressiste-conservateur. En novembre 1998, lorsque Jean Charest a quitté la politique fédérale pour assumer la direction du Parti libéral du Québec, Joe Clark lui a succédé à la tête des progressistes-conservateurs. Clark a alors trouvé son parti en pire état qu'il l'avait laissé lorsqu'il avait quitté la vie publique en 1993. Il n'avait plus que 20 sièges ; il était en cinquième place derrière les néo-démocrates ; et il menait une lutte idéologique et politique sans merci contre le Reform pour le soutien des conservateurs canadiens. En outre, Clark lui-même n'a pas cherché à se faire élire à la Chambre des communes avant une élection partielle en Nouvelle-Écosse en septembre 2000. Il n'a donc pas tardé à comprendre que la meilleure façon — peut-être la seule façon — d'obtenir la moindre attention consistait à exagérer encore plus que Preston Manning dans ses accusations et ses insinuations. Il est devenu franchement méchant et il aurait dit n'importe quoi pour faire parler de lui dans les journaux. À un moment donné, il a même voulu obtenir de la GRC qu'elle mène une enquête criminelle sur mes transactions avec l'Auberge de Grand-Mère.

Le petit manège de Clark m'a mis en furie. Je l'avais toujours considéré comme un ami. C'était moi qui l'avais pressé de se porter candidat dans la course à la direction du Parti conservateur qu'il avait remportée en 1976. J'avais fait droit à sa requête lorsqu'il m'avait demandé de nommer son frère juge à l'époque où j'étais ministre de la Justice. Chose plus importante, je trouvais indigne qu'un homme comme Clark, qui était un parlementaire aguerri et un ancien premier ministre, donne dans ce genre d'insultes. La vaste majorité des députés des deux côtés de la Chambre des communes sont des gens honnêtes. La plupart d'entre eux font des sacrifices financiers pour être là, particulièrement s'ils ont bien réussi dans leur profession ou dans les affaires. Même ceux qui gagnent peut-être à la Chambre un peu plus qu'avant ne s'enrichissent certainement pas avec leur salaire de député. Après tout, combien de députés, de mémoire récente, ont eu à faire face à des accusations au criminel pour s'être empli les poches avec l'argent du contribuable ? Aucun, pour autant que je me souvienne, mais ce n'est pas ce que veulent croire le public ou la presse. Et trop souvent les politiques sont tentés de s'en prendre à l'intégrité de leurs adversaires afin de gagner quelques votes ou de se faire bien voir de la presse, sans se rendre compte que ce sera un jour à leur tour de se faire attaquer s'ils jouent ce petit jeu. « Ceux qui vous jettent de la boue, disait Lester Pearson, ne font que perdre du terrain. » En outre, du fait qu'ils ternissent la réputation de leurs collègues, ils finissent par ternir la réputation de tous les politiques, dont la leur.

Le paradoxe, c'est qu'aucun gouvernement n'en avait fait autant que le nôtre pour donner plus d'importance à l'éthique dans la vie publique : en créant le poste de conseiller à l'éthique et en resserrant les règles concernant les lobbyistes et la conduite ministérielle. Bien sûr, comme cela arrive dans n'importe quelle grande organisation, que ce soit dans le secteur public ou privé, il y a des gens qui commettent parfois des erreurs de jugement. Lorsque David Collenette, mon ministre de la Défense nationale, s'est cru obligé de démissionner en 1996 pour avoir aidé un commettant en demandant à un commissaire aux réfugiés de permettre au mari d'une femme mourante de venir au Canada, la seule erreur qu'il avait commise avait été d'écrire au commissaire au lieu de s'adresser au ministre de l'Immigration. Lorsque Andy Scott, le Solliciteur général, a offert sa démission en 1998, c'est parce qu'on l'avait entendu parler trop librement de l'enquête sur l'APEC à bord d'un avion. En fait, au terme de mon séjour à Ottawa, j'étais extrêmement fier de déclarer qu'aucun de mes ministres — ni aucun membre de leur personnel — n'avait été forcé de partir parce qu'on le soupçonnait d'avoir profité personnellement de sa haute fonction.

★   ★   ★

En octobre 1998, à l'heure où Joe Clark commençait à disputer les manchettes à Preston Manning, les médias se livraient à une concurrence tout aussi féroce pour gagner les faveurs des publicitaires et des lecteurs. Le même mois, Conrad Black lançait le *National Post*, déclarant ainsi la guerre au *Globe and Mail*, fait sans précédent chez nous. Dès lors, les deux partis de droite et les deux journaux nationaux du Canada étant engagés dans une lutte à mort, tous avaient intérêt à salir le gouvernement libéral ; et tous y avaient d'autant plus intérêt qu'ils partageaient les idées politiques du milieu des affaires. Voilà pourquoi ils ont maintenu en vie le prétendu scandale de « Shawinigate ». C'était comme si la droite canadienne, dans son admiration béate de l'Amérique, avait décidé d'imiter les républicains hostiles à Bill Clinton. Eux qui avaient fait nommer un procureur spécial qui allait dépenser 50 millions de dollars pour prouver que le président et sa femme avaient peut-être gagné de l'argent dans une transaction immobilière avant même qu'il ne soit élu gouverneur de l'Arkansas.

C'est curieux, ai-je pensé plus tard, de voir comment ces mêmes conservateurs, si vigilants lorsqu'il s'agit de dénoncer la corruption gouvernementale, détournent pudiquement le regard quand on apprend que le vice-président Dick Cheney a été le PDG d'une grande entreprise qui a gagné des centaines de millions de dollars avec des contrats militaires sans appel d'offres, alors qu'au Canada ils se sont fatigués en vain à salir un premier ministre libéral qui avait essayé d'aider ses commettants à trouver du travail. Mais quand on est un journaliste ou un chroniqueur bien payé à Toronto ou, encore mieux, un patron de presse avec pignon sur rue à Londres, New York et Palm Beach, j'imagine qu'on ne se soucie pas beaucoup de la misère des chômeurs dans le Québec rural.

Il est vrai que le *National Post* a fait ses débuts avec une énergie compétitive qui a profité aux lecteurs, aux journalistes, aux annonceurs et à l'industrie de la presse en général, mais le journal est vite devenu une feuille à scandales extrêmement partisane, venimeuse jusqu'à l'os, qui paraissait avoir pour unique but d'anéantir les valeurs, les institutions et les traditions du Canada libéral. Il avait d'ailleurs à son service un reporter qui consacrait tout son temps au « Shawinigate », et son fondateur-propriétaire aurait dit que, quand il en aurait fini avec Jean Chrétien, ce qui resterait de lui ne tiendrait pas sur la tête d'une aiguille. Le fond du baril a été touché quand un éditorial du 27 mars 1999 a laissé entendre que j'aurais profité personnellement de l'aide fédérale dans ma circonscription.

« Je respecte ceux qui ne sont pas d'accord avec les décisions que j'ai prises comme premier ministre, ai-je répondu dans une lettre à la rédaction publiée le 9 avril. Je suis disposé à débattre honnêtement des orientations que mon gouvernement a définies. Mais je n'admettrai jamais ces attaques infondées contre mon éthique personnelle et mon honnêteté. »

Pourquoi cette chasse aux sorcières ? Je ne connais pas la réponse, mais j'imagine que cela avait beaucoup à voir avec la soif de pouvoir de Conrad Black, son idéologie conservatrice, sa quête du lucre et le mépris pour ma personne que je sentais chez lui. Je n'avais jamais pensé auparavant que Black puisse être de mes ennemis. Ce n'est pas le genre d'homme que j'aime fréquenter, c'est vrai, mais nous avions eu des relations assez amicales au fil des ans. Je voyais en lui un homme intelligent, spirituel, très à l'aise en français ; il avait été le camarade de mon neveu Raymond à l'université Laval et, pendant un certain temps, il avait été associé à la famille Desmarais à l'époque où Hollinger et Power Corporation étaient copropriétaires de la chaîne de journaux Southam. Black m'avait invité comme conférencier à l'un de ses célèbres dîners de gala, à l'époque où John Crosbie et moi échangions plaisanteries et coups de patte pour l'amusement des convives après le repas ; j'avais rendu visite à Black à quelques reprises dans ses bureaux élégants du centre-ville de Toronto à l'époque où j'étais ministre ; il m'arrivait parfois de le voir à Londres ; et il passait de temps en temps au 24 Sussex pour discuter politique.

Je lui avais dit qu'il avait tort de soutenir le Reform. « Vous devriez appuyer les progressistes-conservateurs, lui avais-je expliqué. Si vous voulez en faire une bande de fascistes, ça va, c'est de vos affaires. Mais vous ne pourrez pas détruire le parti de John A. Macdonald. » J'étais de bonne foi. J'avais beau me sentir bien en selle comme premier ministre, je savais que mon parti allait perdre un jour. C'est la réalité en démocratie. Et si cela devait arriver, je me disais qu'il était beaucoup plus probable que le pays choisirait une solution de rechange du centre comme les conservateurs — à droite, mais non à l'extrême droite — de préférence au Reform de Manning, parce que les Canadiens préfèrent les partis modérés. Mais à en juger d'après la réaction de Black, j'ai compris qu'il me soupçonnait de prendre des moyens détournés pour l'empêcher de parvenir à ses fins, étant donné que son projet pouvait me nuire. Donc, au lieu d'écouter mon conseil, il est allé de l'avant et a formé un groupe pour l'union de la droite qui n'est pas allé bien loin parce que ses vues étaient trop extrêmes, trop sectaires. En fait, il a probablement aidé les libéraux à se maintenir au pouvoir plus longtemps que cela n'aurait été le cas normalement.

Le jeudi 17 juin 1999, j'étais à Vienne, le premier premier ministre canadien à visiter l'Autriche. Programme chargé : discuter de commerce bilatéral, prendre la parole devant l'Organisation pour la sécurité et la coopération en Europe, rencontrer certains dirigeants du monde des affaires à un dîner privé organisé par Frank Stronach, dévoiler une sculpture inuite à l'université et obtenir une exposition des tableaux de Klimt pour le Musée des beaux-arts du Canada. Vers l'heure du lunch, Bruce Hartley a reçu un appel d'un Conrad Black manifestement furieux qui exigeait de me parler. J'étais occupé, j'ai donc dit à Bruce de faire savoir à monsieur Black qu'il pourrait me téléphoner plus tard cet après-midi-là à Cologne, où aurait lieu le sommet du G-8.

Depuis plusieurs mois, à mon insu et sans mon consentement, le premier ministre Tony Blair, faisant droit à la recommandation de William Hague, le chef du Parti conservateur de la Grande-Bretagne, comptait prier la reine d'élever Conrad Black à la Chambre des lords britannique. Cependant, quelqu'un au palais de Buckingham a soulevé une objection. Pourquoi permettrait-on à Conrad Black d'accéder à la pairie alors que d'autres Canadiens éminents comme Roy Thomson et Garfield Weston n'y avaient pas été autorisés ? Thomson avait été obligé de renoncer à sa citoyenneté canadienne pour devenir lord Thomson of Fleet et Weston avait dû refuser le même titre pour rester canadien.

Dans le cas de Black, il y avait eu échange de messages entre Londres et Ottawa pendant plusieurs semaines jusqu'au jour où, finalement, le 10 juin, le ministère des Affaires étrangères avait fait savoir au Haut-Commissariat britannique que le gouvernement canadien s'opposait à ce qu'on lui confère le titre de lord, conformément à la politique bien établie du Canada selon laquelle les Canadiens n'ont pas droit à de tels titres. Ou bien Blair n'avait jamais reçu ce message, ou il s'imaginait que Black avait réglé le problème en acquérant la double citoyenneté en un temps record de deux semaines. Ainsi, le lundi 14 juin, il avait fait savoir à Black que son nom figurerait sur la liste que la reine allait dévoiler le samedi suivant. Quand j'en ai eu vent, j'ai téléphoné à Blair pour lui demander ce qui se passait et il a confirmé les faits.

J'étais à mon bureau dans la suite d'hôtel qui donnait sur la somptueuse cathédrale de Cologne lorsque Black m'a téléphoné un peu avant 6 heures. « Monsieur Black, lui ai-je dit, je ne connais pas tous les détails de votre affaire, mais j'imagine que vous avez une question à me poser à propos de ces citoyens canadiens qui acceptent des titres étrangers.

— Mais j'ai demandé à mon avocat d'examiner ça, m'a-t-il répondu. Je ne crois pas qu'il y ait quoi que ce soit ici qui contrevienne à une loi fédérale, un règlement ou une convention. Je suis résident permanent en Grande-Bretagne, je suis citoyen britannique aussi bien que canadien et j'imagine que le gouvernement du Royaume-Uni a le droit de recommander à Sa Majesté la reine qu'un citoyen britannique soit honoré pour services rendus au Royaume-Uni, ce qui sera fait si vous retirez immédiatement vos objections.

— Eh bien, on est aujourd'hui jeudi, et je ne vois pas ce que je peux faire avant samedi. Je vais demander à mes collaborateurs d'étudier la question. J'imagine que vous devrez être patient. Il s'agit d'une importante question de principe et de jurisprudence. Je ne peux pas décider comme ça, là, tout de suite. »

Peut-être bien que sa petite fête était tout organisée, que le champagne était déjà au frais et qu'il craignait d'être humilié devant ses amis. Cet homme qui avait toujours eu tout ce qu'il voulait devait rêver de cet honneur depuis toujours, et ce n'est pas facile de briser le rêve d'un adulte. Il m'a paru de plus en plus désespéré. « Si vous dites oui, me dit-il, je vous revaudrai ça. Intérêt et principal.

— Vous ne me devrez rien, monsieur Black. Je vais étudier votre affaire. Si c'est possible, je vais faire de quoi, mais vous serez peut-être obligé d'attendre six mois ou davantage, soit la prochaine liste de la reine. »

Puis il a eu ce mot renversant : « Je comprends pourquoi cela vous fait problème, monsieur le premier ministre, c'est un problème de perception, mais il y a une solution. Vous pouvez me permettre d'accéder à la pairie en Angleterre et au même moment me nommer sénateur au Canada. Je siégerais dans les deux Chambres. Je serais même disposé à siéger comme libéral. »

De ma vie je n'avais jamais entendu idée plus bizarre, je n'ai pas pu me retenir d'éclater de rire. « Désolé, monsieur Black. Mais je vais vérifier et je vais vous rappeler s'il y a quoi que ce soit que je peux faire. »

En effet, je me suis penché sur son cas. Sachant qu'on m'en voudrait si la pairie était refusée à Black, j'ai demandé à Herb Gray, le vice-premier ministre, de présider un comité spécial du cabinet pour étudier le dossier. Il n'a pas tardé à me faire savoir que le gouvernement du Canada, sous régime libéral ou conservateur, avait toujours eu pour politique d'affirmer que les titres sont incompatibles avec les traditions démocratiques de notre pays. En 1919, à l'époque où le conservateur Robert Borden était premier ministre, la Chambre des communes avait voté la résolution Nickle, où elle priait le roi de ne plus décerner de titres honorifiques aux citoyens canadiens. Comme l'affirmait un rapport de fond adressé au gouverneur général en mars 1918 : « Le premier ministre croit fermement que la création ou le maintien de titres héréditaires au Canada sont totalement incompatibles avec les idéaux démocratiques qui ont fleuri dans notre pays. » Au début des années 1960, John Diefenbaker, pourtant amouraché comme il l'était des institutions britanniques et ami du patron de presse Roy Thomson, n'avait pas autorisé d'exception à la règle. Et ce, en dépit du plaidoyer bien senti d'un jeune militant conservateur de l'Université d'Ottawa, un protégé de Thomson dans le nord de l'Ontario et le futur associé de Conrad Black, Paul Desmarais. En 1968, Lester Pearson avait fait adopter le règlement suivant : « L'agrément *n*'est *pas* donné lorsqu'il s'agit d'une distinction ou d'une décoration comportant un titre honorifique, une préséance ou un privilège. » Vingt ans plus tard, le gouvernement Mulroney a réitéré la même politique : « Le gouvernement du Canada REFUSERA d'accorder l'autorisation [...] si la récompense dont il s'agit : (a) est incompatible avec la politique canadienne ou contraire à l'intérêt public ; (b) comporte un titre honorifique, donne préséance ou confère tout privilège. »

Bien sûr, un Canadien peut accepter un honneur de la Grande-Bretagne ou d'un autre pays ; ils sont nombreux à l'avoir fait d'ailleurs. Mais accéder à la pairie britannique, ce n'est pas la même chose que recevoir, par exemple, la Légion d'honneur de la France, parce qu'un lord britannique devient automatiquement membre du Parlement du Royaume-Uni. Et comme la double citoyenneté de Black posait un problème supplémentaire, je lui ai fait savoir que le gouvernement y verrait lorsqu'il mettrait à jour la *Loi sur la citoyenneté*. Mécontent, après m'avoir poursuivi en justice et exigé 25 000 dollars en dommages pour « abus de pouvoir » et après avoir été débouté deux fois, Conrad Black a décidé que le titre de lord Black of Crossharbour comptait plus à ses yeux que sa citoyenneté canadienne. Ce n'est pas le choix que j'aurais fait moi-même — et ç'a probablement été une sérieuse erreur de jugement de sa part si l'on considère les démêlés qu'il a eus par la suite avec la justice américaine —, mais je n'avais vraiment rien à voir là-dedans.

*   *   *

Je ne peux pas dire que mes rapports avec le *National Post* se soient grandement améliorés après que Black en a eu cédé le contrôle ainsi que la chaîne de journaux Southam en 2000 à Israel Asper, un libéral notoire, ancien chef du parti au Manitoba, et un vieil ami à moi. Asper ne m'avait pas soutenu dans la course à la direction en 1984, mais il était avec moi en 1990, et on en riait un bon coup chaque fois qu'on se retrouvait tous les deux. On m'a dit qu'il voulait modérer le ton de ses journaux, mais les sbires de Black étaient toujours aux commandes dans les salles de nouvelles et, étant donné qu'Asper était un libéral bien connu, ses moindres interventions suscitaient des cris d'alarme chez les mêmes personnes qui n'avaient jamais sourcillé lorsque Conrad Black imposait ses vues dans les pages éditoriales. Peut-être parce que Black avait acheté leur loyauté, laissant ensuite à Asper le soin de nettoyer ce gâchis financier.

Bien sûr, quand on est un libéral riche, on a tendance à être de droite, et il est certain que Izzy tenait mordicus à la réduction de l'État, qu'il était très pro-américain et pro-Israël. Cela dit, il avait beaucoup de respect pour ce que notre parti avait fait sur les plans des droits de la personne, de l'immigration et du multiculturalisme ; il me savait gré d'avoir équilibré le budget du pays ; et il était à l'aise avec l'ouverture d'esprit du Parti libéral. Ce qui ne revient pas à dire qu'il était toujours content de moi, mais à tout le moins ce n'était pas un ennemi juré. Chose ironique, à peu près une semaine avant sa mort en octobre 2003, Asper m'avait dit qu'il me nommerait président de son empire médiatique après que j'aurais quitté la politique. J'avais pris ça à la blague, mais il avait dit cela à un dîner en présence d'autres personnes, et sa famille m'a confié plus tard qu'il était sérieux.

Avoir un ami propriétaire de journal ou avoir bonne presse avant les élections, c'est peut-être agréable, mais habituellement ça ne pèse pas lourd en fin de compte. Après la victoire libérale aux élections de 1980, je m'en souviens, une analyse avait révélé que, sur 105 éditoriaux, 101 avaient invité les Canadiens à voter conservateur et seulement quatre nous avaient soutenus. Quand j'avais montré ça à Trudeau, il avait dit : « On a manqué notre coup, Jean. Ils ne sont pas tous contre nous. »

Mon propre gendre, André Desmarais, était président de *La Presse*, le journal de langue française le plus important au Canada, et ça m'a probablement causé plus d'ennuis qu'autre chose. Ses journalistes se faisaient un devoir d'en mettre plus qu'il n'en fallait pour prouver qu'ils n'étaient pas influencés par les liens que la famille Desmarais avait avec moi, à tel point que ma fille, France, était tellement ulcérée par les manchettes et les éditoriaux de *La Presse* qu'elle interdisait parfois à son mari de rapporter le journal à la maison. Exemple : deux de ses journaux, *La Presse* de Montréal et *Le Nouvelliste* de Trois-Rivières, la veille du jour où j'ai gagné mon comté aux élections de 1993, ont annoncé en manchette que je serais défait.

C'est la simple réalité de la coexistence avec les empires médiatiques d'aujourd'hui. Ils veulent élargir leurs auditoires ; ils veulent vendre plus de publicité ; et une manchette racoleuse aura toujours le pas sur les faits. Personne ne se sent contraint de vous demander la moindre clarification avant de publier quoi que ce soit. Les journalistes sont constamment obligés de produire une nouvelle toutes les quinze minutes — qu'elle soit vraie ou non, peu importe — et ils n'ont plus le temps de faire des recherches ou de vérifier les faits à cause des compressions et d'un manque chronique de personnel. De leur côté, les propriétaires demeurent indifférents parce qu'ils savent qu'il n'y a pas beaucoup de politiques qui ont assez d'argent pour intenter un procès aux grandes compagnies médiatiques. Même si vous avez gain de cause et que vous réussissez à faire corriger une fausse nouvelle, ça vaut rarement les centaines de milliers de dollars que ça coûte en honoraires d'avocat. Une fois la colère passée, on se rend compte que le plus important, c'est de pouvoir vivre avec sa propre conscience. Aujourd'hui, ils disent du bien de vous ; demain, ils diront du mal de vous ; et alors, qu'est-ce que ça peut bien faire ?

En outre, je me consolais en me disant que tout ce salissage était en fait un signe de ce que la nation était en bonne santé, ce n'était pas un signe de décadence politique ou sociale. Il en était ainsi parce que le Canada profitait d'une économie robuste, d'un budget équilibré, d'une croissance de l'emploi et d'une société paisible, et c'était pour ça que les partis de l'opposition et la presse consacraient autant d'attention au « Peppergate » et au « Shawinigate ». Certains de mes ministres en remerciaient le bon Dieu parce que tout cela détournait l'attention de la presse et du public des véritables problèmes que nous avions en matière de santé ou avec nos Casques bleus. Durant la crise du verglas, je me rappelle, un journaliste de langue française nous a suppliés de faire quelque chose de vraiment niaiseux. « S'il vous plaît, nous a-t-il écrit, je n'ai que de la glace à me mettre sous la dent. »

Cependant, cette couverture médiatique a causé un grand tort à notre vie publique et à nos institutions. Dans la frénésie de la télévision en continu et du journalisme jaune, le scandale fait vendre des journaux et de la publicité. Il n'y a qu'à voir le nombre de fois qu'apparaît le mot « scandale » au cours d'une journée et à quel sujet. Dès que quelque chose va mal, c'est un scandale ; si l'on prouve que ce n'est pas un scandale du tout, on n'en reparle plus. En 2000, par exemple, tout le monde au Canada a entendu parler du « gâchis d'un milliard de dollars » qui avait frappé Développement des ressources humaines Canada et donné de sérieux maux de tête à Jane Stewart, qui n'en était même pas la ministre titulaire au moment où des centaines de millions de dollars étaient censés avoir disparu. Mais presque personne n'a su ce que le journaliste Hugh Winsor a fini par écrire dans le *Globe and Mail* : à savoir que les responsables du ministère avaient découvert qu'il ne manquait que 85 000 dollars, pertes attribuables à des erreurs de comptabilité mineures, soit moins de trois centièmes pour cent de tous les fonds que distribuait le ministère pendant une année.

Ce qui ne revient pas à dire qu'il n'existe pas d'abus dans la gouvernance ou de corruption en politique, et une presse libre joue un rôle important de chien de garde dans une démocratie.

Mais qui garde le chien ? Si un chien mord un honnête citoyen dont le seul tort était de se balader tranquillement dans la rue, ce chien n'est plus le gardien de l'ordre. Souvent, le meilleur moyen de mettre fin aux abus et à la corruption dans le secteur public est simplement de laisser à la police le soin de faire son métier. Non seulement la police n'aime pas que le politique se mêle de ses affaires, mais elle est parfaitement en droit de s'y opposer. C'est la raison pour laquelle je ne suis nullement intervenu dans l'enquête de la GRC sur le prétendu scandale d'Airbus, où un lobbyiste allemand du nom de Karlheinz Schreiber aurait versé des pots-de-vin à des membres du gouvernement Mulroney pour obtenir qu'Air Canada achète 34 nouveaux avions Airbus pour la somme de 1,8 milliard de dollars en 1988. Ce n'est pas moi qui ai commandé l'enquête. Je n'ai pas cherché à y mettre fin non plus lorsque j'en ai entendu parler de la bouche d'un reporter qui m'a posé une question à ce sujet lors d'un point de presse au cours d'un sommet de l'APEC à Osaka, au Japon, en novembre 1995.

La GRC voulait avoir accès à certains comptes bancaires en Suisse dans le cadre de son enquête et, par simple mesure de routine, elle avait prié le ministère de la Justice d'envoyer une lettre de demande confidentielle aux autorités suisses. Le libellé de la lettre, qui mentionnait le nom de Mulroney, ne disait pas clairement qu'il ne s'agissait que d'allégations, lacune malheureuse. Aucun d'entre nous — ni le Solliciteur général, Herb Gray, ni le ministre de la Justice, Allan Rock, ni moi-même — n'était au courant du contenu de cette lettre avant le jour où il a été communiqué mystérieusement à la presse. D'ailleurs, Gray était connu pour son intégrité et sa discrétion ; Rock était pour sa part un avocat extrêmement respecté qui avait été deux fois président du Barreau de l'Ontario avant que je lui demande de se présenter aux élections en 1993, et il n'était même pas en politique à l'époque où Brian Mulroney était premier ministre. Tout cela me mettait très mal à l'aise. Si Mulroney et moi avions eu notre part d'accrochages au fil des ans, il avait quand même été élu par le peuple canadien, deux fois avec une majorité, il avait réalisé toute une série de bonnes choses, et son orgueil avait assez souffert lorsque son grand parti avait été réduit à deux sièges au lendemain de sa retraite. À mon avis, il n'avait vraiment pas besoin de ça.

J'ai très peu revu mon prédécesseur, sauf à l'occasion de quelques mondanités, et même si nous demeurions polis, nous parlions rarement des questions du jour. Peu après avoir été élu premier ministre, je m'en souviens, un petit problème s'est posé concernant Mulroney. Au moment du référendum national sur l'accord de Charlottetown, Robert Bourassa avait insisté pour tenir son propre référendum au Québec, mais il avait voulu plus tard que le gouvernement fédéral paie la note de 47 millions de dollars, soit 13 millions de dollars de plus qu'il en aurait coûté si Ottawa l'avait organisé. Chose logique, Mulroney aussi bien que Campbell avaient refusé de payer la facture, et le problème a fini par aboutir sur mon bureau. Donc, j'ai téléphoné à Mulroney pour savoir ce qui avait été conclu, parce qu'il ne semblait pas y avoir le moindre document, et en fin de compte nous nous sommes entendus pour dire qu'on ne parlerait pas de cet appel. Quelques minutes plus tard, Jean Charest bondissait à la Chambre des communes et m'interrogeait à ce sujet. Comme il n'y avait que deux sources possibles pour que Charest ait reçu cette information, et que je savais que je n'avais rien laissé filtrer, j'ai hésité après cela à consulter Mulroney de nouveau.

Il m'arrivait d'entendre entre les branches que l'ancien premier ministre médisait de moi à Montréal ou qu'il se disait froissé de ne pas avoir été invité à une cérémonie officielle ou autres mondanités, mais ça ne m'a jamais trop dérangé. Il ne pouvait pas se réjouir beaucoup de voir quelqu'un qu'il regardait de haut réussir dans autant de domaines où lui-même avait échoué. Tout de même, lorsque Mulroney s'est présenté à Ottawa le 9 novembre 2002 pour le dévoilement de son portrait officiel dans la Cité parlementaire, nous avons eu le loisir d'échanger quelques blagues. « Je suis heureux de pendre Brian Mulroney en effigie dans ce couloir, ai-je dit à nos invités assemblés, et il doit être content lui aussi, j'en suis sûr, de savoir que je serai pendu moi aussi un jour ici à côté de lui. J'ai lu l'autre jour qu'il songe à faire un retour en politique. Eh bien, s'il revient, je reste. Et j'imagine que ça fera deux célibataires de plus à Ottawa. » Aline et Mila ont éclaté de rire et hoché la tête à l'unisson.

Lorsque Mulroney a décidé de poursuivre le gouvernement fédéral pour diffamation et exigé 50 millions de dollars en dommages, j'ai pensé que ça lui nuirait, que ça nuirait aussi à la Gendarmerie royale ainsi qu'à la réputation de toutes nos institutions et de notre fonction publique. J'ai donc été heureux d'apprendre que le gouvernement était parvenu à un règlement hors cour avec lui en janvier 1997. Il est vrai qu'à cause de cette erreur administrative, le gouvernement a accepté de verser deux millions de dollars à monsieur Mulroney pour ses débours, mais l'ex-premier ministre a reconnu pour sa part que c'était la GRC qui avait ouvert de son propre chef l'enquête sur l'affaire Airbus et que celle-ci avait été menée sans aucune ingérence politique. Bien sûr, j'ai été sidéré comme tous les autres Canadiens quand Mulroney a reconnu plus tard que Schreiber lui avait versé 300 000 dollars en argent comptant après son retrait du pouvoir. Mais, comme je l'avais dit à mes collaborateurs, nous nous sentions obligés de croire sur parole un ancien premier ministre du Canada.

★   ★   ★

Les attaques contre mon intégrité n'ont pas porté, je pense, parce que le public sentait que j'étais honnête. Quand les gens vous voient à la télévision pendant 40 ans, ils finissent par savoir dans leur cœur s'ils peuvent vous faire confiance ou non, et la plupart des Canadiens continuaient de croire que je travaillais fort pour le bien du pays et que je n'étais pas en politique pour l'argent. Je le sais pour l'avoir vécu, il y a habituellement un grand écart entre ce que la presse écrit et ce que les gens pensent. Les politiques et les journalistes vivent et travaillent côte à côte dans un milieu très restreint à Ottawa, et tous pensent que ce qu'ils font passionne les gens de Flin Flon ou de Rimouski. En fait, je ne me rappelle pas avoir rencontré beaucoup de gens qui me parlaient de toutes ces folies à propos des hôtels et des terrains de golf qui ont rempli les journaux pendant un an, et je n'ai reçu que quelques lettres à ce sujet, surtout de la part de ce genre de citoyen qui se plaît à écrire des lettres d'insultes au premier ministre. Les gens comprenaient de manière générale que j'avais seulement essayé d'aider mon comté.

Même si je recevais un certain nombre de journaux chez moi, je les lisais rarement à fond. Étant donné qu'Aline était toujours debout très tôt, elle regardait le téléjournal du matin, elle lisait les grands articles et elle parlait au téléphone avec France à Montréal. Donc, lorsque je descendais pour le déjeuner, comme je le disais à la blague, je recevais pour la journée les ordres de ma femme et de ma fille. Si les manchettes étaient mauvaises, je les oubliais et je me mettais au travail. En plus, au bureau, j'étais informé de tout ce qui pouvait présenter un intérêt d'ordre politique par le personnel du Bureau du premier ministre. Celui-ci avait pour tâche de faire des recherches sur les sujets du jour qui émergeraient pendant la période des questions, et si quelqu'un écrivait quelque chose de sérieux qui avait trait à un problème sérieux, j'écoutais. Cependant, je ne m'intéressais pas beaucoup à tous ces commérages à propos de qui devrait être ou ne pas être au cabinet et à quel moment le premier ministre pourrait prendre sa retraite, et je jugeais que la plupart des éditorialistes et des chroniqueurs étaient de mauvais messagers parce qu'ils avaient tendance à avancer une vérité un jour et à en dire exactement le contraire le lendemain.

Vers la fin de mon séjour à Ottawa, un journaliste m'a présenté des excuses pour tous les articles méchants qu'il avait écrits à mon sujet au cours de la dernière année. « Ne vous en faites pas, lui ai-je répondu, je ne vous ai jamais lu. » Il n'avait pas l'air content.

Je me suis rarement plaint à la presse, comme je l'avais fait dans ma lettre au *National Post*. Parfois, je demandais à mes relationnistes de répondre aux questions, de clarifier les enjeux ou de corriger les erreurs, mais je n'étais pas le genre de politique qui passe son temps au téléphone à engueuler les journalistes ou à les courtiser. Ils faisaient leur métier, je faisais le mien. S'ils écrivaient que j'étais complètement fou, je me consolais en me disant que j'avais été assez fou en effet pour me faire élire premier ministre du Canada. Imaginez, si j'avais été intelligent ! De toute façon, le seul jugement qui compte est le jugement des gens le jour de l'élection.

Mais, de temps en temps, une petite intervention tactique pouvait produire des résultats merveilleux. Au début de 1991, par exemple, peu après avoir remporté l'élection partielle dans la circonscription de Beauséjour, au Nouveau-Brunswick, et après avoir été assermenté en tant que chef de l'Opposition, je suis allé subir un examen médical de routine, au cours duquel les médecins ont constaté la présence d'un nodule sur mon poumon. Ils n'ont pris aucun risque, ils m'ont opéré tout de suite, après quoi ils m'ont déclaré bon pour le service. Il aurait mieux valu bien sûr qu'on parle de cancer dans la presse, et je disais à la blague que certains de mes rivaux répétaient déjà leur mimique de sympathie devant le miroir et rêvaient des bouquets de fleurs qu'ils achèteraient pour mes obsèques. Pendant des mois après cela, chaque fois que je prenais quelques jours de vacances pour aller à Shawinigan ou ailleurs, la machine à rumeurs partait en folie et l'on disait que je subissais des traitements secrets quelque part ou que j'étais peut-être même à l'article de la mort. Alors, comment prouver que je n'étais pas malade ?

J'en ai discuté avec quelques-uns de mes proches conseillers. Affirmer que j'étais en bonne santé ne servait évidemment à rien, étant donné que personne ne voulait le croire. Et si je faisais une prestation physique en public ? Tout politique sait qu'on a raison de dire qu'une image vaut mille mots. Trudeau qui faisait ses pirouettes dans le dos de la reine, Stanfield qui avait laissé échapper le ballon, Duceppe avec son bonnet, moi avec un casque à l'envers en Bosnie, nous avons tous été obligés de reconnaître le pouvoir qu'a un photographe de presse de nous faire passer pour des génies ou des tatas.

« Je pourrais aller faire du *bungee,* ai-je proposé.

— Si vous allez faire du *bungee,* ont-ils répondu en riant, les gens vont penser que vous êtes vraiment malade. Malade dans la tête. » Pelletier n'a pas ri, lui. Il m'a dit que je pouvais me trouver un autre chef de cabinet si j'étais aussi irresponsable.

John Rae a eu l'idée d'inviter un photographe de la Presse canadienne, Ryan Remiorz, qui viendrait au lac des Piles et me photographierait en train de faire du ski nautique. C'était tout un pari, bien sûr, parce que si je tombais, Remiorz m'avait dit franchement que ce serait cette photo-là qu'il retiendrait. Mais mon beau-frère André Chaîné m'avait bien entraîné et j'avais beaucoup de pratique, si bien que Ryan a pris une magnifique image de moi avec un grand sourire et le soleil qui luisait sur l'arche d'eau à ma traîne. Cette seule photographie, qui a paru à la veille des élections de 1993, a mis fin à toutes les conjectures à propos de ma santé.

J'ai eu recours à une astuce semblable au moment où je m'apprêtais à fêter mes soixante-cinq ans. En vacances au nord de Montréal avec moi, mes petits-enfants m'avaient persuadé de faire de la planche à neige pour la première fois de ma vie. En rentrant à la maison en voiture, j'ai eu une idée et j'ai téléphoné à Peter Donolo. « Peter, lui ai-je dit, je vais avoir soixante-cinq ans demain, et tous les journaux vont dire que j'ai maintenant droit à ma pension de vieillesse et tout le tralala. Peut-être qu'on pourrait leur donner autre chose à raconter. Pourquoi ne leur fais-tu pas savoir qu'à soixante-cinq ans moins un jour je me suis mis à la planche à neige ? » C'est ce qu'il a fait, et tout le monde ne parlait que de ça le lendemain. Ça ne m'a pas vraiment surpris, sauf le fait que personne n'est venu vérifier. Après tout, au moins un rédacteur en chef aurait pu dire : « Eh bien, il n'y avait pas de témoins sur place sauf ses propres petits-enfants, peut-être qu'il se vante, c'est tout. » Mais, dans ce cas-ci, ils m'ont tous cru. Ce qui faisait mon affaire parce que je n'ai plus jamais tâté de la planche à neige. Je suis tombé trop souvent pour y prendre plaisir et je ne savais que trop bien qu'une personne âgée qui se brise quelque chose met plus de temps à s'en remettre.

Les photographes de presse et les caméras de télévision adorent les images de scènes prises sur le vif, et normalement j'étais heureux de leur en donner. La plupart du temps, je montais l'escalier en courant pour me rendre à mon bureau lorsque j'arrivais sur la colline du Parlement. Certains cyniques ont dit que je ne faisais ça que pour le spectacle, mais le fait est que je n'ai presque jamais de ma vie monté un escalier une marche à la fois, je préfère toujours en prendre deux et monter très vite. Bref, je trouvais ainsi un moyen facile de faire de l'exercice, je refaisais le plein d'énergie et mon cœur battait tellement vite que je ne m'assoyais pas à mon bureau comme un poids mort. Même enfant, à La-Baie, quand je revenais de l'église ou du bureau de poste avec mon père et que nous devions gravir les 150 marches qui nous séparaient de la maison, il disait toujours : « Viens-t'en, ti-gars, on va courir. » Lui aussi aimait marcher d'un pas rapide partout en ville, donc j'imagine que c'est de lui que j'ai hérité cette habitude. Une fois, à un moment où la presse me harcelait à propos de ma prise de retraite, j'ai répondu à la blague que je démissionnerais le jour où Sean Durkan, le corpulent reporter du *Toronto Sun*, me battrait dans une course jusqu'à mon bureau. Le lendemain, ses collègues lui ont ordonné de passer au gymnase, mais je crois bien que je serais encore au pouvoir si j'avais attendu ce jour-là.

Au cours d'un voyage officiel en Chine, je visitais la Grande Muraille lorsque, rien que pour le plaisir, je me suis mis à gravir l'escalier abrupt fait de marches très inégales, devant les caméramans qui avaient du mal à me suivre avec leur matériel lourd. Plus tard, en sortant d'une réunion à Shanghaï pour me rendre à une autre, j'ai vu que la rue était pleine de cyclistes. « Pourquoi est-ce qu'on n'y irait pas en bicyclette ? » ai-je demandé à mes hôtes. « Pas le temps », m'ont-ils répondu. Mais au sortir de la deuxième réunion, une bicyclette m'attendait. Je me suis jeté dessus et j'ai longé quelques pâtés de maisons, avec mes gardes du corps et les journalistes qui couraient derrière moi et qui riaient. C'est même passé en direct à CNN. Aline m'accompagnait dans ce voyage, mais elle était alors chez la coiffeuse et elle m'a vu à la télévision chevauchant une bicyclette. « Hé, c'est mon mari, qu'est-ce qu'il fait là ? » s'est-elle écriée, mais personne ne parlait suffisamment l'anglais pour lui expliquer ce qui se passait.

Mais toutes ces *photo ops* spontanées n'auraient rien donné si la presse avait cru que je la manipulais. Témoin Stockwell Day. Peu après avoir vaincu Preston Manning et être devenu le premier chef de l'Alliance canadienne le 24 juin 2000, lui qui apportait un visage nouveau et une nouvelle marque de commerce au vieux Reform, il avait voulu faire étalage de sa jeunesse et de sa robustesse en se présentant à une conférence de presse, qui se déroulait près d'un lac, à bord d'une motomarine. Malheureusement pour lui, il avait un peu l'air d'un Martien avec sa combinaison noire et sa motomarine japonaise. Les journalistes, sans nul doute agacés de voir qu'il les prenait pour des imbéciles avec une manœuvre aussi flagrante, l'ont aussitôt tourné en dérision.

Bon nombre de libéraux estimaient cependant qu'il représentait une menace, et son apparition sur la scène politique a fait germer en moi l'idée qu'il était temps de prendre ma retraite. Je dois à la vérité de dire que je n'avais nullement l'intention de me représenter pour un troisième mandat. Deux mandats comme premier ministre, c'est assez exigeant, merci, le parti et le pays étaient en excellente posture à la veille du nouveau millénaire, et je savais à quel point le public peut se fatiguer de toujours voir, jour après jour, le même gars à la télévision. Même les entreprises modifient leur publicité tous les six mois parce qu'elles savent que les gens cessent d'acheter si on ne leur présente pas quelque chose de nouveau. De nos jours, à l'ère de la communication instantanée et de la télévision en continu, il est particulièrement difficile pour un politique de rester sous les feux de la rampe. Voilà pourquoi, même si le gouvernement faisait bonne figure dans les sondages, je savais que ma chance ne pourrait pas toujours durer.

Le fait est que je travaillais tellement fort à cette époque que je n'avais d'autre ambition que de passer le plus clair de mon temps dans un beau coin de ma circonscription, de faire la navette jusqu'à Montréal de temps à autre et de m'occuper ici et là, ou peut-être d'y avoir un appartement pendant les mois d'hiver, et de simplement profiter des jours qui me restaient à vivre avec Aline. Comme d'habitude, ma vie n'a pas pris exactement le tournant que j'attendais.

CHAPITRE DIX

Ces dames d'abord

Aline était, est et sera toujours mon roc de Gibraltar. Elle est ma plus proche confidente, la conseillère que j'écoute le plus, et de toutes les personnes au monde, c'est elle qui me connaît le mieux. Lorsque je l'ai rencontrée à l'âge de dix-huit ans, et qu'elle en avait seize, ç'a été le plus beau moment, le moment le plus important de ma vie.

Ma mère l'a aimée tout de suite. Toutes deux prenaient l'autobus pour venir me voir au pensionnat de Trois-Rivières, et maman nous laissait seuls pendant quelques heures, pour que nous puissions aller nous promener au parc ou nous tenir la main sur un banc. Elle savait qu'Aline aurait une bonne influence sur moi. Non pas que j'étais mauvais élève, mais je m'agitais trop en dehors des cours et je n'étais pas suffisamment attentif aux règlements et aux horaires. J'aimais être différent, m'amuser, faire le fou, peut-être parce que ma famille m'avait placé dans un cadre rigide et étouffant quand je n'avais que cinq ans. Si c'était le temps d'étudier, je jouais au baseball. S'il y avait une pratique de sport, j'allais me coucher. Avec son amour, son ambition et son sens de la discipline, Aline a changé ma vie. Je me suis mis à lire davantage et à étudier plus fort. Ma mère est morte quand je n'avais que vingt ans, mais je pense qu'elle était contente de voir qu'Aline exerçait déjà une influence bienfaisante sur moi : je me calmais et je réussissais mieux.

Une femme vaillante, Aline. Elle est devenue secrétaire à seize ans pour contribuer à faire vivre sa famille, et elle a continué de travailler même après la naissance de notre premier enfant parce que j'étais encore à l'université. Quand j'étais député d'arrière-ban ou quand j'étais ministre et que mon travail me clouait à mon bureau ou me faisait voyager, c'était elle qui me représentait aux mariages, aux funérailles et à d'autres cérémonies partout dans le comté. Elle a été mon adjointe de comté à l'époque où je n'en avais pas encore ; elle connaissait tout le monde, elle écoutait les problèmes de chacun et elle me faisait savoir ce qu'ils pensaient ; même si elle détestait faire des discours ou donner des entrevues, elle présidait des cérémonies chaque fois que j'étais retenu ailleurs. Presque toutes les fins de semaine, beau temps mauvais temps, elle faisait la route avec les enfants et le chien entre Ottawa et Shawinigan, soit quatre heures et demie le vendredi soir et quatre heures et demie pour le retour le dimanche soir. Chaque fois que je le pouvais, je me joignais à eux parce que ces neuf heures étaient souvent la meilleure occasion dont nous disposions pour parler en famille.

Après vingt ans de cette vie, Aline était ravie le jour où j'ai quitté la vie publique en 1986, même si je devais souvent aller à Toronto ou à Montréal pour affaires. Lorsque j'ai décidé de retourner à la politique quatre ans plus tard, elle a ravalé sa déception, dans une large mesure parce qu'elle comprenait que nous devions cela à nos parents, à nos enfants et à nos petits-enfants : nous devions leur laisser un pays meilleur que celui dont nous avions hérité. « Si tu retournes en politique, m'a-t-elle dit, je serai là pour t'appuyer, mais j'aurai pas pitié de toi si t'as de la misère un jour. » Et, bien sûr, j'ai eu en effet de la misère quelques fois. Un soir, Aline m'a trouvé assis dans le salon du 24 Sussex, à lécher mes blessures et à m'apitoyer sur mon sort. « Jean, m'a-t-elle dit, je sais que je t'ai dit que j'aurais pas pitié de toi, mais là c'est vrai que tu fais un peu pitié. »

Aline aime dire qu'elle ne m'aurait jamais épousé si elle avait su que j'allais devenir premier ministre, parce qu'elle aurait eu trop peur. Timide de nature et pas trop du genre à se pavaner, elle a néanmoins joué son rôle de mère de trois enfants, d'épouse d'homme politique et de modèle pour les jeunes avec une élégance exceptionnelle et une dignité tranquille : par exemple, lorsqu'elle a représenté le Canada aux funérailles de mère Teresa à Calcutta, lorsqu'elle a prononcé un discours en italien à l'occasion d'une visite officielle en Italie, lorsqu'elle a servi de présidente honoraire du conseil consultatif national du Royal Conservatory of Music ou lorsqu'elle a présidé, en français, en anglais et en espagnol s'il vous plaît, la Conférence des épouses de chefs d'État et de gouvernement des Amériques qui avait lieu à Ottawa. Elle est belle, elle a de l'assurance, elle a beaucoup vécu et elle a un jugement impeccable lorsqu'il s'agit de politique et de psychologie humaine.

Souvent, elle m'a permis de rester en contact avec les réalités quotidiennes de la vie, les sentiments et les besoins des gens ordinaires. Car tout homme politique court le risque de considérer les problèmes d'un point de vue abstrait ou de se laisser convaincre par des fonctionnaires, des universitaires ou des économistes qui connaissent toutes les sciences sauf la science de la nature humaine. En plus de suivre plus attentivement que moi ce que disaient les journaux et les commentateurs de la télévision, elle restait en contact avec un réseau d'amis à elle qui n'étaient pas en politique ni au gouvernement, surtout dans le comté ; et, alors que c'était moi l'extraverti qui faisais des discours, qui travaillais la salle, qui plaidais trop fort et qui parlais trop, elle causait avec l'un ou l'autre dans les coulisses, elle étudiait l'humeur de la foule à partir de l'estrade, elle observait le langage corporel des gens et lisait la scène très attentivement. Nous étions des partenaires, une équipe, et j'appréciais beaucoup ses critiques constructives parce que, si elle n'avait pas été là pour me dire que j'avais commis une erreur ou que je me trompais, qui me l'aurait dit ?

Au fil des ans, j'en suis venu à accorder une grande valeur à ses conseils sur tous les sujets qui se présentaient sous le soleil, qu'il s'agisse de la réforme des pensions ou de Stéphane Dion. Elle perd rarement son sang-froid, et dans notre vie de couple, même si ça n'a jamais été notre genre de nous crier par la tête, elle me fait toujours savoir ce qu'elle pense avec une fermeté bien à elle. Souvent, elle ne se rend pas compte de l'influence qu'elle exerce sur moi. Un samedi de décembre, pour ne donner qu'un petit exemple, elle a attiré mon attention sur un livre qu'elle était en train de lire. « Jean, cet auteur écrit que, quand on se sent trop vieux pour faire de quoi, c'est justement le moment de le faire. » Il s'est trouvé que je me suis réveillé très tôt le lendemain matin et qu'il gelait dehors. « Rendors-toi, me suis-je dit, un gars de ton âge ne devrait pas aller faire du ski par un jour aussi froid. » Puis je me suis rappelé le conseil d'Aline, je me suis levé et je suis parti. Je ne suis pas bien sûr de ce qui l'a surprise le plus, le fait que j'ai été skier ou que je l'ai écoutée.

Être la femme d'un premier ministre est un travail à temps plein, et Aline ne s'est pas facilité la tâche lorsque, pour faire faire des économies à l'État, elle a volontairement renoncé au bureau de Mila Mulroney et à sa secrétaire et qu'elle a comprimé la taille du personnel au 24 Sussex. Il y avait toujours des activités à organiser, des lettres et des appels téléphoniques auxquels répondre et des mondanités auxquelles assister ; il y avait aussi tous ces voyages partout au Canada et ailleurs dans le monde ; même pendant nos vacances et la fin de semaine, elle devait toujours soigner son apparence si nous allions au restaurant ou au concert. Pire que la fatigue, il y avait l'épuisement psychologique. Même si Aline estimait que nous n'avions pas le droit de nous plaindre de quoi que ce soit, étant donné que c'étaient nous qui avions choisi d'entrer dans la vie publique, que nous avions la chance d'avoir la confiance des Canadiens et que nous pourrions toujours partir si nous n'étions pas contents, peu de gens se rendent compte du stress que la famille d'un homme politique doit endurer. Ce sont les membres de la famille qui doivent subir de plein fouet les rumeurs, les inquiétudes, les plaisanteries, les caricatures et les manchettes défavorables, parce que souvent ils n'en savent pas plus à propos de la situation véritable que le citoyen moyen. Dans le cas d'Aline, je lui ai fait endurer 11 élections générales, une élection partielle, deux courses à la direction du parti et deux référendums très difficiles.

De nombreux aspects de notre fonction lui plaisaient, mais c'étaient les journées de tranquillité qui lui procuraient le plus grand bonheur. Un jour, une amie a demandé à Aline, avec une pointe d'envie dans la voix : « Est-ce qu'on vous sert le petit-déjeuner au lit ? » La question l'avait fait rire. Debout presque tous les matins à 6 h 30, elle était la première dans la cuisine ; souvent, elle offrait à déjeuner aux gardes du corps qui arrivaient à 7 h 30 pour l'accompagner dans sa marche intensive d'une heure et de six kilomètres le long du canal Rideau. La GRC aimait assigner ses gendarmes les plus corpulents au service d'Aline afin qu'ils perdent du poids et retrouvent la forme. Par mauvais temps, elle s'entraînait sur un tapis roulant ; l'hiver, elle allait faire du ski de fond deux ou trois fois par semaine. Outre le français et l'anglais, elle a appris l'espagnol et l'italien, et elle suit encore régulièrement des cours pour conserver sa maîtrise de ces deux langues. Elle adorait lire dans la solitude du lac Harrington ou du lac des Piles. Ayant aussi appris le piano avec succès à cinquante ans passés, elle s'y consacre religieusement. Pour préparer ses examens de haut niveau, elle emportait même un clavier quand nous voyagions outre-mer.

Nous aimons tous les deux la musique. Au 24 Sussex, on n'entendait que Chopin ou Schubert, et bon nombre de nos fêtes les plus réussies se terminaient avec tout le monde en train de chanter autour du piano dans le salon. Quand j'étais au pensionnat de Joliette, j'avais découvert que je pouvais quitter l'étude plus tôt si je suivais des leçons de musique. J'avais donc commencé à jouer du cor dans l'harmonie et le petit orchestre, pas très bien, mais assez pour apprendre à placer mes doigts, à contrôler ma respiration et à lire la musique. Lorsque j'ai été mis à la porte de Joliette parce que j'étais un peu trop malcommode, ma carrière musicale s'est arrêtée. Une fois que je suis devenu premier ministre, cependant, Aline a décidé que jouer d'un instrument de musique serait une bonne détente pour moi et quelque chose qu'on pourrait faire ensemble. À mon insu, elle s'est procuré une trompette avec l'aide d'un ami, elle a acheté un guide pratique et m'a remis le tout une fin de semaine où nous nous reposions au lac Harrington. Le matin venu, j'avais appris à jouer *Love Me Tender*. Tout à coup, Aline, qui était en haut, m'a entendu jouer. « Jean, m'a-t-elle dit, jamais je n'aurais cru que je verrais le jour où tu me sérénaderais. »

Un peu plus tard, à la fête de Noël du caucus, au moment où jouait l'orchestre True Grit, qui se composait de députés libéraux, j'ai mis la main sur un trombone à pistons. Les pistons étant semblables à ceux d'un cor, j'en ai tiré quelques notes, rien que pour faire rire le monde. J'imagine qu'ils ont eu du mal à entendre mes fausses notes à cause de tout le bruit qu'il y avait dans la salle, car ils m'ont longuement applaudi. L'année suivante, j'en ai rejoué et ils ont encore applaudi. L'année d'après, comme cadeau de Noël, le caucus m'a offert mon trombone à moi. J'ai fini par apprendre une douzaine de mélodies. Clinton et moi parlions à la blague de fonder un trio, avec lui au saxophone et Tony Blair à la guitare ; une fois, j'ai même chaussé des lunettes fumées et me suis joint à Dan Aykroyd en faux Blues Brother.

La triste vérité, c'est que je n'étais pas vraiment très doué, comme tout le monde l'a bien vu lorsque j'ai accepté, rien que pour le plaisir, de jouer en solo *When the Saints Go Marching In* au congrès libéral de 1998. J'ai pensé alors au pauvre Jean Pelletier, lui qui me décourageait tout le temps de faire des choses qui n'avaient pas l'air très « premier ministrable ». Mais il était plus important pour moi de demeurer près des gens que d'avoir l'air réservé ou distant. Après tout, c'était moi le premier ministre, et j'avais l'air de ce dont un premier ministre a l'air. Cette fois-là, cependant, j'ai sincèrement regretté de ne pas l'avoir écouté. De temps en temps, seul dans mon bureau en fin de journée et moulu de fatigue, quand j'étais absolument sûr que personne ne pouvait m'entendre, je trouvais que passer cinq ou dix minutes debout à jouer du trombone était une excellente détente. Et, dans l'intimité de mon foyer, j'aimais accompagner Aline au piano, avec parfois Bruce Hartley au violon.

Le plus grand plaisir d'Aline, c'était de passer du temps avec nos enfants et petits-enfants. France et son mari, André, et nos quatre petits-enfants — Olivier, Maximilien, Philippe et Jacqueline — venaient souvent de Montréal pour la fin de semaine ou pendant les vacances, et ils étaient presque toujours là pour la Fête du Canada, l'Halloween et Noël. Michel, notre benjamin, venait souvent faire son tour pour quelques jours ou quelques semaines de l'endroit où il vivait alors, dans l'Ouest, aux États-Unis ou dans le Nord. Mais Hubert, notre deuxième, qui vit à Ottawa et qui est célibataire, était tout le temps rendu à la maison. Le personnel l'adorait parce qu'il était bon conteur. Comme passe-temps, à l'époque où il travaillait pour une entreprise de haute technologie, il a commencé à enseigner la plongée sous-marine à des paraplégiques et quadraplégiques et il les emmenait à la piscine du 24 Sussex pour leur donner ses leçons. Plus tard, d'ailleurs, il a quitté son emploi et créé une fondation pour faire de son passe-temps l'œuvre de sa vie.

Même si Aline provient d'un foyer encore plus modeste que le mien, elle n'a jamais laissé le cérémonial de la fonction l'intimider ou lui monter à la tête. Elle raconte parfois comment on l'a persuadée un jour de donner un récital de piano devant 1 200 personnes âgées à Trois-Rivières. En attendant son tour dans les coulisses, elle a rencontré un musicien qui était encore plus nerveux qu'elle. Il a pris une gorgée de cognac pour se calmer les nerfs et lui en a offert une en disant : « Vous savez, la femme du premier ministre va être là. » Après le concert, quand on les a présentés officiellement, le pauvre homme s'est confondu en excuses. « Ça va, lui a-t-elle dit, c'est pas comme si c'était écrit sur mon front. »

En mai 1995, Aline et moi étions aux Pays-Bas pour les célébrations marquant la libération du pays par les troupes canadiennes. Les villes et le paysage étaient fleuris de drapeaux canadiens, et j'avais rarement été aussi fier d'être le premier ministre de mon pays. Juste avant la cérémonie officielle, la reine Béatrix nous a invités à lui rendre visite et nous avons eu une conversation très amicale, sans protocole, rien qu'à trois. Elle nous a même servi le café elle-même. Plus tard, lorsque nous sommes allés au cimetière où sont enterrés les soldats canadiens, Lawrence MacAulay, le secrétaire d'État aux Anciens Combattants, nous a offert le café ou le thé dans une tente qui avait été dressée pour la cérémonie. « Non, merci, lui a répondu Aline en empruntant la voix d'une grande dame, je viens de prendre le café il y a quelques instants avec la reine de Hollande et je remets ça ce soir avec la reine d'Angleterre. » Ça ressemblait si peu à Aline, mais c'était si drôle que j'ai éclaté de rire. Ce soir-là, au dîner officiel donné au palais de Buckingham, j'ai porté un toast avec ma tasse de café à Aline, qui était à l'autre bout de la table, et nous nous sommes remis à rire. Sa Majesté a bien vu qu'il s'agissait entre nous d'une blague d'initiés, mais elle ne pouvait pas savoir de quoi il s'agissait, évidemment.

★   ★   ★

Je ne dirai jamais que j'ai été un ami personnel de la reine Élisabeth mais, de tous les premiers ministres canadiens, je suis probablement celui qu'elle a le mieux connu. Il y avait si longtemps que j'étais en politique que je l'avais déjà accompagnée souvent dans ses nombreux voyages au Canada depuis 1970. J'ai vu la reine pour la première fois en ma qualité de premier ministre en janvier 1994, lorsqu'elle nous a invités, Aline et moi ainsi que Jean Pelletier, à luncher à Sandringham avec d'autres membres de la famille royale. J'avais été particulièrement heureux de découvrir que, tout comme la reine elle-même, la reine mère parlait extrêmement bien le français. En fait, m'a-t-elle dit, elle ne manquait jamais une occasion de parler français, et c'est dans cette langue que nous avons causé pendant tout le repas. Elle m'a raconté quelques anecdotes amusantes à propos de sa première visite au Canada en 1939 avec son mari, le roi George VI. À un dîner que donnait Camillien Houde, le pittoresque maire de Montréal, la reine lui a demandé pourquoi il n'avait pas revêtu sa chaîne d'honneur, contrairement aux autres maires canadiens. « Ah non, lui avait répondu Houde, je ne la porte que dans les occasions très spéciales. » Elle avait trouvé sa réponse très drôle. Plus tard, lorsqu'il avait accompagné le couple royal dans sa voiture découverte, saluant les foules qui s'étaient massées dans les rues pour les accueillir, Houde avait dit au roi George : « Vous savez, il y en a aussi quelques-uns qui sont venus pour vous, Majesté. » À la fin du lunch, lorsque la reine et moi-même nous sommes retirés pour notre entretien officiel, la reine mère a pris Jean Pelletier à part et lui a enseigné la recette secrète de son cocktail favori, un mélange de Dubonnet et de gin.

Moins de six mois plus tard, en juin 1994, Aline et moi avons été invités à une réception fastueuse à Buckingham commémorant le cinquantième anniversaire du jour « J ». Tout à coup est apparu un maître d'hôtel à mes côtés : « Sa Majesté aimerait vous voir, monsieur. » Sans même rien dire à Aline, je me suis faufilé à sa suite.

« Monsieur le premier ministre, m'a dit la reine, je m'interroge et j'aimerais entendre votre conseil. Monsieur Bolger, le premier ministre de la Nouvelle-Zélande, veut que j'aille dans tous les villages maoris pour adresser personnellement des excuses à leurs habitants pour les mauvais traitements qu'ils ont subis sous le régime colonial. Qu'en pensez-vous ?

— Eh bien, Votre Majesté, lui ai-je répondu, cela me poserait un problème à moi aussi. Si le gouvernement veut leur adresser des excuses, fort bien, qu'il le fasse. Mais il n'appartient pas à la reine de le faire. Vous établiriez ainsi un précédent très dangereux, parce que si vous faites ça en Nouvelle-Zélande, je vais devoir vous demander de faire la même chose au Canada. Mais je vous avertis, il y a plus de 600 Premières Nations au Canada, vous allez donc passer pas mal de temps à genoux. »

Elle a éclaté de rire et m'a remercié.

À mon retour à la fête, j'ai aperçu Aline aux côtés du premier ministre Bolger et de sa femme. M'approchant de mon homologue néo-zélandais, je lui ai mis la main sur l'épaule et lui ai répété ce que je venais de dire à la reine. « Allez, Jim, lui dis-je, ça va faire des histoires pour l'Australie, pour le Canada et pour Sa Majesté. Ça n'en finira plus, et je ne crois pas que ce soit son rôle de toute façon. »

Ensuite, la reine elle-même est apparue devant nous et m'a vu avec Bolger. Elle m'a regardé et m'a fait un gros clin d'œil. Ma femme, qui se demandait pourquoi j'avais disparu, en a tiré plus tard une bonne anecdote, et Bolger a retiré sa demande.

En novembre 1995, lorsque nous sommes arrivés en Nou-velle-Zélande pour participer à la conférence du Common-wealth après une halte en Israël pour assister aux obsèques de Yitzhak Rabin, la reine avait entendu parler de l'entrée par effraction au 24 Sussex. Ayant eu elle-même à repousser un intrus au palais de Buckingham une nuit de 1982, elle m'a témoigné sa sollicitude, puis elle-même et le prince Philip ont félicité Aline d'avoir montré tant de bravoure en me sauvant la vie. Sa Majesté et moi avons aussi ri d'un tour qu'on lui avait joué quelques semaines plus tôt lorsqu'un humoriste de la radio avait réussi à la rejoindre au téléphone en se faisant passer pour moi. La conversation avait été bizarre, c'est le moins qu'on puisse dire. Je m'étais presque roulé par terre de rire en écoutant cet enregistrement, peut-être parce que c'était une des rares choses drôles qui s'étaient produites pendant la campagne réfé-rendaire. La reine elle-même n'avait pas trouvé l'histoire aussi comique, mais c'est elle qui a eu le dernier mot. « J'entendais bien aussi que vous ne sembliez pas tout à fait vous-même, m'a-t-elle dit, mais je me suis dit, étant donné toutes les diffitcultés que vous aviez vécues récemment, que vous aviez peut-être bu. »

*   *   *

En avril 2002, Aline et moi avons décidé qu'il convenait de représenter le peuple canadien aux funérailles de la reine mère, même si cela m'obligeait à interrompre une série de réunions importantes sur le développement en Afrique et à faire un voyage épuisant : Pretoria-Londres, puis Londres–Addis-Abeba. Sur place, nous avons appris que les organisateurs avaient décidé de faire les choses à la vieille manière impériale, dont le protocole veut que les cinq premiers ministres « coloniaux » soient traités comme des riens du tout. D'abord, on nous a dit qu'on nous emmènerait par autobus et qu'on nous ferait entrer dans l'abbaye de Westminster par une porte latérale. Charmant, n'est-ce pas ? Après certaines négociations, on nous a permis d'arriver en voiture, mais à deux conditions : nos drapeaux nationaux ne devaient pas figurer sur le capot — « le *flag* sur le *hood* », pour reprendre un mot célèbre... — et nous n'avions pas le droit d'entrer par la grande porte, qui était réservée aux gens vraiment importants, par exemple les épouses des présidents de la France et de l'Afrique du Sud. Puis on nous a fait asseoir à l'arrière de l'église, sur le côté, loin derrière les grandes familles de Grande-Bretagne, les couples princiers d'Europe (même ceux qui n'avaient plus de trône pour s'asseoir), les présidents de la République sans égard à la taille ou à l'ancienneté de leur pays. On était si bien cachés que les caméras de Radio-Canada n'ont pas pu me trouver dans la foule pour le reportage qui était diffusé au Canada.

« Nous, le peuple », ai-je dit à la blague à John Howard, de l'Australie, ce monarchiste convaincu qui avait livré une âpre bataille politique pour préserver les liens de son pays avec la couronne, mais lui, il était furieux. La travailliste Helen Clark, de la Nouvelle-Zélande, voyait se confirmer ses préjugés contre la classe supérieure britannique, et pour ma part je trouvais tout ce spectacle amusant dans un sens mais totalement inacceptable dans un autre. À la réception qui a suivi, je m'en suis plaint un peu à Tony Blair, qui, je l'avais remarqué, avait réussi à se glisser dans une tribune spéciale près de l'autel, même si lui non plus ne faisait pas partie du cortège officiel ; il m'a répondu qu'il n'y pouvait rien. Entourée par les chefs des familles les plus nobles et les plus anciennes de la Grande-Bretagne, tous revêtus de robes d'hermine qui avaient dû être étrennées par leurs trisaïeux, Aline m'a glissé : « Ça sent la boule à mites ici ! »

★　★　★

Contrairement au président des États-Unis, qui est à la fois chef de l'État et du gouvernement, le premier ministre canadien n'est que chef du gouvernement. C'est la reine qui est le chef de l'État du Canada, et le gouverneur général est son mandataire chez nous. Par conséquent, même si je devais rencontrer moi aussi les dignitaires étrangers, présider des cérémonies importantes, inaugurer de grands événements et assister aux mariages et aux obsèques des personnes de marque, la fonction constitutionnelle du gouverneur général m'épargnait l'obligation d'assister à des centaines, sinon des milliers, d'autres cérémonies, qu'il s'agisse de la remise de distinctions et de prix ou de discours adressés à des associations de bienfaisance des quatre coins du pays.

Chaque fois qu'il y avait un chef d'État en visite chez nous, le gouverneur général le recevait à Rideau Hall à un dîner auquel il m'arrivait d'assister mais où je ne prononçais pas de discours ; je donnais moi-même plus tard mon propre déjeuner ou dîner. De même, lorsque le gouverneur général recevait les lettres de créance des ambassadeurs étrangers au Canada, je les rencontrais pour discuter de questions particulières et j'étais l'hôte d'une fête annuelle pour le corps diplomatique à la Cité parlementaire avant Noël. J'estimais que ces rencontres étaient importantes parce que bon nombre de ces personnes rentreraient chez elles ensuite pour y assumer de plus hautes fonctions, et si elles quittaient le Canada avec une bonne connaissance et une impression favorable du pays, elles pourraient devenir un jour des alliées utiles pour le règlement de problèmes bilatéraux qui pourraient se poser ou lorsqu'il s'agirait de poursuivre un but commun dans le cadre d'organisations multilatérales.

Le poste de gouverneur général est d'une importance telle que le premier ministre doit être particulièrement prudent lorsqu'il en nomme le titulaire. Il faut que ce soit quelqu'un qui sache parler du Canada avec autorité et aisance dans les deux

langues officielles, aux têtes couronnées aussi bien qu'aux rotu-
riers, et qui soit aussi en mesure de maîtriser les problèmes
constitutionnels qui risquent de se poser. Ce titulaire doit aussi
servir de modèle à nos jeunes : c'est la raison pour laquelle j'ai
demandé à Jean Pelletier de suggérer à mon premier choix,
Roméo LeBlanc, d'épouser sa conjointe, Diana Fowler, s'il voulait qu'on lui offre le poste. La deuxième personne que j'ai nommée, Adrienne Clarkson, a vite compris. Lorsque la presse s'est
mise à parler d'elle comme de la prochaine vice-reine du pays,
elle a fait savoir en passant à Pelletier qu'elle et John Ralston Saul
venaient de se marier.

Roméo LeBlanc tout comme Adrienne Clarkson avaient
tout ce qu'il fallait pour accéder à la vice-royauté. Lui avait été
journaliste, ministre et président du Sénat. Elle avait été anima-
trice de télévision, éditrice et déléguée générale de l'Ontario à
Paris. Dans les deux cas, la nomination revêtait aussi une signification symbolique. LeBlanc était le premier Acadien à entrer
à Rideau Hall, rappelant ainsi à tous les Canadiens la vitalité
de la communauté de langue française hors Québec. Dans le cas
de madame Clarkson, qui est arrivée au Canada fillette avec ses
parents réfugiés de Hong-Kong, qui s'est établie à Toronto et
a rapidement maîtrisé fort bien le français, elle témoignait de la
diversité du pays et de l'égalité entre hommes et femmes à l'ère
de la mondialisation.

« Au cours des cent dernières années, ai-je dit lors de la cérémonie d'installation le 7 octobre 1999, notre pays a été bâti et
enrichi par des immigrants, des gens qui venaient de partout au
monde chez nous, qui s'y sont taillé une vie pour eux-mêmes et
leurs enfants et ont fait du Canada le pays extraordinaire qu'il est
devenu. Au tournant du dernier siècle, nos immigrants nous
venaient presque exclusivement de l'Europe. Aujourd'hui, selon
bon nombre de prédictions, nous sommes au seuil de ce qui sera
le siècle du Pacifique. Il convient donc parfaitement que la
remarquable dame qui exerce aujourd'hui la plus haute charge
du pays soit une immigrante du Pacifique. Qui est née en Chine.
Une réfugiée qui est venue ici enfant avec sa famille. Une femme

qui a puissamment contribué à la vie culturelle de son pays d'adoption. Il y a cent ans de cela, monsieur le président, qui aurait pu prédire qu'une immigrante de la Chine serait un jour gouverneure générale du Canada ? »

Madame Clarkson, qui était souvent accompagnée de son mari, écrivain de grande envergure et homme à connaître, n'a jamais compté ses pas et elle a su articuler une vision claire du Canada dans ses nombreux discours. De même, elle a voyagé partout au pays et à l'étranger pour faire valoir l'intérêt national. Chose certaine, je l'encourageais à voyager autant que possible. Ses paroles, l'histoire de sa vie et son image même suffisaient à montrer au reste du monde que le Canada n'est pas un pays comme les autres, et elle est parvenue à établir des relations utiles avec les gouvernements, les entreprises, les milieux scientifiques ou artistiques des pays que je n'avais pas le temps de visiter moi-même.

Il y avait toutefois un problème, qui n'avait cependant rien à voir avec elle personnellement : c'est que très peu d'étrangers comprennent le rôle constitutionnel ou le titre colonial du gouverneur général du Canada. Si le gouverneur général s'appelait plutôt « le président », tout le monde comprendrait tout de suite son importance, même si le président dans un régime parlementaire, par exemple en Allemagne, en Italie, en Irlande ou en Israël, a beaucoup moins d'autorité qu'un président dans un régime républicain, comme aux États-Unis ou en France. Comme solution, j'ai songé un temps à donner au gouverneur général un peu plus de lustre en lui décernant le titre supplémentaire de président du Conseil privé, qui est actuellement réservé à un ministre. Au fil du temps, sans changer quoi que ce soit à la répartition des pouvoirs ou à nos lois, tout le monde se serait mis à donner du « monsieur le président » ou de la « madame la présidente » au gouverneur général et le problème se serait réglé graduellement. Mais je n'ai pas voulu imposer cette idée parce qu'on aurait hurlé au meurtre : on m'aurait reproché, particulièrement à moi le Québécois, de compromettre l'avenir de la monarchie ou, que sais-je, d'américaniser les institutions canadiennes. Il y a encore de nombreuses régions au pays où les traditions et symboles britanniques revêtent une importance vitale, et j'avais assez d'ennuis comme ça avec les séparatistes du Québec pour me mettre à dos en plus les monarchistes du Canada.

★ ★ ★

Adrienne Clarkson n'est que l'une des nombreuses femmes qui ont fait beaucoup pour le pays pendant que j'étais au pouvoir, et je songe ici à la vice-première ministre, Sheila Copps, à la ministre de la Justice, Anne McLellan, à la greffière du Conseil privé, Jocelyne Bourgon, à la présidente de Radio-Canada, Carole Taylor, à la juge en chef de la Cour suprême, Beverley McLachlin, à huit lieutenantes-gouverneures et à un très grand nombre de sénatrices, députées et hautes fonctionnaires. D'ailleurs, ma première directrice des nominations était une femme, Penny Collenette, de même que deux de ses successeurs, Manon Tardif et Nikki Macdonald, et ces trois femmes étaient décidées à confier elles-mêmes des emplois importants à des femmes compétentes.

Je recevais souvent des rapports où les nominations étaient ventilées systématiquement pour indiquer la proportion de femmes, de francophones, de minorités visibles et ainsi de suite, pour qu'il soit clair que le gouvernement était juste et actif dans le choix d'excellents candidats qui avaient plus ou moins les mêmes compétences. Mais si un groupe semblait piétiner, je pressais mon personnel de faire mieux. C'était un genre d'action positive volontaire, si on veut, parce que je jugeais essentiel que tous les Canadiens soient persuadés qu'il leur est loisible de participer à la gouvernance de leur pays.

Je prêtais la même attention à la composition du cabinet et au choix des candidats libéraux aux élections. De nombreux organisateurs du parti n'aimaient pas la règle qui avait été adoptée en 1992 et qui donne au chef le droit de désigner le candidat d'une circonscription dans certains cas exceptionnels, mais nous voulions ainsi non seulement augmenter le nombre de femmes susceptibles de siéger à la Chambre des communes, mais aussi empêcher des groupes d'intérêts spéciaux d'abuser des formalités d'investiture. Il est évident que c'est un pouvoir qui doit être utilisé avec économie et le plus grand tact, mais c'est grâce à cette initiative qu'a été rompue cette mauvaise habitude qui faisait en sorte que, ou bien les femmes ne pouvaient remporter une assemblée d'investiture, ou alors elles ne la remportaient que dans les circonscriptions où le parti était battu d'avance.

Même comme jeune député, j'avais eu à subir les foudres de bon nombre de vieux organisateurs libéraux de ma circonscription quand j'avais nommé Rachel Bournival adjointe de comté. Ils n'admettaient pas qu'une femme occupe cette importante fonction qui consistait à être mes yeux et mes oreilles dans le comté. Plus tard, comme ministre de la Justice, j'ai dû me battre avec Trudeau pour imposer la nomination de Bertha Wilson comme première juge à la Cour suprême du Canada. Elle était compétente, populaire, et elle figurait sur la liste de tout le monde, mais Trudeau avait décidé de choisir un autre candidat, très qualifié lui aussi, mais un homme. Normalement, l'histoire se serait arrêtée là, mais j'avais assez de conviction pour porter ma cause directement au cabinet. « J'ai un petit désaccord avec le premier ministre, avais-je dit à mes collègues sur un ton désinvolte, pour ne pas avoir l'air insolent. Je veux nommer Bertha Wilson à la Cour suprême et il veut nommer quelqu'un d'autre. Ce n'est pas souvent que je ne suis pas d'accord avec monsieur Trudeau, mais qu'en pensez-vous ?

— On pense que t'as raison, Jean, avait été la réponse unanime. Elle est formidable, et il est à peu près temps qu'une femme soit nommée à la Cour suprême. »

Si un ministre m'avait joué un tour comme celui-là quand j'étais premier ministre, j'aurais pété un plomb. Mais Trudeau s'est montré galant homme.

Au début de 2000, le juge en chef de la Cour suprême,

Antonio Lamer, ayant pris sa retraite, je n'ai pas hésité une seconde à nommer Beverley McLachlin à sa place. C'était moi qui l'avais nommée à la Cour suprême de la Colombie-Britannique en 1981, à l'époque où j'étais ministre de la Justice ; je savais qu'elle avait rendu d'excellents jugements depuis son entrée à la Cour suprême du Canada en 1989 ; et, coïncidence heureuse, c'était une juge de l'Ouest canadien qui se trouvait à succéder à un juge de Montréal. Elle est devenue une juge en chef de haut calibre, et je suis très fier de cette nomination-là.

En fait, j'aimais à dire que le Canada était dirigé par trois femmes : la gouverneure générale, la juge en chef et ma femme.

« Quand allez-vous déclencher les élections, monsieur Chrétien ? me demandaient toujours les journalistes.

— Quand Aline aura décidé que c'est le temps », répondais-je.

CHAPITRE ONZE

Complots et rebondissements

Aline trouvait étrange qu'au lendemain de notre victoire en 1997, qui nous avait donné un second gouvernement majoritaire d'affilée, on me demande combien de temps encore je comptais rester. Mais, s'il y a une chose que les journalistes préfèrent à toute autre, c'est bien une course à la direction d'un parti; tout au long de 1998, 1999 et jusqu'en 2000, ils n'ont cessé de dire que j'avais fait mon temps.

Même mon frère aîné Maurice s'est trouvé un jour à leur donner raison malgré lui. Maurice était du genre « contraireux », c'est-à-dire qu'il aimait discuter pour le plaisir de la discussion. Si vous disiez blanc, il disait noir, et vice versa. Donc, le jour où un journaliste lui a demandé pourquoi je devrais partir alors que tout allait si bien, Maurice, fidèle à lui-même, a pris le contre-pied de son interlocuteur et déclaré que j'avais été en politique trop longtemps, que j'en avais fait assez et que je me devais maintenant, à moi et à ma famille, de prendre ma retraite. Si on lui avait posé la question contraire, nul doute qu'il aurait répondu que je devais rester, oui, mais bien sûr, absolument! Pauvre Maurice, il avait presque quatre-vingt-dix ans, sa santé déclinait et il a été sincèrement peiné de lire les manchettes que ses commentaires ont suscitées. Il n'a pas fermé l'œil la première nuit, il est resté secoué pendant des semaines et il craignait de m'avoir fait du tort. Après tout, j'étais son filleul et il m'avait pratiquement élevé comme un second père.

« T'en fais pas, lui ai-je dit. C'était pas correct de te jouer ce tour-là, mais moi j'ai vu ça toute ma vie, je suis habitué. »

Je comprenais ces journalistes qui gagnaient leur pain à médire de moi. Même si le gouvernement avait son lot normal de problèmes, la fin des années 1990 était une époque très avantageuse pour moi, mon parti et le pays. On avait beau nous attaquer férocement, les libéraux conservaient une avance confortable dans les sondages et les Canadiens continuaient de croire que nous faisions ce qui devait être fait. Le déficit diminuait, le soutien à la souveraineté baissait et le nombre d'irritants commerciaux avec les États-Unis fondait. L'économie ne cessait de croître année après année ; le chômage baissait aussi. En 1998, le gouvernement fédéral avait équilibré le budget. On remboursait la dette nationale. On réduisait les impôts. On investissait dans la santé, la recherche et l'enseignement supérieur. La *Loi sur la clarté* était entrée en vigueur en mars 2000 et avait reçu l'approbation d'une majorité substantielle de Québécois. Les relations avec les provinces étaient bonnes de manière générale et fonctionnelles. Le président Clinton et moi-même avions d'excellents rapports. Le Canada avait été élu en janvier 1999 au Conseil de sécurité des Nations unies pour un mandat de deux ans. Nous poursuivions notre mission de paix au Kosovo avec nos alliés de l'OTAN et nous bâtissions une relation économique et diplomatique sans équivalent avec la Chine et les autres tigres de l'APEC.

Pas étonnant qu'Aline m'ait tapé sur les doigts le jour où je me suis vanté de la position du gouvernement dans les sondages d'opinion. En outre, comme j'avais survécu au vote sur mon leadership au congrès du parti en mars 1998 avec plus de 90 pour cent des voix, je n'avais peur de rien ni de personne. Nous recueillions aussi beaucoup d'argent, elle et moi, grâce aux campagnes de financement pour ainsi atteindre le but que je m'étais fixé de laisser les finances du parti en bon état en vue des prochaines élections.

Tout allait d'ailleurs si bien que mes concitoyens étaient nombreux à me dire que je devais rester et solliciter une troisième majorité. Il y avait un homme en moi que l'idée séduisait. J'avais encore toute l'énergie voulue, l'intérêt, la capacité, le soutien populaire, et il n'y a pas de limite aux défis importants, exaltants et imprévus que réserve le pouvoir. Il y avait toujours une autre bonne idée à mettre en œuvre, une autre décision difficile à prendre, d'autres problèmes sociaux à maîtriser, une autre crise à dominer, et j'avais la conviction d'être aussi compétent que n'importe qui d'autre pour faire le travail. Mais je m'étais entendu avec Aline pour ne pas me représenter. Elle avait donné des années de sa vie et sacrifié sa propre paix et son propre bonheur à ma carrière ; elle en avait assez des exigences de la vie publique ; et j'étais tout à fait décidé à tenir la promesse que je lui avais faite. En 1999, l'année de mes soixante-cinq ans, elle et moi avions achevé de nous bâtir une magnifique maison de retraite près de notre ancien chalet au lac des Piles. Je ne connais personne qui bâtirait une grande maison coûteuse avec l'intention de la laisser vide pendant cinq ans, d'autant plus que nous avions la résidence du lac Harrington à notre disposition s'il nous fallait un coin où aller l'été.

En outre, c'est toujours une bonne chose en politique que de s'en aller quand tout va bien. Deux mandats, c'était assez. D'ailleurs, de nombreux pays, dont les États-Unis, ne permettent même pas à leurs dirigeants de solliciter un troisième mandat ; au Mexique, le président n'a droit qu'à un mandat. J'avais survécu à la lutte contre le déficit et au référendum québécois ; j'avais accompli mon devoir envers mon pays. Je ne voulais pas tenter le diable, et l'heure était venue de donner à quelqu'un d'autre la chance de gouverner. Dans mon esprit, je voulais faire quatre des cinq années pour lesquelles j'avais été élu en 1997, conduire le Canada vers le nouveau millénaire, annoncer ma retraite à l'automne de 2000 et laisser le pays et le parti en excellente position pour permettre à mon successeur de diriger un troisième gouvernement libéral majoritaire.

Tout a marché comme prévu jusqu'au printemps de 2000. À

la veille du congrès biennal du parti en mars, le bruit s'est mis à courir que quelques douzaines de députés et d'organisateurs libéraux avaient tenu une rencontre secrète dans un hôtel près de l'aéroport de Toronto pour m'empêcher de me représenter. Je savais bien sûr que certains ministres et leurs partisans s'intéressaient de près à ma succession. L'ambition est chose naturelle en politique, et je voyais bien que certains impatients commençaient à se demander si la chance qu'ils avaient de coiffer la couronne ne risquait pas de leur échapper. Paul Martin était le plus affairé de la bande ; quant à Brian Tobin, il n'avait jamais caché son intérêt lui non plus ; John Manley attendait dans les coulisses ; Allan Rock m'avait dit qu'il songeait à se présenter ; Sheila Copps allait probablement se remettre sur les rangs. Tous avaient soulevé la question en ma présence à un moment ou l'autre, et c'était pour moi un sujet de taquinerie constant durant le banquet annuel de la tribune de la presse. On savait même que des membres de mon propre personnel au Bureau du premier ministre se demandaient qui ils allaient soutenir, moi une fois parti.

Un jour où je jouais au golf avec Mike Robinson, organisateur avoué de Martin et lobbyiste au Earnscliffe Strategy Group, il a frappé une balle qui a manqué ma tête de peu. « Mike, lui ai-je dit, t'es pas obligé de me tuer. Il y a d'autres moyens de faire en sorte que ton gars devienne premier ministre. »

Quant au caucus, je ne trouvais rien d'offensant ou d'anormal à ce que les députés discutent entre eux de la future course au leadership. Quand j'étais jeune député, à l'époque de Pearson, mes collègues se réunissaient souvent après la journée de travail pour prendre un verre et se livrer à des conjectures à propos de sa succession ou tâter le terrain au sujet de leur candidat favori. Même chose à l'époque de Trudeau. Il n'y a pas de chef qui soit en place pour l'éternité, et si quelqu'un peut mobiliser de futurs appuis, tant mieux pour lui, tant mieux pour elle. Loin de me tourmenter avec ça, j'avais la certitude que je n'allais pas rester pour un troisième mandat et j'étais flatté de voir que tant de dignes candidats aspiraient à me remplacer. Un congrès fascinant comme celui auquel Pierre Trudeau avait triomphé en 1968 ne pouvait être qu'une bonne chose pour le parti et la démocratie. Donc, je laissais tout ce beau monde s'organiser tranquillement à la condition que la campagne de chacun ne fasse pas trop de bruit dans les médias ou n'entrave pas l'exercice de ses responsabilités ministérielles. Je les avais également tous avertis de veiller particulièrement à ce que leur campagne de financement ne cause pas de conflit d'intérêts — ni même la perception d'un conflit — avec leur ministère.

On a beau penser qu'un premier ministre reste isolé, le fait est que j'avais de nombreux contacts avec les militants du parti ; quelques-uns de mes ministres n'hésitaient jamais à me faire part des mauvaises nouvelles aussi bien que des bonnes ; et j'avais des députés fiables qui me disaient ce que leurs collègues fabriquaient, parce qu'ils craignaient que tant d'agitation n'ait des effets néfastes sur le Parti libéral et, par association, sur leur propre avenir. Alors que la plupart des gens dans la plupart des professions voient un nombre limité de personnes au cours d'une semaine ou d'une année, un politique se trouve à rencontrer une foule de personnes, de tous les secteurs d'activité de la vie, jour après jour après jour. L'expérience vous apprend donc vite à interpréter leur comportement et à les juger en conséquence. Que ce soit au caucus, au cabinet ou aux Communes, alors que j'avais l'air de rédiger une note ou de lire un texte, j'étais à l'écoute, j'observais et je lisais les signaux. La nature humaine étant ce qu'elle est, les médisants s'arrangeaient toujours pour rester loin de moi dans une pièce ou évitaient de me regarder dans les yeux. Si je favorisais l'un d'entre eux, bingo, il se rapprochait de mes amis, laissant les autres murmurer dans le coin, la main sur la bouche.

Tout de même, la nouvelle de cette rencontre secrète à Toronto m'a pris par surprise, tout comme la vue de Paul Martin à la télévision descendant un escalier mécanique qui montait, pour fuir les questions des reporters. Je n'étais certes pas sans savoir ce qu'il fabriquait depuis l'époque où je l'avais vaincu au congrès de 1990. Je comprenais bien sa hâte et l'impatience qu'il avait de prendre la barre du navire avant que son âge ne le rattrape. Mais je lui avais dit moi-même, et Eddie Goldenberg et Jean Pelletier le lui avaient confirmé, que je ne comptais pas me représenter une troisième fois. Dans l'état des choses, il avait raison de penser qu'il avait de très bonnes chances de me succéder. Il n'avait qu'à être patient, à bien faire son travail, et le sceptre lui tomberait vraisemblablement entre les mains.

Sa trahison m'a fait mal. J'estimais qu'il devait, à tout le moins, me laisser la dignité de partir à mes conditions à moi. J'estimais aussi qu'il était de son devoir de respecter la vieille tradition libérale — un de nos plus grands atouts —, à savoir le soutien indéfectible au chef en place. Ne l'avais-je pas convaincu d'accepter les Finances et d'adhérer à notre stratégie antidéficit, qu'il avait faite sienne dès qu'elle avait réussi, et n'avais-je pas consolidé sa réputation en le soutenant beau temps mauvais temps, tout en étant constamment au courant des petits jeux auxquels il se livrait pour saper mon autorité ? Si les gens étaient satisfaits des compressions budgétaires, Martin acceptait leurs remerciements. Si les gens en souffraient, il blâmait le premier ministre. Dans un sens, je comprenais ça. Il est normal pour tout ministre de blâmer le premier ministre de temps en temps, mais en fin de compte, comme disait Harry Truman, l'ultime responsable, c'est le grand patron. Le Canada avait vécu des moments très difficiles où il nous avait fallu résister aux demandes de tous ceux qui voulaient toujours plus d'argent, et la seule chose dont je me souciais, c'était que Martin mette en œuvre la priorité numéro un du gouvernement que j'avais définie moi-même. Je me disais, la plupart du temps, que si mon ministre des Finances faisait bonne figure, je paraîtrais bien moi aussi. Mais ce qui me fatiguait royalement, c'était d'entendre dire souvent que Martin avait confié à des gens qu'il les avait défendus au cabinet, ou dans une discussion avec moi, alors que je savais qu'il n'en était rien.

Si complot il y avait, j'ai pensé qu'il risquait de se retourner contre ses auteurs. Il n'existait aucun mécanisme susceptible de m'éjecter de mon siège avant les prochaines élections ; il n'y avait eu aucune démission ministérielle ni révolte dans le parti, sauf lorsque John Nunziata avait voté contre le budget de 1996 et avait été chassé du caucus pour ça ; et Martin n'était pas assez fort pour me renverser. De même, si les manigances des partisans de Martin remplissaient les manchettes, ce n'était pas cela qui allait assombrir la fierté et l'humeur victorieuse du parti. Comme de juste, lorsque je suis entré au Centre des congrès d'Ottawa pour assister au congrès libéral le samedi matin 18 mars 2000, des centaines de Jeunes Libéraux se sont mis à scander : « Encore quatre ans ! Encore quatre ans ! » et c'est devenu le slogan de la fin de semaine. Les plus remuants d'entre eux avaient même cerné Martin en hurlant : « Encore quatre ans ! » pour l'embarrasser devant les caméras. Lorsque j'ai pris la parole devant les congressistes, Aline a étudié la foule comme d'habitude et constaté avec un agacement croissant que certains partisans de Martin restaient assis les bras croisés alors que tous les autres se levaient pour applaudir. C'est une femme fière et, sachant comme moi que j'allais partir bientôt, elle jugeait que je méritais mieux.

Plus tard, dans ma suite du Centre des congrès, mon personnel faisait la fête dans la bonne humeur. Les grognons du caucus avaient été discrédités et le soutien enthousiaste des Jeunes Libéraux avait reflété fidèlement l'état d'esprit du parti. « Alors maintenant, allez-vous rester pour un troisième mandat, monsieur Chrétien ? m'a demandé quelqu'un. Vous êtes encore bon premier dans les sondages et le pays va à merveille.

— Raison de plus pour partir, lui ai-je répondu. Ce n'est pas tout, j'ai promis à Aline que je ne me représenterais pas et je vais tenir parole. »

C'est à ce moment-là qu'Aline nous a interrompus. « Excuse-moi, Jean, il faut que j'y aille. Une délégation du comté s'en vient à la maison et je veux m'assurer que tout est prêt pour la recevoir. » Elle a quitté la pièce, refermant la porte derrière elle. L'instant d'après, elle l'a rouverte et a glissé la tête à l'intérieur de la pièce. Tous les regards s'étant tournés vers elle, elle nous a tous surpris en s'écriant : « Encore quatre ans ! » Elle a été ovationnée, par moi le premier. Elle m'avait dégagé de ma promesse.

Je ne suis pas resté parce que je voulais m'accrocher au pouvoir, battre le record de Wilfrid Laurier ou contrecarrer le rêve de Paul Martin. Je suis resté parce que j'adorais mon métier et que j'avais le mandat du peuple canadien de concrétiser le programme libéral. Je vais le dire très franchement, du moment qu'Aline m'avait libéré de mon engagement, j'étais décidé à aller jusqu'en enfer plutôt que de me faire tasser par une bande de fiers-à-bras qui n'en avaient que pour leurs petits intérêts. En me tordant le bras pour que je parte, ils avaient rallumé mon goût pour la compétition, déclenché ma colère et, par inadvertance, arraché à Aline la bénédiction dont j'avais besoin pour solliciter un troisième mandat. Pour tout cela, chose ironique, je dois dire un grand merci à Paul Martin.

On murmurait que Martin lui-même, malheureux de la tournure des événements, ne serait peut-être pas là pour les prochaines élections, mais il n'en a jamais discuté avec moi et, chose certaine, il ne m'a jamais offert sa démission après le congrès. Je lui en ai voulu assez pendant un jour ou deux pour songer à lui retirer les Finances, à chasser les conspirateurs de son cabinet et à annuler les contrats du gouvernement qu'il avait glissés à ses amis et conseillers chez Earnscliffe. Mais Jean Pelletier et Eddie Goldenberg m'en ont dissuadé, parce qu'ils craignaient les réactions des milieux financiers. Ils allaient tous deux regretter leurs conseils et j'allais moi aussi regretter de les avoir écoutés.

★   ★   ★

Le Canada venait d'entrer dans le nouveau millénaire avec un optimisme en béton. Avec trois budgets équilibrés derrière lui, le gouvernement piaffait d'impatience de se lancer dans de nouvelles initiatives. Se demander ce qu'on va faire d'un excédent budgétaire est un beau casse-tête pour un homme politique, et ça vaut mieux en tout cas que de juguler un déficit, mais nous voulions faire en sorte que nos futures dépenses soient stratégiques et éviter les pièges du passé. Je m'en souviens, le premier ministre conservateur de la Norvège, Kjell Magne Bondevik, m'a confié un jour que la répartition de son excédent budgétaire lui avait causé plus de difficultés politiques que la réduction du déficit, et, comme de juste, son gouvernement de coalition s'était effondré en 2000. Pourquoi? Parce que lorsqu'on est en situation d'excédent et que toutes les tendances économiques semblent favorables, il est extrêmement difficile de résister à l'explosion soudaine des besoins et des désirs de la population.

Les Canadiens voulaient et méritaient leur juste récompense après tant d'années de compressions et de sacrifices. Certains voulaient qu'on réduise leurs impôts; d'autres voulaient davantage de programmes sociaux. Certains tenaient à ce qu'on rembourse la dette; d'autres faisaient valoir que la dette décroissait automatiquement en pourcentage du PIB et qu'on y consacrait déjà la réserve pour éventualités de trois milliards de dollars par an. Tout comme j'avais arrêté la cible de trois pour cent lorsqu'avait paru le premier Livre rouge en 1993, j'avais décidé aussi dans le second Livre rouge de 1997 que nous allions partager l'excédent budgétaire également entre les nouveaux programmes, d'une part, et, d'autre part, un train de mesures prévoyant des baisses d'impôt ainsi que la réduction de la dette. Chose prévisible, que ce soit à l'intérieur du Parti libéral ou dans l'opposition, la gauche voulait davantage de nouveaux programmes et la droite réclamait des allégements fiscaux, mais je me disais que 50-50 était un parfait équilibre entre la justice sociale et la responsabilité financière, ce qu'on a fini par appeler la troisième voie.

On a souvent attribué à Tony Blair la paternité de cette idée, mais j'ai entendu le terme pour la première fois au cours d'une rencontre amicale avec Bill et Hillary Clinton et le président Fernando Cardoso, du Brésil, lors du Sommet des Amériques à Santiago, au Chili, en 1998. Nous discutions alors de l'idée de réunir des dirigeants progressistes du monde entier pour parler de nos problèmes respectifs et de solutions que nous pourrions partager. Même si l'idée est devenue réalité un an plus tard, le

Canada n'a pas été invité parce que l'hôte, Massimo d'Alema, premier ministre de l'Italie à l'époque, était un ancien communiste qui croyait dur comme fer, à la manière européenne, qu'un libéral était en fait un conservateur. Clinton considérait qu'il avait tort. Avant la seconde rencontre, qui devait avoir lieu en Allemagne en juin 2000, il a fait savoir à Gerhard Schröder que Chrétien devait en être, sans quoi il n'irait pas lui-même. « Ses libéraux sont à la gauche de mes démocrates, a-t-il dit à Schröder, et le Canada est un pays important ainsi qu'un membre du G-8. » En fait, Clinton m'a souvent dit qu'à son avis le Canada pratiquait la troisième voie mieux que n'importe quel autre pays.

Alors que d'autres pays comptaient célébrer le nouveau millénaire avec l'érection de monuments gigantesques et des fêtes extravagantes, nous avons décidé de consacrer plus d'argent à l'édification d'une économie du savoir pour le XXIe siècle. Les barrières commerciales continuant de s'abaisser partout dans le monde, le Canada devait se positionner pour attirer les investissements et les emplois et encourager la croissance, et cela nous obligeait à aider nos gens à acquérir et à affiner les compétences nécessaires.

L'éducation a toujours été d'une importance primordiale pour mes parents. Quand papa avait plus de quatre-vingt-dix ans, je m'en souviens, un intervieweur de la télévision lui a demandé pourquoi aucun de ses enfants n'était entré au moulin à papier d'à côté. Après tout, il y avait lui-même travaillé, et c'était le rêve de la plupart de ses amis de voir leurs enfants décrocher un emploi stable à l'usine à l'âge de seize ans, faire la belle vie et se retirer avec une bonne pension à soixante-cinq ans. « Parce que le gazon est toujours plus vert pour ceux qui ont de l'instruction, lui a répondu papa, et c'est ça que je voulais pour mes enfants. » Il occupait trois emplois en même temps pour nous faire instruire et maman était encore plus résolue que lui à nous envoyer à l'université. Dans notre quartier ouvrier, cette ambition les distinguait. Et c'est parce que mes parents étaient tous deux animés par cette conviction, sans parler de leur esprit compétitif que soutenait une éthique du travail blindée, qu'ils ont

Clinton et moi venons d'échapper à nos gardes du corps. Le jeune Clinton a du mal à rattraper le vieux Chrétien. Birmingham, Angleterre, 1998.

Je montre au président Jacques Chirac la beauté naturelle du Nord. Septembre 1999. À gauche, en blanc, Paul Okalik, premier ministre du Nunavut.

Mission difficile pour le peloton de sécurité.

Partie de hockey entre amis à Rideau Hall.

Partie de billard à Shawinigan, 1995.

Partie de golf énervante avec Tiger Woods. Montréal, le 5 septembre 2001.

En Chine, on fait comme les Chinois.

Toujours pressé d'arriver au travail.

Au service commémoratif en l'honneur des morts du 11 septembre. Dans l'ordre habituel : la gouverneure générale, Adrienne Clarkson, John Ralston Saul, Aline, l'ambassadeur américain, Paul Cellucci, et sa femme, Jan.

Le 21 septembre 2001 : je rassure la communauté musulmane du Canada dans une mosquée d'Ottawa.

Un faux Blues Brother se joint à Dan Aykroyd dans le salon du 24 Sussex, avril 1999.

Diana Krall joue pour l'un de ses plus grands admirateurs, le président mexicain, Ernesto Zedillo, le 6 octobre 1999.

Un fier grand-père présente Jacqueline, Philippe, Maximilien et Olivier à Sa Majesté la reine Élisabeth II, août 1994.

Aline et moi honorant les morts de la guerre, Saint-Pétersbourg, octobre 1997.

Le galant Jacques Chirac charme mon Aline, juin 1999.

Aline souhaite la bienvenue aux déléguées à la Conférence des épouses de chefs d'État et de gouvernement des Amériques, Ottawa, octobre 1999.

fini par compter parmi mes frères et sœurs deux médecins, un pharmacien, deux infirmières, deux hommes d'affaires et un travailleur social, et chose certaine, sans leur exemple, je ne serais jamais devenu moi-même premier ministre. Il est vrai que, comme premier ministre, j'ai toujours gagné moins d'argent que le joueur le moins bien payé de la Ligue nationale de hockey, par contre, je connaissais beaucoup de monde qui m'enviait ma *job*.

Même quand l'argent était rare, notre gouvernement s'est mis à investir dans l'éducation et la jeunesse. Nous avons établi un programme de nutrition prénatale et bonifié la déduction pour frais de garde d'enfants. Restauré aussi le Programme national d'alphabétisation, financé le Programme d'aide préscolaire aux Autochtones et lancé le Rescol et le Programme d'accès communautaire, qui mettaient Internet à portée de main des Canadiens et ont fait de nous la nation la plus branchée sur Terre à la fin du XXe siècle. Lorsque j'ai rencontré les dirigeants progressistes à Berlin en juin 2000 et leur ai montré une vidéo où des habitants de Rankin Inlet communiquaient avec des gens au Japon, en Europe et aux États-Unis, ils n'en revenaient pas. Au cours de la conférence de presse de clôture, le président Clinton a dit que c'était là un modèle pour le monde.

Ensuite, pour des raisons économiques et sociales qui allaient de soi, nous nous sommes engagés à œuvrer de concert avec les provinces, les établissements d'enseignement, le milieu des affaires et les syndicats pour élargir l'accès à l'enseignement supérieur. Il est vrai que de nombreux emplois attendaient les diplômés universitaires, mais il y en avait moins pour ceux qui n'avaient pas terminé leur secondaire. Il fallait aussi renverser « l'exode des cerveaux », qui faisait en sorte qu'un grand nombre de nos chercheurs, scientifiques et étudiants les plus brillants étaient attirés aux États-Unis ou en Europe par des incitations financières plus généreuses et de meilleures infrastructures. Nous n'avons pas annoncé la création de ces programmes extrêmement importants, qui étaient axés sur le long terme, en nous pétant les bretelles rien que pour gagner des votes. Chose certaine, les chercheurs, les scientifiques et les étudiants ne sont pas du genre à défiler dans les rues pour dire merci au gouvernement. Autre chose, les gars de l'Alcan ou de la Belgo à Shawinigan auraient pu aussi être froissés de voir qu'une telle manne ne profitait qu'à des messieurs-dames en sarrau blanc. Mais j'insistais pour que l'on engage ces investissements parce que c'était la chose à faire, et beaucoup de monde au gouvernement, au Bureau du premier ministre, dans la fonction publique et dans le secteur privé s'est donné beaucoup de mal pour que tout cela se concrétise.

En 1997, nous avons créé une société indépendante, la Fondation canadienne pour l'innovation, afin de doter nos universités, nos hôpitaux d'enseignement et nos centres de recherche à but non lucratif de meilleurs moyens de recherche. Après que Scott Clark, le sous-ministre associé des Finances, m'a eu convaincu que ce serait là une chose utile, nous avons décidé de l'assortir d'un fonds de 800 millions de dollars, et son succès phénoménal lui a valu plus tard 2,8 milliards de plus. Dans le budget de 1998, nous avons annoncé l'instauration de la Stratégie canadienne pour l'égalité des chances, qui visait à donner à tout Canadien qui le voulait la chance d'apprendre. On prévoyait ainsi un nouveau Régime d'épargne-études qui allait aider les parents à économiser en vue de la scolarisation collégiale et universitaire de leurs enfants ; on permettrait aussi aux Canadiens de retirer sans payer d'impôt certains montants de leur régime enregistré d'épargne-retraite pour parfaire leurs compétences au cours de leur carrière ; et on allait alléger la dette des diplômés des universités et des collèges en donnant aux enfants de familles à faible revenu une chance égale à celle des plus fortunés de se lancer dans la vie. En outre, faisant suite à une idée qu'avaient formulée Eddie Goldenberg et Chaviva Hosek au Bureau du premier ministre, nous avons investi 2,5 milliards de dollars dans la Fondation canadienne des bourses d'études du millénaire, qui allait financer 100 000 bourses par an pendant dix ans destinées aux étudiants dans le besoin : soit le plus grand investissement jamais engagé par le gouvernement fédéral pour aider les jeunes Canadiens à fréquenter l'université, le collège ou un institut professionnel.

En 1999, grâce à l'entêtement du docteur Henry Friesen, le président du Conseil de recherches médicales du Canada, et de mon frère Michel, chercheur médical bien connu qui m'inondait de messages pour qu'on en fasse davantage, ainsi qu'au plaidoyer passionné du ministre de la Santé, Allan Rock, auprès du cabinet, le gouvernement fédéral a accepté d'investir 500 millions de dollars sur trois ans pour faciliter la création d'une nouvelle organisation multidisciplinaire, les Instituts de recherche en santé du Canada, et ce, afin d'unir pour une cause commune les meilleurs esprits dans divers domaines partout au pays, d'établir des priorités et d'obtenir des résultats. Et, en 2000, tablant sur les efforts de deux universitaires éminents, Robert Lacroix, de l'Université de Montréal, et Martha Piper, de l'Université de la Colombie-Britannique, nous avons entrepris de doter 2 000 nouvelles chaires de recherche partout au pays, pour un coût de 2,4 milliards sur dix ans. Il s'agissait ici de permettre aux universités d'attirer les meilleurs jeunes chercheurs au moment où les *baby-boomers* allaient prendre leur retraite, ce qui provoquait partout dans le monde une compétition féroce dans la recherche d'aspirants de haut calibre. En très peu de temps, l'exode des cerveaux est devenu l'invasion des cerveaux. En fait, les recteurs d'université, les politiques et les fonctionnaires de chez nous comme à l'étranger ont reconnu que c'était là l'une des mesures sociales les plus novatrices et les plus utiles jamais mises en œuvre dans notre pays. Aline m'a dit un jour: « Tu sais, Jean, si des programmes comme ceux-là avaient existé quand j'étais jeune, moi aussi j'aurais pu aller à l'université. »

Le seul écho défavorable nous est venu des gouvernements provinciaux, particulièrement du gouvernement péquiste de Québec. Ils gémissaient en arguant que l'éducation était une responsabilité provinciale et qu'Ottawa n'avait nul droit d'empiéter sur leur compétence. Je n'étais pas d'accord. Après tout, nous n'intervenions pas dans la direction des universités et des hôpitaux, ce n'étaient pas nous non plus qui allions recruter ou congédier les gens ou leur dire quoi faire. Nous nous servions tout simplement du pouvoir fédéral de dépenser pour aider les jeunes Canadiens, les chercheurs canadiens et l'économie canadienne dans un secteur extrêmement important de notre société, comme Ottawa le faisait depuis des décennies avec le Conseil de recherches en sciences humaines, le Conseil de recherches en sciences naturelles et en génie, le Conseil national de recherches du Canada et le Conseil des arts du Canada.

« Ça fait pas mal longtemps que je suis en politique, ai-je dit au congrès libéral le 20 mars 1998. L'une des choses qu'on a dites à mon sujet et qui fait toute ma fierté, c'est que je suis un politicien "pratique". C'est-à-dire quelqu'un qui obtient des résultats, qui cherche des solutions. Il y en a qui pensent que rien ne remplace une vision. Bon, très bien, si on veut. Moi, je réponds à cela qu'une vision, ce n'est pas un discours politique. Pour moi, une vision, c'est cet enfant de Rankin Inlet qui se trouve tout à coup branché sur le monde entier grâce à Internet, ou à Rescol, et qui se rend compte que d'autres enfants comme lui à Toronto, New York ou Tokyo sont fascinés par la vie qu'il mène en Arctique. Une vision, ce n'est pas un discours politique. C'est une mère monoparentale à Surrey, en Colombie-Britannique, qui apprend qu'elle va recevoir une bourse du millénaire et qu'elle va pouvoir entreprendre une vie nouvelle. Une vision, ce n'est pas un discours politique. C'est un enfant du centre-ville de Montréal qui est né en bonne santé parce que sa mère a profité d'un programme de nutrition prénatale. »

Dix jours plus tard, Lucien Bouchard est venu me voir pour discuter des bourses du millénaire et a exigé le droit de se retirer du programme avec compensation entière. La discussion a été virile, c'est le moins qu'on puisse dire. « Écoutez, monsieur le premier ministre, lui ai-je dit, vous êtes de Jonquière, je suis de Shawinigan. Vous avez eu la chance d'aller à l'université, j'ai eu la chance d'aller à l'université. Mais, comme moi, vous devez avoir de bons amis qui ne sont jamais allés à l'université parce qu'ils n'avaient pas un sou et qui auraient mené une vie bien différente s'ils y étaient allés. Il va y avoir 100 000 de ces jeunes qui vont recevoir un jour de l'argent du gouvernement fédéral pour y aller. Et ils seront environ 25 000 étudiants du Québec qui vont

recevoir ces bourses chaque année parce que j'ai décidé de faire
ça. Et je vais vous dire qu'il n'y a pas homme au monde capable
de m'en empêcher. J'investis dans la matière grise des enfants.
C'est ça le monument que nous allons ériger au nouveau millénaire. »

Il n'a plus jamais abordé la question.

★   ★   ★

En politique canadienne, il est normal qu'il y ait des désaccords entre Ottawa et les provinces. Dans l'ensemble, cependant,
je pense que les premiers ministres provinciaux étaient justes
envers moi, et nous n'avons jamais laissé l'animosité s'installer
entre nous. Dans la plupart des cas, je me disais qu'ils faisaient
exactement ce que tout bon politicien doit faire. En outre, plus ils
me critiquaient, plus ils donnaient d'importance à la fonction de
premier ministre du Canada. Quand on est maire et qu'on a un
problème, on dit que c'est la faute du gouvernement provincial.
Quand on est premier ministre provincial et qu'on a un problème, on dit que c'est la faute du fédéral. Et comme le gouvernement fédéral ne peut plus blâmer la reine, on blâme les États-
Unis le plus qu'on peut, parce que ce sont eux qui tiennent le
gros bout du bâton maintenant. De même, quand les provinces
se plaignent autant d'Ottawa, c'est parce qu'en fait ils reconnaissent le rôle important que joue le gouvernement fédéral dans la
vie des gens.

Il y a une chose qui a facilité mes relations avec les premiers
ministres provinciaux et les leaders territoriaux, et je parle de nos
neuf voyages avec Équipe Canada, auxquels s'en sont ajoutés
trois dans différentes régions des États-Unis. L'idée était née
d'une invitation que nous avait faite André Desmarais, l'un des
hommes d'affaires les plus actifs et les mieux branchés en Chine,
à assister à une rencontre du Conseil commercial Canada-Chine
à Pékin en novembre 1994. Lorsque Mike Harcourt, le premier

ministre de la Colombie-Britannique, en a entendu parler, il a demandé à y être invité aussi, étant donné l'importance de sa province dans le bassin du Pacifique. Puis d'autres premiers ministres ont embarqué. Si bien que j'ai décidé de les inviter tous, eux, les leaders territoriaux et cinq cents cadres d'affaires, représentants de municipalités et d'organisations non gouvernementales, universitaires et journalistes. C'était une « équipe d'étoiles », la plus grande mission étrangère dans l'histoire du Canada, la plus réussie également. Nous avons passé presque deux semaines à voyager en Chine, à Hong-Kong et au Vietnam, à négocier avec les autorités gouvernementales, à signer des accords commerciaux d'une valeur frisant les neuf milliards de dollars, à tenir des conférences de presse conjointes, à assister à des réceptions officielles et à travailler tous ensemble pour accroître l'emploi et l'investissement chez nous. Tout le monde était de bonne humeur et prêt à se retrousser les manches. Je me souviens entre autres de cet entrepreneur qui n'a rien vendu en Asie mais qui a dû créer des douzaines de postes chez lui pour honorer toutes les commandes que lui avaient faites les autres représentants d'entreprise à bord de l'avion.

Les missions d'Équipe Canada en Asie, en Amérique latine, en Russie et en Allemagne ont contribué pour beaucoup à la croissance de notre économie, étant donné que celle-ci est largement tributaire des exportations. En Inde, en janvier 1996, par exemple, nous avons signé des accords totalisant 3,5 milliards de dollars. À notre arrivée au Pakistan, la présidente Benazir Bhutto avait calculé qu'il lui fallait conclure des accords d'une valeur de deux milliards de dollars si son pays voulait dépasser l'Inde de loin, compte tenu de sa population. À l'heure du lunch, nous en étions à 1,3 milliard de dollars, et des négociations importantes visant à alimenter le système de transport léger de Karachi avaient achoppé sur le prix. Madame Bhutto s'est mise à donner des ordres dans sa langue maternelle, rapidement et fermement. Quelques instants plus tard, l'embâcle avait sauté, et nous avions atteint les deux milliards de dollars. Sans Équipe Canada, les avocats se chicaneraient encore.

Équipe Canada a eu également un effet bienfaisant sur la politique intérieure. Sur la scène mondiale, les premiers ministres provinciaux étaient avant tout des Canadiens — même Lucien Bouchard et Bernard Landry — et ils cessaient de se faire des jambettes comme ils le faisaient chez nous. Ils en sont venus aussi à reconnaître qu'une entreprise dont le siège social est à Toronto peut aussi avoir des usines au Québec ou en Colombie-Britannique, et il n'était pas rare d'en voir deux ou trois travailler côte à côte dans le même dossier sans se chicaner sur la répartition précise des investissements. Nous étions tous très fiers du fait que l'étranger voyait dans le Canada un pays commerçant paisible, tolérant et fiable, et la vue de tant de nos politiques et de nos PDG se serrant les coudes avec autant de compétence et d'enthousiasme ne faisait que confirmer cette réputation dans les pays que nous visitions.

Loin du bureau et du téléphone, les premiers ministres avaient toujours le loisir, à l'aéroport ou à l'hôtel, de venir me voir pour discuter de leurs problèmes, seuls ou en groupe, et nous développions ainsi des rapports chaleureux et détendus. Seule exception : Jacques Parizeau, qui avait refusé de venir en Chine parce qu'il avait préféré rester en arrière et ourdir le démembrement du Canada. Un soir, au bar du Peace Hotel de Shanghaï, le premier ministre de l'Ontario, Bob Rae, a amusé tout le monde en chantant au piano, et Gary Filmon, du Manitoba, s'est mis à danser avec Catherine Callbeck, de l'Île-du-Prince-Édouard. Le fait que nos conjoints nous accompagnaient habituellement ajoutait une touche de chaleur et de proximité familiale. Aline, toujours assistée de notre fille France qui voyageait à ses propres frais, se donnait un mal fou pour organiser des activités qui plaisaient à chacun. Elle s'est avérée si charmante comme hôtesse qu'à notre retour au Canada, les femmes de certains premiers ministres ont ordonné à leur mari de cesser leurs attaques contre moi afin de ménager Aline.

Les voyages d'Équipe Canada faisaient également en sorte qu'aucun premier ministre provincial ne pouvait dire qu'il n'avait jamais l'occasion de discuter des enjeux du jour avec le premier

ministre du Canada, même si je n'ai convoqué que sept conférences fédérales-provinciales dans mes dix années au 24 Sussex.
Il est naturel dans ces rencontres que l'on critique plutôt que
d'agir, et je ne voulais pas imposer au pays le spectacle pénible de
pourparlers avortés. J'étais même décidé à n'en convoquer
aucune si je n'avais pas l'assurance raisonnable qu'un travail de
base suffisant nous permettrait d'obtenir un bon résultat.

À ma première conférence fédérale-provinciale, qui a eu lieu
à huis clos en décembre 1993, Ottawa a signé l'accord sur les
infrastructures dès que les ministres et les fonctionnaires se sont
entendus sur les détails. À la deuxième, en juillet 1994, grâce aux
travaux préparatoires du ministre de l'Industrie, John Manley,
nous avons réussi à nous entendre avec toutes les provinces et
tous les territoires pour écarter les obstacles au commerce intérieur, le premier accord du genre depuis la Confédération. On y
prévoyait des changements concrets, des calendriers et un plan
qui aiderait le Canada à devenir une véritable union économique
avec une circulation plus libre des personnes, des capitaux, des
produits et des services. L'accord énonçait des règles claires ainsi
qu'un mécanisme de règlement des différends qui nous permettrait de résoudre les contentieux entre les provinces, et un processus transparent d'acquisition pour toutes les entreprises canadiennes, assorti d'un code de conduite. De manière générale, les
gouvernements provinciaux étaient favorables à l'abaissement
de ces barrières, mais les ordres professionnels, qu'il s'agisse des
médecins, des avocats, des architectes ou des ingénieurs, ainsi
que les syndicats se conduisaient en protectionnistes soucieux
de leurs seuls intérêts. Dans un cas particulièrement ridicule, un
entrepreneur de Hull avait dû remplacer des briques provenant de l'Ontario par des briques québécoises. Dans un autre
cas, un jeune Albertain anglophone, qui avait fait sa médecine
en Irlande, avait été obligé de passer un examen d'anglais à
son retour dans sa province natale. Ce genre d'absurdité se voit
encore, mais les associations et ordres professionnels sont des
vaches sacrées auxquelles aucun politicien provincial n'ose s'attaquer.

Alors que les partis d'opposition et la presse demeuraient à l'affût de la moindre querelle, Ottawa et les provinces continuaient de travailler en harmonie. Nous avons négocié un accord pour réformer et alimenter les régimes de retraite du Canada et du Québec. Nous en avons conclu un autre sur les pêches avec la Colombie-Britannique. Nous avons coordonné la maîtrise des problèmes écologiques pour faire en sorte que tous les paliers de gouvernement n'aient pas à envoyer leurs inspecteurs pour tester le même air et la même eau. En 1998, avec l'accord de toutes les provinces, de tous les territoires et des Premières Nations, exception faite du Québec, nous avons créé la Prestation nationale pour enfants grâce à laquelle les familles à faible revenu avaient droit à un chèque mensuel, et il a fallu que je me batte avec Paul Martin avant presque chaque budget parce que je voulais toujours l'augmenter. On remplaçait ainsi le chèque du bien-être social et on cessait enfin de stigmatiser les parents pauvres qui devaient auparavant se présenter devant un quelconque fonctionnaire pour lui raconter leurs misères. Et cela a soulagé les provinces, qui n'ont plus eu à assumer une bonne part des dépenses et des responsabilités relatives aux enfants vivant dans la pauvreté. C'était une mesure importante qui faisait qu'Ottawa devenait plus présent dans la vie des gens, et cela a rapproché plus que jamais les Canadiens du revenu annuel minimum garanti dont rêvaient les libéraux depuis des décennies.

En février 1999, nous avons signé l'Accord sur l'union sociale avec toutes les provinces sauf le Québec, quoique le premier ministre Lucien Bouchard ait empoché les crédits supplémentaires pour la santé et accepté les nouvelles conditions de toute façon, tout en prétendant bien sûr qu'il n'avait rien signé. On y établissait les principes et les formalités en vertu desquels les gouvernements fédéral et provinciaux œuvreraient de concert pour concevoir et mettre en place les programmes sociaux destinés aux Canadiens. Le gouvernement fédéral s'engageait à ne pas lancer de nouveaux programmes communs sans le consentement d'au moins six provinces, par exemple, et de leur côté les provinces s'engageaient à reconnaître la contribution d'Ottawa à ces programmes et à rendre compte de l'utilisation de l'argent. Cet accord prouvait, comme si besoin en était encore, que la fédération pouvait s'améliorer et s'adapter sans changer un mot à la Constitution.

★   ★   ★

Pendant mes années de pouvoir, aucun programme social ne préoccupait davantage les Canadiens que la santé. Même s'il s'agit essentiellement de la responsabilité des provinces, Ottawa y était intimement mêlé depuis 1966, depuis l'époque où le gouvernement libéral de Lester Pearson avait proposé la *Loi sur les soins médicaux,* qui a été actualisée par Trudeau en 1984 avec la *Loi canadienne sur la santé.* Visant à s'assurer que les Canadiens reçoivent de bons services de santé parce qu'ils en ont besoin, et non pas seulement parce qu'ils peuvent se les permettre, la loi imposait une norme nationale basée sur cinq principes essentiels — universalité, transférabilité, accessibilité, intégralité et administration publique —, en échange de quoi Ottawa s'engageait à payer la moitié des coûts en argent et en points d'impôt. Le gouvernement fédéral a aussi continué de voir aux besoins médicaux des Autochtones pour un coût annuel qui a fini d'ailleurs par dépasser les budgets de santé de certaines petites provinces. De même, le fédéral a mis au point une stratégie nationale pour lutter contre le sida, financé la recherche sur le cancer du sein et d'autres maladies par l'entremise du Conseil de recherches médicales, lancé une campagne antitabac, créé les Centres d'excellence pour la santé des femmes, doté la Fondation canadienne de la recherche sur les services de santé et parrainé toute une série d'initiatives en matière de santé, dont le Forum national sur la santé, l'étude du sénateur Michael Kirby et la Commission royale sur l'avenir des soins de santé présidée par Roy Romanow.

L'assurance-maladie est un système complexe qui concerne les médecins et les infirmières, des fonctionnaires et des administrateurs, un nombre croissant de patients, de plus en plus de technologies, et on n'a jamais assez d'argent pour tout faire à la perfection. Certaines fois, c'est l'ambulance qui n'arrive pas assez vite. Une opération peut être retardée trop longtemps. Une épidémie de grippe peut causer des attentes irritantes. Les actes médicaux révolutionnaires pour le remplacement des genoux et des hanches, les transplantations cardiaques ou le traitement du cancer — rien de tout cela n'existait et n'était même pas imaginable à l'époque où la *Loi sur les soins médicaux* avait été votée, et je le sais parce que j'étais là — risquaient d'exercer une pression insoutenable sur les ressources institutionnelles et financières du système. Et nous savons que toutes les mauvaises nouvelles sont aussitôt portées à la connaissance du public par l'opposition, la presse et les syndicats, et naturellement on parle rarement des bonnes nouvelles.

La vérité, c'est que notre système, loin d'être parfait, demeure l'un des meilleurs au monde, comme l'ont souvent fait remarquer Bill et Hillary Clinton lorsqu'ils ont tenté, en vain, de réformer les services de santé aux États-Unis. Les hôpitaux réagissent fort bien dans les cas d'urgence, et là où il y a des listes d'attente pour les maladies qui ne menacent pas la vie ou pour certains actes médicaux, les médecins ont toujours eu le droit de travailler en dehors du système public à la condition de ne pas demander un sou au gouvernement. Cela ne fait problème que lorsqu'ils veulent être à la fois dans le système public et en dehors, opérer en privé mais continuer à toucher de l'argent du gouvernement. C'est une forme de rémunération double et c'est illégal; c'est la raison pour laquelle Diane Marleau, la ministre fédérale de la Santé, a eu le courage de retenir une partie des paiements à l'Alberta parce que la province a contrevenu à la *Loi canadienne sur la santé* en 1995.

Le premier ministre Ralph Klein n'était pas content, inutile de le dire, même si lui et moi avions toujours eu d'excellents rapports. Klein est le genre de gars que j'aime bien parce qu'il dit les choses comme elles viennent; et c'est réciproque, j'imagine, parce que lorsque je me suis présenté à la direction du Parti

libéral en 1984 et que Klein était maire de Calgary, il m'a fait
savoir qu'il m'appuyait et même qu'il se présenterait peut-être
sous la bannière libérale si je gagnais. Mais lorsqu'il s'agissait de
santé, il était résolu à mélanger les deux systèmes, par conviction
idéologique, et moi j'estimais qu'Ottawa avait l'obligation de lui
tenir tête. Dans un système mixte, les meilleurs médecins finissent invariablement par s'occuper des patients plus fortunés, et
ceux-ci tiennent tout de même à ce que les hôpitaux publics
assurent toutes les interventions très coûteuses. Si l'Alberta avait
pu se permettre d'aller jusqu'au bout de son raisonnement et
avait dit : « Très bien, nous allons ouvrir des cliniques privées
et nous n'accepterons plus un sou du gouvernement fédéral »,
son secteur privé n'aurait probablement pas voulu absorber les
coûts supplémentaires et la plupart des simples citoyens de l'Alberta auraient été horrifiés.

En pratique, l'assurance-maladie est un bien social qui profite à tous les Canadiens, aux personnes, aux familles ou aux
entreprises. Chacun a l'assurance de vivre dans un monde juste
et bienfaisant parce que chacun sait que personne ne perdra
sa maison sous prétexte qu'il y a quelqu'un de malade dans la
famille. Au Canada, contrairement aux États-Unis où près de
45 millions d'Américains n'ont aucune assurance-maladie, personne ne fait faillite pour payer le médecin si l'enfant a besoin de
trois ou quatre opérations pour survivre. C'est un bon programme économique aussi. Aux États-Unis, par exemple, les
constructeurs d'automobiles comme Ford et GM doivent consacrer plus d'argent à la protection médicale de leurs employés
qu'à l'achat d'acier pour leurs voitures. Par conséquent, il est
moins coûteux et plus avantageux pour ces compagnies de s'établir au Canada ; c'est une des raisons pour lesquelles nous fabri-
quons 18 pour cent des véhicules et des pièces de voiture de
toute l'Amérique du Nord même si le Canada ne représente que
10 pour cent du marché.

Étant donné que la médecine publique est désormais reconnue comme partie intégrante de nos valeurs nationales, les
Canadiens·sont disposés à payer des impôts plus élevés que

les Américains pour protéger et améliorer le système ; d'ailleurs, la différence n'est pas si grande que ça si l'on tient compte des milliers de dollars que les citoyens américains doivent payer chaque année pour leurs services privés. Mais notre système coûte cher, et quand notre lutte contre le déficit nous a contraints à réduire nos dépenses partout, nous n'avons pas pu faire abstraction de l'augmentation des salaires et du prix des médicaments, du fait que les Canadiens vivent plus longtemps et reçoivent plus de services médicaux à domicile, du coût des nouveaux équipements et des nouveaux actes médicaux, ainsi que des milliards de dollars qu'Ottawa devait verser aux provinces pour la santé chaque année. En 1993, les Américains consacraient 14 pour cent de leur PIB à la santé et le Canada arrivait en deuxième place avec près de 11 pour cent, alors que la plupart de ces États soi-disant sociaux-démocrates dont nous admirons les systèmes publics, comme la Suède, la Norvège, le Danemark, l'Allemagne et la France, étaient autour de 9 pour cent. Le Japon et le Royaume-Uni suivaient avec moins de 7 pour cent. Si ces pays progressistes arrivaient à maîtriser le coût de leur système, je me disais que le Canada pouvait se montrer plus efficient et plus économe aussi, même si nous n'avons jamais établi de cible précise.

En octobre 1994, j'ai rencontré le Forum national sur la santé, un corps indépendant de 24 experts du domaine, pour discuter de la manière de rationaliser et d'améliorer le système. En avions-nous pour notre argent avec nos 50 milliards de dépenses publiques annuelles ? Est-ce qu'il fallait dépenser davantage dans certains domaines et moins ailleurs ? Est-ce que nous tirions pleinement parti des nouvelles possibilités dans le domaine de la santé ? Quelles leçons pourrions-nous tirer des expériences que l'on menait au Canada et dans d'autres pays ? Le fait est qu'en vertu de notre Constitution, le gouvernement fédéral n'a pas pour fonction de gérer les hôpitaux au quotidien, tout comme il n'entre pas non plus dans ses attributions de dire à un recteur d'université combien d'étudiants il devrait y avoir dans une salle de classe, ou d'ordonner à un maire de faire asphalter telle rue de sa ville. Tout cela relève de la compétence des gouvernements provinciaux, et il appartient à leurs législateurs et aux électeurs de s'assurer que les services indiqués leur sont fournis aussi économiquement et efficacement que possible. Depuis 1977, lorsque Trudeau a décidé de transférer des points d'impôt et d'accorder des subventions globales inconditionnelles en guise de contribution fédérale, Ottawa a perdu la capacité qu'il avait de savoir si l'Ontario dépensait cet argent pour réduire les impôts ou si le Québec s'en servait pour ouvrir des missions à l'étranger au lieu de former plus de médecins et d'infirmières. Tout ce qu'on pouvait faire, c'était faire respecter les cinq principes de la *Loi canadienne sur la santé* avec l'argent qu'on octroyait aux provinces chaque année.

Ainsi, les fonctionnaires fédéraux et provinciaux avaient beau travailler d'arrache-pied pour améliorer le système, le centre d'attention des rencontres entre premiers ministres demeurait toujours l'argent. Dans notre deuxième budget, en 1995, nous avons mis en commun les transferts fédéraux pour la santé, l'éducation et le bien-être social afin de n'en faire qu'une subvention globale, le Transfert canadien en matière de santé et de programmes sociaux, et avons averti les provinces qu'elles devaient s'attendre à des réductions importantes en 1996 et en 1997. Je n'étais pas enchanté d'avoir à attendre une année, mais Paul Martin avait fait cette promesse aux gouvernements provinciaux pour leur donner le temps de s'adapter aux nouveaux niveaux de financement et peut-être aussi pour les aider à passer au travers des prochaines élections. Ce qui ne les a pas empêchés de nous reprocher de nous être délestés de notre déficit sur leurs épaules, même si nous devions sabrer nos propres dépenses davantage que nous ne l'avions fait pour nos transferts aux provinces. Nous n'avons pas non plus réduit les subventions à la péréquation pour les provinces les plus pauvres, dont en moyenne plus du tiers était consacré aux programmes de santé.

Les provinces ne tenaient jamais compte non plus, dans leurs calculs, des points d'impôt que Trudeau leur avait transférés en 1977. Ottawa avait réduit ses impôts un jour; les provinces avaient augmenté les leurs le lendemain ; et le contribuable moyen ne s'est jamais rendu compte que ce qu'il versait auparavant au fédéral, il le donnait désormais à sa province. Autrement dit, les provinces avaient pu accroître leurs recettes de centaines de millions de dollars sans en pâtir sur le plan politique. Voilà pourquoi, chaque fois qu'elles se plaignent du déséquilibre fiscal, elles veulent toujours qu'Ottawa cède des points d'impôt, même si rien n'empêche les provinces d'augmenter leurs propres impôts quand elles le veulent. Mais elles préfèrent qu'Ottawa leur donne de l'argent sans avoir à dire merci, et qui peut leur en faire le reproche ?

Les provinces n'ont jamais dit merci non plus à Ottawa pour le dividende financier auquel elles ont eu bientôt droit parce que nous avions équilibré le budget. Même si nous avions dû couper dans les paiements de transfert pour réaliser cela, chose certaine, elles n'auraient pas été en meilleure posture à long terme si on leur avait donné davantage d'argent au départ, parce qu'elles auraient continué d'avoir un déficit chaque année, ce qui les aurait forcées à assurer le service de leur dette aux taux d'intérêt d'autrefois. Qui plus est, la baisse des taux d'intérêt a conduit à un boom énorme dans les investissements des entreprises, les mises en chantier domiciliaires et la croissance économique partout au pays, et tout cela a permis de remplir les coffres provinciaux, surtout avec les points d'impôt supplémentaires qu'Ottawa avait concédés.

Le problème que nous avions, c'était de nous assurer que la contribution fédérale demeure suffisamment substantielle pour nous donner l'autorité qu'il fallait pour faire respecter la *Loi canadienne sur la santé*. Ainsi, dès que nous en avons eu les moyens, nous avons augmenté les transferts en santé, faisant suite à la recommandation du Forum national sur la santé, de 1,5 milliard de dollars en 1997-1998 et de 11,5 milliards sur cinq ans en février 1999. Mais ce n'était jamais assez pour les premiers ministres provinciaux. Leur manège habituel consistait à se présenter à une rencontre avec le premier ministre du jour, à faire leur numéro à la télévision pour les téléspectateurs de chez eux et à exiger plus d'argent ou de pouvoirs sans jamais rien offrir en retour. S'ils n'obtenaient pas gain de cause, ils se jetaient aussitôt aux pieds de leurs amis de la presse pour dénoncer la brutalité têtue d'Ottawa, et la presse adorait participer à ce jeu où le fédéral était toujours la tête de Turc. Bon, ça suffit, me suis-je dit un jour.

Dès le début de la réunion des premiers ministres sur la santé en septembre 2000, je les ai informés que leur petit jeu était fini, que ce qui était sur la table était tout ce qu'ils auraient pour le moment et que je voulais quelque chose en retour. M'appuyant sur l'excellent travail qu'avaient accompli un comité *ad hoc* du cabinet, le ministre de la Santé, Allan Rock, et une équipe de hauts fonctionnaires de choc, je leur ai offert 21,5 milliards sur cinq ans dont le versement serait lié à des objectifs particuliers, des soins à domicile au coût des médicaments, des équipements hospitaliers aux rapports d'étape annuels où les gouvernements rendraient des comptes au public. La province qui ne signerait pas n'aurait pas un sou noir. Je leur ai même laissé entendre que je pourrais déclencher des élections-surprises sur cet enjeu s'ils m'empêchaient de régler la priorité numéro un dans l'esprit des électeurs canadiens. J'étais sûr de moi du fait que tout le travail de fond avait été réalisé, et d'ailleurs, si ça n'avait pas été le cas, je n'aurais jamais convoqué cette réunion pour commencer.

Quand six des premiers ministres, contre toute attente, se sont opposés à l'idée même d'un accord conditionnel, même si leur propre ministre de la Santé en avait déjà approuvé les conditions en principe, je me suis levé et je suis sorti. Un peu plus tard, après cette sortie stratégique, je suis retourné à la table, mais seulement pour leur renouveler ce message clair et bref : pas de conditions, pas d'argent. Même si je soupçonnais qu'ils finiraient peut-être par bouger, j'étais résolu à ne pas retourner à la table tant que je n'aurais pas la certitude d'obtenir un accord. Au milieu de l'après-midi, Eddie Goldenberg a réussi à rédiger une déclaration habile qui nous permettait de gagner l'adhésion de quatre premiers ministres provinciaux sans compromettre la position fédérale. Les deux derniers réfractaires, Mike Harris, de l'Ontario, et Lucien Bouchard, du Québec, ont bientôt fini par céder et par prendre l'argent après avoir réaffirmé leur adhésion aux normes nationales d'Ottawa et accepté nos nouvelles conditions.

Ce grand problème étant désormais réglé, j'étais prêt à songer aux prochaines élections.

★ ★ ★

La rumeur qui entourait Stockwell Day après son élection à la tête de l'Alliance canadienne en juin précédent avait semé la frousse dans le caucus libéral. Cependant, moi qui avais survécu au phénomène de la « comète » Kim Campbell en été 1993, je savais que Stockwell Day n'avait rien d'un Pierre Trudeau, même s'il était en état de grâce auprès de la presse au lendemain de son élection. En fait, les sondages montraient que les libéraux étaient encore à 40 points et que l'Alliance canadienne plafonnait à 20 points. « Quand j'étais avec Trudeau, ai-je rappelé au caucus, on se sentait chanceux si on avait une avance de plus ou moins trois points, alors ne vous en faites pas. » Je pensais aussi que Day avait commis une grave erreur en se présentant à un dîner-bénéfice à 5 000 dollars l'assiette organisé par le milieu des affaires à Toronto. « Oh, oh, me suis-je dit, ça m'a l'air que Bay Street te veut, mon garçon, et ça, c'est le genre de fréquentation que je ne recommande à personne. » Après avoir gagné son siège aux Communes à la faveur d'une élection partielle le 11 septembre 2000, le coq s'était mis à se prendre pour l'aigle, ce qui rendait le déclenchement des élections plus tentant pour moi.

L'équipe chargée d'organiser la campagne n'était guère enthousiaste à l'idée d'une élection — la seule exception étant mon secrétaire de presse, Patrick Parisot — lorsqu'une douzaine de grands organisateurs et de proches conseillers se sont réunis dans mon salon au 24 Sussex en septembre pour me dissuader de les déclencher trop vite. Même si nous nous en étions tirés en 1997, ont fait valoir certains, trois ans et demi après, c'était trop tôt pour plonger. Day profitait encore de sondages favorables, ont avancé d'autres. Il valait mieux attendre au printemps. Il fallait un programme, une organisation, des candidats-vedettes, des assemblées d'investiture, et il fallait une très bonne raison aussi. Je leur ai expliqué mon raisonnement, qui était en fait fondé sur mon instinct. Un, l'économie pouvait faiblir d'ici là. Deux, la droite pourrait être unie d'ici au printemps. Et trois, j'avais eu le loisir de regarder Stockwell Day droit dans les yeux, de l'autre côté du parquet à la Chambre des communes, et je savais dans mon cœur que je pouvais le battre en campagne électorale.

À ceux qui disaient que j'allais infliger une dépense inutile au pays, j'ai répondu que cette dépense devait se faire tôt ou tard et que le Canada s'en porterait mieux s'il pouvait compter sur plus de stabilité pendant encore quatre ou cinq ans. Mais qu'adviendrait-il si notre gouvernement ne revenait que minoritaire ? Cela ne m'effrayait nullement. J'avais déjà connu deux gouvernements minoritaires très productifs sous Lester Pearson et Pierre Trudeau, et même si une majorité était préférable, il y avait un homme en moi qui se délectait d'avance à la perspective du plaisir intellectuel qu'il y aurait à manœuvrer un gouvernement minoritaire. À la fin de la rencontre, tout le monde était pompé et prêt à y aller. Il ne s'agissait plus que de se doter d'un programme, de préparer un minibudget, d'organiser la machine du parti et d'attendre le moment propice pour sauter.

Pendant ce temps, j'ai courtisé quelques candidats-vedettes pour consolider mon parti sur sa gauche, dans le Canada atlantique et dans l'Ouest. J'ai essayé de convaincre Roy Romanow, Brian Tobin, Frank McKenna et Bob Rae de se présenter au fédéral. McKenna, l'ancien premier ministre du Nouveau-Brunswick, a refusé. Il m'a dit à moi que l'état de santé de sa femme l'inquiétait, mais il a avoué à d'autres, comme je l'ai appris entre les branches, qu'il ne me croyait pas capable de gagner à nouveau. Romanow était un social-démocrate modéré ainsi qu'un ami personnel. J'avais presque réussi à le persuader de rallier le Parti libéral en 1984 quand je m'étais présenté contre John Turner. Romanow se trouvait au congrès à Ottawa comme analyste pour la télévision, et, le congrès terminé, j'ai entendu dire que, d'une certaine manière, il était heureux que j'aie perdu parce que cela voulait dire qu'il pouvait rentrer à Saskatoon comme néo-démocrate et non comme libéral. Je savais maintenant qu'il songeait à quitter son poste de premier ministre de la Saskatchewan et qu'il aimerait peut-être venir à Ottawa. Quant à Tobin, qui avait quitté le fédéral pour devenir premier ministre de Terre-Neuve en 1996, il avait été un ministre populaire au fédéral, il avait montré de belles qualités comme chef de sa province et il ne faisait pas mystère de l'ambition qu'il avait de me succéder.

En septembre, à la conférence des premiers ministres sur la santé, j'ai invité Tobin et Romanow au 24 Sussex dans l'espoir que le premier userait de son formidable pouvoir de persuasion pour m'aider à convaincre Romanow d'embarquer. « Roy, lui a-t-il dit, moi j'y vais, il faut que tu viennes aussi ! » Tobin, emporté qu'il était par son propre enthousiasme, s'est rendu compte qu'il s'était lui-même engagé presque par accident. Si je me souviens bien, Romanow était plus ou moins d'accord, mais quelques jours plus tard il m'a téléphoné pour me dire qu'il ne pouvait pas faire le saut.

J'ai également tâché de recruter un autre néo-démocrate connu, Bob Rae, l'ancien premier ministre de l'Ontario. Je le connaissais depuis longtemps. Les Rae faisaient presque partie de ma famille. Le père de Bob, Saul, était un diplomate à la retraite qui avait été un proche de Pearson aux Affaires extérieures ; son frère, John, avait fait ses débuts à mes côtés comme adjoint exécutif en 1967, il était devenu l'organisateur de mes deux courses à la direction et il avait présidé les campagnes libérales de 1993, de 1997 et maintenant celle de 2000 ; et j'avais essayé de convaincre Bob lui-même de se joindre à mon cabinet à l'époque où j'étais ministre des Affaires indiennes et du Développement du Nord. Bob est un homme brillant, agréable, qui a beaucoup lu et que j'étais venu à mieux connaître au cours de la première visite d'Équipe Canada en Chine en 1994. La récession avait durement éprouvé sa province et lui avait fait perdre le pouvoir au profit de Mike Harris en 1995, mais il demeurait plus populaire que son parti, et je jugeais qu'il comprenait très bien le Canada.

Il a réfléchi sérieusement à mon offre, mais il a fini par m'opposer un refus. Il lui aurait été difficile à ce moment-là de quitter sa vieille famille, le NPD, et comme ses enfants étaient encore à l'université, un retour à la politique était exclu pour lui. J'avais vécu la même chose lorsque j'avais quitté la scène en 1986 pour y retourner en 1990, je comprenais donc fort bien le dilemme qu'éprouvaient ces hommes politiques à la retraite, déchirés entre le désir de servir leur pays et celui de faire le bonheur de ceux qu'ils aiment. Reprendre du service exige un sacrifice encore plus grand que celui qu'on exige de vous quand vous vous lancez en politique. Tout à coup, la femme ou le mari doit reprendre la route et la famille est de nouveau séparée. Du jour au lendemain, vous n'avez plus l'argent dont vous disposiez pour financer la scolarisation de vos enfants ou vous payer des vacances l'hiver. Tous ces petits plaisirs dont vous jouissiez loin des feux de la rampe se dissipent, et vous avez de nouveau le sentiment de porter tout le poids du monde sur vos épaules. J'ai applaudi Bob Rae quand il a changé d'avis plus tard, parce qu'il se souciait de l'avenir du pays et que sa situation était meilleure sur le plan personnel, mais il aurait probablement été élu chef du Parti libéral en décembre 2006 s'il s'était joint à nous plus tôt.

Le lundi 25 septembre, le moment que j'attendais est enfin arrivé. Stockwell Day avait pris la parole pour poser une question anodine à propos des impôts et il avait conclu son intervention en exigeant des élections. J'ai eu envie de traverser le parquet pour l'embrasser sur les deux joues. Il pouvait difficilement me reprocher de déclencher des élections après trois ans et demi si lui-même les réclamait. On m'a dit plus tard que je souriais de bonheur lorsque je me suis levé : « Monsieur le président, ai-je dit, il y a deux semaines, ce monsieur voulait des élections plus tôt que prévu. Pendant la fin de semaine, il a dit le contraire. Aujourd'hui, il est pour. Ce monsieur change d'avis tellement souvent qu'on commence à s'amuser de notre côté. Je lui répondrai que les Canadiens savent qui je suis, soit un homme politique qui est au service du Canada depuis plus de trente-sept ans. Je ne craindrai jamais de me présenter devant le peuple canadien avec mes états de service et ceux de mon gouvernement libéral. »

★   ★   ★

Trois jours plus tard, le 28 septembre, le destin a frappé. Accompagné d'un groupe de dirigeants de l'Amérique centrale, je me rendais par avion du Guatemala vers le sommet de la Communauté antillaise en Jamaïque lorsque j'ai appris que Pierre Trudeau était décédé. Il était malade depuis longtemps, et on s'attendait à ce qu'il parte bientôt, mais ç'a été quand même tout un choc pour moi. Une dame des Affaires étrangères est venue me présenter ses condoléances, mais elle a fini par éclater en sanglots. Je suis resté seul un bon moment, avec mes réflexions et mes souvenirs. Pierre et moi avions été des compagnons d'armes pendant 35 ans, tous deux fédéralistes convaincus dans la lutte contre la séparation, deux libéraux de centre-gauche au sein du caucus et du cabinet, et nous avions fait équipe côte à côte dans la même famille — à savoir notre parti. Nous avions partagé la plupart des mêmes valeurs ; il avait forgé ma carrière en me confiant les tâches les plus difficiles ; et même si nous n'étions pas du tout du même milieu, n'avions pas du tout la même personnalité, ni les mêmes intérêts, ni les mêmes cercles, et n'avions jamais prétendu non plus être les meilleurs amis du monde, nous avions l'un pour l'autre du respect comme êtres humains et comme hommes de gouvernement. D'ailleurs, au cours des jours qui ont suivi, seul dans mon bureau chez moi, moi aussi j'ai versé quelques larmes à l'idée d'avoir perdu cet homme qui était un ami de si bon conseil.

La personnalité de Trudeau expliquait largement sa réussite. À maints égards, Lester Pearson était tout aussi moderne et progressiste dans ses idées, et son côté chaleureux et charmant ressortait davantage, mais il ne disposait pas du charisme extraordinaire de Pierre Trudeau. Dès le moment où il a débarqué à Ottawa, Trudeau était apparu comme un homme à part; son style était inorthodoxe, son intelligence, exceptionnelle, son comportement, imprévisible. Je regardais un match de football à la télévision avec Pearson, lors d'une tournée dans son comté du nord de l'Ontario, lorsqu'il m'avait dit que le chef syndical Jean Marchand, le journaliste Gérard Pelletier et l'essayiste Pierre Trudeau allaient se présenter sous la bannière libérale aux élections de 1965. « Marchand et Pelletier sont de belles prises, lui avais-je répondu, mais, quant à Trudeau, je suis pas sûr qu'on va pouvoir faire élire un gars comme ça. » D'ailleurs, nous avons eu du mal à lui trouver un siège. Le député libéral d'Outremont, le comté où habitait Trudeau et qui était son premier choix, avait refusé de lui céder la place. Le comté à côté du mien ne voulait rien savoir de cet intellectuel millionnaire parachuté de Montréal. Finalement, Trudeau avait dû se présenter dans une banlieue anglophone, et même là il avait dû se battre pour obtenir l'investiture.

Mais une fois qu'il a été élu et une fois qu'il est entré au cabinet comme ministre de la Justice, les handicaps de Trudeau dans le milieu politique traditionnel ont tourné à son avantage. C'étaient les années 1960, après tout. Tout à coup, ses jeans et ses sandales symbolisaient une nouvelle génération. Sa rigueur et son âpreté comme débatteur, que l'on prenait pour de l'arrogance ou du mépris, lui avaient donné la stature d'un homme de principes et de courage lorsqu'il avait tenu tête au premier ministre Daniel Johnson avec sa théorie des « deux nations », à la télévision nationale, au cours d'une conférence fédérale-provinciale, en février 1968. Sa vie de célibataire, sa Mercedes sport et le cortège de jolies femmes qui le suivaient incarnaient, aurait-on dit, son credo politique, à savoir le respect de la liberté individuelle et des droits de la personne, ainsi que le goût d'une société juste. Choquant ou ravissant tout le monde, Trudeau l'homme avait donné naissance du jour au lendemain à la trudeaumanie, et s'il avait éprouvé quelque difficulté à prendre la tête du Parti libéral au congrès d'avril 1968, la même vague d'adulation l'avait porté au pouvoir en juin suivant.

Les grandes espérances, presque folles, qu'il avait suscitées ne lui ont pas facilité la tâche comme premier ministre, bien sûr. Ce n'étaient pas la paix et l'amour qui l'attendaient, c'étaient plutôt l'inflation, le chômage, la disparité interrégionale et tous les problèmes qui assaillent n'importe quel premier ministre canadien, sans parler de la crise du FLQ en 1970. Il avait failli perdre ses deuxièmes élections en 1972. Il avait remporté un troisième mandat deux ans plus tard, mais y avait perdu au passage sa crédibilité après avoir changé d'avis sur le contrôle des salaires et des prix. Il avait vu le Parti québécois prendre le pouvoir en 1976. Il avait vécu la douleur d'un échec conjugal. Il avait été défait par Joe Clark en 1979. Et s'il avait réussi à regagner le pouvoir en 1980, à gagner le premier référendum, à rapatrier la Constitution et à y enchâsser la Charte des droits, c'était un homme plutôt impopulaire qui avait quitté le pouvoir en 1984. Les conservateurs, les donneurs d'opinion et même certains libéraux lui reprochaient tous les péchés de la terre, de la taille du déficit à l'absence de la signature québécoise sur l'accord constitutionnel. L'administration Reagan avait peu de sympathie pour ses idées nationalistes ou son initiative de paix ; et les séparatistes avaient traîné son nom dans la boue.

Je l'avais toujours trouvé philosophe lorsqu'il s'agissait de ses détracteurs, et nullement obsédé par sa place dans l'histoire. Dans un cas comme dans l'autre, il se disait qu'il n'y avait pas grand-chose à faire de toute façon et qu'il ne serait pas là non plus de toute manière le jour où les historiens feraient la chronique de sa vie. Il me téléphonait rarement après avoir pris sa retraite, mais je le consultais de temps en temps et l'invitais aussi au 24 Sussex. Nous avions entre autres organisé un magnifique dîner avec certains de ses vieux amis lorsqu'il avait fêté ses quatre-vingts ans en octobre 1999. On se souviendra toujours de lui, je l'ai dit alors et j'y crois toujours, comme du plus grand premier ministre du Canada nouveau. Il était l'incarnation du Québec moderne sur la scène fédérale et notre première superstar internationale. Partout où j'allais comme premier ministre, toutes sortes de gens, des fonctionnaires du parti en Chine aux viticulteurs en Italie, m'interrogeaient à propos de Trudeau pour toutes sortes de raisons : sa réputation comme penseur intéressant et homme politique qui avait su durer ; les extravagances de son ex-épouse ; et sa stature parmi les dirigeants du monde. Comparé à Nixon et à Reagan, il avait su insuffler espoir et inspiration aux libéraux du monde entier. Comparé à Carter et à Ford, il avait donné aux médias de quoi se mettre sous la dent. Il avait été le John Kennedy de son temps.

Lorsqu'il s'est agi pour notre gouvernement de rendre hommage à la grandeur de Pierre Trudeau, à sa force et à son amour pour la beauté naturelle de notre pays, j'ai pensé qu'il n'y aurait pas mémorial plus indiqué que notre montagne la plus élevée, qui portait le nom de William Logan, le fondateur de la Commission géologique du Canada au XIXᵉ siècle. Le plus grand lac de la Saskatchewan méridionale s'appelle le lac Diefenbaker, après tout, et Trudeau et moi avions un jour formé le plan de gravir une montagne du Yukon à laquelle on avait donné le nom de John F. Kennedy, le président assassiné. (Lorsque j'ai proposé que nous prenions un hélicoptère pour nous rendre à mi-montagne et fassions le reste du chemin à pied, justement comme l'avait fait Robert Kennedy en son temps, Trudeau a insisté pour qu'on fasse tout le parcours à pied. Cela lui ressemblait bien : très exigeant pour lui-même mais parfois dépourvu de ce sens pratique qui permet de penser aux autres. Étant donné que nous avions peu de temps libre à nous, nous n'y sommes jamais allés.) Malheureusement, des Canadiens de l'Ouest qui conspuaient encore le nom de Trudeau à cause de la *Loi sur les langues officielles* et du Programme énergétique national ont fait tout un vacarme, et l'une des rares choses que je regrette dans ma carrière de premier ministre a été d'avoir cédé à leurs pressions plutôt que d'accorder à Pierre Trudeau l'honneur qu'il méritait. En temps utile, cependant, mon gouvernement a donné son nom à l'aéroport international de Montréal et contribué pour 125 millions de dollars à l'établissement de la Fondation Trudeau, qui accorde des bourses d'études ou de recherche en sa mémoire.

Des millions de Canadiens ont pleuré sa mort. Certains parce qu'ils avaient la nostalgie de leur jeunesse enfuie. D'autres parce qu'il avait été au centre de leur vie consciente, beau temps mauvais temps, pendant quinze ans. Certains à cause de sa vision d'une société juste et de la Charte des droits. D'autres pour son legs économique et constitutionnel, qui n'avait pas l'air si mince après dix années de déficit sous Mulroney et la sottise du lac Meech. Et ainsi, pour nous permettre à tous de rendre un hommage sincère à l'homme et aux valeurs pour lesquelles il s'était courageusement battu, j'ai retardé le déclenchement des élections, le temps que s'exprime cette extraordinaire vague de douleur et d'affection.

Aux obsèques de Pierre Trudeau, qui ont eu lieu le 3 octobre, dans la foule dense de Canadiens à la mine défaite et aux yeux rougis qui cernaient la basilique Notre-Dame de Montréal, il y avait parmi les dignitaires présents Jimmy Carter et Fidel Castro. Apparemment, ces deux-là se sont contentés de parler de base-ball. Castro, vêtu d'un costume sombre et rayé au lieu de son uniforme légendaire, avait eu également un bref entretien avec Stockwell Day. Peu après, m'entretenant en privé avec le président cubain, je l'ai entendu me dire : « Si j'étais vous, je déclencherais des élections. »

★   ★   ★

La campagne, qui a été finalement lancée le 22 octobre, portait moins sur des enjeux que sur des valeurs. Il était très difficile pour les partis d'opposition de s'attaquer aux libéraux, à partir de la droite ou de la gauche, à l'heure où la plupart des Canadiens voulaient que leur gouvernement fédéral demeure bien au centre : en équilibre, pour être plus précis, entre la droite sur le front économique et la gauche sur le front social. Désormais, ayant affaibli la droite déjà divisée avec nos excellents états de service sur le plan financier et nos baisses d'impôt, nous pouvions nous permettre de pencher vers la gauche avec la santé, l'éducation, les arts, la recherche, les Autochtones et les enfants. D'ailleurs, j'ai longtemps pensé — et peut-être que ça va arriver un jour — que les éléments progressistes de la société canadienne ne devraient pas se séparer en libéraux et néo-démocrates. King, Pearson et Trudeau ont essayé de combler ce fossé ; moi aussi. Non seulement je voulais attirer davantage d'électeurs néo-démocrates, mais je voulais aussi achever ma carrière là où je l'avais commencée : comme défenseur de la justice sociale et de l'égalité des chances, au centre-gauche de l'échiquier politique.

Je n'ai jamais craint une seconde d'être battu par Stockwell Day. À plusieurs égards, il avait une personnalité fraîche et sympathique, mais il provenait de la droite religieuse, qui a mauvaise presse presque partout au Canada, et son passé comme ministre du gouvernement de Ralph Klein en Alberta donnait à penser qu'il avait des desseins réactionnaires. Il ne valait pas grand-chose non plus en campagne électorale. Par exemple, un jour, il a désigné les chutes Niagara en disant qu'elles illustraient l'exode des cerveaux canadiens vers les États-Unis, et il a fallu qu'un journaliste lui signale que la Niagara s'écoule en fait du sud vers le nord. Il est devenu la cible des caricaturistes lorsque ses croyances créationnistes lui ont valu la réplique cinglante du stratège libéral Warren Kinsella, qui lui a rappelé que *Les Pierrafeu* n'étaient pas un documentaire. Le parti pris de Day en faveur de la démocratie directe et ses préjugés homophobes ont donné à l'humoriste Rick Mercer l'idée de réunir une pétition d'un million de noms pour qu'il échange son prénom contre celui de Doris. Au cours du débat des chefs, Day s'est couvert de ridicule en brandissant une pancarte qui disait « NON À LA MÉDECINE À DEUX VITESSES » pour contrer les bruits persistants selon lesquels l'Alliance allait mettre fin au système de santé public du Canada.

De son côté, Joe Clark ne parlait que de scandales et de promesses brisées, Gilles Duceppe était tout scandale et tout souveraineté, et quant à la néo-démocrate Alexa McDonough, elle cherchait seulement à se faire entendre.

Le 27 novembre 2000, les libéraux ont remporté leur troisième majorité consécutive et accru leur représentation à la Chambre des communes de 155 sièges à 172 sur 301. Nous avions repris la plupart des sièges que nous avions perdus dans le Canada atlantique en 1997. Nous avions empêché l'Alliance de prendre plus de deux sièges en Ontario. Et mieux encore, en dépit de tous les efforts qu'avaient déployés Lucien Bouchard et l'organisation péquiste, nous nous étions emparés de près de la moitié des sièges dans la province et avions dépassé le Bloc québécois de près de cinq pour cent dans le vote populaire. Comme les élections ne suivaient que de huit mois l'adoption de la *Loi sur la clarté*, le résultat marquait un désaveu cruel envers les séparatistes. Ç'a été le Waterloo de Lucien Bouchard. Incapable de mobiliser la réaction populaire contre l'initiative d'Ottawa, incapable de me faire battre dans mon propre comté, incapable de dire à quel moment se présenteraient les conditions gagnantes de son troisième référendum, il a fini par annoncer qu'il quitterait la politique en janvier 2001.

Sur le plan personnel, ce qui a fait ma plus grande fierté, c'est de voir le peuple de ce grand pays me donner l'honneur de conduire le Canada vers un nouveau siècle, comme l'avait fait mon héros Wilfrid Laurier, avec la même prospérité économique, la même harmonie sociale, les mêmes bras ouverts et les mêmes valeurs de tolérance, de liberté et d'espoir. Et comme Laurier en 1900, je n'avais pas la moindre idée en 2000 des épreuves formidables qui nous attendaient comme peuple et comme citoyens du monde.

CHAPITRE DOUZE

Non à la guerre

Trois semaines après notre troisième victoire, George W. Bush a remporté sa première élection à la présidence des États-Unis, défaisant le challenger démocrate, Al Gore, par une marge si infime que le résultat n'a été connu qu'à la mi-décembre. Un réseau de télévision américain a alors envoyé un reporter chez nous pour examiner notre système de votation. Les Canadiens, a-t-il signalé, votent en marquant un bout de papier d'un X; ils comptent les bulletins de vote à la main; et ils annoncent les résultats le soir même. Notre bon vieux système vaut donc mieux que les machines à voter dernier cri. Non seulement ça marche, c'est garanti, mais je trouve quelque chose de touchant dans l'acte qui consiste à cocher d'une croix sur un bout de papier le nom du candidat de son choix, au lieu d'actionner une manette comme avec les machines à sous de Las Vegas.

Avant que Bush n'entre en fonction, je me suis rendu à Washington le 2 décembre pour dire au revoir au président Bill Clinton. La Maison-Blanche grouillait de bénévoles venus accrocher des décorations de Noël, il y avait aussi une équipe qui tournait un documentaire et qui suivait le président pendant la journée; j'ai même dû accepter d'être filmé en train de disposer des décorations dans un arbre. Clinton, vêtu d'un chandail, racontait des histoires, il semblait détendu et de bonne humeur ; il m'a livré une analyse remarquablement détaillée des dernières élections américaines, district par district, avec tel capitaine ici, tel taux de votation là, tel groupe qui avait changé de bord, tel organisateur qui avait livré la marchandise, pour en conclure que Al Gore était le gagnant légitime. Et il avait blagué comme d'habitude : « Quand j'étais au secondaire, vous étiez député. Quand j'étais à l'université, vous étiez ministre. Maintenant je quitte la présidence, et vous êtes toujours premier ministre. »

Même s'il allait me manquer comme président, nous allions rester des amis. En avril 2003, nous nous sommes retrouvés en vacances au même moment en République dominicaine et avons fait une partie de golf. Par après, au déjeuner, il a émis une hypothèse délicieusement farfelue : il était en droit de se présenter comme candidat à la présidence de la République française étant donné que l'Arkansas avait fait partie de la Louisiane sous l'Empire. « J'ai une proposition à te faire, Bill, lui ai-je dit. Je vais te faire accorder la citoyenneté canadienne et tu pourras venir chez nous me remplacer comme chef du Parti libéral et devenir premier ministre du Canada. Je suis sûr que tu n'aurais aucun mal à te faire élire, surtout étant donné ta popularité au Québec. » Il a ri à s'en taper les cuisses. Il ne demandait d'ailleurs pas mieux que d'avoir pour interlocuteur George W. Bush et de le rouler dans la farine dans tous les dossiers qu'il connaissait si bien.

Le 4 février 2001, retour à Washington et première rencontre avec George W. Bush. La presse avait essayé de nous brouiller dès le départ. L'été précédent, elle avait injustement critiqué mon neveu Raymond, qui demeurait notre ambassadeur à Washington, parce que celui-ci aurait dit que le Canada espérait une victoire démocrate, alors qu'il n'avait exprimé qu'une évidence, à savoir que le vice-président Gore en savait davantage sur le contentieux canado-américain que le gouverneur du Texas. Par la suite, l'humoriste Rick Mercer avait rejoint Bush dans sa campagne électorale et lui avait joué un tour en lui parlant de moi comme du premier ministre Jean Poutine. On avait fait ensuite

tout un plat du fait que le président Bush avait rencontré le président du Mexique avant moi, comme si on avait voulu insulter
délibérément le Canada, alors qu'il s'agissait de deux voisins qui
n'avaient eu qu'à franchir la frontière du Texas pour se voir. En
fait, j'ai été le premier chef de gouvernement étranger à rendre
visite au nouveau président à la Maison-Blanche, mais quand
bien même j'aurais été le deuxième ou le troisième, qu'est-ce que
ça pouvait bien faire ?

J'ai trouvé Bush cordial, méticuleux et extrêmement poli.
Nous avions en commun le fait d'être tous les deux des pères de
famille dans le sens traditionnel du terme et celui d'avoir été
sous-estimés toute notre vie. Autre chose, nous aimions tous
deux que les réunions commencent et se terminent précisément
à l'heure prévue. Contrairement à Clinton, qui adorait les longs
séminaires et les débats qui n'en finissaient plus, Bush s'en tenait
à son horaire, il savait ce qu'il voulait dire, il s'exprimait clairement et succinctement, il écoutait attentivement, puis il allait de
l'avant et faisait ce qu'il voulait sans se soucier de savoir si vous
étiez d'accord avec lui ou non. J'ai commencé par lui dire la
même chose que j'avais dite au président Clinton auparavant :
le Canada et les États-Unis sont les meilleurs amis du monde, de
proches alliés, et ils partagent bon nombre de valeurs, mais nous
pouvons vous être beaucoup plus utiles sur le plan international
si nous sommes indépendants que si nous passons pour le cinquante et unième État de l'Amérique. « Je ne veux pas vous faire
de peine, monsieur le président, lui ai-je dit, mais je pense qu'il
est important pour les deux pays que je garde mes distances. »

Loin de se froisser, Bush a paru curieux, et je suppose qu'on
l'avait bien informé sur ma longue expérience d'homme politique qui avait su durer. Il avait toutes sortes de questions intelligentes à poser sur une vaste gamme de sujets. Il adorait aussi
tous les sports, il était en bonne condition physique et il avait une
manière de s'amuser charmante. On voyait tout de suite qu'il
avait eu du bon temps dans sa jeunesse avec ses copains d'université et les cow-boys. Bush et moi n'avons jamais discuté dans
le détail de politique intérieure comme je le faisais avec Clinton,

nous avons plutôt échangé toute une série d'anecdotes et de statistiques à propos du baseball et du football entre nos rencontres officielles, et j'ai vu qu'il réagissait bien quand je lui servais une vérité déplaisante enrobée dans une blague. Un jour, après lui avoir fait les reproches les plus vifs à propos de la décision de son gouvernement d'imposer des tarifs de 2,5 milliards de dollars sur le bois d'œuvre canadien, j'ai ajouté : « Vous savez, George, vos joueurs de baseball adorent les bâtons qui sont faits au Canada avec du bon érable canadien. Je vais mettre fin à cette exportation et vos Rangers du Texas vont peut-être frapper moins de circuits. C'est peut-être votre plan à vous, parce que si vos joueurs marquent moins souvent, vous n'aurez pas à les payer autant. Alex Rodriguez, votre arrêt-court, va gagner 250 millions de dollars en 10 ans rien que pour ramasser une balle ou la frapper avec un bâton canadien. J'ai calculé que vous allez devoir être président des États-Unis pendant 400 ans pour gagner la même somme. » Il a ri, mais il a bien compris que le bois d'œuvre n'était pas matière à rigolade au Canada.

Au cours du dîner offert dans la salle à manger de la Maison-Blanche, en présence d'une douzaine de hauts fonctionnaires canadiens et américains, je lui ai parlé, à lui et au vice-président Dick Cheney, des sables bitumineux de l'Alberta et j'ai été surpris de voir que ces deux hommes du pétrole ignoraient que le Canada disposait désormais de réserves fiables qui pourraient valoir un jour celles de l'Arabie Saoudite. « Si j'arrête de vous vendre le pétrole, le gaz et l'électricité du Canada, leur ai-je dit pour les taquiner, vous, les Américains, vous aurez besoin de beaucoup de bois d'œuvre pour chauffer vos maisons. »

Cheney, sachant que Vladimir Poutine avait été en visite à Ottawa quelques mois plus tôt, m'a demandé ce que je pensais du nouveau président russe qui avait succédé à Boris Eltsine en décembre 1999. « C'est un homme intelligent, ai-je répondu, qui parle bien, qui est cultivé, sérieux, toujours méthodique, et qui va droit au cœur du sujet. Il est d'un commerce agréable, sans être aussi amusant qu'Eltsine, bien sûr. Il m'a fait bonne impression. Il a toute une tâche devant lui pour changer un système politique sans fonction publique compétente et faire entrer une économie arriérée dans le XXIe siècle, sans les infrastructures voulues, même s'il a à sa disposition de vastes quantités de pétrole qui vont aller chercher un prix élevé.

— Mais n'est-ce pas un ancien du KGB ? m'a demandé Cheney.

— Oui, lui ai-je répondu, j'en ai même discuté une fois avec lui. Il a grandi dans la misère et, après l'université, il cherchait du travail. Le KGB lui a fait une offre, il est donc entré à son service. C'est aussi simple que ça. »

Bush y est alors allé d'une observation très fine. « N'oublie pas, Dick, a-t-il dit, que Poutine n'a jamais été à la tête du KGB. Mon père, lui, était le patron de la CIA. »

Bien sûr, Bush et moi avons souvent été en désaccord. J'étais un libéral canadien ; lui, un Américain républicain. J'étais contre la peine de mort ; il était pour. J'étais pour le contrôle des armes à feu ; il était contre. J'étais pour la liberté de choix des femmes ; il était contre l'avortement. Cependant, comme je ne votais pas aux élections américaines moi-même, il pouvait bien avoir les idées qu'il voulait, et s'il m'arrivait d'avoir des désaccords avec mes ministres, mon personnel ou mes amis à propos de telles questions, cela ne faisait pas de nous des ennemis pour autant. Selon moi, nous étions partis du bon pied, et Bush doit en avoir pensé autant puisqu'il m'a envoyé une photographie où il avait écrit : « À Jean, pour marquer le début d'une grande amitié. » Peut-être qu'il s'était rendu compte que je n'allais pas lui causer autant de difficultés après tout, en dépit de ce qu'il pouvait avoir entendu dire de Brian Mulroney ; de toute manière, les relations canado-américaines étaient plus importantes que les rapports personnels que nous pouvions avoir.

La première visite de Bush au Canada, un séjour de trois jours à Québec où il a assisté au troisième Sommet des Amériques en avril 2001, a été aussi sa première présence à une rencontre internationale de chefs de gouvernement. En ma qualité d'hôte, et devenu un habitué de ce genre de réunion, j'ai tenu à le présenter aux autres chefs. Contrairement à certains d'entre eux,

Bush était toujours à l'heure, il restait toute la journée et il écoutait attentivement chaque intervenant. Il appréciait également la
fluidité avec laquelle nous menions nos affaires en dépit des
manifestations des protestataires, qui étaient en fait relativement
pacifiques comparativement à celles qui avaient perturbé les rencontres de l'Organisation mondiale du commerce à Seattle deux
ans plus tôt ou les séances du FMI et de la Banque mondiale à
Prague l'année précédente. Seul pépin, la cérémonie d'ouverture
a commencé une heure en retard, parce que les vents avaient
tourné et fait entrer les gaz lacrymogènes dans le système de
ventilation du hall où les 34 chefs devaient se réunir.

Le sommet a coïncidé avec un irritant d'ordre commercial :
les producteurs de pommes de terre américains avaient réussi à
faire interdire les importations de tubercules de l'Île-du-Prince-
Édouard après la découverte d'un « chancre » inoffensif sur le
produit d'une ferme isolée. J'ai donc donné des ordres pour que
des pommes de terre de l'Île-du-Prince-Édouard soient servies
au président Bush à tous les repas. Au dernier déjeuner, qui était
une rencontre trilatérale de l'ALÉNA se tenant dans la Citadelle
qui donne vue sur le fleuve Saint-Laurent et le piémont des Lau-
rentides au nord, Colin Powell s'est tourné vers Bush et, tradui-
sant le menu vers l'anglais, lui a dit : « Il nous sert encore des
pommes de terre de son Île-du-Prince-Édouard.

— Tu vois, George, lui ai-je dit, ça fait maintenant deux
jours que tu manges des pommes de terre de mon île et tu es
toujours vivant. Alors va donc dire à tes gars à Washington qu'ils
se trompent. » Il faut croire qu'il a agi puisque le problème a été
vite réglé.

★   ★   ★

Cinq mois plus tard, au matin du mardi 11 septembre 2001,
je recevais au 24 Sussex Lorne Calvert, le successeur de Roy
Romanow au poste de premier ministre de la Saskatchewan,

pour discuter d'agriculture, de péréquation, d'autoroutes, tous sujets bien canadiens. Nous devions nous rencontrer la veille, mais comme Aline et moi avions voulu profiter du fait que la Chambre ne siégeait pas pour être seuls le jour de notre anniversaire de mariage, Calvert avait eu l'amabilité de reporter les rendez-vous d'affaires qu'il avait à New York pour venir me voir. Tout à coup, Bruce Hartley, mon adjoint exécutif, est entré dans le salon pour me dire qu'un avion venait de percuter une des tours jumelles du World Trade Center. C'est très malheureux, me suis-je dit. Un instant plus tard, Bruce nous revenait : un second avion avait foncé dans l'autre tour. Le premier ministre Calvert s'en est allé, mais pas vers New York bien sûr, et je suis arrivé au salon à l'étage à temps pour voir tomber les deux tours. J'ai compris alors comme tout le monde qu'il s'agissait évidemment d'une attaque terroriste visant le cœur de Wall Street, les États-Unis et la civilisation occidentale. Je me rappelle m'être dit : « Le monde ne sera plus jamais pareil. »

J'ai fait tout de suite quelques appels — au chef de la défense interarmes, au commissaire de la GRC, à notre ambassadeur à Washington — pour en savoir davantage sur les événements et organiser la défense civile. J'ai tâché aussi de rejoindre Paul Cellucci, l'ambassadeur américain au Canada, mais il était à Calgary. Je ne voulais pas déranger le président Bush lui-même au beau milieu de cette crise et j'ai donc demandé à l'ambassade américaine de lui transmettre les condoléances du Canada et de lui offrir toute l'aide humanitaire que nous pourrions fournir. J'ai envoyé plus tard un Challenger pour ramener Cellucci à Ottawa, étant donné que tous les vols commerciaux avaient été annulés. Du 24 Sussex où j'étais, j'ai vu un petit avion décoller du petit aéroport de l'autre côté de la rivière, à Gatineau. Étant donné qu'on ne savait pas qui étaient les terroristes et quelle serait leur prochaine cible, ce petit avion m'a eu tout à coup l'air trop proche à mon goût et très menaçant.

Je n'avais pas tellement peur pour moi-même, mais plutôt pour Aline. Ce jour-là, elle était au marché By en ville, non loin de l'ambassade américaine. Elle venait de déposer un billet de

20 dollars pour trois dollars de maïs frais lorsque, avant même qu'elle ne puisse reprendre sa monnaie, son garde du corps lui a hurlé qu'elle devait repartir tout de suite et il l'a presque jetée à l'arrière de la voiture de la GRC. « Pourquoi tu vas pas au lac Harrington ? lui ai-je proposé au téléphone. Tu seras plus en sécurité là-bas. » Elle a refusé de me quitter.

Comme tout le monde, le reste de cette journée-là, j'étais incertain de ce qui allait se passer. Cependant, j'ai tendance à garder mon sang-froid plutôt qu'à paniquer dans les situations critiques. Ma personnalité et mon expérience m'ont appris à adopter une approche discrète, à résoudre les problèmes en douce et méthodiquement, sans faire de drame. C'est la manière canadienne de faire les choses : en douceur, avec efficacité, sans faire de bruit, sans crier sur les toits. Quand j'ai entendu à la radio, par exemple, que des dizaines de milliers de Canadiens faisaient don de leur sang à la Croix-Rouge, j'ai pensé que c'était la seule chose concrète et charitable à faire dans les circonstances. Alors je me suis rendu sans tambour ni trompette dans une clinique et j'ai fait don d'une pinte de mon sang. Quelques donneurs de leçons professionnels ont dit que j'aurais dû faire fermer les bureaux gouvernementaux, renvoyer tous les fonctionnaires chez eux, fermer les frontières et me précipiter à la télévision pour rassurer le pays. Peut-être, mais un premier ministre a la responsabilité de rester calme, logique, et d'avoir l'air d'être aux commandes lorsque les gens sont angoissés et se tournent vers vous. Il n'y a pas grand-place pour la peur ou l'erreur parce que le moindre signe de faiblesse ou la moindre faute peuvent avoir des répercussions épouvantables.

Sans avoir pris de risques ni minimisé le danger, je ne croyais pas foncièrement que les terroristes visaient le Canada. Ils auraient pu le faire, bien sûr, tout comme ils auraient pu viser Londres ou Paris, mais il est vite devenu évident que leur attention se dirigeait cette fois sur New York et Washington seulement. Au lieu de déclencher l'alerte rouge au gouvernement, avec la création d'un conseil de guerre et des réunions d'urgence, je suis resté en contact par téléphone avec mes conseillers, le greffier du

Conseil privé et les divers ministres qui étaient les plus concernés, même si la plupart d'entre eux n'étaient pas encore rentrés à Ottawa pour la réouverture des Chambres. Chacun d'entre eux s'est mis au travail pour voir quel effet ces événements auraient sur son ministère : Eggleton à la Défense, Collenette aux Transports, Martin aux Finances, Manley aux Affaires étrangères, et ainsi de suite. Ils ont consulté leurs sous-ministres, les sous-ministres, leurs hauts fonctionnaires, et les hauts fonctionnaires se sont consultés les uns les autres. Tant qu'on me tenait constamment informé de ce que tout le monde faisait et qu'on m'assurait que tout était sous contrôle, je n'avais pas à m'inquiéter du fait qu'il m'était impossible de tenir une séance spéciale du cabinet avant que tout le monde ne soit rentré à Ottawa. Il n'y avait pas de décision collective à prendre ; il n'y avait pas d'options controversées dont j'aurais voulu discuter avec mes collègues ; et j'avais parfaitement confiance dans mes ministres et leurs collaborateurs. Quant à la Chambre des communes, l'opposition pouvait attendre au lundi, comme prévu, pour poser ses questions et tenir un débat d'urgence.

La décision la plus immédiate à prendre était celle de savoir si le Canada devait accepter les quelque 200 avions qui avaient été interdits de vol partout aux États-Unis. Collenette a tout de suite donné son accord, sans me consulter, et j'étais parfaitement de son avis. Près de 40 000 passagers américains ont été ainsi accueillis chez nous, nourris et réconfortés pendant plusieurs jours par des milliers de Canadiens, surtout à Terre-Neuve et en Nouvelle-Écosse, qui ont fait honneur à leur pays en ouvrant leur foyer, leur cœur et même leur portefeuille à ces étrangers en détresse. Rien que la ville de Gander, qui compte 10 000 habitants, a reçu plus de 12 000 personnes sans sourciller. Très souvent, nous, les Canadiens, ne voyons pas à quel point nous ne sommes pas du monde comme les autres. J'ai rencontré des douzaines d'Américains qui m'ont dit que leur vie avait été changée par la générosité des familles canadiennes qui leur ont offert tout ce qu'elles avaient, même quand elles n'avaient pas grand-chose. Une lettre, je me rappelle, me racontait un échange entre un hôte canadien et son invité américain. « Vous n'avez pas à me remercier, protestait le Canadien, gêné par une telle effusion, vous auriez fait la même chose pour nous. » Ce à quoi l'Américain a répondu : « Je n'en suis pas si sûr... »

Nous avons eu une décision plus difficile à prendre lorsqu'un avion non identifié, un 747 de la Korean Airlines, a omis de répondre à la tour de contrôle d'Anchorage, en Alaska, tandis qu'il était en route vers le Canada. On craignait, comme on me l'a fait savoir au téléphone au moment où l'on me conduisait vers la Colline, qu'il ait peut-être été détourné par des terroristes qui pourraient ainsi attaquer Vancouver ou Edmonton. J'ai donné des ordres pour que l'avion soit suivi par des avions de chasse américains et, si nécessaire, qu'il soit abattu, mais non sans qu'on me téléphone au préalable. C'était une lourde responsabilité et j'aurais peut-être des centaines de vies innocentes sur la conscience, mais j'avais été formé pour prendre ce genre de décision rapidement, et je n'avais pas vraiment le choix étant donné le risque que cela posait pour tant d'autres. Heureusement, nous n'avons pas eu à agir.

Le lendemain matin, j'ai reçu un appel du président Bush, qui avait déjà entendu parler des nombreux témoignages de sympathie et de générosité des Canadiens. Il m'a prié de remercier mes concitoyens de sa part. J'ai également discuté avec le premier ministre de l'Italie, Berlusconi, qui était alors président du G-8, de ce que nous pourrions faire collectivement pour réagir à cette attaque contre l'un de nos alliés. Puis j'ai dirigé mon attention sur la cérémonie nationale que nous comptions organiser le vendredi pour rendre hommage aux morts du World Trade Center, dont deux douzaines étaient de nationalité canadienne. Passant outre aux vives objections de la GRC et du Service de police d'Ottawa, j'ai décidé qu'elle aurait lieu sur la pelouse du Parlement, pour que nous puissions exprimer notre chagrin et notre soutien librement et publiquement, et ainsi assurer au peuple canadien qu'il n'y avait pas lieu de paniquer et montrer au monde entier que nous n'avions pas peur. C'était bel et bien la chose à faire, ne serait-ce que parce que les 15 000 per-

sonnes qu'on attendait ont fini par être 100 000. Je ne tenais surtout pas à ce que la cérémonie ait lieu dans une église ou soit présidée par les divers dignitaires religieux, eux qui se chicanaient
déjà sur la question de savoir qui serait ou ne serait pas invité et
quelles prières seraient prononcées. Pour des raisons évidentes,
je me disais que ce n'était pas le moment de donner à cette cérémonie une tonalité religieuse quelconque. L'heure était venue de
s'unir comme citoyens et comme êtres humains pour exprimer
notre chagrin, réfléchir et refaire nos forces, non pas dans une
cathédrale sectaire cernée de soldats et de policiers, comme le
faisaient d'autres pays, mais par trois minutes de silence collectif
où toutes les personnes présentes ou nous regardant en direct à
la télévision au Canada et aux États-Unis pourraient faire une
prière dans leur foi à eux. La gouverneure générale Clarkson,
l'ambassadeur américain Cellucci et moi-même avons été les
seuls à prendre la parole.

« Dans des moments comme celui-ci, ai-je dit à la foule qui
s'était massée à midi en ce beau jour d'automne, nous ne pouvons compter que sur notre humanité et notre bonté foncières et,
par-dessus tout, sur nos prières. Dans des moments comme
celui-ci, la seule chose qui compte, ce sont les sentiments que
nous éprouvons et nos gestes de compassion. La vague de sympathie et de soutien qui émane des hommes et des femmes du
Canada exprime bien ces sentiments et cette compassion. Nous
aussi nous pleurons nos morts, et le message que nous envoyons
à nos amis américains est clair : ne perdez pas courage, vous
n'êtes pas seuls, nous sommes avec vous, le monde entier est
avec vous. »

★   ★   ★

J'ai toujours établi une distinction marquée entre le rôle de la
religion et celui de l'État. Attitude qui remonte à l'époque où les
libéraux comme mon grand-père et Wilfrid Laurier devaient

résister à l'intervention de l'Église catholique dans les activités politiques des citoyens. Pour moi, l'Église est l'Église et l'État est l'État. Ce sont deux sphères séparées de la vie, et ma tâche de premier ministre consistait entre autres à maintenir cette séparation. Et j'ai beau me considérer comme un bon catholique, j'aurais eu tort d'imposer mes croyances à une société multiconfessionnelle — ne serait-ce que parce que je n'aurais pas voulu non plus qu'un autre m'impose ses croyances. Ainsi, lorsque je suis devenu chef du Parti libéral, j'ai dû empêcher les croisés pro-vie de noyauter un certain nombre de nos associations de comté en 1992 et 1993. Non, leur disais-je, vous avez comme libéraux le droit d'être pro-vie ou pro-choix et nous pouvons en discuter de manière civilisée, mais vous n'avez pas le droit de faire du parti l'instrument d'un groupe d'intérêts. Autrement dit, il y avait sans aucun doute des candidats libéraux qui étaient pro-choix, mais ils n'avaient pas été choisis strictement parce qu'ils l'étaient. Et lorsque l'évêque de Calgary a déclaré que j'irais en enfer parce que je défendais les droits des homosexuels, ma femme m'a dit : « Si tu y vas, Jean, j'y vais avec toi. »

Aux États-Unis, en comparaison, les églises fondamentalistes chrétiennes ont réussi à noyauter le Parti républicain pour parvenir à leurs fins. Je ne crois pas que cela fasse grand bien à une société. Au contraire, le meilleur moyen de protéger toutes les religions, c'est de s'assurer que tous se sentent égaux. Je suis heureux de savoir qu'il y a tant de groupes religieux bien portants au Canada, et plus il y en a, mieux c'est, et chacun est libre d'avoir ses propres valeurs et croyances à condition de ne pas les imposer à toute la société. Voilà pourquoi, le 21 septembre, 10 jours après les attaques contre New York et Washington, j'ai pris soin de me porter à la défense de ces musulmans canadiens qui étaient victimes d'un ressac émotif, parfois à saveur raciste.

« Je suis venu à vous parce que je suis votre premier ministre, ai-je déclaré pendant mon discours dans une mosquée d'Ottawa, et parce que j'ai à vous transmettre un message de réconfort et de tolérance. Je sais que, depuis le 11 septembre 2001, les musulmans de toutes les régions du Canada ont vécu des moments de grande tristesse et d'anxiété. Parce que les assassins qui ont commis de sang-froid les atrocités de New York et de Washington ont invoqué le nom et les paroles de l'islam pour se justifier, bon nombre d'entre vous avez ressenti de la gêne lorsque vous avez voulu témoigner votre sympathie et votre solidarité aux victimes. Et ce, en dépit du fait que de nombreux musulmans ont également péri dans ces attaques. Pire, certains d'entre vous avez été blâmés et avez subi des violences, des actes qui n'ont pas leur place au Canada ni dans tout autre pays civilisé et qui m'emplissent le cœur de honte comme premier ministre. Je voulais donc être à vos côtés aujourd'hui et réaffirmer avec vous que l'islam n'a rien à voir avec l'assassinat de masse qui a été planifié et exécuté par les terroristes et leurs maîtres. Comme toutes les autres confessions, l'islam est une religion de paix, de justice et d'harmonie entre tous les peuples. »

Pour certains éditorialistes, la journée nationale de deuil n'avait pas suffi. On voulait que j'agisse de façon spectaculaire : peut-être me précipiter à New York pour être parmi les premiers à visiter le site de la tragédie ou aller à Washington pour être vu aux côtés du président Bush. Chose certaine, ce n'était pas que je ne voulais pas témoigner ma sympathie au peuple américain, mais je trouvais déplaisante l'idée d'aller me faire tirer le portrait devant cet horrible tombeau collectif ou faire quelques pas aux côtés du président, en cette heure si éprouvante pour lui, rien que pour plaire aux photographes de la presse. J'estimais que cela aurait été de très mauvais goût ; les Américains avaient autre chose à faire que d'organiser la visite du premier ministre canadien ; et, personnellement, je n'avais nul désir de me porter à l'avant-scène comme d'autres chefs le faisaient. Si Tony Blair voulait être vu aux côtés de Bush afin de fortifier sa position en Europe comme l'allié le plus proche des États-Unis, cette décision lui appartenait, mais ce n'était pas mon genre de vouloir tirer un avantage politique quelconque de la mort de milliers d'innocents. D'ailleurs, j'ai accepté d'aller à New York seulement une fois la crise passée, et en compagnie des autres chefs des partis fédéraux. À cela j'ai même préféré de loin le moment où je me suis joint à ces milliers de Canadiens qui, de leur propre initiative, se sont rendus là-bas début décembre pour témoigner leur solidarité aux New-Yorkais.

Le 20 septembre, lorsque le président Bush a omis de mentionner le Canada dans la liste des pays alliés qu'il a remerciés dans son discours au Congrès, de nombreux Canadiens ont été indignés, considérant que nous en avions fait davantage pour les États-Unis en cette heure de nécessité que n'importe quel autre pays. Quant à l'opposition, elle a voulu voir dans cette omission la preuve que j'avais offensé les Américains d'une manière ou d'une autre. Peut-être que le président aurait dû se souvenir de nous, c'est vrai, mais tout dirigeant (ou tout discourier) fait ce genre d'erreur de temps en temps, et personnellement, je n'y ai senti aucune aigreur de la part du président. D'ailleurs, comme Bush me l'a fait savoir au cours de notre lunch à la Maison-Blanche le 24 septembre, j'avais été parmi les premiers chefs étrangers à lui téléphoner pour lui offrir mon soutien et ma sympathie, à lui et à son pays.

« Je n'ai pas jugé nécessaire d'encenser un frère, a-t-il dit aux reporters qui se sont assemblés à la Maison-Blanche par après. Après tout, c'est de notre parenté qu'il s'agit. Tout le monde doit savoir que nous sommes honorés à l'idée d'avoir le soutien des Canadiens et de savoir avec quelle fermeté le premier ministre canadien nous a aidés. Je ne pense pas seulement à ses condoléances, mais à son offre d'aide au peuple américain. Je pense que quelqu'un essaie de se faire du capital politique avec ça, monsieur le premier ministre. »

Question plus sérieuse, c'était cette rumeur folle et infondée que cinq des terroristes venaient du Canada. Cela aurait pu être le cas, j'imagine, parce qu'on n'aurait pas pu faire grand-chose pour les en empêcher, mais le fait est que ce n'était pas le cas. Même si nos services de sécurité suivaient à la trace un certain nombre de suspects au Canada et continuaient de le faire, comme c'était le cas dans tous les autres pays du monde, aucun d'entre eux n'avait pris part aux attaques contre New York et Washington. On l'a constaté plus tard, les 19 terroristes vivaient aux États-Unis depuis des mois, sinon des années. Mais cela n'a pas empêché les journalistes de droite, qui aiment dire du Canada qu'il est le paradis des socialistes, des trafiquants de drogue et des criminels internationaux, de raconter que ces terroristes avaient aussi été des organisateurs libéraux. La nouvelle selon laquelle ils seraient entrés aux États-Unis par traversier en se rendant de la Nouvelle-Écosse vers le Maine, nouvelle absolument fausse, était pour eux un moyen commode de s'en prendre à nos programmes sociaux, à nos différences culturelles et à notre politique d'immigration.

Le fait de blâmer « l'étranger parmi nous » pour tout malaise social ou économique a longtemps été un réflexe pour ces gens au Canada et aux États-Unis qui rêvent de raviver ce passé plus imaginaire que réel où nous aurions tous vécu dans un pays blanc, anglo-saxon et protestant. Comme ils ne peuvent pas dire ces choses avec autant de franchise, étant donné les sensibilités politiques des démocraties pluralistes, ils se rabattent sur des arguments obliques ou de pures affabulations pour avancer leurs thèses. Ils ont ainsi instrumentalisé les attaques terroristes pour exalter leurs préjugés, leur hostilité à l'immigration et les mythes qui leur sont chers.

Le Canada a réagi à la nécessité de resserrer ses mesures de sécurité, mais au départ nous devions nous doter des outils juridiques qu'il fallait. Trudeau avait éprouvé le même problème lors de la Crise d'octobre en 1970 quand il n'avait à sa disposition que la *Loi des mesures de guerre,* une loi mal faite et désuète, pour contrer les terroristes du FLQ. En décembre 2001, lorsqu'Anne McLellan a déposé la *Loi antiterroriste,* elle a dû instaurer l'équilibre nécessaire entre la sécurité publique et les libertés civiles, parce que certains ont dit qu'elle n'allait pas assez loin alors que d'autres ont déclaré qu'elle allait trop loin. En fait, nous accordions probablement plus d'importance aux droits de la personne que la plupart des autres pays et nous étions même prêts à ajouter une disposition de réexamen après cinq ans pour nous obliger à revoir les deux mesures les plus draconiennes, soit l'arrestation sans mandat et les procédures à huis clos, une fois que le jeu se serait calmé. Au début, le cabinet ne jugeait pas cette disposition nécessaire et craignait que l'on ne fasse qu'alourdir la charge de travail de tout le monde, mais quand on a vu que c'était une question de principe pour un grand nombre de Canadiens, nous avons cédé. Était-ce faiblesse de notre part ? Peut-être. Quant à moi, je pensais que c'était une bonne chose que de réétudier une loi si celle-ci demeurait en vigueur et qu'elle n'était plus nécessaire. Mon gouvernement n'a jamais utilisé ces deux pouvoirs que lui procurait la nouvelle loi, mais rien ne garantissait que ceux qui seraient au pouvoir après nous n'en abuseraient pas. En fait, c'est grâce à l'opposition libérale aux Communes, en février 2007, que ces dispositions n'ont pas été renouvelées sous l'actuel gouvernement minoritaire conservateur.

Au lendemain du 11 septembre, les Américains étaient obsédés par la protection de leurs frontières, ce qui se comprend, et on parlait beaucoup de consolider la défense et le périmètre de sécurité autour de l'Amérique du Nord. Pour moi, ça ressemblait plus à un débat qu'à une pression. L'idée d'abaisser les barrières entre le Canada et les États-Unis circulait depuis l'époque du NORAD et de l'ALÉNA. Mais les Canadiens n'ont jamais été en faveur de cette idée d'une intégration plus aboutie, et pour eux la frontière n'est pas le genre de problème qui exige une solution draconienne. Les Américains ne réclamaient pas non plus l'harmonisation de nos lois ou la création d'un périmètre continental. Le ministre des Affaires étrangères, John Manley, s'est donc entendu avec Tom Ridge, le directeur de la sécurité intérieure des États-Unis, pour signer le 12 décembre la Déclaration sur le plan d'action pour une frontière intelligente. On allait recourir à des technologies électroniques, au dédouanement préautorisé, à des investissements dans les infrastructures, à des effectifs accrus et à d'autres mesures pour améliorer la sécurité aux frontières sans perturber indûment le flux normal des échanges.

Pour ce qui était de l'idée d'ériger un bouclier antimissile autour de l'Amérique du Nord, le débat était une question moins de logique que de réalisme. D'un côté, si jamais il y avait une attaque balistique contre les États-Unis, le Canada serait probablement atteint, que ça nous plaise ou non. Chose certaine, nous ne serions pas en mesure de demander à un missile en route vers New York de virer de bord ou de nous montrer son passeport, et de plus les Américains seraient bien obligés de nous protéger pour se protéger eux-mêmes. D'un autre côté, nous avions de sérieuses réserves quant au coût de ce bouclier, à sa nécessité à l'âge du terrorisme invisible, à sa faisabilité technique, sans compter toutes les appréhensions des milieux diplomatiques selon lesquelles on risquait de déstabiliser l'équilibre des armements et de militariser l'espace. Étant donné que ces réserves et ces appréhensions n'avaient pas été dissipées à la satisfaction du Canada lorsque j'ai quitté le pouvoir, j'ai laissé à mon successeur le soin de décider si nous participerions ou non à la construction de ce bouclier, et celui-ci a fini par dire non.

En dernier ressort, bien sûr, le gouvernement des États-Unis et le peuple américain vont décider eux-mêmes s'ils doivent se doter de ce bouclier antimissile, quoi qu'en disent le Canada ou un autre pays. Un jour où j'en discutais avec Vladimir Poutine, celui-ci a eu ce mot sibyllin : « Les Américains n'en veulent pas pour se protéger des Russes. Ce sont les Japonais qu'ils ont à l'œil. » Ce qu'il voulait dire, c'est que les États-Unis se sont traditionnellement servis de leur budget militaire pour soutenir leurs entreprises les plus imposantes et les plus rentables et ainsi se soustraire aux règlements internationaux en matière de commerce. J'étais d'accord avec Poutine. En investissant des milliards de dollars par an dans la recherche et le développement de nouvelles technologies pour le compte du ministère de la Défense et du programme spatial, Washington donne en fait à ses grandes industries un avantage concurrentiel sur les compagnies des autres pays qui ne peuvent pas se permettre d'adopter le même rythme. Le gouvernement américain ne l'admettra jamais, pourtant le fait demeure que le budget militaire américain constitue la subvention gouvernementale la plus élevée de la planète et l'instrument le plus antilibre-échange qui existe en ce bas monde.

Qu'il s'agisse de sécurité nationale ou de croissance économique, tout gouvernement se fait constamment harceler pour dépenser davantage pour la défense. Dans notre cas, la pression venait du gouvernement américain, qui voulait nous voir assumer plus de responsabilités dans le cadre du NORAD ou de l'OTAN, ainsi que des fabricants d'armes et des lobbyistes militaires qui prennent le trésor public pour un puits sans fond. Les Forces canadiennes ont toujours prétendu qu'il leur fallait plus de blindés et de canons, de sous-marins et de destroyers, de bombardiers et d'hélicoptères, mais je n'étais pas toujours convaincu que leur intérêt coïncidait parfaitement avec l'intérêt national.

À l'époque où notre déficit était élevé et que nous procédions à des compressions majeures, les Canadiens n'auraient pas toléré que le gouvernement acquière du matériel nouveau pour l'armée, à l'heure où nous réduisions l'aide aux pauvres, aux malades et aux personnes âgées. On ne savait pas non plus si les guerres de l'avenir requerraient le même matériel que celles du passé. Si un État hors la loi décide de balancer un missile nucléaire sur New York, si une cellule terroriste apatride décide de faire sauter le Parlement ou si les États-Unis décident d'envahir le Canada, ce ne sont pas quelques douzaines de blindés ou de chasseurs à réaction de plus qui vont faire une grande différence. J'avais lu entre autres un document de la Défense nationale qui recommandait au gouvernement d'acheter un sous-marin nucléaire très coûteux, notamment pour empêcher les Nord-Coréens d'entrer chez nous par le Saint-Laurent. Comme je ne pouvais pas nommer une seule rivière de la Corée du Nord, je me disais qu'il ne devait pas y avoir beaucoup de Coréens du Nord qui connaissaient le Saint-Laurent, et encore moins qui tenaient particulièrement à venir visiter Montréal par voie de mer. Bien sûr, il faut se préparer à toutes les éventualités, mais il faut aussi être réaliste dans l'établissement de ses priorités.

Nos priorités étaient le maintien de la paix internationale dans le cadre des Nations unies et de l'OTAN, la défense des frontières de l'Amérique du Nord et des citoyens du Canada et la lutte contre le terrorisme chez nous et à l'étranger, et nous avons adapté nos dépenses en fonction de ces priorités. Je me rappelle avoir visité nos troupes à Edmonton et avoir été surpris de voir, après toutes les plaintes et les demandes que me faisaient entendre l'opposition et l'ambassadeur américain, la quantité et la qualité du matériel nouveau qu'elles possédaient, et même si le ministre de la Défense et le chef d'état-major interarmes m'en demandaient toujours plus parce que leur fonction l'exige, je ne les ai jamais trouvés particulièrement mécontents de nos compressions ou de nos redistributions. Les huit milliards de dollars que nous avons investis dans les mesures de sécurité après le 11 septembre étaient en fait de nouveaux crédits pour la Défense. Cependant, je n'ai jamais entendu les états-majors et les Américains nous remercier pour ça, et nous avons augmenté de beaucoup le budget de la Défense une fois que les finances publiques ont été assainies.

À l'étranger, aussi, le Canada avait été le premier à parler du recours à l'article 5 du traité de l'OTAN, selon lequel une attaque contre un pays membre est une attaque contre tous, et en octobre 2001, à la demande des Nations unies, nous nous sommes joints à nos alliés de l'OTAN dans une opération menée par les États-Unis et la Grande-Bretagne contre les camps d'Al-Qaida en Afghanistan. Il s'agissait non seulement d'une entreprise multilatérale conforme à nos engagements envers l'OTAN, mais c'était aussi la chose logique à faire parce que le gouvernement intégriste des talibans était sans aucun doute de mèche avec Osama ben Laden et ses camps d'entraînement pour terroristes.

Au début de 2002, après avoir renversé le gouvernement taliban, nous avons accepté d'y poster nos troupes afin de stabiliser la situation en Afghanistan, de protéger le nouveau gouvernement en place et le peuple afghan et de contribuer au maintien de la paix. En mars, à mon grand regret, nos soldats ont pris part à des combats violents aux côtés des Américains dans les montagnes de l'est. Encore plus qu'en Bosnie, cette opération était davantage une entreprise de pacification qu'un programme de maintien de la paix, mais les Canadiens ont alors prouvé qu'ils avaient été parfaitement bien entraînés, qu'ils étaient mobiles, intelligents, et qu'ils comptaient parmi les meilleurs soldats. Lorsque j'ai visité nos troupes en Afghanistan, le commandant sur place m'a dit : « Monsieur le premier ministre, je dois vous dire que nous sommes bien équipés pour faire le travail, aussi bien que n'importe qui ici, dont les Américains. Nous sommes mieux nourris aussi. »

Vers la fin de l'année, l'OTAN s'est mise à chercher un pays disposé à prendre la tête de la Force internationale d'assistance à la sécurité, la FIAS, qui avait été mise en place par le Conseil de sécurité des Nations unies en décembre 2001 pour sécuriser et rebâtir la capitale, Kaboul. En janvier 2003, lorsque la responsabilité du commandement de la FIAS est passée de l'ONU à l'OTAN, j'ai donné ordre à John McCallum, le ministre de la Défense, de faire savoir à son homologue américain, Donald Rumsfeld, que le Canada était prêt à remplacer les Allemands et les Hollandais au terme de leur mandat. Même si ce commandement nous obligerait à accroître considérablement notre participation militaire et financière, nos soldats seraient confinés dans un endroit plus sûr où leur mission serait plus conforme à notre rôle traditionnel de maintien de la paix. Lorsque le mandat de la FIAS a été élargi pour englober d'autres régions du pays, je me suis assuré que nous resterions à Kaboul ou dans les environs. Rétrospectivement, ç'a été un très bon arrangement pour le Canada. Plus tard, malheureusement, mon successeur ayant trop tardé à décider si le Canada devait ou non prolonger son mandat à la tête de la FIAS, nos soldats ont été retirés de Kaboul et dépêchés de nouveau dans le sud pour combattre les talibans sur les champs de bataille meurtriers entourant Kandahar.

*　　*　　*

Le samedi 22 septembre, moins de deux semaines après le 11 septembre, j'étais chez moi à zapper lorsque j'ai vu en entrevue à CNN le vieux Jesse Helms, sénateur républicain de la

Caroline du Nord et alors président de la Commission des affaires étrangères du Sénat. En réaction à la nouvelle selon laquelle le ministère de la Défense américain s'apprêtait à attaquer l'Iraq afin de se débarrasser de Saddam Hussein, Helms a dit : « On va y aller d'une minute à l'autre. » Un instant, me suis-je dit, Saddam, ce n'est pas les talibans ou Al-Qaida, donc qu'est-ce que cela a à voir avec les attaques contre New York et Washington ? « Bush l'aîné aurait dû nous débarrasser de lui », a poursuivi Helms, comme si c'était un argument suffisant. Mais Bush père n'avait pas reçu l'aval de l'ONU pour porter la guerre jusqu'à Bagdad, et ses propres généraux s'y étaient opposés pour des raisons stratégiques. Et est-ce que les Américains ne s'étaient pas autrefois servis de Saddam contre les Iraniens, comme ils avaient par la suite instrumentalisé les talibans contre les Soviétiques ? C'est à ce moment que je me suis mis à avoir des doutes à propos de l'invasion de l'Iraq, et ces doutes ne m'ont jamais quitté.

Même si le président Bush avait dit que l'Iraq faisait partie de « l'axe du mal », dans son discours sur l'état de l'Union du 29 janvier 2002, et qu'il l'accusait de dissimuler des armes de destruction massive aux inspecteurs de l'ONU, la question de l'invasion de l'Iraq ne figurait pas au programme lorsque je l'avais rencontré à la Maison-Blanche le 14 mars pour discuter de bois d'œuvre et des préparatifs du sommet du G-8 à Kananaskis, en Alberta, en juin. Si cela avait été le cas, j'aurais dit à Bush que l'essentiel pour le Canada dans ce cas serait de savoir si cette invasion aurait la bénédiction des Nations unies. Au déclenchement de la première guerre du Golfe en 1991, Mulroney avait insisté pour que les États-Unis obtiennent l'approbation de l'ONU, et il avait eu raison. Même chose en février 1998, lorsque le président Clinton m'a téléphoné chez moi un dimanche après-midi pour obtenir le concours du Canada en faveur d'une initiative militaire multinationale autorisée par les Nations unies pour forcer Saddam à se conformer aux résolutions antérieures du Conseil de sécurité des Nations unies et l'obliger à faire inspecter son arsenal d'armes nucléaires, chimiques et biologiques, je n'ai pas hésité une seconde à lui donner mon accord. Nous avons eu un débat à la Chambre des communes le lundi, et le mardi nous décidions de prendre part à la mission en envoyant une frégate et deux avions, mais non des troupes de combat. Mais là, la rumeur d'une invasion de l'Iraq se faisant plus audible, l'administration Bush faisait valoir que la série de résolutions antérieures du Conseil de sécurité de l'ONU sur l'Iraq autorisait les États-Unis à prendre toute mesure unilatérale et préventive, si besoin était, parce que l'Iraq avait refusé d'autoriser le retour inconditionnel des inspecteurs.

Le 14 août, j'ai reçu un rapport confidentiel du greffier du Conseil privé, Alex Himelfarb, sur la situation. « L'intervention américaine en Iraq visant à y opérer un changement de régime n'est plus qu'une question de temps, et on la justifiera en alléguant que le gouvernement iraquien encourage le terrorisme et se dote d'armes de destruction massive. On ne sait pas quand aura lieu cette opération, mais ce ne sera probablement pas avant les élections au Congrès en novembre. Il se pourrait qu'on commence à demander l'aval des alliés dès la fin août. Le monde arabe s'oppose à cette attaque ; la France, l'Allemagne et la Russie exigent un nouveau mandat de l'ONU avant toute attaque ; l'Australie est d'accord avec la doctrine américaine de la frappe préventive ; et le Royaume-Uni soutient totalement l'action américaine. La position canadienne se limite à exiger le retour des inspecteurs de l'ONU en Iraq afin que soit réglée la question du désarmement et à résoudre les problèmes que pose le terrorisme lorsqu'on disposera de preuves nettes. L'intégrité de l'Iraq et la stabilité régionale seront mises en grand péril si Saddam Hussein est renversé, particulièrement si Israël est happé par le conflit. » De toutes les réserves qu'exprimait cette note, la plus importante était celle-ci : « Le défi énorme qui consisterait à rebâtir l'Iraq d'après-Saddam (l'opposition iraquienne demeure divisée et l'on ne voit émerger aucune solution de rechange). »

Au début septembre 2002, j'ai revu Tony Blair au Sommet mondial sur le développement durable à Johannesburg, en Afrique du Sud. Nous nous sommes isolés pour avoir une longue et franche discussion autour de quelques bières dans un bar de l'hôtel en compagnie d'un collaborateur de Blair et de Claude Laverdure, le successeur de Jim Bartleman et de Michael Kergin au poste de conseiller diplomatique. Depuis notre dernière rencontre au sommet du G-8 à Kananaskis en juin, moment auquel la question de l'Iraq ne figurait pas officiellement à l'ordre du jour, Blair avait passé ses vacances en France et, en août, selon les rapports du corps diplomatique et de la presse, il avait décidé de se joindre à l'équipée américaine.

« D'accord, Tony, lui ai-je dit, si on se faisait maintenant une spécialité de renverser les leaders qu'on n'aime pas, qui serait le prochain sur la liste ? Après tout, nous sommes tous deux membres du Commonwealth, tu es le numéro 1, je suis le numéro 2, alors pourquoi est-ce qu'on n'irait pas au Zimbabwe pour en chasser Mugabe ? Il fait partie de la famille, pour ainsi dire, alors pourquoi ne pas régler le problème nous-mêmes ?

— Jean, tu sais bien que ce n'est pas du tout la même chose, m'a répondu Blair.

— Bien sûr que ce n'est pas la même chose, ai-je répliqué. Mugabe n'a pas de pétrole. Et si c'est la démocratie que les Américains veulent instaurer en Iraq, pourquoi le font-ils avec le soutien du roi de l'Arabie Saoudite ? Écoute, je veux bien vous suivre, vous autres, mais je ne peux pas y aller sans une résolution des Nations unies, et toi non plus, à mon avis. Mais ce sera facile si on y va sous le drapeau de l'ONU, comme on l'a fait lors de la guerre du Golfe. Tu es le seul qui peut persuader Bush de faire ça. Tu es proche de lui et il a besoin de toi. »

C'est peut-être grâce à notre conversation ou parce qu'il n'avait pas encore pris de décision définitive, mais Blair était d'accord. « Je n'en reviens pas, m'a-t-il dit. Tu ne sembles pas avoir le moindre problème avec ça, alors que moi, je n'en finis pas de me poser des questions. » Lorsqu'il a vu Bush à Camp David la fin de semaine suivante, il a persuadé le président de s'adresser une nouvelle fois aux Nations unies.

Le lundi suivant, 9 septembre, le président Bush et moi avions une rencontre prévue à Detroit pour annoncer de nouvelles mesures qui auraient pour effet d'améliorer la sécurité frontalière au pont Ambassador, mais il a profité de l'occasion pour me faire son boniment sur l'Iraq. Il a demandé à me rencontrer seul, sans conseillers, sans preneurs de notes, sans personne d'autre, ce qui était très inhabituel. D'ailleurs, sa conseillère à la Sécurité nationale, Condoleezza Rice, a piqué une crise lorsqu'elle en a entendu parler. Je ne savais pas ce qu'il voulait me dire, mais dès son arrivée il m'a dit qu'il avait décidé de s'adresser aux Nations unies et d'obtenir une nouvelle résolution du Conseil de sécurité.

« Si tu obtiens une résolution, George, lui ai-je dit, t'inquiète pas, je serai avec toi. Mais il faut que je te le dise, j'ai lu toutes mes notes d'information sur les armes de destruction massive et je ne suis pas convaincu. Je crois que la preuve est très faible. »

À un moment donné, par exemple, on m'avait remis un rapport ultrasecret des services de renseignement américains qui était fondé, semble-t-il, sur une conversation téléphonique qu'ils avaient interceptée entre deux responsables militaires iraquiens. Une minute, me suis-je dit, ces gars-là causent comme s'ils parlaient de déménager les meubles de leur grand-mère et non de transporter des armes de destruction massive. Peut-être qu'ils n'ont pas ce qu'ils prétendent avoir. Peut-être qu'ils voulaient que cette conversation soit entendue pour faire peur à celui qui écoutait. Tout ce que je savais avec certitude, c'est que je n'aurais pas pu convaincre le juge de la Cour municipale de Shawinigan avec les preuves qu'on m'avait communiquées. D'ailleurs, lorsque j'ai vu Colin Powell plaider la cause de son gouvernement devant les Nations unies en février suivant, je savais qu'il patinait sur une glace très mince. Me basant sur ce que j'avais lu, je me disais qu'on lui avait passé un sapin.

« C'est très grave, Jean », m'a dit Bush avec toute sa sincérité. Il m'a même offert d'envoyer à Ottawa ses experts du renseignement afin de me convaincre.

« Non, fais pas ça, George, ai-je répliqué avec force. Les Canadiens n'admettraient pas que j'aie été informé par des fonctionnaires américains. Si tu as des preuves, envoie-les à mes analystes en passant par les filières normales, ils vont les étudier, et je prendrai une décision. » J'ai dit cela sans la moindre aigreur ou colère. En outre, je me disais que le fait de trouver des armes de destruction massive ne compterait pas pour grand-chose si les États-Unis recevaient l'appui de l'ONU.

Chose curieuse, Bush et moi avions l'impression que notre rencontre ne devait durer qu'une heure, et non 90 minutes. Donc, comme il n'y avait rien d'autre au programme, nous avons passé le reste du temps à bavarder très agréablement autour d'un café et nous avons causé baseball, golf et famille. Il était d'excellente humeur ensuite, disant aux reporters assemblés que j'étais « un gars qui parle franc et qui a un bon sens de l'humour », et qui ferait « un grand Texan ».

Trois jours plus tard, le 12 septembre, Bush s'est adressé au Conseil de sécurité et, le 8 novembre, il en a obtenu la résolution 1441, qui donnait à l'Iraq une « dernière chance » de désarmer, sans quoi le pays s'exposerait à de « graves conséquences ». Saddam a donné son accord le 13 novembre ; et deux semaines plus tard, une équipe dirigée par Hans Blix est retournée en Iraq pour la première fois depuis 1998. Même si les rapports réguliers de Blix ne faisaient mention d'aucune arme de destruction massive, les Américains ont poursuivi leurs préparatifs de guerre, malgré la vive opposition de la France, de l'Allemagne, de la Russie, de la Chine et désormais du Canada.

Tout au long de l'automne, on m'a pressé de toutes parts d'appuyer les Américains jusqu'au bout. Ces pressions me venaient de Washington, du milieu des affaires, de la presse de droite et même de ces libéraux qui étaient favorables à une action militaire ou qui n'étaient jamais d'accord avec moi parce qu'ils soutenaient Paul Martin dans sa course au leadership. Mais mon idée était faite et je savais que je n'aurais aucun mal à rallier le cabinet et le caucus, même si certains de mes collègues estimaient que j'avais tort. À ceux qui craignaient que l'économie canadienne n'ait à pâtir de notre refus, je répondais : « Faites-moi la liste de tous les produits et services que les Américains acquièrent chez nous juste parce qu'ils nous aiment. » J'attends encore cette liste.

La tension a atteint son comble le jour où j'ai revu Bush au sommet de l'OTAN à Prague, à la mi-novembre. Ma directrice des communications, Françoise Ducros, l'ancienne chef de cabinet de Brian Tobin et de Stéphane Dion qui avait succédé à Peter Donolo en 1999 pour devenir la première femme à occuper ce poste au Bureau du premier ministre, s'était retrouvée prise dans un tir croisé. Comme elle me l'a expliqué plus tard, elle discutait en toute confidence avec un journaliste de Radio-Canada de l'invasion possible de l'Iraq. « S'il fait ce que vous dites, avait répondu Ducros, vous aurez le droit de dire que Bush est un crétin. » Seuls ces derniers mots ont été rapportés par un journaliste du *National Post,* ce journal qui m'en voulait en raison de ma position sur l'Iraq, et l'incident a vite pris des proportions dramatiques au Canada. J'étais prêt à défendre Ducros, mais comme elle comptait de toute façon réintégrer la fonction publique dans les semaines à venir, elle a préféré partir plus tôt. Après avoir démissionné, elle a reçu des fleurs des quatre coins du Canada et des États-Unis, et au cours d'un voyage ultérieur en Mongolie elle a reçu de nouvelles félicitations. Encore un peu et elle aurait regretté d'avoir nié avoir tenu ces propos.

« Quand on est la seule superpuissance au monde, le prix à payer, c'est que nos motifs soient parfois contestés par d'autres », ai-je déclaré dans un important discours prononcé au Chicago Council on Foreign Relations le 13 février 2003, la veille du jour où Hans Blix a communiqué ses dernières constatations sur le respect de la résolution 1441 par l'Iraq. « Une force extrême n'est pas toujours perçue par les autres comme bienfaisante. Les pays du monde ne sont pas tous disposés à croire les États-Unis aveuglément. Le Canada soutient fermement les objectifs des États-Unis. Nous sommes de proches amis et des alliés depuis très, très longtemps. Il est essentiel que les États-Unis puissent compter sur le soutien du monde entier. Voilà pourquoi il faut absolument éviter cette perception d'un "conflit de civilisations". L'utilisation maximale des Nations unies va réduire ce risque. Donc, la façon dont les États-Unis vont se conduire dans les jours à venir aura des conséquences profondes pour l'avenir. J'ai la conviction qu'en œuvrant dans le cadre des Nations unies, si cela est possible, si difficile et irritant que cela puisse être parfois, cela va fortifier immensément non seulement la position des États-Unis, mais aussi celle des autres pays du monde qui veulent les accompagner. »

Lorsqu'il est devenu parfaitement évident que la résolution 1441 ne permettrait jamais aux Nations unies d'autoriser l'invasion de l'Iraq, les Américains — pressés par les Britanniques — ont cherché à obtenir une seconde résolution, plus explicite, mais leur manque de respect à l'égard des Nations unies a fini par leur coûter cher. Je disais souvent à Clinton et à Bush que les Américains manquaient de vision quand ils refusaient d'acquitter leur cotisation année après année, par exemple, et même si l'un et l'autre disaient en être gênés, ils me répondaient encore une fois qu'ils ne pouvaient pas avoir gain de cause à cause de l'opposition des conservateurs et des isolationnistes au Sénat. Je leur disais, un peu à la blague, que les Nations unies rapportaient à New York de l'argent en masse et qu'avec les hôtels, les appartements, les ambassades, les fonctionnaires, les restaurants, les limousines et le tourisme, Washington gagnait assez pour couvrir toutes ses obligations. « Si vous ne voulez pas des Nations unies chez vous, leur disais-je, donnez-les au Canada. Je leur offrirai un terrain gratuit à Montréal, on bâtira un nouvel édifice, comme l'a fait Rockefeller, et nous allons faire des milliards en taxes. »

Il était absolument crucial, si les Américains voulaient le soutien des Nations unies, comme c'était alors le cas, qu'ils y accordent plus d'attention, qu'ils développent des alliances et des réseaux, qu'ils restent informés et qu'ils parlent à tout le monde tout le temps. Même si le mandat de deux ans du Canada au Conseil de sécurité avait pris fin en décembre 2000, nous espérions jouer le rôle du courtier honnête entre les États-Unis et la Grande-Bretagne, d'un côté, et la France, l'Allemagne, la Russie et la Chine, de l'autre. Je pouvais aussi tabler sur les bonnes relations que j'avais tissées avec le Mexique et le Chili, avec l'Afrique et les Antilles, avec la Chine et la Russie, ainsi que, dans le cadre du G-8, avec le Commonwealth, la Francophonie, le Sommet des Amériques, et ainsi de suite, tous ces pays étant désormais divisés entre ceux qui étaient avec les Américains et ceux qui ne voulaient pas aller à la guerre. Chaque fois que j'allais aux Nations unies, je m'y sentais à l'aise parce que je me retrouvais parmi des amis et des gens sur qui je pouvais compter, et chaque fois que le Canada prenait la parole, je remarquais que les autres délégués écoutaient.

Si je n'en ai parlé avec Jacques Chirac que quelques fois, surtout en ce qui concernait l'influence de la France auprès des pays africains au Conseil de sécurité, je parlais beaucoup plus souvent avec Tony Blair, qui s'était engagé à appuyer les Américains mais qui semblait toujours chercher une porte de sortie. Je lui téléphonais par exemple pour lui proposer de modifier le projet de résolution en employant tel mot ou telle date afin de donner aux inspecteurs de l'ONU davantage de temps. Je lui ai conseillé aussi d'obtenir du Mexique ou du Chili, qui siégeaient tous les deux au Conseil de sécurité en 2003, qu'ils proposent eux-mêmes ces changements parce qu'ils auraient ainsi de meilleures chances de réussite. Mais les Britanniques insistaient pour tout faire eux-mêmes, ce qui n'a fait qu'irriter leurs adversaires, alors que les Américains poursuivaient leurs préparatifs d'invasion pour mars de toute façon.

Lorsqu'il est devenu évident que l'idée d'une seconde résolution n'avait plus la moindre chance d'être retenue, ne serait-ce que parce que la France ou la Russie étaient disposées à user de leur droit de veto au Conseil de sécurité, le Canada s'est employé à façonner un compromis qui aurait retardé l'invasion tant et aussi longtemps que Blix n'aurait pas terminé son travail, mais qui nous aurait engagé à déclarer la guerre si ce dernier trouvait des armes de destruction massive et que Saddam refusait de les neutraliser. J'espérais qu'ainsi, si nous pouvions obtenir un répit supplémentaire de six ou huit semaines, les stratèges militaires américains seraient contraints de retarder l'exécution de leurs plans assez longtemps pour que tout le monde ait le temps de négocier une solution diplomatique. J'ai pris part à des négociations, j'ai fait des tas d'appels, et notre très capable et très actif ambassadeur aux Nations unies, Paul Heinbecker, m'informait constamment de ce qui se tramait dans les couloirs là-bas. Je pense que nous sommes venus bien près de réussir parce que le Canada était l'un des rares pays qui avaient le courage et la crédibilité qu'il fallait pour agir, mais le compteur ne cessait de tourner. Le président mexicain, Vicente Fox, et le président chilien, Ricardo Lagos, subissaient des pressions extraordinaires de la part des États-Unis, d'abord pour voter la résolution, ensuite pour se joindre à la « coalition des pays volontaires », mais ils m'ont dit qu'ils n'iraient pas en Iraq si le Canada n'y allait pas. Je me sentais donc une responsabilité particulière envers eux parce que c'était la première fois que nous, les « autres » Américains, en restant solidaires, avions véritablement l'occasion de prendre une position cohérente et indépendante et d'influencer les États-Unis sur la scène mondiale. Par la suite, en fait, le président Fox comme le président Lagos m'ont remercié en privé de les avoir aidés à dire non.

Peu après neuf heures, le 17 mars, nous avons reçu une note où l'on nous demandait si le Canada était disposé à « offrir son soutien politique à une action militaire contre l'Iraq », oui ou non. En outre, les Américains voulaient une réponse avant midi parce qu'ils s'apprêtaient à dresser la liste de ceux qui étaient avec eux et de ceux qui ne l'étaient pas. La note ne provenait pas de Bush lui-même, ni même de Washington, mais du gouvernement britannique. Étant donné que le président ne m'avait pas téléphoné, j'ai estimé que je n'avais pas à l'appeler pour lui faire part de ma décision. Chose plus importante, je tenais à en informer d'abord le Parlement et le peuple canadien. Lorsque j'ai pris la parole aux Communes à 14 h 15, Claude Laverdure a téléphoné à son homologue, Condoleezza Rice, pour lui révéler la teneur de mes propos.

À ce moment-là, sachant que le gouvernement américain avait besoin de soutien moral encore plus que militaire, j'aurais pu dire à Bush : « Oui, on est avec toi, nous approuvons ton action, mais comme tu sais, tous nos soldats sont déjà pris à

Kaboul. » Cette réponse l'aurait probablement satisfait et cela aurait été suffisant pour que le Canada figure dans la coalition des pays volontaires, comme cela s'est fait pour d'autres pays. Mais j'estimais que cela aurait été malhonnête sur les plans politique et intellectuel. La vérité, c'était que nous n'approuvions pas son action parce qu'il n'avait pas su convaincre les Nations unies de la nécessité d'envahir l'Iraq.

« Au cours des quelques dernières semaines, ai-je déclaré à la Chambre, le Conseil de sécurité n'a pas su s'entendre sur une nouvelle résolution autorisant une opération militaire. Le Canada s'est donné beaucoup de mal pour trouver un compromis afin de combler le fossé au Conseil de sécurité. Malheureusement, nous n'avons pas réussi. Si l'opération militaire va de l'avant sans une nouvelle résolution du Conseil de sécurité, le Canada n'en sera pas. »

Les Américains n'ont pas dû être très surpris. Quatre mois plus tard, en fait, au mariage de la fille de Paul Cellucci, l'ambassadeur américain, j'ai discuté avec Andrew Card, le chef de cabinet de Bush, qui m'a confié que la Maison-Blanche avait été déçue mais non mécontente. (Lorsqu'Aline a vu qu'elle devait être assise au dîner entre Card et l'archevêque d'Ottawa, qui m'avait attaqué dans une lettre « confidentielle » qu'il avait affichée sur un site Internet antiavortement, elle m'a soufflé en blague : « Sais-tu, je pense que je vais m'en aller chez nous… ») « Monsieur Chrétien, m'a expliqué Card, vous nous avez dit dès le départ ce que vous comptiez faire, et nous avons commis l'erreur de ne pas vous prendre au sérieux. Nous pensions que, à la dernière minute, un gars pratique comme Chrétien déciderait de marcher avec nous. Nous nous sommes trompés. Nous aurions dû vous croire. D'autres ont peut-être joué double jeu, mais pas vous. »

Bien sûr, tous ceux qui s'opposaient à la décision du Canada — soit les partis d'opposition de droite, les premiers ministres de droite de l'Alberta et de l'Ontario, les éditorialistes de droite, les PDG de droite, les cercles de réflexion de droite, même certains libéraux de droite — ont cherché à donner de moi l'image d'un pacifiste antiaméricain et irresponsable. Les mêmes qui m'accusaient de museler mes ministres et mes députés m'ont tout de suite sauté dessus parce que je n'avais pas puni sévèrement Herb Dhaliwal et Carolyn Parrish, qui avaient fait quelques commentaires imprudents sur les Américains dans les médias. Puis les journalistes ont longuement glosé sur le fait que Bush ne m'avait jamais invité à son ranch au Texas. En fait, il m'avait bel et bien invité, mais les événements du 11 septembre avaient fait en sorte que nous n'avions pu trouver un moment qui nous convenait à tous les deux. J'imagine que si j'avais été aussi fier de mon amitié avec la famille Bush que l'était Brian Mulroney, j'y serais allé, mais je n'ai jamais cru que le fait de ne pas y être allé constituait une insulte. Après tout, je n'étais jamais allé à Camp David avec Clinton non plus. Et même s'il est vrai que la visite prévue de Bush à Ottawa en mai a été annulée, c'était d'un commun accord. Je ne voulais pas l'exposer à des manifestations antiguerre dans les rues ou même à la Chambre et j'imagine qu'à son avis le moment était mal choisi pour être vu en train de me féliciter en public.

En fait, les relations entre les États-Unis et le Canada étaient sûrement moins glaciales qu'elles ne l'étaient entre les États-Unis et la Grande-Bretagne, d'un côté, et la France, l'Allemagne et la Russie, de l'autre. Lorsque les leaders du G-8 se sont réunis au sommet à Évian-les-Basques, en France, début juin 2003, les factions proguerre et antiguerre se parlaient à peine au début de la réception inaugurale. Comme d'habitude, le Canada a joué le rôle d'intermédiaire pour briser la glace, même si la méthode que j'ai empruntée était fort inorthodoxe.

Mes petits-enfants grandissant et mon séjour au pouvoir tirant à sa fin, j'avais pris l'habitude de les emmener avec moi, un à la fois, aux frais de leurs parents, aux divers sommets internationaux ; j'avais commencé avec Olivier au G-8 d'Okinawa, au Japon, en 2000. C'était instructif pour eux, c'était un plaisir pour moi et, comme les événements l'ont confirmé, c'était aussi un moyen utile de détendre l'atmosphère au début de nos séances. Avant que la séance ne commence, je confiais mon porte-documents à mon petit-fils pour qu'il puisse entrer avec moi, je le présentais à tout le monde, on posait pour quelques photos et il s'en allait. À ma dernière rencontre de l'APEC, qui a eu lieu à Bangkok, il y avait eu un petit accroc quand on m'avait dit qu'aucun photographe ne serait admis à la réception, étant donné que le roi de la Thaïlande y serait. Je trouvais malheureux que ma petite-fille, Jacqueline, ait fait tout ce chemin et ne puisse pas rentrer avec un album de souvenirs. J'ai donc glissé un appareil-photo dans ma poche, je suis entré dans la salle avec Jacqueline et j'ai pris des photos d'elle avec tous les leaders. Son préféré était le sultan de Brunei, pas seulement parce qu'il est l'un des hommes les plus riches du monde, mais aussi parce qu'il était de sa taille. Sans exception, les leaders avaient été généreux et aimables, parce que c'est le genre de chose qu'un grand-père fait naturellement.

À Moscou, en 2001, Vladimir Poutine a même emmené Philippe faire une visite privée du Kremlin et il lui a décrit, par l'entremise de l'interprète présent, l'histoire et les trésors de ce grand palais. À la fin de la visite, Poutine a dit en russe : « Pardonnez-moi, je dois retourner à mon bureau maintenant.

— Pardonnez-moi, je dois retourner à mon bureau maintenant, a traduit l'interprète en anglais.

— Au revoir », a répondu poliment Philippe à l'interprète, en lui serrant la main. Et il est resté surpris quand le président Poutine a tout à coup tourné les talons sans dire adieu.

À Évian, c'était au tour de Maximilien. La chance avait voulu que le parrain de Maximilien soit un Texan très riche dont la femme comptait parmi les partisans les plus ardents de George W. Bush. Donc, pendant que le président Bush et Maximilien causaient, j'ai demandé à Tony Blair de s'approcher pour faire une photo. Puis, avec Bush et moi d'un côté de Maximilien, Blair et Chirac de l'autre côté, j'ai déclaré que mon petit-fils faisait le pont entre l'Amérique du Nord et l'Europe, entre faucons et colombes. Avant peu, le malaise s'est dissipé.

« Je sais que c'est difficile, George, lui ai-je dit à un moment où nous étions assis côte à côte. Si ça peut t'aider, le Canada est prêt à faire plus que sa juste part pour aider les peuples de l'Iraq à rebâtir leur société.

— J'apprécie, Jean, mais ce n'est pas toi le problème, a-t-il dit en regardant autour de la table. C'est les autres, le problème. »

★   ★   ★

Je n'ai toujours pas compris pourquoi l'administration Bush a décidé d'envahir l'Iraq. Si c'était pour y installer la démocratie, elle est encore loin du compte, surtout quand on sait que cette invasion s'est faite avec le concours de quelques monarques absolus. Ou était-ce, comme je l'avais dit à Tony Blair, à cause du pétrole ? Ou était-ce parce que les Américains subissaient des pressions de la part de leurs généraux et des lobbyistes du complexe militaro-industriel qui voulaient mettre à l'essai leurs armes coûteuses et très technologique ? Ou était-ce pour contrer le terrorisme ? Si la réponse à cette dernière question est oui, l'armée ne pourra y arriver seule. La guerre contre la terreur n'est pas une guerre traditionnelle contre un État ennemi. Il s'agit de lutter contre un groupe de fanatiques qui proviennent de continents différents et qui travaillent, parfois seuls, parfois ensemble, pour tuer et détruire sournoisement.

Bill Clinton, je m'en souviens, m'a dit, dans les jours qui ont précédé l'invasion, que la guerre ne durerait pas soixante-douze heures. Il avait raison dans la mesure où Saddam a décidé de cesser le combat lorsqu'il est devenu évident que son armée était incapable de résister à l'avance américaine. Saddam a préféré disperser ses soldats et leur a ordonné de pratiquer la guérilla le temps qu'il faudrait pour stopper et chasser les envahisseurs. Jusqu'à aujourd'hui, malheureusement, l'occupation américaine de l'Iraq n'a fait que révéler que la plus grande puissance du monde peut être attaquée et même battue si l'on est assez tenace, si l'on a la résolution voulue et si l'on est prêt à faire des sacrifices.

« Quand on est aussi puissants que vous, disais-je à Clinton et à Bush en privé, ou en public devant des auditoires et la presse des États-Unis, c'est le moment d'être gentils. Tiger Woods n'a pas à dire qu'il est le meilleur golfeur au monde. Et vous, les Américains, vous n'avez pas à dire au monde entier que c'est vous les plus forts. »

Je crois que la décision du Canada de ne pas aller en Iraq a été l'un des moments les plus importants de notre histoire. Nous avons ainsi prouvé, à nous-mêmes ainsi qu'au reste du monde, que nous sommes un pays fier et indépendant. Nous pouvions, comme gouvernement et comme peuple, résister aux pressions incroyables qui émanaient des États-Unis, des entreprises et de la presse de droite — non pas parce que les sondages d'opinion nous étaient favorables, non pas parce qu'une élection s'en venait au Québec, mais parce que nous avons nos traditions et nos principes à nous. Comme je l'avais dit très clairement au président Bush à Detroit en septembre 2002, si les États-Unis n'obtenaient pas une résolution des Nations unies et la preuve que l'Iraq possédait bel et bien des armes de destruction massive, le Canada n'irait pas à la guerre.

Il n'y a pas longtemps, j'ai rencontré un homme d'affaires de Toronto qui m'a dit : « Tu sais, Jean, j'étais vraiment en colère contre toi à cause de l'Iraq. Je t'ai maudit et j'ai dit à tout le monde que le pouvoir était monté à la tête de cet enfant de chienne-là et qu'il était devenu fou. Eh bien, aujourd'hui, je tiens à te faire mes excuses. Tu avais raison, j'avais tort. »

Ça prenait tout un homme pour être capable d'un tel acte d'humilité, même si, à ce moment-là, les sondages montraient que plus de 90 pour cent de ses concitoyens approuvaient ma décision. Cependant, j'ai tiré ma véritable satisfaction du fait que le peuple canadien demeurait attaché aux valeurs que doit avoir un artisan de la paix œuvrant dans le cadre des institutions multilatérales, quelle que soit l'ampleur des menaces et des incertitudes qui l'attendent.

CHAPITRE TREIZE

Amis et alliés

J'entends des nostalgiques déplorer que le Canada ait exercé plus d'influence sur la scène mondiale en 1945 qu'aujourd'hui. C'est peut-être vrai, mais c'est surtout parce que le monde d'aujourd'hui n'est plus le monde de 1945. Notre prestige s'étant accru du fait de notre participation volontaire et importante aux combats de la Seconde Guerre mondiale, nous étions l'un des très rares pays à en être sortis avec une économie et une infrastructure intactes. À maints égards, nous avons connu ainsi notre âge d'or par défaut. Nous pouvions assumer un rôle important dans les activités multilatérales, qu'il s'agisse de la fondation des Nations unies ou de la reconstruction de l'Europe, parce que tant d'autres des grandes puissances d'autrefois n'avaient plus les mêmes moyens. Mais, très vite, les pays perdants ont ressuscité de leurs cendres, et des continents entiers ont rompu leurs liens avec leur passé colonial.

Lorsque je suis entré en politique en 1963, personne n'aurait pu prédire la chute du mur de Berlin, la désintégration de l'Union soviétique, la mondialisation du commerce, l'impact d'Internet ou l'avènement de la Chine, de l'Inde et du Brésil au rang de puissances économiques, pour ne mentionner que quelques exemples de ces mutations massives qui se sont opérées en quarante ans. C'est dans ce contexte qu'il faut situer le Canada d'aujourd'hui.

Ce qui ne revient pas à dire que nous ne conservons pas un rôle très influent pour un pays dont la population est relativement modeste. Nous sommes membre du Groupe des huit (le G-8), les pays industrialisés. Nous sommes très respectés aux Nations unies. Nous maintenons une présence en Europe dans le cadre de l'Organisation du traité de l'Atlantique Nord (OTAN) et de l'Organisation pour la sécurité et la coopération en Europe (OSCE). Même chose en Asie avec l'APEC. Le Canada répond présent aussi en Afrique et dans les Antilles avec le Commonwealth et la Francophonie. De même en Amérique centrale et en Amérique du Sud, avec l'Organisation des États américains et le Sommet des Amériques. Nous partageons nos frontières avec les États-Unis et la Russie, et nous sommes liés aux pays scandinaves par notre intérêt commun pour les peuples et l'environnement de l'Arctique.

Toutes ces associations, en plus de toute une série de rapports bilatéraux, obligent le premier ministre à voyager fréquemment, ce qui donne à croire à certains que le pensionnaire du 24 Sussex passe tout son temps dans des pays exotiques aux frais de la princesse. Il est vrai que lorsqu'un dirigeant est en difficulté chez lui ou qu'il est harcelé de toutes parts par les fâcheux, il peut trouver commodes ces obligations internationales. L'un d'eux, que je ne nommerai pas, venu à Ottawa dans le cadre d'une tournée mondiale, m'a demandé s'il pouvait rester un jour de plus parce qu'une tonne de problèmes l'attendaient chez lui. D'ailleurs, il a été défait quelques semaines plus tard. Mais, en ce qui me concernait, voyager à l'étranger n'avait rien d'une sinécure, c'était beaucoup d'ouvrage pour bien peu de plaisir. Les préparatifs prenaient des jours, parfois des semaines, avec lectures et *briefings* au programme. Les sommets m'obligeaient à parler et à écouter pendant des heures. Et le suivi requérait souvent plus de rencontres, plus d'appels, plus de rapports et plus de décisions, et pendant ce temps-là je devais rattraper tout le travail qui s'était accumulé durant mon absence.

Durant mes années au pouvoir, j'ai visité une soixantaine de pays, et je n'exagère pas en disant que je n'en ai presque rien vu. C'était tout le temps le même scénario. On arrive à l'aéroport, qui ressemble à tous les autres aéroports. On serre les mains des personnes venues vous accueillir et on inspecte la garde d'honneur. On monte à bord d'une grosse voiture noire qui ressemble à toutes les autres grosses voitures noires. On est assis sur la banquette arrière avec l'ambassadeur canadien ou un ministre étranger qui, chemin faisant, vous bombarde d'informations sur ce qui s'en vient et rate rarement l'occasion qu'il a d'avoir l'oreille d'un premier ministre captif pour lui proposer quelque idée ou projet. On vous emmène au meilleur hôtel de la place, où vous avez droit à la plus belle suite qui soit, joliment meublée avec des fleurs et des gâteries tout plein, tout ça sur le bras du gouvernement hôte. Mais vous n'avez pas une minute pour en profiter, et on vous dit tout de suite que vous n'en avez que cinq pour vous doucher et vous préparer en vue du premier rendez-vous. Une réunion n'attend pas l'autre pendant un jour ou deux, et vous avez de la chance si vous pouvez rogner une petite demi-heure pour faire le tour de l'hôtel à pied. Vous n'avez jamais le temps de magasiner ou d'entrer chez un particulier ; vous n'allez au théâtre ou au musée que si cela figure dans l'horaire, qui est rigide à souhait ; et si, par aventure, vous essayez d'entrer seul dans un café ou un restaurant, les gardes du corps s'énervent, et la presse veut savoir qui va payer l'addition. Puis on vous ramène au même aéroport, à bord de la même voiture suivant le même parcours, et vous rentrez chez vous, où l'opposition vous accuse de fuir les problèmes du jour et de gaspiller le denier du contribuable en vacances frivoles à l'étranger.

Et, comme le sait bien quiconque parcourt le monde pour affaires, le décalage horaire est l'un des gros inconvénients du métier, à l'aller comme au retour. Certaines grandes entreprises interdisent même à leurs cadres de prendre la moindre décision d'importance pendant au moins quarante-huit heures après un long voyage. Les chefs de gouvernement ont rarement ce luxe. Au contraire, on s'attend à ce qu'ils soient toujours frais et dispos. Lors d'un sommet, un chef de gouvernement, que je m'en voudrais de nommer, était tellement épuisé après un vol au-dessus du Pacifique qu'il est tombé dans un sommeil profond au beau milieu de nos délibérations, et les documents qu'il tenait sur ses genoux sont tombés par terre. Très souvent, je suis rentré à Ottawa à minuit après une série de réunions ardues, mais j'étais à mon bureau le lendemain matin et je devais être vite sur mes patins pour répondre aux questions difficiles qu'on me posait à la Chambre des communes. C'était un pari dangereux, parce que je savais que, si je commettais une erreur dans les faits ou m'exprimais incorrectement, ni les députés de l'opposition ni la presse n'allaient mettre cela sur le compte de la fatigue. Normalement, cependant, je me reposais dans l'avion et j'avais l'énergie qu'il fallait pour rebondir rapidement, en partie parce que je suis fait comme ça et en partie parce que j'adorais mon travail.

Si difficiles soient-elles, les rencontres à l'étranger sont essentielles au bien-être du Canada et du monde. Il y est souvent question d'affaires sérieuses qui ont des répercussions vitales sur la paix et la prospérité de la planète, et c'est la seule façon de faire connaissance avec d'autres leaders, comme hommes d'État, comme politiques et comme être humains — et cela facilite énormément les choses quand il y a des questions bilatérales à résoudre ou des alliances multilatérales à forger.

★　★　★

Le Canada a eu la grande chance d'être invité à se joindre à l'un des clubs les plus sélects du monde, qui a été fondé en 1975 par le président de la République française, Valéry Giscard d'Estaing, et qui portait alors le nom de Groupe des cinq. Il s'agissait de créer un forum où les leaders des cinq plus grandes puissances industrialisées — la France, la Grande-Bretagne, l'Allemagne, le Japon et les États-Unis — se réuniraient une fois par an pour discuter des problèmes économiques de l'heure, et de là on est passé presque immédiatement à la discussion de problèmes politiques et militaires aussi. Lorsque les Italiens ont exigé d'en être, en 1976, le président des États-Unis, Gerald Ford, a dit d'accord, mais si l'Europe ajoute un membre au groupe, les États-Unis y feront entrer aussi le Canada. C'était un geste amical et probablement une sage idée de la part des Américains. En fait, j'ai rencontré plusieurs fois le président Ford au fil des ans et j'ai toujours vu en lui un homme intelligent, réfléchi, qui connaissait bien le Canada, étant lui-même du Michigan. « Moi c'est Ford, pas Lincoln », aimait-il dire à la blague. La presse le regardait de haut du fait de son approche terre à terre dans ses rapports avec les gens et sa gestion des problèmes, mais je sais que Trudeau, entre autres, l'aimait et le respectait beaucoup.

Au fil des ans, il a souvent été proposé d'élargir ce groupe à 15, 20 ou davantage. À mon avis, plus le groupe s'élargira, moins il sera efficace. C'est préférable ainsi parce qu'on se retrouve essentiellement à quelques-uns autour d'une table, dans une pièce assez petite, pendant deux ou trois jours de discussions, sans déclarations officielles ou querelles de procédure. Tout le monde parle franchement, même s'il faut passer par des interprètes ; les chefs mangent ensemble ; ils bavardent ensemble entre les séances ; ils se testent et apprennent à devenir des amis. On perdrait bon nombre de ces atouts s'il y avait 20 délégations présentes. Lorsque l'APEC est passée de 12 membres à 21, je l'ai vu, les rencontres y sont devenues plus formelles et par conséquent moins productives, avec des déclarations lues l'une après l'autre et moins d'interaction entre les dirigeants. En outre, dans la mesure où l'intérêt du Canada est concerné, il est évident qu'avec l'élargissement du G-8 on se ferait vite tasser par les nouveaux pays qui représentent plus de monde et disposent d'une économie et d'une armée plus imposantes. En substance, l'autorité dont vous jouissez à la table varie selon l'influence que vous exercez dans le monde. Plus vous êtes puissant, plus on vous écoute, mais lorsque le leader d'un pays moins puissant se fait trop disert, tous les autres commencent à regarder le plafond. Si le Canada est le huitième du G-8 pour sa taille et son influence, dans un G-20, nous serions probablement au bas de l'échelle. Les nouveaux membres nous seraient reconnaissants pendant un certain temps de les avoir admis, mais il ne leur faudrait pas longtemps pour nous dire : « Tais-toi, le petit Canada, je suis plus gros que toi et tu vas attendre ton tour. »

Cela étant dit, dès mon arrivée au pouvoir, je me suis mis à exercer des pressions pour que le G-7 accueille la Russie. Un, je pensais qu'il était avisé, d'un point de vue géopolitique, d'admettre cette Russie restée trop longtemps isolée, même si l'ancienne Union soviétique était encore en proie aux tourments de ses mutations économiques et politiques. Deux, je craignais que le Canada ne soit chassé du groupe si les quatre pays européens décidaient un jour de parler d'une seule voix et de réduire le G-7 à un G-3 composé des États-Unis, du Japon et de l'Union européenne. La Grande-Bretagne, la France, l'Allemagne et l'Italie n'étaient pas enthousiastes à l'idée de compromettre leur souveraineté nationale et leur prestige, mais elles subissaient des tas de pressions pour agir sur la scène mondiale comme si elles formaient un bloc économique et politique unifié. Un représentant de l'Union européenne était déjà présent à titre officieux aux rencontres du G-7 depuis 1977, et on lui permettait d'intervenir de plus en plus fréquemment au fil des ans. Si la Russie se joignait à nous, me disais-je, la place du Canada à la table serait probablement plus assurée. Trois, il y avait divers dossiers, notamment celui de la guerre dans les Balkans, dont je jugeais essentiel que la Russie soit informée, pour qu'elle soit avec nous et qu'elle ne se sente pas non plus surprise ou menacée.

En juillet 1994, Boris Eltsine a été invité à une discussion politique au sommet du G-7 à Naples, une première pour la Russie, et c'était aussi mon premier sommet. Eltsine était un homme d'une grande force physique, d'une intelligence redoutable, étonnamment sentimental aussi, et l'image que j'ai toujours retenue de lui est celle de cet homme debout sur un blindé devant le parlement russe, en août 1991, seul, sans armes, tenant vaillamment tête au coup d'État organisé par un quarteron de vieux réactionnaires. Comme Nelson Mandela en Afrique du Sud ou Fidel Ramos aux Philippines, il était l'un de ces personnages héroïques qui avaient eu le courage de risquer leur vie pour la défense de la liberté et de la démocratie et, de ce fait, avaient contribué à modifier le cours de l'histoire mondiale. Si Mikhaïl Gorbachev avait certes été l'homme dont les premières décisions courageuses avaient conduit à l'ouverture de la Russie, c'était Eltsine qui avait mis le tout en œuvre, non pas avec de belles paroles prononcées derrière un lutrin pare-balles ou rédigées dans le calme d'une officine universitaire, mais par son action courageuse.

En tant qu'hôte du G-7 à Halifax en 1995, j'ai pris l'initiative de permettre à Eltsine de prendre place parmi nous et personne ne s'y est opposé. Il a pris la parole au dîner des leaders le premier soir et a assisté à toutes les séances sauf celle qui portait strictement sur les affaires économiques, parce qu'il ne semblait pas pertinent qu'un pays débiteur assiste à une réunion de ses créanciers, pour ainsi dire. Comme il était résolu à bâtir une nouvelle Russie, la tâche qui l'attendait n'était évidemment pas facile. Il faut beaucoup de temps pour convaincre une société qui a été gouvernée pendant des siècles par des empereurs et des dictateurs d'accepter la démocratie, et il est extrêmement difficile d'opérer une transition rapide vers le capitalisme de style occidental quand on n'a ni les lois ni les organismes nécessaires en place. Même l'établissement d'une fiscalité juste et efficace peut prendre des années quand les gens ne veulent pas s'y soumettre d'eux-mêmes et qu'on n'a aucun moyen de contrainte. Et la démocratie, comme on le sait en Occident, est une idée encore neuve dans l'histoire de l'humanité. Il y a moins de cent ans de cela, après tout, l'Autriche avait à sa tête un empereur, l'Allemagne aussi, l'Italie un roi.

Un soir, à Halifax, le célèbre Cirque du Soleil de Montréal a présenté un spectacle étourdissant aux leaders, au cours duquel un Boris Eltsine manifestement ivre a essayé de prendre part à un numéro exécuté par des acrobates russes, mais il s'est rendu compte qu'il était peut-être un peu trop fatigué pour monter sur la scène. Peu après, lors du feu d'artifice, l'un des artistes est venu me voir parce qu'il souhaitait être présenté au premier ministre britannique, John Major. Il se trouvait que le père de cet homme avait été un ami du père de Major à l'époque où ils étaient tous deux artistes de cirque. Pendant un certain temps, m'a confié Major, son père avait envisagé de quitter le monde du spectacle et d'émigrer au Canada. « Mon Dieu, lui ai-je dit, s'il avait fait ça, vous et moi aurions aujourd'hui de sacrés débats à la Chambre des communes du Canada. » Mais ce qui m'a impressionné le plus, c'était de nous voir là, lui le fils d'un acrobate de cirque et moi le fils d'un machiniste d'usine, chacun premier ministre de son pays. Puis j'ai regardé autour de la salle et j'ai vu Bill Clinton, le beau-fils d'un vendeur de voitures alcoolique ; Jacques Chirac, le fils d'un employé de banque ambitieux ; Helmut Kohl, le fils d'un modeste percepteur d'impôt ; et Boris Eltsine, le fils d'un travailleur de la construction. Scène qui illustrait pour moi le progrès énorme que nous, les gens ordinaires, avons accompli au fil du dernier siècle. Pas un seul du groupe n'était milliardaire ou issu d'une grande famille aristocratique, jusqu'au moment où s'est joint à nous George Bush fils, le maître de la démocratie la plus puissante du monde.

Tout le monde aimait Boris Eltsine. Il était drôle, humain et intelligent. Au sommet de 1999 à Cologne, un an après l'élargissement officiel du G-7 en G-8, on s'est mis à tirer au poignet, lui et moi, à la même table de la conférence. « Regardez les deux ours polaires qui se battent ! » s'est exclamé Clinton. Nous sommes restés amis même après que Boris a eu pris sa retraite. En février 2002, au cours d'une mission d'Équipe Canada à Moscou, Aline et moi sommes allés rendre visite à Boris et à sa femme, Naina, à leur datcha. Lui et moi avons joué au billard anglais après dîner, et j'étais heureux de le voir en aussi bonne santé depuis qu'il avait renoncé à l'alcool.

J'avais décidé de faire ce voyage en Russie du fait de ma proximité croissante avec le successeur d'Eltsine, Vladimir Poutine. Lorsque Poutine m'a rendu visite à Ottawa en décembre 2000, je lui ai offert de l'escorter à pied jusqu'à son hôtel après le dîner officiel donné au Musée des beaux-arts. Chemin faisant, rue Sussex, ayant pris un moment pour serrer les mains des buveurs étonnés dans un bar, il m'a invité à emmener ma cohorte habituelle de premiers ministres, de gens d'affaires, d'universitaires et de journalistes en Russie pour une mission d'Équipe Canada. J'ai dit oui tout de suite, à la surprise un peu alarmée des fonctionnaires des Affaires étrangères, qui jugeaient que ce n'était pas une priorité. Cependant, j'estimais important à ce moment-là que Poutine puisse montrer au monde entier qu'il ouvrait les portes de son pays aux investisseurs étrangers et qu'il bâtissait une économie de marché.

Le voyage, qui a eu lieu en 2002 et prévoyait une halte en Allemagne, fut une grande réussite, sur les plans tant commercial que diplomatique. Pendant quatre jours, Poutine nous a ouvert les portes de son gouvernement, il nous a reçus avec les élites politiques et financières de la nouvelle Russie dans le hall doré du grand palais du Kremlin et il a passé plus de temps avec moi qu'il ne l'avait fait avec aucun autre leader occidental. Au cours de nos dix heures de conversation, qui se sont déroulées à l'occasion d'un déjeuner privé à sa résidence du Kremlin et d'un dîner à sa datcha, nous avons discuté d'investissements, du VIH et du sida, de la gouvernance des entreprises, du Grand Nord, de la station spatiale internationale, de hockey, de fédéralisme, de terrorisme, de l'Iraq, du G-8 et de Kyoto. Partageant mon amour de la musique, Poutine a demandé à ses deux filles de jouer du piano et du violon après dîner. Skieurs enthousiastes tous les deux, nous avons songé à faire un voyage de ski dans le Caucase, mais le temps nous a manqué. Nous avons même imaginé de nous lever tous les deux et de porter un toast à notre frontière commune en Arctique, là où la Sibérie rejoint les Territoires du Nord-Ouest. Nous avons rapidement tissé un rapport de confiance qui répondait bien à l'intérêt du Canada, par exemple lorsque j'ai essayé de trouver une résolution de compromis sur l'Iraq aux Nations unies ou lorsqu'il a fallu briser l'impasse, au sommet du G-8 à Kananaskis, à propos des coûts et des conditions entourant l'élimination des déchets nucléaires de la Russie.

Preuve de cette confiance, je me rappelle cette promenade extraordinaire en autobus que j'ai faite à Saint-Pétersbourg à la fin mai 2003, durant les grandes fêtes que Poutine a organisées pour célébrer le tricentenaire de sa ville. C'était sa ville natale, qui lui était évidemment chère, et les fêtes devaient durer trois jours. Malheureusement, il a fait un temps épouvantable, avec le froid, l'humidité et un vent à vous percer les os. Par moments, Poutine et moi étions les seuls dignitaires à nous présenter à l'heure aux cérémonies en plein air et à y rester tout le temps. Il m'en était reconnaissant, je crois ; le président Bush n'était venu que pour une soirée, et Poutine y avait vu un camouflet personnel dû au fait que la Russie s'était opposée à l'invasion de l'Iraq. À un moment donné, les responsables de la sécurité ont jugé plus prudent de faire transporter Poutine, Chirac, le chancelier allemand Gerhard Schröder et moi-même d'un événement à l'autre par autobus. Nous étions assis tous les quatre sur les deux banquettes à l'avant, avec nos interprètes qui étaient assis derrière nous et nous soufflaient leurs traductions à l'oreille, mais sans conseillers ni preneurs de notes. Pendant plus d'une heure, j'ai écouté, totalement fasciné, la discussion remarquablement franche de mes trois compagnons à propos de l'Europe et de l'Amérique, de l'Europe et de la Chine et de l'Europe de demain.

L'essentiel de cette conversation doit rester confidentiel, parce qu'il s'agissait de stratégies de défense ou de personnalités en particulier, mais nous avons surtout parlé de la manière dont il fallait unir l'Europe occidentale et la Russie sur les plans économique et politique afin de faire contrepoids à la suprématie américaine. Ce qui rendait cette discussion si singulière, c'est que moi j'étais là, le premier ministre du Canada, un Nord-Américain, un étranger pour mes confrères, et pourtant on me traitait comme si j'étais de la famille. Le fait que j'ai été de leur côté dans l'affaire de l'Iraq en était sans doute l'une des raisons ; le fait que je parle français en était probablement une autre. Je n'ai presque rien dit, même si parfois, quand il était évident que quelqu'un comprenait mal le système américain ou parlait d'une question qui touchait les intérêts du Canada, je me sentais obligé d'intervenir.

À un moment donné, par exemple, Poutine a mentionné les difficultés — non sans sympathie, je dois l'ajouter — que l'économie américaine éprouverait du fait qu'elle dépend tant du pétrole du Moyen-Orient. « En fait, lui ai-je rappelé, les réserves pétrolières du Canada dans les sables bitumineux et nos dépôts gaziers dans l'Ouest, le Nord et sur la côte est, qui sont en sécurité et à la porte à côté, permettront aux États-Unis d'être beaucoup moins dépendants du Moyen-Orient. La Russie, également, sera en meilleure position pour devenir un fournisseur important des États-Unis. »

★ ★ ★

Il y a eu une question qui a compliqué les relations canado-russes : l'initiative que nous avons prise en vue d'accueillir les démocraties émergentes de l'Europe centrale et de l'Est dans l'Organisation du traité de l'Atlantique Nord, cette alliance défensive entre l'Amérique du Nord et l'Europe occidentale dont la fondation remonte à 1949. Au sommet de l'OTAN à Bruxelles en janvier 1994, j'avais été le seul à exiger une expansion imposante et immédiate. Je tenais surtout à trois pays avec lesquels le Canada avait des liens étroits : la Roumanie, parce qu'elle avait acheté de nos réacteurs nucléaires CANDU, ce qui nous imposait une certaine responsabilité ; l'Ukraine, parce qu'il y a un million de Canadiens d'origine ukrainienne ; et la Slovénie, dont j'avais accepté de plaider la cause à la demande de son premier ministre, Janez Drnovsek, que je connaissais et que j'aimais bien depuis que je l'avais rencontré à une conférence internationale libérale en Islande, à l'époque où j'étais chef de l'Opposition.

Dans mon esprit, nous, les Occidentaux, avions une obligation morale envers ces pays qui avaient été asservis par le communisme et nous devions les inviter à se ranger sous notre parapluie pour le bien de la sécurité militaire et de la stabilité économique de l'Europe. La plupart de ces pays avaient adhéré au capitalisme avec enthousiasme du jour au lendemain ; il leur tardait de se joindre à l'Union européenne et à l'OTAN ; et ils étaient prêts à accepter les correctifs nécessaires, coûte que coûte. Je me rappelais avoir rencontré à Bucarest de jeunes politiques libéraux qui étaient paralysés par la peur de voir leur pays revenir à ses anciennes habitudes si nous ne tenions pas parole. Cependant, presque tous les autres chefs de l'OTAN craignaient la réaction de la Russie si nous recrutions trop vite ses anciens alliés du Pacte de Varsovie et, de leur côté, les technocrates pousseux de crayon qui avaient leur salaire à justifier disaient qu'on ne pouvait rien faire tout de suite.

« Allez, avais-je fait valoir au cours de la réunion de Bruxelles, qu'est-ce qu'il y a de si compliqué à utiliser des soldats de la République tchèque au lieu de ceux du Canada ? Nous nous sommes engagés à accepter ces pays le jour où ils institueraient des réformes démocratiques ainsi qu'une économie de marché. Eh bien, ils avancent rapidement en ce sens, et il n'y aura pas de retour en arrière. Le moment est venu de tenir notre promesse. Ils frappent à notre porte, ils attendent notre réponse, et nous ne devons pas commettre la même erreur qu'autrefois en les isolant, parce que c'est à cause de ça que ces pays sont tombés entre les griffes d'Hitler ou de Staline. S'ils sont avec nous dans le club de l'OTAN, ils seront moins susceptibles d'être contre nous à l'avenir. Cela étant dit, jamais les Russes ne se réjouiront d'une expansion de l'OTAN. Ils seront tout aussi mécontents dans dix ans que maintenant, alors aussi bien faire maintenant ce qui devra être fait de toute façon un jour. »

Au moment de mon deuxième sommet de l'OTAN, qui a eu lieu à Madrid en juillet 1997, neuf leaders sur seize étaient favorables à l'admission de cinq nouveaux pays membres — la Pologne, la République tchèque, la Hongrie, la Roumanie et la Slovénie —, alors que les autres, en particulier les États-Unis, ne voulaient que les trois premiers. On ne vote jamais au sommet de l'OTAN, et la coutume veut que les grandes décisions nécessitent un consentement unanime. J'étais bien obligé d'admettre la défaite. Mais le président Jacques Chirac refusait de baisser les bras. Ce soir-là, à mon arrivée au dîner officiel que donnait le premier ministre espagnol dans sa résidence, j'ai vu Chirac dans un coin de la pièce engagé dans ce qui semblait être une discussion sérieuse et animée en anglais avec Bill et Hillary Clinton.

Peu après, Clinton m'a fait venir et m'a dit : « Jean, il y a un os avec Chirac. On est coincés. Il refuse tout simplement de céder.

— Alors pourquoi ne cèdes-tu pas, Bill ?, lui ai-je demandé.

— Nous ne le pouvons pas et nous ne le ferons pas. Mais nous ne pouvons pas nous permettre d'échouer. Peux-tu m'aider ? »

Je lui ai dit que j'y songerais pendant la nuit et que je verrais. Chirac pouvait se montrer orgueilleux et têtu, je le savais, il fallait donc trouver un moyen subtil de lui permettre de revenir sur une position qu'il avait exprimée en termes vigoureux et en public, et s'entendre avec lui sur l'ébauche d'un communiqué final. Je me suis alors rendu compte que ma longue expérience et mon approche pragmatique comme législateur, négociateur fédéral-provincial et ancien ministre du Commerce, des Finances et des Affaires étrangères me servaient aussi bien sur la scène mondiale qu'elles l'avaient fait au Canada, où j'avais appris qu'on peut souvent être des plus utiles en jouant discrètement un rôle d'appoint.

Tout d'abord, j'ai proposé un compromis selon lequel l'OTAN accepterait les trois premiers pays tout de suite et les deux autres en principe à la prochaine ronde d'expansion, ainsi que d'autres en temps utile. Puis j'ai signalé à Chirac que les versions française et anglaise de l'ébauche étaient différentes dans quelques passages importants. « Il faut corriger ça, ai-je dit, pour que tout le monde ait une meilleure compréhension de ce que Clinton et toi proposez. » Lorsque Chirac a donné son accord, j'ai demandé au ministre des Affaires étrangères du Canada, Lloyd Axworthy, de s'entendre avec les hauts fonctionnaires pendant le lunch pour préparer un nouveau communiqué fondé sur le compromis. Chirac et Clinton l'ont accepté tous les deux et plus tard ont félicité le Canada parce que c'était nous qui avions trouvé le moyen de les sortir cette impasse où ils s'étaient l'un et l'autre enfoncés.

Le fait que nous sommes Nord-Américains, proches et amis de la plus grande puissance économique et militaire du monde, mais que nous en sommes en même temps indépendants contribue sans aucun doute à notre utilité. Que ça plaise ou non, tout le monde admet la force des États-Unis et l'attraction du rêve américain. Au même moment, tout le monde reconnaît aussi les faiblesses de cette supériorité, soit l'arrogance et l'insularité, ainsi que la pauvreté, le racisme et les inégalités que dissimule leur richesse colossale. Pour de nombreux peuples et gouvernements, par conséquent, le Canada incarne un juste milieu entre l'entreprise individuelle américaine et la justice sociale à l'européenne. Il y a peut-être moins de milliardaires chez nous, mais il y a beaucoup moins de miséreux aussi. Il est vrai qu'il y a des files d'attente dans nos hôpitaux et que notre système médical n'est pas toujours aussi efficace qu'on le voudrait, mais nous avons aussi pour nous l'équité et la sécurité que garantit un service médical universel. Il se peut que nous ayons des désaccords avec les États-Unis, mais nous les connaissons mieux que quiconque. Nous parlons l'anglais, d'accord, mais nous parlons aussi le français. Que ce soit au G-8, à l'OTAN ou aux Nations unies, cela nous donne une place spéciale à la table de conférence.

Bien sûr, il y a toujours un prix à payer quand on est membre du club. Lorsque le G-8 a fait passer le chapeau pour trouver les milliards de dollars qu'il fallait pour éliminer les déchets nucléaires en Russie ou nettoyer le gâchis de Tchernobyl, le Canada a été obligé de mettre la main au portefeuille au même titre que les autres pays plus riches. Lorsque l'OTAN a envoyé des forces en Bosnie, au Kosovo et en Afghanistan, on comptait sur nous aussi. Lorsque l'ONU a envoyé des Casques bleus au Rwanda ou au Timor oriental, il aurait été dur de dire non même si on l'avait voulu. Dans la plupart des cas, cependant, les Canadiens veulent prendre part aux missions de maintien de la paix multilatérales. Il s'agit pratiquement d'une invention canadienne, après tout, et l'ONU tient particulièrement à notre participation parce que, comparativement à la plupart des pays, nous avons un système décisionnel très efficace. Alors que d'autres mettent des semaines ou même des mois à discuter d'une proposition, le premier ministre du Canada peut rencontrer ses ministres des Affaires étrangères et de la Défense nationale dans l'heure, tenir un débat à la Chambre des communes le lendemain et ordonner aux troupes de partir dès qu'elles sont prêtes.

En 2000, par exemple, le président Abdelaziz Bouteflika, de l'Algérie, servait de médiateur dans le conflit entre l'Éthiopie et l'Érythrée, en sa qualité de président de l'Organisation de l'unité africaine, et il voulait que les observateurs de l'ONU supervisent le règlement de paix. Les Hollandais étaient d'accord, mais seulement si le Canada y allait aussi. Le premier ministre Kok et moi en avons discuté et avons décidé que nos pays iraient ensemble, comme nous l'avions fait en Bosnie. Le président Bouteflika et Kofi Annan, le secrétaire général de l'ONU, étaient heureux de nous voir disposés à agir si vite.

★   ★   ★

Le Canada a su maintenir son influence à l'étranger, non pas parce que nous sommes un pays prospère ou une puissance militaire, mais bien parce que nos valeurs ont fait leurs preuves. Partout où j'allais, je rencontrais des dirigeants qui voyaient en nous le type de société que le monde doit imiter, essentiellement en vertu des valeurs que nous avons acquises au fil des siècles : la tolérance, la générosité, l'harmonie et le souci de l'environnement. Chaque fois, on me demandait comment nous avions réussi à coexister aussi pacifiquement avec deux langues officielles, dix provinces, trois territoires nordiques ; ou comment nous avions su préserver les langues et les cultures de nos peuples autochtones et des communautés culturelles contre les forces de l'assimilation et de la discrimination ; ou encore comment nous avions su absorber autant d'immigrants si rapidement sans que surviennent d'émeutes raciales ni que se forment de ghettos lépreux.

L'immigration préoccupait notamment les Européens, car tous ces pays avaient accueilli chez eux de grands nombres de travailleurs et de réfugiés d'autres cultures, qui parlaient d'autres langues et pratiquaient d'autres religions. Les politiciens de gauche comme de droite se tournaient vers le Canada pour trouver des réponses. Je leur parlais très franchement. J'ai dit aux Italiens que leur population allait baisser de 55 millions à 40 millions en cinquante ans — « parce que nous autres, catholiques, n'avons plus 19 enfants comme avant », ai-je ajouté à la blague — et l'Italie aura un jour besoin d'hommes et de femmes pour faire le travail, maintenir son infrastructure et cotiser aux caisses de retraite. J'ai dit aux Allemands qu'ils avaient tort de ne pas accorder la citoyenneté aux Turcs qui vivaient et travaillaient dans leur pays depuis soixante ans, alors qu'il ne faut que trois ans pour devenir citoyen canadien à part entière.

Nous avons nous aussi nos problèmes à nous, bien sûr. Il existe chez nous des cas de racisme, et l'intégration ne se fait pas toujours aisément. Mais, de manière générale, la plus grande difficulté qu'avait notre gouvernement, c'était d'atteindre sa cible de 300 000 nouveaux Canadiens par an, et nous rations habituellement notre objectif d'environ 50 000. On ne pouvait pas se permettre d'augmenter radicalement le nombre de fonctionnaires qu'il fallait pour accélérer les formalités d'immigration, et en dépit de cette fausse conception populaire selon laquelle nos règles et nos normes sont laxistes, nous étions souvent trop rigides dans les cas où la sévérité ne répondait à aucun objectif de société ou de sécurité. Après tout, par le passé la plupart des immigrants sont venus chez nous sans formation professionnelle ou compétences particulières, et pourtant ils ont su se tailler une bonne vie pour eux-mêmes et leurs descendants parce qu'ils étaient prêts à commencer au bas de l'échelle et à faire les travaux dont personne d'autre ne voulait. Ce qui me dérangeait aussi, c'est qu'en donnant la préférence aux immigrants les plus doués et les plus brillants, nous dérobions aux pays les plus pauvres tant de leurs meilleurs éléments. Et ce que je trouvais particulièrement lamentable, c'était quand un médecin ou un ingénieur, formé à grands frais par une société qui pouvait difficilement se le permettre, se retrouvait à conduire un taxi ou à laver des planchers au Canada à cause de l'obstination de nos associations professionnelles et de nos organismes réglementaires.

« Nous ne considérons pas que les immigrants nous posent des problèmes, nous voyons plutôt en eux une richesse, expliquais-je, ce qui nous donne une perspective totalement différente. Nous voulons qu'ils acquièrent notre citoyenneté parce que nous avons besoin d'eux. Dans de nombreux cas, avant même que l'immigrant ne débarque de l'avion, il a déjà été scolarisé ailleurs, ce qui veut dire que son diplôme ne nous a rien coûté. Le premier jour, il fait son marché. Le lendemain, il loue un appartement. Le troisième jour, il s'habille et se meuble. Plus tard, il achète une maison et une voiture. Il devient un consommateur, un travailleur, un contribuable. Donc, il y a générosité de notre part, oui, mais c'est une générosité intéressée. C'est la raison pour laquelle le multiculturalisme marche au Canada. Personne ne fait de cas de la couleur de peau ou de la religion du voisin. Il n'y a pas de parti qui marque de points politiques en promettant de restreindre les quotas d'immigration. Au contraire, nous tirons fierté de notre tolérance et de notre diversité. C'est comme ça qu'il faut voir les choses et c'est comme ça qu'il faut vendre l'immigration. »

Nos valeurs ne dictent pas seulement les normes que nous voulons imposer chez nous ; elles inspirent aussi nos interventions à l'étranger. Ce n'est pas une coïncidence si le Canada a piloté les efforts diplomatiques du monde pour faire interdire la fabrication, l'utilisation et l'exportation des mines terrestres antipersonnel. Cette réussite a été le fait de nombreuses personnalités, notamment Jody Williams, de la Campagne internationale pour l'interdiction des mines terrestres, feu la princesse Diana, le Groupe d'action contre les mines et Kofi Annan, des Nations unies. Cependant, le gouvernement canadien a joué un rôle crucial en ralliant la communauté internationale autour de cette initiative après que Cornelio Sommaruga, le président de la Croix-Rouge internationale, m'en a eu parlé pour la première fois lors d'une visite à mes bureaux en mai 1994. Le Canada a été le seul à vouloir en parler au sommet du G-7 à Naples deux mois plus tard ; André Ouellet et particulièrement Lloyd Axworthy en ont fait leur priorité aux Affaires étrangères ; et comme Axworthy a eu la générosité de le reconnaître dans ses mémoires, j'ai passé des heures sans nombre au téléphone ou dans des rencontres avec plus d'une centaine de dirigeants pour obtenir le plus d'adhésions possibles au traité que nous avons signé vers la fin de 1997.

Je me rappelle avoir fait appel au cœur de Boris Eltsine, lui qui avait perdu les doigts de la main gauche dans un accident, quand il était enfant, en jouant avec une grenade. J'avais fini par comprendre que c'était un homme très sentimental, tout comme sa femme, Naina. Celle-ci avait pleuré dans les bras d'Aline au cours d'une cérémonie marquant le cinquantième anniversaire de la fin de la guerre à laquelle nous avions assisté à Moscou en mai 1995 et où on avait rendu hommage aux morts de la Seconde Guerre mondiale, parmi lesquels il y avait presque toute sa famille. Un mois plus tard, à Halifax, elle avait été émue jusqu'aux larmes par une interprétation d'*Évangéline,* ce chant poignant qui évoque la déportation des Acadiens. « Boris, ai-je dit, si on est assez fous pour partir en guerre, d'accord, c'est notre affaire et nous en paierons le prix. Mais ce qui est inacceptable pour moi, c'est que d'ici cinquante ans un petit garçon aille jouer dans un champ avec sa petite amie, qu'ils posent le pied sur une mine terrestre, qu'ils se fassent tuer ou restent infirmes le reste de leurs jours à cause de cette arme qu'on aura laissée là. Ils pourraient y perdre une jambe ou un bras ou… — et là, j'ai levé la main gauche et fait le geste de la couper de ma main droite — peut-être leurs doigts aussi. »

Le mot lui a fait mal. « Mes généraux ne veulent pas que je signe, a-t-il répondu. Ils disent qu'on a besoin de ces mines terrestres pour protéger nos arsenaux nucléaires contre les terroristes.

— En vertu du traité, c'est permis. Tout ce que t'as à faire, c'est entourer la zone de danger d'une clôture et placer des signes d'avertissement.

— D'accord, a-t-il fini par dire, si les Américains signent, je signe aussi. »

Je me suis fait particulièrement insistant auprès de Bill Clinton. Il était réceptif, c'est sûr, mais ses propres généraux maintenaient que, premièrement, les États-Unis auraient besoin de conserver les mines terrestres entre la Corée du Nord et la Corée du Sud pour encore un bon moment et que, deuxièmement, leurs grosses mines antiblindés devaient être protégées par une grappe de petites mines antipersonnel. Dans le premier cas, lui ai-je répondu, on obtiendrait probablement une exemption du fait de ces circonstances particulières et, dans le second cas, une nouvelle technologie réglerait sans doute l'affaire. « Il doit bien y avoir un moyen, Bill, lui ai-je dit. Écoute, si vous autres, les Américains, vous êtes capables d'envoyer un homme sur la lune, vous êtes sûrement capables de protéger vos grosses mines si vous le voulez vraiment. »

J'ai l'intuition que Clinton était prêt à signer la version finale du traité qui se négociait à Oslo, en Norvège, en septembre 1997, mais qu'il a été forcé de reculer à la dernière minute parce que son chef d'état-major interarmes menaçait de démissionner pour cette question. Ce que je sais avec certitude, c'est que nous en avons parlé plusieurs fois dans les jours ayant précédé le délai de ratification et même une fois pendant toute la nuit, afin de trouver un compromis. Enfin, vers cinq heures du matin, il m'a fait savoir que ce serait non. Lorsque j'ai insisté de nouveau, il s'est fâché parce que je le bousculais, mais pour moi il était normal que deux personnes civilisées expriment avec force leurs divergences de vues. Il n'avait pas tort de penser que j'en mettais trop, mais je voulais que ce traité aboutisse. Un mois plus tard, d'ailleurs, rentrant de Moscou après avoir rencontré Eltsine, j'ai fait une dernière tentative. J'ai écrit à Clinton une note de ma main le suppliant de revenir sur sa décision. En fin de compte, comme les États-Unis n'ont pas signé, la Russie et la Chine n'ont pas voulu signer non plus, mais, le 3 décembre 1997, 122 gouvernements ont apposé leur signature sur le traité d'Ottawa devant une foule joyeuse de 2 500 personnes venues du monde entier. Ce moment marquera toujours pour moi l'une des plus grandes réalisations dans l'histoire diplomatique du Canada.

« Nous allons quitter Ottawa aujourd'hui fiers de ce que nous avons accompli, ai-je déclaré à la foule assemblée ce jour-là, mais aussi très conscients de ce qui reste à faire. Il y a encore de nombreux pays qui doivent se joindre à nous. Il y a encore des centaines de milliers de victimes qui réclament notre aide. Il y a encore des dizaines de millions de mines à neutraliser. Chose certaine, le gouvernement du Canada ne se sera pas contenté de se faire l'hôte de la conférence. J'ai la fierté de vous dire que, par consentement unanime, les deux chambres de notre Parlement ont déjà ratifié le traité. Le traité vient donc d'être érigé en loi chez nous, ce qui fait du Canada le premier pays au monde à avoir ratifié cette convention historique. Au nom de mon gouvernement, j'ai aussi le plaisir d'annoncer aujourd'hui la création d'un fonds de 100 millions de dollars pour la mise en œuvre du traité. Ce qui veut dire lui donner vie, lui donner une dimension vraiment mondiale, déterrer les mines, aider les victimes en leur prodiguant immédiatement des soins médicaux et en les aidant à refaire leur vie. Je sais que d'autres pays vont apporter des contributions semblables. J'invite tous les pays à trouver les ressources qu'il faut pour débarrasser le monde, une fois pour toutes, de ces machines à tuer qui sont sous nos pieds partout. »

Par après, autre expression de nos valeurs, l'avocat et diplomate canadien Philippe Kirsch s'est fait l'une des forces motrices de la création du Tribunal pénal international de La Haye en 2002. Agissant sur les instructions de Lloyd Axworthy et les miennes et profitant d'une offensive diplomatique majeure orchestrée par les hauts fonctionnaires des Affaires étrangères et de la Justice, Kirsch a réussi à surmonter une résistance formidable, dont l'opposition du gouvernement américain n'était pas la moindre, après quoi il a été nommé président de la cour. J'ai essayé tant bien que mal de convaincre George W. Bush de changer d'avis, mais il refusait de bouger. « Un citoyen américain ne saurait être traîné devant une cour internationale, m'a-t-il dit.

— Mais George, lui ai-je répondu, si un pays a un bon système juridique, la Cour internationale n'aura pas compétence pour agir. Vous pouvez vous occuper d'un criminel avec vos propres lois et votre propre Constitution.

— Eh bien, je ne prends pas de risques, m'a-t-il dit. Je ne signerai jamais. »

Encore une fois, le Canada et les États-Unis n'étaient pas sur la même longueur d'onde parce que nous n'avons pas la même conception des solutions multilatérales que nécessitent les problèmes du monde.

★   ★   ★

Sur le plan des droits de la personne aussi, nous nous sommes donné beaucoup de mal pour faire en sorte que notre politique étrangère reflète nos valeurs nationales. L'affaire était des plus délicates dans le cas de nos rapports avec la République populaire de Chine. Pour le meilleur ou pour le pire, rien n'arrête un milliard d'êtres humains qui travaillent dur, et tout le monde avait compris que ce n'était plus qu'une question de temps avant que l'économie chinoise ne dépasse celle des États-Unis et de l'Europe. Les économies évoluées, dont celle du Canada, ne pouvaient tout simplement pas rattraper la croissance nette de la Chine de 10 pour cent ou plus par an. Nous n'avions pas chez nous cette demande soudaine pour la construction de nouveaux gratte-ciel, de nouvelles tours d'habitation, de nouvelles écoles et de nouveaux hôpitaux, de nouveaux ponts et de nouvelles routes, de nouvelles centrales électriques et d'égouts, bref, presque tout ce que nous avons mis cent ans à bâtir. Dès que j'ai été élu, par conséquent, j'ai fait de la Chine ma priorité. Ma première rencontre internationale comme premier ministre a été le sommet de l'APEC à Seattle en 1993. Mon premier voyage avec

Équipe Canada a eu lieu en Chine un an plus tard ; et j'ai rencontré Jiang Zemin, le président chinois, si souvent qu'il s'est mis à m'appeler son professeur d'anglais. (Professeur d'anglais, moi…)

Comparativement à bien d'autres pays occidentaux, dont les États-Unis, nous étions bien placés pour prendre pied en Chine. Le Canada avait envoyé l'un de ses premiers délégués commerciaux à Shanghaï en 1908, nous avions fait fi des contraintes de la guerre froide pour vendre du blé à la Chine en 1961 et nous avions établi des relations diplomatiques officielles avec ce pays en 1970, quand Pierre Trudeau était premier ministre, et Mitchell Sharp, secrétaire d'État aux Affaires extérieures. Nous avions aussi pour nous notre façade sur le Pacifique, avec l'aéroport et le port de Vancouver toujours achalandés, les installations portuaires élargies de Prince Rupert et un réseau ferroviaire s'étendant sur toute l'Amérique du Nord. Nous étions prêts aussi à vendre de tout sur les marchés gigantesques de l'Asie, qu'il s'agisse de wagons de métro ou de réacteurs CANDU.

L'économie et nos bons rapports avaient beau être importants dans ce rapprochement, il y avait aussi la question des droits de la personne. Fidèle à moi-même, je tâchais d'édulcorer les choses. Au cours du grand dîner officiel que le premier ministre Li Peng, que le grand Zhou Enlai avait élevé comme un fils, a donné en l'honneur de la visite d'Équipe Canada à Pékin, en 1994, devant ces milliers de personnes qui prenaient place dans le Palais du peuple, je lui ai dit : « En démocratie, vous savez, il faut se faire élire. Si on veut être élu, il faut être gentil avec tous les citoyens, leur dire bonjour et leur serrer la main. Ce n'est pas toujours facile. Mais venez avec moi, je vais vous montrer comment. » Nous nous sommes alors levés, lui et moi, et nous sommes passés de table en table à serrer des mains et à faire des blagues. Tout le monde riait et applaudissait, personne n'en revenait. « Mais vous vous débrouillez fort bien, ai-je dit à Li. Vous feriez une campagne du tonnerre, mais j'imagine que ça vous prendrait pas mal plus de temps aussi avec 700 millions d'électeurs. »

J'ai été plus explicite dans la lettre que je lui ai adressée le 28 février 1995, en dépit des avertissements diplomatiques selon lesquels la Chine risquait d'exercer des représailles commerciales contre le Canada ou d'entraver notre élection au Conseil de sécurité des Nations unies si nous persistions à coparrainer une résolution à propos de la Chine à la commission de l'ONU sur les droits de la personne. « Comme vous le savez depuis ma récente visite, lui ai-je écrit, je crois qu'un dialogue sincère, la coopération et le respect mutuel sont des points de départ fondamentaux lorsqu'il s'agit d'harmoniser nos perceptions concernant l'adhésion à nos obligations internationales. Je suis donc heureux de vous voir décidé à poursuivre notre dialogue sur les droits de la personne. »

Cela dit, le Canada devait aussi vivre avec la réalité suivante : nous avons beau être un pays formidable, nous ne sommes pas un acteur très puissant. Il n'y a qu'à se rendre à Shanghaï pour découvrir au premier coup d'œil que toute la population du Canada n'égale pas celle d'une province chinoise. Un soir, en mars 1994, à Shediac, au Nouveau-Brunswick, j'étais fatigué et je me suis laissé piéger par quelques journalistes qui insistaient pour que je fasse la leçon au président Jiang. « Soyez réalistes, ai-je répondu. Je suis le premier ministre du Canada, un pays qui compte 30 millions d'habitants. Lui, il est le président d'un pays qui a 1,3 milliard d'habitants. Je n'ai même pas le droit de dire au premier ministre de la Saskatchewan quoi faire. Et vous voulez que j'aille dire au président de la Chine quoi faire ? Si vous voulez que j'essaie de diriger le monde entier, d'accord, mais ne venez pas me critiquer si je ne vais pas très loin avec ça. »

Lorsque le premier ministre Li est venu au Canada en octobre 1995, il fallait être très prudent pour éviter qu'il ne s'en aille sur un coup de tête, comme il l'avait fait ailleurs, à la seule vue d'un groupe de manifestants. Comme il avait été premier ministre à l'époque des manifestations sur la place Tiananmen, en 1989, on lui reprochait d'avoir dépêché les blindés contre les manifestants prodémocratie, sauf que la décision avait probablement été prise par le président, Deng Xiaoping. Deng demeurait populaire partout, cependant, et Li s'irritait de passer pour une sorte d'épouvantail partout dans le monde. Personnellement, je n'étais pas dérangé par l'idée que des manifestants canadiens agitent des pancartes et scandent des slogans sur son passage, mais Li n'avait ni vu ni entendu le petit groupe de manifestants venu l'accueillir à Ottawa. Ce soir-là, cependant, juste avant le grand dîner officiel donné en son honneur au centre Sheraton de Montréal, plusieurs centaines de manifestants sont apparus dans la rue, hurlant des quolibets et agitant d'énormes pancartes de carton qu'il était impossible de manquer. Li Peng avait l'air furieux.

« Venez avec moi », lui ai-je dit, et je l'ai conduit à la fenêtre, où j'ai fait semblant de lire ce qu'il y avait sur les pancartes. « Tiens, ils manifestent contre moi ! » Heureusement, et contre toute attente, Li s'est mis à rire. Il était peut-être encore mécontent mais, du moins, il n'est pas parti avant le temps.

J'ai eu de meilleurs rapports avec son successeur, Zhou Rongji, dont la fille avait étudié au Canada. Diplômé en génie, économiste de formation et ancien maire de Shanghaï, il était l'un des cerveaux derrière la modernisation de la Chine, un homme extrêmement aimable aussi. Nous parlions, lui et moi, surtout de questions économiques et il posait toujours des questions sur le système bancaire ou les programmes sociaux du Canada. Mais nous avons réussi notre meilleur coup lorsque le président Jiang Zemin, qui est lui aussi ingénieur de métier, économiste de formation et ancien maire de Shanghaï, a visité Ottawa en novembre 1997 après le sommet de l'APEC à Vancouver. Les droits de la personne figuraient habituellement au bas de l'ordre du jour et le cirque était toujours le même. Je soulevais la question, car je savais que je devais le faire. Et il me répondait, en termes des plus aimables, de me mêler de mes affaires. Nous ajournions alors la séance pour rencontrer la presse. Je disais que nous avions discuté de la question ; il ajoutait qu'il ne commenterait pas. « Je vous avertis, monsieur le président, lui ai-je dit cette fois-là en nous rendant à la conférence de presse, les journalistes canadiens vont vous poser des questions sur les droits de la personne en Chine. Pourquoi ne pas dire les choses simplement ? Écoutez, vous avez quand même des choses à dire. Les Canadiens ne seront peut-être pas convaincus ou rassurés, mais dites ce que vous avez à dire de toute façon. »

Comme nous nous y attendions, la première question qu'on lui a posée était très directe ; elle provenait du *Globe and Mail*. Au lieu de répondre, j'ai adressé un signe au président Jiang et l'ai encouragé à prendre la parole. « La Chine adhère de manière générale aux principes qui animent les droits de la personne, a-t-il répondu avec calme. Mais, dans chaque pays, des conditions spécifiques entourent le respect des droits de la personne. Par exemple, la liberté d'association, qui est déjà garantie par la Constitution chinoise, ne s'applique pas si elle provoque "le chaos complet dans les activités gouvernementales". » Et la liberté de mouvement en Chine, c'est une bien belle idée, mais cela voudrait dire que 50 millions de personnes pourraient s'établir à Shanghaï en moins de trois ans. On imagine aisément ce qui se produirait si sept millions de personne débarquaient à Toronto en trois ans.

Cet épisode a marqué, je crois, le début d'une ouverture nouvelle dans les relations sino-canadiennes. Certains de nos avocats et professeurs ont formé des magistrats chinois et les ont conseillés en matière de droit contractuel, de procédure pénale, de droits de la femme, et ils les ont initiés aussi aux procès publics et à l'aide juridique. La Chine a ratifié le Pacte international relatif aux droits civils et politiques et affirmé le principe de l'État de droit dans sa Constitution. Et le 20 novembre 1998, j'ai pris la parole devant les étudiants et les professeurs de l'université Qinghua, qui est pour ainsi dire l'école des futurs dirigeants chinois, ce qui a fait de moi, m'a-t-on dit, le premier leader du monde occidental à parler avec autant de franchise de l'importance des principes démocratiques et de l'État de droit devant un auditoire chinois, dans un lieu public aussi prestigieux. Et ce discours, je le précise, a été suivi d'un échange avec la presse chinoise.

« On vous dira qu'il est plus important de manger que

d'avoir le droit de parole, que les besoins collectifs doivent toujours primer les droits individuels. C'est le contraire qui est vrai, ai-je dit. Par exemple, dans votre philosophie juridique traditionnelle, vous allez inscrire des droits universels, comme la présomption d'innocence et le droit d'être défendu par un avocat. Nous vous en félicitons. Mais je manquerais de franchise à votre égard si je ne vous disais pas sans ambages que bon nombre de Canadiens sont troublés lorsqu'ils entendent parler des entraves qui existent dans votre pays à l'expression libre de la dissidence politique. Particulièrement lorsqu'ils entendent dire que des gens sont arrêtés ou croupissent en prison pour avoir exprimé des opinions politiques contraires à celles du gouvernement. »

Comme signe de progrès, cela ne répondait peut-être pas aux attentes des Canadiens, mais cet événement montrait clairement tout le chemin que la Chine avait parcouru en moins de cinq ans. En dépit des revers prévisibles, je crois que ce progrès va se poursuivre, la Chine continuant d'avancer sur le plan économique, de capter les émissions de télévision et d'avoir accès aux sites Internet de partout dans le monde, d'élire ses maires et autres responsables et de développer son système juridique.

★   ★   ★

Les problèmes étaient les mêmes, mais les répercussions moindres, dans le cas de Cuba. En avril 1998, lorsque je suis allé rencontrer Fidel Castro à La Havane, les droits de la personne figuraient en bonne place à l'ordre du jour, en dépit du fait que le Lider Maximo n'aimait pas aborder le sujet. Le Canada pratiquait « l'engagement constructif » avec Cuba depuis près de quarante ans, mais les réformes démocratiques dans ce pays avaient été rares. D'un autre côté, j'estimais qu'isoler Cuba par des boycottages, des sanctions et des menaces d'invasion n'avait pas aidé les choses. La réalité est qu'un dictateur est un dictateur, qu'il soit de droite ou de gauche, et si on ne fait jamais affaire avec les dictateurs, on ne fera pas affaire avec grand monde, notamment pas avec les Chinois et les Saoudiens. C'est pourquoi le Canada avait réclamé que Cuba soit invité au Sommet des Amériques à Miami en 1994. C'est aussi la raison pour laquelle nous avons maintenu nos liens avec le régime de Castro, nous commerçons avec son pays et permettons à nos citoyens d'y aller en vacances l'hiver par dizaines de milliers. C'est pourquoi aussi nous nous sommes opposés très vigoureusement à la loi Helms-Burton, qui prévoit l'application extraterritoriale des lois américaines et brime les citoyens canadiens en interdisant aux particuliers ou aux entreprises d'investir à Cuba et de faire affaire aux États-Unis en même temps. C'est non seulement une mauvaise politique, comme je l'ai répété sans cesse à Clinton, mais c'est aussi contraire aux règles de libéralisation de l'ALÉNA et de l'Organisation mondiale du commerce.

Cuba pose aux États-Unis un problème politique d'une importance démesurée à cause de l'influence, de la richesse et de l'importance de la communauté cubano-américaine. Dans deux États, la Floride et le New Jersey, les Cubano-Américains sont suffisamment nombreux pour exercer une influence politique tangible et ils votent pour quiconque promet de tenir la ligne dure. La génération plus jeune est peut-être moins obsédée par Cuba que ses parents ou grands-parents, mais tout politique qui rêve d'être élu sénateur ou gouverneur craint de proposer la normalisation des relations avec Cuba. Clinton avait signé la loi Helms-Burton, mais je crois qu'il se dirigeait vers un dégel jusqu'en février 1996, lorsque Castro a fait abattre deux petits avions américains qui avaient survolé La Havane pour y répandre des tracts prodémocratie. Cuba s'était conduite de manière honteuse dans ce cas-là. Certains ont même dit que Castro avait délibérément eu recours à cette provocation pour envenimer ses relations avec Washington, mais j'ai constaté plus tard qu'il admirait beaucoup Clinton.

« Vous savez, ai-je dit dans un discours adressé aux dirigeants d'affaires américains au Club économique de New York le 3 mars 1998, les États-Unis sont le pays le plus puissant au monde. On n'a jamais vu dans l'histoire du monde pays plus puissant. C'est donc le moment pour vous d'être aimables, c'est le moment d'être gentils. Et je ne crois pas que la loi Helms-Burton aide votre cause à cet égard. Vous ne pouvez pas aspirer à imposer votre volonté à tous les pays du monde, parce qu'alors ils vont tous se retourner contre vous. Je le crois très sincèrement. Par exemple, vous n'aimez pas Castro. Eh bien, ça vous regarde. C'est un dictateur, c'est vrai, mais vous avez fait affaire avec d'autres dictateurs avant lui dans cette partie du monde. Et si vous voulez vous débarrasser de lui, laissez les Américains aller là-bas avec leurs dollars. Mais n'y allez pas trop vite, parce que lorsque vous arriverez là, vous serez accueillis dans des hôtels canadiens. » Ils ont bien ri, mais plus tard, m'a-t-on dit, la Chambre de commerce américaine s'est servie de ma petite plaisanterie pour exercer des pressions sur son gouvernement et l'amener à modifier sa politique.

Un mois plus tard, je débarquais à La Havane. Je n'avais pas grande admiration pour le système politique et économique mis en place par Fidel Castro, mais je ne pouvais m'empêcher d'admirer l'homme, cette figure légendaire et l'une des personnalités les plus extraordinaires du XXe siècle. Je me rappelais avoir lu le récit de sa révolution héroïque quand j'étais encore étudiant, et il avait été au pouvoir plus longtemps que moi en politique. Aline et moi avions fait sa connaissance au cours des cérémonies du cinquantième anniversaire des Nations unies en octobre 1995 et nous avions découvert son côté enjôleur. Il nous avait parlé de son ami Pierre Trudeau et il avait été très touché lorsqu'Aline s'était adressée à lui en espagnol. À La Havane, il nous a accueillis comme de vieux amis et je n'ai pas tardé à lui rappeler à la blague qu'il était le dernier communiste vivant au monde.

« Oui, m'a-t-il dit, et j'en suis fier.

— Monsieur le président, lui ai-je répondu, je crois savoir que votre père était riche et que vous avez été éduqué par les jésuites. » Puis j'ai pointé le doigt vers Jean Pelletier qui était à l'autre bout de la table. « Mon chef de cabinet est d'une vieille famille de Québec et il a également été formé par les jésuites.

Vous êtes donc tous les deux des enfants de la bourgeoisie. Ce qui fait de moi le seul prolétaire ici. »

Ma stratégie consistait à aborder les sujets les plus difficiles dès que nous commencions à parler affaires avant le déjeuner: « Pourquoi ne pas surprendre la communauté internationale et agir sur le front des droits de la personne ? lui ai-je demandé. Par exemple, vous pourriez signer le Pacte international relatif aux droits économiques, sociaux et culturels. Tout ce texte est en accord avec votre action. »

Le Lider Maximo a réfléchi quelques instants, et il était clair que certains aspects de ce pacte lui déplaisaient, mais il a plus tard exhibé le texte et s'est mis à faire valoir ses objections, article par article. Par exemple, il ne voulait pas entendre parler de droits syndicaux, parce qu'il était le chef de tous les syndicats, il n'y avait donc pas besoin de leur accorder plus de droits. « Mon Dieu, ai-je dit, j'aimerais pouvoir dire la même chose au Canada. J'imagine que vous ne courez pas grand risque d'avoir des grèves chez vous. »

Castro adorait parler, et il a parlé pendant des heures après le dîner, qui avait déjà commencé tard, et il a continué jusque tard dans la nuit. Quoique fatigué, je me plaisais en sa compagnie parce qu'il était au courant d'une foule de choses. Il posait tout plein de questions aussi, m'interrogeant parfois d'un ton inquisiteur à propos des effets de l'ALÉNA sur les travailleurs ou des incidences de la société de consommation sur la pauvreté dans le monde. Le lendemain matin, il m'a accompagné à l'aéroport dans sa grosse limousine russe et, donnant l'ordre au chauffeur de s'arrêter sous un pont afin de nous mettre à l'abri du soleil, il m'a débité tout un cours pendant encore trois quarts d'heure sur une gamme fascinante de sujets. La chose qui m'a le plus frappé, cependant, c'est un commentaire qu'il a fait en passant au sujet de la baisse de la Bourse de New York ce matin-là. Ainsi, j'avais devant moi Castro, le dernier grand communiste, qui donnait à Chrétien, le « laquais de l'impérialisme yankee », les derniers chiffres du Dow Jones. Je ne devais le revoir qu'une fois, brièvement, lors des obsèques de Pierre Trudeau à Montréal. Il faut dire que l'amitié entre nos deux pays s'était quelque peu refroidie en août 1999 lorsque que le Canada n'avait pas su empêcher une douzaine d'athlètes cubains de faire défection aux Jeux panaméricains de Winnipeg, et le Lider Maximo nous avait fait alors connaître son mécontentement en termes peu équivoques. Du Castro tout pur.

★　　★　　★

Rares sont les dirigeants, au Canada ou ailleurs dans le monde, qui peuvent faire abstraction de la situation au Moyen-Orient, quand bien même ils le voudraient. Son histoire, ancienne et moderne, est universellement connue ; on fait constamment état des conflits qui déchirent la région ; les religions qu'on y pratique, les injustices qu'on y voit, sa pauvreté, son pétrole, tout cela fait l'objet de débats sans fin. Comme député, ministre ou premier ministre, chaque fois qu'une nouvelle crise secouait la région, j'en entendais parler de tous les côtés, par mes commettants comme par des lobbyistes, par des membres du caucus comme par mes collègues au cabinet. Bon nombre de ces intervenants étaient bien organisés, bien informés et très passionnés. Comme Canadien et comme libéral, je tâchais de ne pas prendre parti — je n'étais pas automatiquement d'un côté ou hostile à toute résolution de l'ONU, par exemple, mais je réservais mon jugement tant et aussi longtemps que je n'avais pas étudié toutes les données de la situation à tel ou tel moment particulier.

En 1992, on avait demandé au Canada de présider le Groupe de travail sur les réfugiés, une initiative multilatérale visant à améliorer le sort des quelque quatre millions de réfugiés palestiniens déracinés de leurs foyers par des décennies de guerres israélo-arabes. Plus j'en lisais sur leurs épreuves incessantes ou plus je voyais les conditions de vie atroces dans leurs camps à la télévision, plus je m'estimais contraint d'agir. Je voulais aussi encourager le commerce et l'investissement, les valeurs démocratiques et les droits de la personne, visiter nos Casques bleus sur les hauteurs du Golan et voir si le Canada pouvait faire quelque chose pour favoriser une paix juste et durable. En avril 2000, par conséquent, j'ai fait là-bas un voyage de douze jours qui m'a conduit en Israël, en Égypte, en Jordanie, au Liban, en Syrie et en Arabie Saoudite, la plus longue tournée dans la région jamais entreprise par un premier ministre canadien. Mes prédécesseurs avaient été dissuadés d'y aller, j'imagine, à cause des risques évidents que présente la région. D'ailleurs, on avait jeté des pierres au premier ministre français, Lionel Jospin, à Ramallah quelques semaines plus tôt. Mais les risques les plus grands étaient d'ordre politique et non sécuritaire, et j'ai vite compris à quel point le terrain là-bas pouvait être glissant.

À bord de l'avion, au cours d'une conversation de fond avec la presse, j'ai abordé le fait que l'Autorité palestinienne pouvait brandir la menace d'une déclaration unilatérale d'indépendance comme outil de négociation. Non seulement mes conjectures ont été rapportées, mais on les a aussi déformées en disant que le Canada serait favorable à une telle déclaration ; dès lors, les journalistes canadiens de langue française se demandaient pourquoi le Québec n'aurait pas lui aussi le droit de déclarer unilatéralement son indépendance. Comme si l'on pouvait comparer Palestiniens et Québécois sur le plan du droit international et de la réalité politique.

J'avais à peine touché le sol d'Israël que les journalistes, au courant de la controverse qui entourait le statut de Jérusalem, ont voulu savoir pourquoi je ne verrais pas les responsables palestiniens à leur quartier général de Jérusalem-Est. La vérité était fort simple : le président Yasser Arafat m'avait invité à venir le voir dans ses bureaux de Gaza. Mais lorsque les reporters se sont mis à insister, j'ai voulu dédramatiser l'affaire en y allant d'une plaisanterie. « Je ne sais même pas si je suis à Jérusalem-Ouest, Sud, Nord ou Est en ce moment. Je suis à Jérusalem, un point c'est tout. » Les unes du lendemain au Canada titraient que Chrétien ne connaissait pas la géographie. Je connais la géographie. Je ne voulais tout simplement pas répondre à la question.

Alors que les journalistes semblaient décidés à gâter la sauce, toutes les réunions se sont déroulées dans le calme. Lorsque j'ai rencontré le premier ministre israélien, Éhoud Barak, il m'a demandé de l'aider à résoudre le problème des réfugiés, car c'était une étape importante dans la quête de la paix. En privé, nous avons exploré quelques idées dans ce domaine, qui est manifestement très ardu et délicat. « Le Canada mène l'initiative ici », m'a-t-il dit. Donc, j'ai téléphoné plus tard aux dirigeants de divers pays pour voir s'il n'y avait pas moyen d'accepter davantage de réfugiés à titre humanitaire. Le lendemain, lorsque je me suis rendu à Gaza pour déjeuner avec Yasser Arafat, lui aussi m'a remercié chaleureusement pour le rôle que le Canada a joué auprès des réfugiés et pour l'assistance que nous lui fournissions avec nos programmes d'encouragement au commerce et de développement. Il a même épinglé une médaille sur ma veste en me faisant dire par la voix de son interprète qu'il m'accueillait non seulement avec respect et admiration, mais aussi avec un baiser !

La rencontre elle-même a fait jaser dans certains cercles, mais je dois dire que j'avais déjà rencontré Arafat à Ottawa et aux Nations unies ; il avait aussi été reçu par Clinton à la Maison-Blanche ; il avait remporté avec Rabin le prix Nobel de la paix ; et il n'y aurait pas d'espoir de paix au Moyen-Orient si tout le monde refusait d'adresser la parole au chef des Palestiniens. Lui et moi avons discuté de l'importance des droits de la personne, par exemple, et de la cadence des négociations de paix. Lorsque j'ai enfoncé une porte ouverte, par exemple en disant que les Palestiniens auraient leur propre État un jour, les journalistes m'ont accusé d'avoir insulté Israël. Cependant, ils n'ont pas pris la peine de rapporter que, immédiatement après avoir quitté Arafat, je me suis rendu à l'Université hébraïque de Jérusalem. Et là, devant une foule nombreuse et enthousiaste, j'ai reçu un doctorat honorifique, essentiellement pour ma contribution à la Charte canadienne des droits, qui a inspiré celle d'Israël.

« Le Canada était aux côtés d'Israël dès le début, en 1947, ai-je dit à l'auditoire, et nous vous avons toujours accompagnés depuis. Dans votre lutte pour protéger les droits des Juifs partout dans le monde, dans votre lutte pour faire abroger la résolution déplorable des Nations unies amalgamant sionisme et racisme, dans tous ces combats, le Canada a défendu vaillamment le droit qu'a Israël de vivre en paix comme pays, et jamais nous ne vous abandonnerons. Le Canada sera toujours un ami et un partenaire d'Israël. Mais nous sommes aussi les amis des voisins arabes d'Israël. C'est la raison pour laquelle nous nous sommes efforcés d'encourager le dialogue et la compréhension dans la région en prenant part à toutes les opérations de maintien de la paix ici et en jouant un rôle dominant au sein du Groupe de travail sur les réfugiés, où nous contribuons à améliorer les conditions de vie des réfugiés, et de trouver des solutions à long terme respectueuses des droits de la personne et de la dignité humaine. »

Au Caire, j'ai eu des discussions de nature commerciale avec le premier ministre et sept de ses ministres, dont trois étaient diplômés de McGill, puis j'ai déjeuné avec le président Hosni Moubarak, qui avait déjà été mon hôte au Sommet international pour la promotion de la paix et la lutte contre le terrorisme qui s'était tenu à la station balnéaire de Charm el-Cheikh en Égypte. Il m'a fait plaisir en faisant l'éloge de Lester Pearson, dont les efforts avaient permis de résoudre la crise de Suez en 1956. Aujourd'hui, en fait, le Canada et l'Égypte sont souvent des partenaires dans les missions de maintien de la paix de l'ONU partout dans le monde. À Beyrouth, j'ai discuté du retrait d'Israël du Sud-Liban et de la misère des 400 000 réfugiés palestiniens qui vivent dans une douzaine de camps surpeuplés et à qui on refuse la citoyenneté libanaise, de crainte que cela ne mette en péril le fragile équilibre social et politique entre chrétiens, chiites et sunnites. En Jordanie, j'ai parlé de la situation des réfugiés, du processus de paix, des droits des femmes ainsi que de relations commerciales bilatérales avec le roi Abdallah II, dont l'accueil chaleureux a sidéré les journalistes.

L'année précédente, en février 1999, lorsque le père du roi était décédé, la presse canadienne avait fait tout un plat du fait que je n'avais pas assisté à ses obsèques, et on avait dit que c'était un affront envers la Jordanie et un recul pour l'influence canadienne au Moyen-Orient. Je tenais vraiment à y aller, surtout parce que j'avais appris à connaître et à apprécier le roi Hussein au cours de sa visite au Canada en avril 1995 et en d'autres occasions. Malheureusement, j'étais en vacances de ski à Whistler, en Colombie-Britannique, et le temps était exécrable. Lorsque j'ai appris sa mort, le temps pour moi de me rendre de Vancouver à Amman, et la cérémonie aurait été terminée. Trois mois plus tard, lorsque son jeune successeur est venu à Ottawa, il a refusé d'accepter mes excuses et m'a remercié d'y avoir dépêché le ministre des Affaires étrangères, Lloyd Axworthy, qui avait réussi à arriver d'Ottawa avec seulement une demi-heure devant lui. En fait, le roi Abdallah n'avait même pas entendu parler de cette histoire, mais les journalistes canadiens persistaient à demander si les Jordaniens m'en voulaient encore de ne pas avoir assisté aux funérailles.

Pendant une visite dans un camp de réfugiés en Jordanie, les photographes ont pris quelques bons clichés de moi en train de jouer au basket-ball avec des enfants, et je me suis même lancé dans une danse impromptue avec un groupe d'hommes, mais la meute journalistique était encore à l'affût du moindre faux pas. Quand on m'a posé une question à propos de la mer de Galilée, par exemple, j'ai dit : « Il est absolument essentiel pour les Israéliens de contrôler cette nappe d'eau », parce que c'est le seul lac d'eau douce qu'ils ont. Étant donné que les Syriens réclamaient l'accès au lac, la presse a écrit que j'avais insulté la Syrie et qu'on ne me permettrait peut-être même pas d'y aller comme prévu. Imaginez la surprise des journalistes lorsque je suis arrivé à l'aéroport de Damas où j'ai été accueilli par une douzaine de ministres. Aline et moi n'avions pas assez de nos quatre bras pour porter toutes les fleurs dont on nous a chargés.

Ayant lu mes notes d'information, je savais qu'Israël se préparait à se retirer des hauteurs du Golan, mais l'un des points de friction qui subsistaient était un tout petit espace, au nord-est de la mer de Galilée, qui avait été autrefois territoire syrien. Israël

Avec deux des grands leaders européens d'après-guerre, Helmut Kohl et François Mitterrand, Naples, juillet 1994.

Tony Blair, Bill Clinton et moi discutons de la « troisième voie ».

Bras de fer avec l'autre « ours polaire », Boris Eltsine, au G-8 de Cologne, juin 1999.

Le président Jiang Zemin riant à gorge déployée au sommet de l'APEC de Seattle, novembre 1993.

Bain de foule en Chine, novembre 1998.

Le secrétaire général de l'ONU, Kofi Annan, Lloyd Axworthy et moi fêtons la signature du Traité d'Ottawa sur les mines terrestres, le 3 décembre 1997.

Accueillant au Canada le pape Jean-Paul II, symbole vivant de la compassion et de la paix.

Avec le premier ministre d'Israël, Yitzhak Rabin, mon premier visiteur officiel au 24 Sussex, novembre 1993.

Déjeuner avec le leader de l'OLP, Yasser Arafat, et sa femme, à Gaza, avril 2000.

Le président cubain, Fidel Castro, venu m'accueillir à l'aéroport de La Havane, avril 1998.

Le Sommet des Amériques de Québec, avril 2001.

Petite pause au sommet de la Francophonie, lors de l'un de mes nombreux voyages au Bénin. Décembre 1995.

Avec Nelson Mandela, le grand leader sud-africain et citoyen honoraire du Canada, lors de la conférence du Commonwealth à Édimbourg, octobre 1997.

En dépit de notre désaccord à propos de l'Irak, George W. Bush s'est montré plus qu'aimable envers moi. Detroit, le 9 septembre 2002.

Le président russe, Vladimir Poutine, semble me prévenir : « Sois prudent, Jean. Je soupçonne ton petit-fils Olivier de préparer un putsch. » Kananaskis, juin 2002.

Mon petit-fils Maximilien fait le « pont » entre l'Amérique du Nord et l'Europe. Évian-les-Bains, juin 2003.

Moment d'émotion avec Aline après mon discours d'adieu, le 13 novembre 2003.

Aline et moi nous éloi-gnant de Rideau Hall, enfin rendus à la vie pri-vée, le 12 décembre 2003.

s'en était emparé en 1967 ; la Syrie voulait récupérer son territoire. « Il doit bien y avoir une solution pratique », me disais-je, et
je ne cessais d'y réfléchir sans consulter mes fonctionnaires.
Pourquoi pas, songeais-je, faire de ce petit territoire convoité une
zone de paix internationale ? Une organisation tierce, financée
par de nombreux pays, pourrait louer pendant quatre-vingt-dix-
neuf ans le territoire d'Israël et de la Syrie contesté, et ainsi
aucun des deux n'aurait à renoncer à sa revendication, et on
pourrait faire du côté est de ce lac un lieu de villégiature magnifique pour les visiteurs des pays environnants et du monde
entier, avec des pavillons à thème bâtis par plusieurs pays. Le
Canada, par exemple, pourrait bâtir un pavillon dont le thème
serait les mines terrestres, mais les détails importaient peu. Ce
qu'il fallait faire, c'était supprimer cet obstacle majeur à un règlement de paix durable.

Je n'étais pas prêt à parler de cette proposition au premier
ministre Barak, mais je l'avais mentionnée au président Arafat,
au président Moubarak et au roi Abdallah. (J'en ai parlé aussi à
mon vieil ami Shimon Peres, l'ancien premier ministre d'Israël,
qui avait fait tout le voyage de Jérusalem pour être avec moi à la
réception émouvante que m'avaient préparée des élèves chrétiens, musulmans et juifs d'une école de Nazareth.) Ils étaient
intrigués. Moubarak a même demandé qu'on lui apporte une
grande carte, qu'il a étalée sur la table pour que nous puissions
l'étudier. J'étais donc suffisamment encouragé pour en parler
avec le président Hafez al-Assad, de la Syrie, en présence de son
premier ministre et de son ministre des Affaires étrangères.
Comme il était de santé très fragile, on m'avait dit que notre rencontre durerait moins d'une demi-heure. Elle a duré presque une
heure et demie. Je l'ai trouvé aimable, attentif et très encourageant.

« Monsieur le premier ministre, m'a-t-il dit, je nageais et je
pêchais dans ce lac quand j'étais enfant. Ce territoire appartient
à la Syrie.

— S'il est à vous, d'accord, lui ai-je dit, donc louez-le-moi
pour quatre-vingt-dix-neuf ans. Après, ce sera le problème d'un

autre, parce qu'il se peut fort bien que je n'y sois plus. Si les Israéliens disent que c'est à eux, d'accord, je serai leur locataire. Au lieu d'en faire une épine dans le pied pour tous les deux, vous pourriez en faire une attraction touristique internationale, accessible à tous. »

En fin de compte, j'ai décidé de ne pas trop insister. Les Américains, qui sont plus jaloux que les Européens de leur dossier du Moyen-Orient, ne voulaient rien faire qui puisse nuire aux efforts que déployait Clinton pour obtenir un accord avec Barak et Arafat en juillet suivant. Chose certaine, le Canada ne voulait pas se mêler de ce qui ne le regardait pas, et il aurait été présomptueux de ma part de dire que j'étais plus intelligent ou plus puissant que le président des États-Unis lorsqu'il s'agissait des relations arabo-israéliennes. Après l'échec de l'accord de Clinton et la défaite de Barak en 2001, la violence a repris de plus belle. Donc nous en avions plus qu'assez sur les bras en poursuivant notre œuvre auprès des réfugiés et dans le domaine des droits de la personne, en maintenant nos Casques bleus sur les hauteurs du Golan et en tâchant d'observer une position équilibrée aux Nations unies.

En juin 2000, soit deux mois après notre rencontre, le président Assad est mort. Comme dans le cas de Castro et d'Arafat, je crois que le fait de dialoguer avec lui valait mieux que de l'isoler, en dépit des nombreuses divergences sérieuses que nous avions à propos de la politique étrangère et des droits de la personne. Son fils et successeur a confié à notre ministre des Affaires étrangères, John Manley, que son père avait dit, peu avant sa mort : « Le premier ministre du Canada est un homme de paix. » C'est grâce à notre rencontre, je crois, et à la lettre que je lui ai fait transmettre ensuite par le sénateur Pierre De Bané en 2003 que j'ai pu obtenir la libération de Maher Arar, un citoyen canadien innocent qui avait été accusé de terrorisme et livré par le gouvernement américain aux autorités syriennes, qui l'avaient emprisonné et torturé.

Ayant eu mon lot de conflits avec la presse parlementaire, je comprenais les pressions et les contraintes du métier journalistique, et dans l'ensemble je n'ai jamais été traité plus mal ou mieux qu'un autre. Mais mon voyage au Moyen-Orient a été l'un de ces moments où les nouvelles qu'on rapportait chez nous semblaient n'avoir rien à voir avec ce qui se passait là-bas. Alors que notre délégation était accueillie partout sans jamais un mot de reproche et discutait de divers dossiers importants — contrats d'affaires, terrorisme, mines terrestres, remise de la dette, règles commerciales, santé, éducation, regroupement des familles, haute technologie, agriculture, environnement, télécommunications, transports, gestion de l'eau, liaisons aériennes, visas d'étudiants, réformes juridiques, pour n'en nommer que quelques-uns —, les médias donnaient aux Canadiens l'impression que cette tournée n'était qu'une accumulation de gaffes du début jusqu'à la fin. C'était comme si les journalistes avaient décidé collectivement, ou que leurs rédacteurs en chef leur en avaient donné l'ordre, d'emporter dans leurs valises leurs obsessions tournant autour des petits scandales et de ma succession à Ottawa.

Je n'avais jamais vu mon chef de cabinet, Jean Pelletier, aussi en colère. Lorsqu'un journaliste lui a demandé un jour comment le voyage se déroulait à son avis, il a enfreint la règle qu'il s'était lui-même fixée de ne jamais faire de déclaration. « Quel voyage ? a-t-il répondu froidement. Notre voyage ou votre voyage à vous ? Le nôtre se passe très bien, merci. Votre voyage à vous semble aller très mal, mais ça, je ne sais pas pourquoi. »

Vers la fin du voyage, le ministre des Finances de l'Arabie Saoudite a parlé vrai. « L'humilité traditionnelle du Canada amoindrit l'importance et la valeur de son rôle dans la région. » Combien j'aurais aimé que les Canadiens entendent ce message.

★ ★ ★

L'une des grandes tragédies de la fin du XXe siècle a été la quasi-indifférence du monde à l'égard des millions d'Africains qui mouraient à cause de la guerre, de la maladie et de la pauvreté. Quand 10 personnes étaient assassinées au Moyen-Orient, toute la presse mondiale en parlait. Quand 10 000 personnes mouraient en Afrique, pas un entrefilet dans le journal. C'était comme si, aux yeux des médias, de leurs lecteurs et spectateurs, la vie humaine en Afrique n'avait pas la même valeur qu'ailleurs.

Au printemps de 1994, j'ai appris avec un effroi grandissant le massacre brutal de centaines de milliers de Tutsis, dont le premier ministre, les ministres et le juge en chef de la Cour suprême, par des bandes hutues au Rwanda, qui faisaient fi d'une petite mission mal équipée commandée par le général canadien Roméo Dallaire. En avril, sous les yeux du monde, qui restait impuissant ou indifférent, le Canada a dépêché deux avions Hercule à Kigali pour soutenir la mission de Dallaire et évacuer 6 000 personnes, faisant courir un grand péril aux équipages. À l'occasion du G-7 de Naples en juin, j'ai essayé, mais en vain, d'obtenir des autres leaders que soit envoyée une nouvelle force internationale au Rwanda. En juillet, lorsque les Nations unies ont fini par agir, le Canada a envoyé là-bas sans délai des soldats, des équipes médicales, des ingénieurs et des unités de ravitaillement, mais il était trop tard pour prévenir le massacre de plus d'un million de Tutsis innocents. Ce génocide a assombri l'histoire du monde contemporain. Tout l'Occident, y compris le Canada, aurait pu et aurait dû agir plus rapidement et avec plus de résolution. J'étais décidé à ce que le Canada fasse tout en son pouvoir pour que ce genre de tragédie ne se reproduise plus.

Durant une fin de semaine pluvieuse au lac Harrington en novembre 1996, j'ai vu un reportage troublant à la télévision. Du fait de la guerre civile au Rwanda, plus de 725 000 Hutus, craignant les représailles des Tutsis, avaient trouvé refuge dans le Zaïre voisin, où ils survivaient à peine à la famine, à la maladie et aux attaques des dizaines de milliers de Tutsis établis là-bas depuis fort longtemps. Un noyau de rebelles hutus repoussaient ces attaques avec le concours de l'armée zaïroise ; les Tutsis avaient répliqué en pilonnant les camps de réfugiés ; le risque était donc grand de voir ce conflit local dégénérer en une guerre en règle entre le Rwanda et le Zaïre. Les combats se faisaient plus féroces, les conditions de vie des réfugiés se dégradaient et la médiation de la Tanzanie semblait de moins en moins prometteuse. J'ai alors décidé qu'il fallait agir.

Après avoir consulté Raymond Chrétien, qu'on avait déjà déchargé de son poste d'ambassadeur à Washington pour qu'il puisse se rendre dans la région à titre d'émissaire spécial des Nations unies, avec pour mission d'obtenir un cessez-le-feu et le retour des réfugiés, j'ai pris le téléphone et me suis mis à appeler les dirigeants étrangers dont la liste avait été établie par Jim Bartleman. « Nous devons tous répondre immédiatement à l'appel des Nations unies pour l'envoi d'une mission militaire, ai-je plaidé. On ne peut pas laisser ça continuer. » Le Sénégal avait des soldats, mais pas d'avions. La Belgique avait des avions mais pas de soldats. Le Brésil, ayant des troupes inactives en Angola, m'a demandé si je voulais qu'on les envoie sur place le lendemain. Les Européens étaient prêts à agir et, le plus étonnant, les Américains ont accepté de placer leurs troupes sous le commandement d'un général canadien. En quelques jours, nous avions assemblé une force internationale d'environ 15 000 soldats et réuni 100 millions de dollars pour la financer. Cependant, tandis que nous étions sur le point d'obtenir une résolution du Conseil de sécurité, le problème s'est réglé plus ou moins de lui-même lorsque les forces rwandaises ont pu entrer dans les camps, chasser les militants hutus et persuader les réfugiés de rentrer chez eux. Une crise majeure avait été évitée, en partie parce que le Canada avait agi rapidement et incité les autres pays à s'engager, et en partie parce que nous étions prêts à y aller collectivement. Voilà qui reflétait fort bien les valeurs de notre société.

★   ★   ★

À mon arrivée au pouvoir, je m'imaginais que l'Asie et les Amériques retiendraient mon attention en matière de politique étrangère. Je ne pouvais pas faire grand-chose du côté de l'Europe, où nos exportations trouvaient difficilement preneur et où les questions relatives à la défense étaient traitées pour l'essentiel dans le cadre de l'OTAN. Je ne voulais pas non plus me mêler des initiatives de paix et de stabilisation des États-Unis au Moyen-Orient. Mais très rapidement, et sans que je l'aie prévu, les problèmes du continent noir se sont imposés à moi, ne serait-ce que parce que presque tous les pays africains sont membres ou du Commonwealth ou de la Francophonie. Plus je rencontrais leurs dirigeants, plus je m'intéressais à leur action et plus je tenais à ce que le Canada les aide.

Les défis socioéconomiques étaient renversants, les statistiques aussi. L'Afrique était la seule région du monde où la pauvreté et la malnutrition étaient en hausse, où les investissements et l'épargne *per capita*, et même la longévité, étaient en baisse. Plus de 300 millions de personnes en Afrique sub-saharienne vivaient sous le seuil international de la pauvreté, qui est de 1 dollar US par jour. Plus de 200 millions d'Africains n'avaient pas accès à des services de santé ou à une source d'eau potable. Plus de 140 millions de jeunes Africains étaient illettrés. Plus de 25 millions d'Africains étaient atteints du VIH ou du sida, et il y avait presque autant d'orphelins causés par l'épidémie du sida qu'il y a d'habitants au Canada. La part de l'Afrique sub-saharienne dans le commerce mondial avait chuté depuis les années 1960 à moins de 2 pour cent; la moitié des pays de la région étaient directement ou indirectement mêlés à des conflits armés; et, le continent demeurant privé des bienfaits de la mondialisation, le mouvement en faveur d'une prospérité généralisée, d'une stabilité économique bienfaisante et d'une paix durable s'en trouvait sérieusement compromis.

Depuis mon tout premier sommet du G-7 à Naples en 1994, je ne ratais jamais l'occasion d'aborder la question de l'Afrique, de mentionner les crises qui l'agitaient et de réclamer une action concertée. Au G-7 de Denver en 1997, avec l'appui de Jacques Chirac et de Tony Blair, j'ai présidé la discussion sur les problèmes politiques de l'Afrique et pressé les États-Unis et l'Union européenne d'améliorer leurs régimes de tarifs préférentiels afin d'intégrer l'Afrique dans l'économie mondiale. Donc, lorsqu'il a été décidé au G-8 de Gênes, en juillet 2001, de mettre en branle le Plan d'action pour l'Afrique, mes confrères m'ont prié de me charger tout de suite du dossier, même si Silvio Berlusconi devait conserver la présidence du groupe jusqu'en janvier 2002. Leur requête m'honorait autant qu'elle me surprenait, et monsieur Berlusconi a eu l'extrême élégance de me céder la place. Le choix s'était porté sur moi, entre autres choses, parce que je parle l'anglais et le français, parce que le Canada est le pays numéro deux du Commonwealth et de la Francophonie et parce que je disposais d'une très longue expérience politique, oui, tout cela est vrai, mais c'est peut-être aussi parce qu'on me croyait moins occupé que les autres.

J'ai aussitôt fait de Robert Fowler, notre ambassadeur à Rome qui avait été sous-ministre de la Défense et notre envoyé aux Nations unies, mon représentant personnel dans le dossier africain du G-8 et l'ai nommé « sherpa » en chef du Canada et responsable de l'organisation du sommet du G-8 qui devait se tenir à Kananaskis, en Alberta, fin juin 2002. Charge qui lui imposait de mettre à l'ordre du jour la préparation documentaire, la logistique et la sécurité du sommet, ainsi que la déclaration qui en résulterait. En tant que président de ces deux groupes multilatéraux, Fowler a su coordonner et influencer leurs travaux de telle manière que l'Afrique est demeurée notre priorité.

Il s'agissait pour ces deux instances de voir comment le G-8 pourrait soutenir à fond le Nouveau Partenariat pour le développement de l'Afrique, le NePAD, cette initiative visionnaire qu'avaient proposée plusieurs leaders africains progressistes et qui avait reçu l'aval de 53 membres de l'Organisation de l'unité africaine. Ses objectifs : consolider la démocratie et la saine gestion économique sur le continent, promouvoir la paix et les droits de la personne, encourager l'éducation et la santé et instaurer les structures juridiques et les infrastructures nécessaires à une croissance durable. Au cours de mes voyages au Maroc, en Algérie, en Afrique du Sud, en Éthiopie, au Nigeria et au Sénégal, ainsi que dans mes rencontres aux Nations unies, au Commonwealth et à la Francophonie, je me suis entretenu avec les responsables africains du NePAD pour faire en sorte que le plan du G-8 fasse consensus. C'est ainsi que nous avons pu traiter de plus d'une centaine de questions importantes : de la paix aussi bien que des infrastructures, de l'élimination de la corruption à la santé, de l'éducation à l'agriculture, de la durabilité écologique à la mortalité infantile, de l'égalité entre les sexes à l'aide étrangère.

Tous ces entretiens m'ont beaucoup éclairé. Les leaders africains étaient enthousiastes et tenaient à aller de l'avant avec ce partenariat. Ils comprenaient le rapport qu'il y avait entre la résolution de leurs problèmes internes et l'attraction des investissements étrangers, et la plupart d'entre eux prenaient des mesures effectives pour instaurer la règle démocratique, l'intégrité gouvernementale, le respect des droits de la personne et la tolérance vis-à-vis de la diversité. Leur réussite dans la mise en œuvre de ces principes serait mesurée à l'aune de la transparence définie par leurs pairs. Ainsi rassurés, les pays donateurs se montreraient plus désireux d'élargir l'aide au développement et, chose plus importante, d'investir en Afrique. En outre, chacun comprenait la valeur d'une meilleure cohésion et d'une meilleure coopération entre le Nord et le Sud, l'Est et l'Ouest. Étant donné que la plupart de ces pays n'ont pas la taille, la richesse, la diversité ou l'infrastructure voulues pour aller de l'avant seuls, ils ne sont pas à même de mettre en œuvre les solutions nécessaires sans aide. Par exemple, le Nigeria brûlait autrefois une bonne part de son gaz naturel parce qu'il n'y avait pas de pipeline menant aux pays pauvres de l'Afrique occidentale, lesquels étaient dès lors forcés d'importer du pétrole à des prix élevés pour répondre à la demande énergétique. Donc, la coopération, peut-être même dans le cadre d'une fédération, est essentielle à la croissance et à la paix dans la région.

Kananaskis était un site parfait pour la tenue du G-8, et il était plus facile à sécuriser qu'Ottawa ou Banff, les deux autres endroits que nous avions envisagés. Le panorama y est spectaculaire, et le lieu de villégiature tellement isolé que le seul intrus a été un ours en maraude, qui a été tué accidentellement lorsque la police a voulu l'anesthésier; quelques manifestants ont eu beau montrer leur derrière aux leaders à Calgary, le sommet a beaucoup contribué à faire connaître la beauté et l'hospitalité de l'Alberta. En tant que pays hôte, le Canada a décidé de consacrer une journée entière à l'Afrique et au NePAD, tout en sachant que ses amis américains n'étaient pas très à l'aise avec le sujet. Même si elle ne représentait qu'une part infime de leur PIB, la contribution financière des États-Unis demeurait considérable, et je comprenais que George W. Bush ne tolère aucun reproche à cet égard. Comme d'habitude, il était méfiant à l'égard des solutions multilatérales et voulait aller de l'avant seul, en procédant bilatéralement.

Pour que soit respecté l'ordre du jour, j'ai prévenu Jacques Chirac qu'il serait le premier à parler. « Vas-y et mets toute la gomme », lui ai-je dit. Il ne s'est pas fait prier. À un moment donné, il a même traité les Américains de « pingres », « *stingy* » en anglais, et j'ai bien vu que Bush en a été froissé.

« L'interprète s'est trompé, George, lui ai-je dit aussitôt, recourant à un vieux truc à moi. J'écoutais Jacques en français, et le mot qu'il a employé ne veut pas dire exactement ça. » C'était faux, bien sûr, et tout le monde a vu clair dans mon jeu, mais l'harmonie est revenue tout de suite. Finalement, je suis heureux de le dire, les Américains se sont montrés beaucoup plus raisonnables que ce à quoi nous nous attendions. En fait, le sommet de Kananaskis a eu pour effet de dénoncer l'urgence du problème africain partout dans le monde et de hausser la barre pour les pays donateurs.

En mars 2002, à la Conférence internationale sur le financement du développement à Monterrey, au Mexique, les Américains ont annoncé à grand fracas qu'ils allaient augmenter leur contribution à l'aide étrangère de cinq milliards sur trois ans. « C'est très généreux à eux, ai-je observé, mais ils refilent la moitié de la facture au Canada avec leurs tarifs de 2,5 milliards de dollars sur le bois d'œuvre et l'autre moitié à l'Europe avec leurs droits sur l'acier. » Tout le monde a éclaté de rire, mais tous ont retenu aussi le sérieux de mon argument.

L'autorité morale du Canada dans ce domaine était évidemment fonction de sa propre contribution. J'avais vivement regretté d'avoir eu à réduire notre aide à l'étranger de 20 pour cent dans notre premier budget, surtout étant donné que c'était Lester Pearson lui-même qui avait fixé l'objectif que tout pays développé doit atteindre, à savoir faire don aux pays nécessiteux de 0,7 pour cent de son PIB ; mais le gouvernement fédéral était alors au bord de la faillite et il fallait traiter tous les ministères de la même façon. Il est bien sûr toujours mal vu pour un gouvernement d'envoyer de l'argent à l'étranger lorsqu'il est en déficit et qu'il doit sabrer ses programmes sociaux. En 2001, cependant, nous avons effacé les créances de 11 pays pauvres qui s'étaient engagés sur la voie de la réforme, et, dans le budget qui a précédé le sommet de Kananaskis, nous avons créé un fonds spécial de 500 millions de dollars pour l'Afrique, dont 100 millions en capital-risque avec contribution correspondante du secteur privé. À la conférence de Monterrey, à la grande surprise de mon ministre des Finances qui se trouvait à mes côtés, j'ai annoncé que le Canada allait doubler son aide au développement outre-mer avant 2010, la moitié des crédits étant réservés à l'Afrique. Initiative que je me suis permise non seulement pour aiguillonner dans le même sens les autres pays membres du G-8, mais aussi pour marquer l'espoir que j'ai de voir mon pays concrétiser bientôt le rêve de Pearson.

Je le sais pour l'avoir vécu, les Canadiens ont très souvent du mal à imaginer le bien que font leurs dons, que ceux-ci soient transmis par leur gouvernement ou par une organisation internationale. Quand j'étais étudiant en droit, le père Georges-Henri Lévesque, de l'université Laval, avait fondé une université de langue française au Rwanda, ce tout petit pays d'Afrique, si pauvre. Certaines personnes de ma connaissance, dont Bob Fowler, y sont allées enseigner à titre bénévole pendant une année ou deux parce qu'ils savaient ou sentaient que cet établissement leur appartenait d'une certaine manière. De même, je me rappelle avoir visité un village dans une province de la Chine très pauvre où le Canada avait dépensé environ 150 dollars par famille pour bâtir un système de réservoirs afin que les femmes n'aient plus à marcher 15 kilomètres deux fois par semaine pour se procurer de l'eau potable. Toute notre délégation — politiques, fonctionnaires et même journalistes — a été tellement impressionnée par la valeur de notre don à ce village que nous avons tous puisé dans nos poches et remis tout notre argent comptant aux villageois. La même chose s'est produite à Addis-Abeba, en Éthiopie, où nous avons vu à quel point les gens d'un district pauvre étaient reconnaissants au Canada d'avoir financé l'installation d'une pompe, parce qu'ils n'étaient plus obligés ainsi de boire la même eau que leurs animaux. On y avait même attaché un drapeau canadien.

À mon avis, si le monde développé ouvrait ses portes aux Africains, l'économie de marché pourrait prendre de l'expansion dans ces pays et ils finiraient par nous acheter des produits et des services, comme cela s'est vu en Asie ou en Amérique latine, et ainsi il se créerait plus d'emplois et de profits au Canada. Les Scandinaves semblent avoir adopté cette recette depuis longtemps. Ils sont extrêmement généreux dans leurs dons, ils investissent également beaucoup en Afrique et ils finissent par vendre leurs propres produits là-bas. C'est l'une des raisons pour lesquelles le Canada devrait accueillir le plus possible d'étudiants étrangers. À l'instar de la Grande-Bretagne, de la France, de la Hollande et même de la Belgique, qui ont su maintenir des relations commerciales extrêmement avantageuses avec leurs anciennes colonies devenues indépendantes, nous devons faire en sorte que les Africains qui viennent étudier au Canada rentrent chez eux avec une bonne connaissance de notre savoir-faire et de nos produits d'exportation. Ainsi, aux Seychelles, j'ai rencontré un jour un ministre de l'Agriculture qui avait été formé en Nouvelle-Écosse, tandis qu'au Pakistan je suis tombé sur un monsieur qui voulait importer du bœuf canadien parce qu'il avait étudié le génie chez nous autrefois.

Investir en Afrique, ce n'est pas faire la charité, c'est investir.

L'Afrique est un continent énorme comptant 800 millions d'habitants, des ressources d'une richesse immense et un potentiel extraordinaire pour le développement des exportations, du tourisme, de presque n'importe quoi. Mais, au préalable, l'Afrique dit avoir besoin de routes, d'aéroports, de ports de mer, d'électricité, de technologies d'information et de communication et d'autres infrastructures de base pour pouvoir amorcer son développement économique. Ensuite, elle aura besoin de débouchés pour ses produits et ses ressources naturelles afin de se sortir de la pauvreté. Ensuite, il lui faudra une éducation pratique, de bons services de santé et de l'eau potable pour contrer le sida, la malaria et les autres pandémies. Maintenant, grâce à Dieu, tout le monde, de Bill Clinton à Bill Gates, veut aider l'Afrique et tout le monde a une conscience nouvelle des problèmes qui existent là-bas.

Ce n'est pas seulement une question d'argent ; c'est une question gouvernementale aussi. Prenons par exemple les produits agricoles. À cause des subventions à l'agriculture, m'a-t-on expliqué, une vache en France coûte à l'État plus que l'éducation d'un enfant. Et j'ai un jour rencontré un milliardaire du Sud des États-Unis qui recevait encore de son gouvernement des subventions destinées à protéger les producteurs de coton américains. Le coton est l'une des rares choses que les paysans pauvres du Burkina Faso peuvent produire, mais il est évident qu'ils ne peuvent pas concurrencer le trésor américain. J'ai été étonné un jour de découvrir que George W. Bush ne savait même pas combien son gouvernement versait au secteur agricole américain, qui est dans une large mesure entre les mains d'entreprises géantes et extrêmement lucratives. « Peut-être que Clinton a dû acheter leurs votes, George, lui ai-je dit un jour, mais toi, t'as pas besoin de faire ça. Ils vont voter pour toi de toute façon, argent ou pas, parce qu'ils sont pour la peine de mort, pour les armes à feu et contre l'avortement. »

Le Canada a d'ailleurs pu mesurer la puissance du lobby agricole américain en mai 2003, lorsqu'un seul cas de « vache folle » a été découvert en Alberta et que les États-Unis ont fermé immédiatement leurs frontières au bétail canadien. On comprend que c'était dans une certaine mesure une question légitime de santé publique, même si aucun Canadien n'a jamais été malade d'avoir mangé du bœuf de l'Alberta, mais cela servait aussi drôlement les producteurs américains, qui se défaisaient ainsi d'un concurrent et avaient le champ libre pour augmenter leurs prix et leurs profits tant que la frontière resterait verrouillée. Ce n'était là qu'un autre exemple de la manière dont les Américains et les Européens contournaient le libre-échange en matière agricole en érigeant des barrières non tarifaires, et je me suis donné beaucoup de mal, de concert avec le premier ministre Klein, pour obtenir que Washington revienne sur sa décision.

En juillet de la même année, l'ancien président Bill Clinton et moi assistions à la rencontre des leaders progressistes à Londres lorsqu'un journaliste m'a posé une question sur l'économie canadienne. « Ah, ai-je répondu, c'est fantastique, nous nous débrouillons très bien. Nous n'avons qu'un problème. Nous avons une maudite vache folle chez nous (en anglais, *"goddamn mad cow"*) ». J'ai pensé que Clinton allait se rouler par terre de rire. Plus tard, il m'a dit : « Jean, tu es bien le seul parmi nous qui peut dire *"goddamn mad cow"* à la télévision internationale sans se faire taper dessus.

— Je suis francophone, Bill, lui ai-je dit en plaisantant. Et que veut dire *"goddamn"* en anglais de toute façon ? » Puis j'ai repris mon sérieux. « Écoute, cette histoire fait mal à nos agriculteurs, il va nous falloir indemniser nos producteurs de bœuf au prix fort, et vos propres consommateurs vont en souffrir. »

En fait, cette « maudite vache folle » a coûté au trésor fédéral des milliards de dollars sans qu'aucune autre région du pays n'élève la moindre protestation. Il s'agissait de venir en aide de toute urgence à des concitoyens qui étaient dans le besoin, et pour ma part j'y voyais une responsabilité nationale et non une sorte de subvention. Cela dit, pas un seul politicien de l'Alberta ne nous a dit merci. Si, par malheur, on avait trouvé cette vache folle dans les Maritimes, tous ces richards de Calgary auraient beuglé que je gaspillais leur argent dans l'Est.

De manière générale, même si nous étions loin d'être parfaits nous-mêmes lorsqu'il s'agissait par exemple de protéger nos propres producteurs de lait et de volaille, le Canada a continué d'acquérir des débouchés à l'étranger dans le respect du cycle de l'Uruguay de l'Organisation mondiale du commerce. En pratique, la vérité est celle-ci : alors que les agriculteurs des États-Unis et de l'Europe jouissent d'une influence politique démesurée, au Canada, le pourcentage de la main-d'œuvre directement ou indirectement active dans le secteur agricole a chuté de 50 pour cent à 3 pour cent au cours des soixante dernières années, même si ce secteur conserve toute son importance, bien sûr, dans les circonscriptions rurales. À l'heure du sommet de Kananaskis, le Canada avait cependant supprimé tous les tarifs et quotas s'appliquant aux pays les moins développés, dont 34 étaient du continent africain.

★   ★   ★

Bien sûr, il ne saurait y avoir de progrès dans le développement, l'investissement, l'éducation et la santé si l'on ne crée pas un climat de paix, de stabilité et de respect pour l'État de droit. Il n'y a rien de plus nerveux au monde qu'un million de dollars, ça se déplace très rapidement et ça ne parle pas de langue connue. Bon nombre de pays africains sont des créations artificielles des puissances coloniales, qui ne montraient pas toujours la sensibilité ou la logique voulues dans leurs entreprises fondatrices. Le tracé des frontières répondait habituellement à quelque objectif arbitraire qui n'avait aucun rapport avec les besoins des gens de la place, et diverses tribus devaient lutter pour le pouvoir dans un régime politique qui ne leur ressemblait en rien. Plus tard, au cours de la guerre froide, les Américains et les Soviétiques avaient dressé un gouvernement corrompu contre l'autre afin d'acheter leurs votes aux Nations unies ou de les gagner à leur bloc idéologique. Par conséquent, le continent était aux prises depuis des générations avec des conflits frontaliers, des guerres civiles, des dictatures brutales, la corruption des pouvoirs publics et la violence ethnique.

Ainsi, à notre arrivée à la réunion du Commonwealth en Nouvelle-Zélande, en novembre 1995, les leaders ont appris que Ken Saro-Wiwa, écrivain et militant humanitaire, allait être pendu par la junte au pouvoir au Nigeria. Son fils est venu me voir et, étant donné qu'aucun autre leader ne semblait disposé à le faire, j'ai décidé de plaider la cause de son père. J'ai donc abordé le sujet dans mon allocution d'ouverture, provoquant la colère du ministre nigérian des Affaires étrangères, qui s'est mis à hurler et qui a failli m'agresser parce que j'intervenais, disait-il, dans une affaire interne où une cour de justice avait rendu son verdict. J'ai ensuite persuadé le président sud-africain, Nelson Mandela, de téléphoner au général Sani Abacha pour différer l'exécution. En vain, malheureusement. Saro-Wiwa a été pendu pendant que nous étions encore en réunion, et après un débat houleux le Commonwealth a décidé de suspendre le Nigeria.

Nelson Mandela dépasse d'une tête tous les dirigeants politiques qu'il m'a été donné de connaître. En Nouvelle-Zélande, il avait été accueilli comme un demi-dieu par des milliers de simples citoyens qui voulaient simplement être en sa présence. Je n'oublierai jamais cette image de lui, debout sous le soleil, pendant la cérémonie du jour du Souvenir, avec le vent frais qui soufflait et les splendides montagnes enneigées de l'île du Sud derrière lui, sa posture majestueuse, sa tête grise fière et noble : il était la cible de tous les regards. Pourtant, c'était un homme d'un abord facile, courtois, charmant, nullement prétentieux, un homme à l'esprit vif et au rire contagieux. Pendant toutes ces heures où j'ai eu le privilège de me trouver en sa compagnie, dans les réunions bilatérales ou multilatérales, à dîner chez nous au Canada ou chez lui en Afrique du Sud, pas une fois je ne l'ai entendu exprimer la moindre colère ou rancune pour les vingt-sept années durant lesquelles il avait croupi en prison pour avoir voulu défendre les droits et libertés de son peuple. J'admirais son éloquence et la cadence suave de ses discours, qui n'occultaient en rien ses fermes convictions qu'il savait faire valoir avec force, érudition et discernement. Dans la plupart des dossiers, je suis ravi de le dire, nous étions du même bord. Un jour où il était en quête d'appuis internationaux en faveur d'un projet éducatif qui lui tenait à cœur, il m'a téléphoné : « Je vous appelle le premier parce que j'ai besoin de quelqu'un qui va ouvrir le bal, et je sais que le Canada ne dira pas non. »

En 2001, lorsqu'il est venu à Ottawa avec sa femme, Graça Machel, une femme charmante qui avait des idées politiques bien à elle, Nelson Mandela est devenu le premier homme à être désigné de son vivant citoyen honoraire du Canada et le premier leader étranger à recevoir l'Ordre du Canada. Après quoi, chaque fois que je le voyais, il m'accueillait en ouvrant grands les bras et en disant : « Voilà *mon* premier ministre ! »

Moins de quatre ans plus tard, en mai 1999, au Nigeria, Olusegun Obasanjo a été élu par un vote démocratique. Lui aussi avait été emprisonné par Abacha et condamné à mort, mais la vive réaction du Commonwealth avait poussé les autorités nigérianes à commuer sa sentence. « Si le Canada n'était pas intervenu, m'a-t-il dit, je ne serais pas en vie aujourd'hui. »

« Les violations des droits de la personne et les actes de corruption d'autrefois font l'objet d'une enquête, ai-je déclaré au cours d'un discours à Abuja le 9 novembre 1999. Vous repensez votre politique économique. Vous avez lancé aussi un programme d'éducation universel ainsi qu'un projet d'immunisation. Ce sont là des progrès qui étaient inimaginables il y a à peine quelques années. Grâce à l'exemple du Nigeria qui a emprunté une voie nouvelle pour le siècle prochain, les choses évoluent favorablement partout en Afrique. À l'instar du Nigeria, de plus en plus de pays africains adhèrent à la démocratie, à l'État de droit et au principe de la gouvernance. Presque toutes les économies du continent africain se portent mieux. L'Afrique met en œuvre de plus en plus des solutions pensées par l'Afrique elle-même. »

Bien sûr, comme je l'ai rappelé avec franchise à mon auditoire africain, il y avait encore trop de corruption, de pauvreté et d'inégalités, trop de cas de sida, de toxicomanie et de maladies et trop de conflits régionaux. D'ailleurs, lorsque je suis retourné à Abuja en décembre 2003 pour ma dernière conférence du Commonwealth, nous avons eu un débat difficile sur la question de savoir s'il fallait expulser ou non le Zimbabwe à cause des violations brutales des droits démocratiques perpétrées par Robert Mugabe. Lorsque j'ai fini par me joindre aux Africains, qui recherchaient une solution moins humiliante, Tony Blair et le premier ministre australien, John Howard, n'étaient pas très heureux, et le secrétaire général, Don McKinnon, et moi-même avons eu une discussion houleuse avec eux deux à ce sujet au milieu de la salle de conférence.

« Les Africains savent bien que Mugabe agit mal, ai-je dit à Blair et Howard, mais pour eux, il est le premier champion de la lutte contre le colonialisme. Il est peut-être vieux, il est peut-être instable, c'est peut-être aussi un truand, peu importe, c'est comme un héros légendaire pour eux, le seul combattant pour la liberté de l'Afrique qu'ils admiraient avant Nelson Mandela. Donc ils ne veulent pas le chasser, et les Antillais sont d'accord avec eux. Pourquoi ? Ce n'est pas une question de pure logique politique, c'est une question de fraternité. Si la question est mise aux voix, nous allons perdre, et cela pourrait signifier la fin du Commonwealth. »

Si nous avons réussi à éviter un vote, le premier ministre du Lesotho, Pakalitha Mosisili, a exigé une dernière fois que nous revenions sur la décision que nous avions prise de suspendre le Zimbabwe des instances du Commonwealth. « Si vous voulez faire une déclaration distincte, ça va, ai-je dit, mais si vous faites ça ici, tout le monde va dire que la conférence d'Obasanjo a échoué. Pourquoi ne pas attendre de rentrer chez vous pour publier ce communiqué ? » C'est peut-être parce que Mosisili avait été à l'université au Canada, mais je sais qu'il respectait mon point de vue, et la presse mondiale n'a pas accordé beaucoup d'attention aux divisions au sein du Commonwealth lorsqu'il a fini par rendre sa déclaration publique au Lesotho. Obasanjo était tellement heureux qu'il m'a accompagné personnellement dans le long trajet menant à l'aéroport. Même si on a critiqué le Canada dans certains milieux parce que nous n'en avions pas fait assez pour renverser Mugabe, j'estimais que je ne pouvais pas parler publiquement des raisons pour lesquelles nous avions dû nous entendre sur un compromis bancal. Il y a parfois un prix politique à payer pour la discrétion, mais mieux vaut payer ce prix que de perdre la confiance de ses interlocuteurs et la capacité d'agir en coulisses.

Comme je l'ai déclaré dans une entrevue à Radio-Canada en 2002, le jour du premier anniversaire du 11 septembre, je pense que l'on peut en partie expliquer les attaques terroristes par le ressentiment que la richesse et la puissance de l'Occident causent ailleurs dans le monde. Je pouvais le constater dans le dossier africain. Les riches s'enrichissent et les pauvres sont relativement plus pauvres, et l'Occident commence à avoir l'air trop arrogant, égoïste et cupide. « Et ça, ai-je dit, le monde occidental — pas seulement l'Amérique — doit le comprendre, parce que ces personnes sont aussi des êtres humains, et si l'on n'essaie pas d'imaginer dans le concret ce que la réalité sera dans dix, vingt ou trente ans d'ici, il faudra en subir les conséquences à long terme. »

CHAPITRE QUATORZE

Vive le Canada !

Après la réélection du gouvernement libéral en novembre 2000, les conjectures entourant mon départ ont repris de plus belle. Les militants libéraux et les électeurs canadiens étaient peut-être disposés à m'accorder un quatrième mandat, mais sûrement pas Aline. Encore moins qu'en 1997, et toujours pour les mêmes raisons, je n'avais absolument pas l'intention de rester. J'avais pour plan, comme la dernière fois, de quitter la direction du parti à la fin de la troisième année de mon nouveau mandat. Ainsi, mon successeur serait en bonne position pour gouverner encore quelques jours avec plus ou moins le même cabinet, déclencher les élections, remporter une majorité et recommencer à neuf avec sa propre équipe, comme l'avait fait Trudeau en 1968.

Il y avait pourtant des signes qui ne trompaient pas : par exemple, bon nombre de mes conseillers les plus anciens et les plus proches étaient partis ou s'apprêtaient à s'en aller. En 1999, Peter Donolo avait été nommé consul général du Canada à Milan et remplacé par Françoise Ducros, qui allait ensuite céder sa place à Jim Munson, un ancien reporter de CTV. L'excellent Mike Kergin, qui avait succédé à Jim Bartleman au poste de conseiller diplomatique, avait été nommé ambassadeur à Washington et remplacé par Claude Laverdure. À la fin de 2000, Chaviva Hosek avait été nommée à la présidence de l'Institut canadien de recherches avancées et remplacée par l'habile Paul Genest au poste de directeur des politiques et recherches. Quant à Jean Pelletier, il m'avait confié en 2000 qu'il désirait quitter ses fonctions de chef de cabinet en février, après avoir fêté ses soixante-cinq ans, et je l'avais convaincu d'attendre jusqu'à la fin du Sommet des Amériques qui devait se tenir à Québec en avril 2001. Étant donné que Pelletier avait été maire de Québec pendant douze ans et qu'il connaissait tous ceux et celles qui comptaient dans son ancienne ville, je tenais à ce qu'il nous aide à organiser ce sommet. Il avait accepté, heureusement, de rester une année de plus, après quoi il avait été remplacé par Percy Downe, qui était le calme et la compétence faits homme, ainsi que l'ancien adjoint exécutif du premier ministre de l'Île-du-Prince-Édouard, Joe Ghiz.

« J'ai été très exigeant envers Jean, ai-je dit lorsque j'ai annoncé son départ le 4 mai 2001, et il ne m'a jamais déçu. J'ai la conviction que ses états de service constitueront pendant encore bien des années un exemple pour les hauts collaborateurs des dirigeants politiques. »

Mais Pelletier pouvait faire encore beaucoup pour le pays. Lorsque nous avons discuté de son avenir, il a mentionné l'intérêt qu'il avait toujours manifesté pour le système ferroviaire canadien. À titre de maire, il avait rétabli le service pour passagers au centre-ville, et en 1990 il avait siégé à la commission Ontario-Québec créée par les premiers ministres Bourassa et Peterson en vue d'étudier la faisabilité d'un train à haute vitesse reliant Windsor et Québec. Le projet ne s'était jamais concrétisé, mais Pelletier et d'autres demeuraient convaincus que c'était la chose à faire à la condition que cette liaison ferroviaire soit financièrement viable et axée sur un horaire commode et fiable. Sans donner le feu vert à ce projet, j'ai été quand même impressionné par les arguments qu'il contenait. J'étais d'avis que, en dépit du fait que le Canada devait largement son existence à l'expansion de notre réseau ferroviaire, nous accusions beaucoup de retard comparativement aux autres pays membres du G-8 dans l'acquisition de trains modernes à haute vitesse. En septembre 2001, après avoir consulté mon ministre des Transports, David Collenette, j'ai nommé Jean Pelletier président du conseil d'administration de VIA Rail, avec pour mandat de rouvrir le dossier d'un service pour passagers rapide dans le couloir Windsor-Québec. Dossier qui l'occupait beaucoup et qui avançait bien jusqu'au jour où mon successeur, Paul Martin, l'a congédié brutalement et injustement pour assouvir une basse rancune politique, et ce, en s'appuyant sur un motif dérisoire, soit une réflexion que Jean avait faite à la presse sur une affaire totalement insignifiante.

Au cabinet aussi, j'avais vu partir Marcel Massé, Lloyd Axworthy et Sergio Marchi et d'autres bons éléments. J'étais désolé de les voir s'en aller, mais je comprenais qu'on est rarement en politique pour la vie et je savais que j'allais moi-même les imiter bientôt. Entre-temps, les Canadiens m'avaient accordé une majorité accrue qui me permettrait de gouverner pendant encore cinq ans, et j'avais encore des choses à faire pour le pays et le parti.

J'ai commis deux erreurs cruciales. Premièrement, je n'ai pas écouté ceux qui me pressaient de rééditer la manœuvre qui avait fait suite aux élections de 1997, c'est-à-dire demander immédiatement au parti de se prononcer sur mon leadership, car je ne doutais pas un instant de la confiance des militants. Sachant que j'allais partir de toute façon avant la fin de 2003, je n'ai tout simplement pas eu le cœur de redemander à mes centaines d'amis et d'organisateurs de parcourir le pays et de se retrousser les manches une fois de plus. Ils en avaient fait assez à mon avis, et je ne voyais pas la nécessité de les mobiliser pour réunir de l'argent, faire élire les délégués et organiser le congrès pour moi. Dans les faits, je me suis donc trouvé à délaisser le contrôle du parti. Ma seconde erreur a été de ne parler à personne de mes plans parce que je ne voulais pas entrer dans le rôle du canard boiteux. J'avais tort, mais ça, c'est le genre de théorie qu'on ne peut prouver qu'en la mettant à l'essai. En refusant d'annoncer la date de mon départ, je créais, dans l'esprit des partisans de Martin, de la presse et du public, la fausse impression que je m'accrochais au pouvoir.

Il m'arrivait aussi d'aller trop loin dans mes taquineries. Lors de ma troisième assermentation, par exemple, j'ai montré mon épingle de cravate à un membre de la clique de Martin avec qui j'étais en bons termes et lui ai dit : « Vous savez, c'est l'épingle que portait Laurier lorsqu'il était premier ministre, et il a reçu quatre mandats consécutifs du peuple canadien avec ça. » Ou alors j'aimais dire à la blague que j'avais le même âge que Ronald Reagan lorsqu'il avait été élu président pour la première fois, ou que Saint-Laurent lorsqu'il était arrivé au pouvoir pour y rester neuf ans, ou que de Gaulle avant ses onze années de pouvoir, et qu'il me faudrait plus d'une décennie pour battre le record de Mackenzie King — « même si je suis sûr, ajoutais-je toujours lorsque mes interlocuteurs commençaient à avoir l'air nerveux, que je ne pourrais pas faire la même chose avec la même épouse ». Tout de même, après les élections, lorsque j'ai offert à Paul Martin de le rencontrer pour discuter de mes projets de retraite, il a refusé. « Ça ne m'intéresse pas », m'a-t-il dit.

Naturellement, la presse ne cessait de nous opposer, Martin et moi. Tout le monde savait qu'il s'était donné beaucoup de mal longtemps pour obtenir le soutien des associations de comté et qu'il était évidemment le premier choix des militants, et de loin, mais je ne faisais rien de mon côté non plus pour l'aider ou lui nuire. Je trouvais même romanesque que le fils puisse réussir un jour là où le père avait échoué par trois fois. Mais, n'ayant aucune préférence particulière quant à mon successeur, tout ce que je voulais, c'était que la course soit juste et ouverte, étant d'avis que seule une compétition saine aurait pour effet de revitaliser le parti ou de lui donner l'élan qu'il lui fallait pour obtenir une nouvelle majorité aux prochaines élections. Je m'imaginais que tout se déroulerait dans le respect des meilleures traditions du Parti libéral et que je n'avais pas à favoriser telle ou telle candidature. Naïveté de ma part.

Les organisateurs de Martin ayant durci le ton et aussi leurs tactiques, les autres aspirants se décourageaient l'un après l'autre. Le conflit a éclaté au grand jour en 2001 lorsque Brian Tobin, qui était ministre de l'Industrie, a eu à livrer bataille au ministère des Finances pour imposer son plan visant à offrir le service à bande large partout au pays. Dans l'entourage de Paul Martin, certains jugeaient l'idée mauvaise étant donné l'évolution rapide de la technologie ; d'autres y voyaient une astuce qui permettrait à Tobin d'engager les organisateurs politiques dans toutes les circonscriptions, d'un océan à l'autre. J'ai quand même donné des ordres pour que le coût de développement initial de 100 millions de dollars figure dans le budget de décembre. Fin novembre, pendant que j'étais en mission commerciale à Dallas et à Los Angeles, j'ai appris que la somme serait allouée à Tobin sur plusieurs années. J'ai téléphoné à Eddie Goldenberg pour l'engueuler ferme. Un fonctionnaire avait commis une erreur, m'a-t-on répondu, et il était trop tard pour la corriger. Le budget ayant été dévoilé le 10 décembre, j'ai téléphoné à Tobin et lui ai dit de ne pas s'inquiéter, le remède était simple : il obtiendrait ce qu'il voulait par la voie du budget de dépenses supplémentaires plus tard dans l'année. Mais après avoir repensé à son affaire pendant les fêtes de fin d'année, Brian est venu me voir au 24 Sussex le dimanche 13 janvier au soir pour me dire qu'il avait décidé de démissionner et de quitter la politique, point final.

J'étais surpris. Je savais que Tobin avait sollicité le soutien de certains de mes amis, qu'il avait amassé de l'argent et qu'il essayait de gagner l'adhésion de suffisamment de circonscriptions pour mener une campagne sérieuse. Il estimait peut-être que Martin avait un avantage injuste dans la mesure où il pouvait user de son autorité comme ministre des Finances pour miner les autres candidatures. Peut-être qu'il ne voulait pas non plus faire les sacrifices personnels que l'épreuve aurait exigés de lui et de sa famille. Peut-être aussi qu'il ne pensait plus avoir l'étoffe qu'il fallait pour être premier ministre — et je songe surtout ici à ses insuffisances en langue française. Je ne lui ai pas posé de questions, mais je soupçonnais qu'il en était venu à admettre que la course était déjà finie pour lui. Je le sais pour l'avoir vécu, s'il est très agréable de rêver du jour où l'on sera premier ministre, il y a tout plein de misères et d'obstacles en chemin, et rares sont ceux qui sont prêts ou aptes à les surmonter. Il n'y a rien d'humiliant à se désister, d'ailleurs. Autrement, il y aurait pas mal d'humiliés au Canada. Je n'étais après tout que le vingtième premier ministre du Canada depuis 1867, ce qui prouve qu'on ne se bouscule pas à la porte lorsqu'il s'agit d'engager son temps, sa sécurité financière et le bonheur de son couple dans une course à l'issue incertaine.

Le départ de Tobin a précipité un remaniement ministériel important : 10 députés ont accédé à la fonction ministérielle, sept ministres sont partis et 13 autres ont changé de portefeuille. Étant donné que je voulais un ministre aguerri pour voir aux enjeux névralgiques découlant des attaques terroristes contre New York et Washington en septembre précédent, j'ai nommé John Manley responsable des infrastructures et de la sécurité nationale et ai fait de lui mon vice-premier ministre à la place de Herb Gray, dont la santé était précaire et que j'ai nommé président de la Commission mixte internationale Canada–États-Unis. Pour combler le vide laissé par Manley aux Affaires étrangères, je me suis tourné vers l'arrière-ban et j'ai choisi Bill Graham, qui avait fait un travail exemplaire comme simple député et s'était taillé un créneau prestigieux comme président du Comité des affaires étrangères pendant sept ans. Graham était heureux de passer de l'équipe B à l'équipe A, et il avait prouvé qu'un bon président de comité peut parfois être plus puissant qu'un ministre qui détient un petit portefeuille. Allan Rock, après avoir dirigé ces ministères mastodontes que sont la Justice et la Santé, aspirait à un portefeuille économique pour donner plus de poids à sa candidature au leadership, je l'ai donc nommé à l'Industrie pour y succéder à Tobin.

Comme d'habitude, la presse a trouvé le remaniement intéressant mais seulement de deux points de vue : le scandale et la succession. Dans le premier cas, il s'agissait de la démission d'Alfonso Gagliano du poste de ministre des Travaux publics et des Services gouvernementaux et de sa nomination subséquente à l'ambassade du Canada au Danemark. Gagliano et son ministère étaient surveillés de près par les médias depuis quelques mois à cause des irrégularités qu'on avait découvertes dans le programme des commandites ; à partir de là, on a imaginé que je le congédiais, ou à tout le moins que je l'éloignais du gouvernement. Au contraire, j'avais toujours vu en Gagliano un homme honnête, populaire et extrêmement vaillant, lui qui avait quitté sa Sicile natale pour le Canada, appris deux langues, travaillé comme comptable, été commissaire scolaire à Montréal et été élu aux Communes en 1984. Au référendum de 1995, il s'était battu avec la dernière énergie pour le Canada ; je lui avais confié la lourde responsabilité de ministre du Travail en 1996 ; et lorsque Marcel Massé avait quitté la politique, j'avais fait de Gagliano mon lieutenant québécois, responsable des relations avec le caucus du Québec et l'aile québécoise du Parti libéral fédéral. En 1997, je l'avais nommé ministre des Travaux publics, et selon moi il a bien travaillé. Ainsi, en février 2000, lorsque Jean Pelletier a appelé mon attention, au cours de l'une de nos rencontres matinales, sur des bruits circulant dans la presse à propos de dépenses inconsidérées aux Travaux publics dans le programme des commandites, je lui ai donné l'ordre d'en discuter avec le ministre responsable, qui a diligenté aussitôt une vérification interne. Lorsqu'on lui a rapporté au printemps 2000 que certaines erreurs administratives avaient été commises, Gagliano a donné suite aux recommandations de la vérification interne et apporté sans délai les correctifs voulus.

Cependant, plus l'opposition et la presse l'attaquaient personnellement, plus il se décourageait et se fatiguait. Il avait le sentiment, à tort ou à raison, qu'on s'en prenait à lui à cause des stéréotypes injustes qui accablent les Siciliens, et il en avait assez. Chose certaine, il n'avait pas l'intention de rester en politique après mon départ, m'avait-il dit, et il voulait relever un autre défi avant de mettre fin à sa carrière. J'hésitais habituellement à attribuer des postes diplomatiques à d'anciens ministres de préférence aux agents des Affaires étrangères, mais j'ai fait une exception dans le cas de Gagliano, étant donné son dévouement et les services qu'il avait rendus au pays.

Pour ce qui était du leadership, les comméreux ne se demandaient qu'une chose, à savoir si le remaniement était un camouflet infligé à Paul Martin ou non. Je n'avais jamais considéré les choses sous cet angle. Manley et Rock voyaient leur position quelque peu consolidée, c'est vrai, mais il s'agissait de ministres de grande envergure, très respectés, dont la capacité et l'expérience me serviraient dans des fonctions importantes. Chose certaine, aucun d'entre eux ne m'avait demandé de nommer de ses amis au cabinet afin de l'aider dans la course au leadership, et je m'étais toujours fait un point d'honneur de rassurer Martin, qui craignait tout le temps que je ne l'isole. Anne McLellan, qui était passée de la Justice à la Santé, soutenait Martin, c'était connu, tout comme Maurizio Bevilacqua, le nouveau secrétaire d'État à la Science. Et même si je n'en avais jamais discuté avec Bill Graham, je savais que lui et Martin s'étaient liés d'amitié à l'époque de la faculté de droit.

Le remaniement a également favorisé Martin, du moins indirectement, du fait qu'un certain nombre de députés qui n'avaient pas été nommés ministres m'en voulaient encore plus que jamais. Les déçus étaient beaucoup plus nombreux que les heureux, bien sûr, et bon nombre d'entre eux ne décoléraient pas. Ils écoutaient donc plus volontiers le premier candidat qui se présentait et leur promettait, à tous et à chacun, un poste au cabinet dans le prochain régime en échange de leur soutien au congrès. Il doit y avoir eu des douzaines de personnes autour de Paul Martin qui étaient sûres qu'elles allaient être nommées ministres de ceci ou de cela; un illustre député d'arrière-ban avait même annoncé que le portefeuille des Transports l'attendait incessamment.

Un jour de 2000, je me souviens, un groupe de députés libéraux d'origine italienne sont venus me voir pour se plaindre de leur collègue Carolyn Parrish. Ils voulaient que je la réprimande parce qu'elle avait dit d'eux qu'ils constituaient « le caucus spaghetti », propos qu'ils jugeaient injurieux. Mais le vrai motif de leur visite est vite devenu apparent lorsque le ton s'est mis à monter. Ils m'en voulaient de ne pas les avoir nommés au cabinet et ils étaient jaloux de la personne que j'avais désignée. Par conséquent, ils s'étaient rangés derrière Paul Martin et semblaient empressés de me montrer la porte. « Vous semblez avoir oublié qui était le chef sous la direction duquel vous, vous, vous et vous avez été élus, leur ai-je dit en les désignant du doigt chacun à son tour. Et j'ai d'autres nouvelles pour vous. Vous pensez tous que vous allez être nommés au cabinet après que je serai parti, mais sachez que mon successeur devra choisir parmi vous. » Les événements m'ont donné tort. Martin a trouvé un portefeuille pour presque chacun d'entre eux, sauf Maurizio Bevilacqua, qui était tombé en disgrâce pour avoir accepté de siéger dans mon cabinet.

★ ★ ★

En mars 2002, Stephen Harper a succédé à Stockwell Day à la tête de l'Alliance canadienne ; en janvier 2003, la néo-démocrate Alexa McDonough a cédé sa place à Jack Layton ; et en mai, les progressistes-conservateurs ont installé Peter MacKay à la place de Joe Clark. Je suivais ces changements, bien sûr, mais plus en passionné de politique qu'en homme qui aurait quelque chose à y gagner, parce que je savais que je n'affronterais aucun d'entre eux aux prochaines élections. Rétrospectivement, cependant, j'imagine que Paul Martin et son équipe se sont mis à croire que j'allais leur passer un sapin à la dernière minute et que je me battrais pour conserver mon leadership au congrès de révision devant avoir lieu en février 2003. Ils n'ont donc pas voulu prendre de risques. Au même moment, le secret dont j'entourais la date de mon départ embarrassait mes propres partisans. Ils étaient déchirés entre la loyauté qu'ils me devraient si je restais et la tentation de se ranger derrière un candidat si je m'en allais. J'ai donc demandé au président du parti, Stephen LeDrew, et au directeur exécutif, Terry Mercer, de me dire à quelle date je pourrais annoncer ma retraite et annuler le congrès de révision sans que le parti ait à payer de pénalités pour l'annulation des réservations dans les hôtels et au centre des congrès. Vous pourrez annoncer vos intentions trois mois avant, m'ont-ils dit. D'accord, ai-je pensé, je vais faire savoir en novembre 2002 que je vais prendre ma retraite après le congrès qui choisira un nouveau chef libéral à l'automne 2003.

Mais les partisans de Martin piaffaient d'impatience et me faisaient la vie dure, espérant sans aucun doute que je finirais par baisser les bras et m'en aller. Au début, je pensais pouvoir m'en tenir à mon plan — six mois de plus, ce n'était pas beaucoup, après tout —, mais cette effervescence a commencé à nuire à l'harmonie du caucus, à la solidarité ministérielle, bref, au fonctionnement du gouvernement. À un moment donné, par exemple, deux députés libéraux se sont mis à exercer des pressions sur le gouvernement pour que l'on subventionne les producteurs de tabac de leurs circonscriptions du sud de l'Ontario. Comme ils avaient été mal reçus par le ministre de l'Agriculture, ils sont allés trouver le ministre des Finances. Celui-ci, voulant les gagner à sa cause, leur a dit que oui, il avait l'argent ; oui, ils y avaient droit ; oui, il voulait les aider ; mais c'était le premier ministre qui ne voulait pas. C'est donc à moi qu'ils sont venus se plaindre.

Je leur ai parlé franchement. « Ce n'est pas une question d'argent. Le ministre de la Santé est en ce moment engagé dans une bataille contre le tabac parce que cela nuit aux Canadiens, donc quel message lancerait-on aux gens en accordant une telle subvention aux producteurs de tabac ? Et le ministre de l'Agriculture ne veut pas se retrouver dans une position difficile, dans la mesure où il augmenterait les subventions à telle production tout en refusant la même chose à d'autres, qui sont moins controversées. Désolé, je sais que vous ne serez pas contents, mais il est de mon devoir de premier ministre de vous dire non. » Inutile de préciser que ces deux députés sont devenus des partisans ardents de Paul Martin et qu'ils se voyaient probablement déjà ministres. Récompense qu'ils attendent encore puisqu'ils ont tous deux été battus aux élections suivantes.

En une autre occasion, au printemps 2002, le ministre de l'Agriculture voulait un milliard de plus pour aider les fermiers de l'Ouest aux prises avec une grave sécheresse. Au cabinet, Paul Martin avait offert moins de 500 millions de dollars pour leur venir en aide. J'ai tranché le différend avec un compromis — 700 millions de dollars —, moment auquel Martin s'est précipité au caucus et chez les agriculteurs pour leur dire que c'était moi qui avais décidé de réduire le montant de l'aide, et non lui, parce qu'il avait toujours été en faveur du milliard de dollars. Comportement irresponsable de sa part, qui compliquait de beaucoup la gestion des affaires publiques.

Je ne connais pas de premier ministre qui puisse résister bien longtemps à ce genre de situation. Toute cette confusion me dérangeait énormément et avait quelque chose de délétère, comme j'avais pu le constater à l'époque du premier ministre Pearson. À un moment donné, Pearson avait même perdu un vote à la Chambre parce que trop de ses ministres faisaient campagne pour lui succéder. Il était furieux et, à leur retour, il leur avait fait savoir en termes très peu diplomatiques qu'ils avaient intérêt à cesser de s'agiter et à se remettre au travail. Le moment était venu pour moi de suivre son exemple. Au cours de la séance du cabinet le jeudi 30 mai, j'ai servi à mes ministres un avertissement sévère : la course au leadership prenait des proportions démesurées et devait cesser immédiatement. Il se peut que j'aie regardé Martin en disant ça, parce qu'il était assis juste en face de moi à la table de conférence, mais mon message s'adressait clairement à tous les candidats.

Le lendemain soir, Martin a prononcé un discours à Toronto, non loin d'où je me trouvais moi-même, à l'heure précise où je devais prendre la parole à une réunion libérale. J'ai appris alors que ses organisateurs faisaient tout pour que je me retrouve devant une salle presque vide. Si tel était le cas, ils n'ont pas réussi. J'ai été informé ensuite que le chef de cabinet de Martin avait été vu en train de distribuer ses cartes de visite à des amis en leur disant de les garder comme souvenirs parce que son patron ne serait plus ministre des Finances le lundi suivant. De son côté, Martin lui-même confiait aux journalistes qu'il devait « réfléchir » à son avenir comme membre du gouvernement. « La question est celle-ci, a-t-il dit, je me demande si, en restant au cabinet, étant donné ces événements, je pourrai exercer la responsabilité et l'autorité dont doit disposer à mon avis le ministre des Finances. » Mais dans notre système, comme Martin devait le savoir, c'est le premier ministre qui nomme un ministre au cabinet et fait de lui le conseiller de Sa Majesté ; ce n'est pas le conseiller qui décide s'il va servir ou non, à moins qu'il ne démissionne. Donc, dès qu'il a eu dit cela en public, j'ai compris qu'il entendait démissionner.

Toute la fin de semaine, la presse a bourdonné de rumeurs selon lesquelles Martin allait partir. Bay Street et les milieux financiers internationaux se demandaient ce qui se passait à Ottawa. On s'inquiétait sérieusement de voir le dollar, la Bourse et les taux d'intérêt se faire malmener dès l'ouverture des marchés mondiaux à cause de l'incertitude politique qui régnait chez nous. Tanné, furieux, j'ai décidé d'en finir avec toutes ces folies. J'ai essayé de rejoindre Martin au téléphone, mais il ne me rappelait jamais ; lorsque je l'ai enfin eu au bout du fil le dimanche après-midi, je lui ai fait savoir que j'avais accepté sa démission. Il a prétendu plus tard que je l'avais congédié. Aline n'y comprenait rien : « S'il haïssait ça tant que ça être dans ton gouvernement, m'a-t-elle demandé, comment ça se fait qu'il est pas fier d'avoir démissionné au lieu de prétendre qu'il a été congédié ? » Peu m'importait, j'ai téléphoné à John Manley, qui prenait part à une conférence ministérielle, et lui ai demandé de passer une cravate : le nouveau ministre des Finances du Canada, c'était lui.

En dépit des prédictions apocalyptiques de la presse, la vie a aussitôt repris son cours. Martin a recueilli quelques points de plus dans les sondages, certains jugeant que j'avais été trop dur à son égard, mais en ce qui me concernait, je savais qu'il était parti de son propre gré. Le caucus était mécontent et nerveux, quelques-uns craignaient de perdre leur siège, cela ne fait aucun doute, mais la plupart d'entre eux se sont calmés lorsqu'ils ont vu que le ciel ne leur était pas tombé sur la tête. La majorité des députés et sénateurs libéraux ont même signé une lettre d'appui à mon leadership, en dépit des pressions considérables qu'ils subissaient de la part des partisans de Martin pour retirer leur nom. Un jour, deux ministres sont venus me voir pour me demander de changer d'avis et de rester, mais après leur départ ils ont raconté à tout le monde, y compris à mon personnel, qu'ils étaient sûrs que je n'allais pas me présenter de nouveau. Cependant, la tension demeurait palpable et les intrigues se poursuivaient.

Je n'aimais pas ce qui se passait au sein du parti, sachant pertinemment d'ailleurs que toute cette agitation était vaine. Donc, Aline et moi avons décidé de devancer l'annonce de ma retraite de novembre au 10 septembre, date que nous avions choisie parce qu'elle coïncidait avec notre quarante-cinquième anniversaire de mariage. Mais quelques éléments m'ont forcé la main. D'abord, la visite au Canada du pape Jean-Paul II fin juillet. Sa Sainteté, homme très chaleureux et très sensible, nous a dit qu'il priait pour nous, Aline et moi, étant donné les moments difficiles que nous traversions. Je me rappelle avoir quitté l'audience que m'a accordée le pape plus convaincu que jamais que personne ne mérite d'être traité aussi injustement.

Le second facteur a été la réunion du caucus libéral du 20 août à Chicoutimi. On m'avait averti que la réunion serait tumultueuse. Pourquoi, me suis-je alors demandé, imposer à mes collègues une épreuve aussi difficile, qui les obligerait peut-être à faire des choses qu'ils regretteraient plus tard ou à tenir des propos qui compromettraient l'unité du parti ? Ce matin-là, devant Bill Gates et un auditoire de gens d'affaires de Toronto, j'ai prononcé ce que j'ai senti immédiatement être un discours médiocre. Je n'étais pas sûr de mon texte ; mes vieilles plaisanteries tombaient à plat ; et j'avais répondu aux questions sans esprit ni enthousiasme. Tiens, me suis-je dit, le cœur n'y est plus. Lorsque je suis monté dans la voiture avec Eddie Goldenberg, je lui ai demandé de m'aider à rédiger mon discours de démission. Puis j'ai téléphoné à Aline et lui ai demandé de quitter Shawinigan pour Chicoutimi parce que j'allais annoncer ma démission le lendemain. Coïncidence : nous allions célébrer ce mois-là le cinquantième anniversaire de notre première rencontre.

« Pendant 40 ans, le Parti libéral a été comme une famille pour moi, ai-je déclaré au caucus. Son intérêt suprême habite toutes mes pensées. J'ai donc réfléchi aux moyens que je devais prendre pour ramener l'unité parmi nous. Pour en finir avec ces querelles. Pour que nous reprenions ces amitiés interrompues. Je me suis demandé combien de temps il me faudrait pour accomplir l'œuvre pour laquelle nous avons été élus. Pour mener à bien le programme de gouvernement que j'ai défini hier soir. Pour les enfants qui vivent dans la pauvreté. Pour les Autochtones. Pour la santé. Pour l'environnement. Pour l'infrastructure urbaine. Pour l'éthique dans le secteur public. J'ai pris en compte le devoir que j'ai de protéger pour mes successeurs l'intégrité de la charge que m'a confiée le peuple canadien, fonction qui n'est pas négociable. Et voici ma conclusion. Je ne me représenterai pas. Je vais achever mon mandat et me limiter strictement à gouverner à compter de maintenant jusqu'en février 2004, moment auquel mon travail sera fait et mon successeur aura été choisi. D'ici là, trois des partis d'opposition auront choisi leur nouveau chef, donc les libéraux sauront à quoi s'en tenir. Et il sera encore assez tôt pour donner au nouveau premier ministre toute la latitude dont il aura besoin pour choisir la date des prochaines élections. »

Il a fallu à Paul Martin et à ses conseillers trois heures, dont tout le temps où il s'est réfugié aux toilettes pour échapper aux journalistes, pour produire une réponse de trois phrases où il affirmait avoir envers moi « le plus grand respect ».

★　★　★

Dès que j'ai annoncé ma décision, je me suis senti ressuscité comme Lazare. Contrairement à ce que mes conseillers et moi avions pensé, mon pouvoir politique s'était accru. Dans le régime parlementaire, le premier ministre demeure en fonction tant qu'il n'est pas défait à la Chambre, qu'il soit encore le chef de son parti ou non, et j'ai clairement fait savoir que j'entendais exercer toutes mes prérogatives tant que je serais en poste. Wim Kok, le premier ministre des Pays-Bas, est resté une année de plus après que son parti a eu élu un nouveau chef, et Sonia Gandhi est restée chef de son parti en Inde sans vouloir être première ministre. C'est pourquoi, chaque fois que les partisans de Martin au cabinet et au caucus s'opposaient avec véhémence à l'une de mes décisions, je n'avais qu'à leur laisser entendre que j'étais prêt à perdre le vote à la Chambre des communes pour les obliger ou bien à se rallier à moi ou bien à s'absenter en faisant un voyage stratégique en dehors de la ville. Si le gouvernement tombait sur une question sérieuse, ils le savaient, j'étais obligé de déclencher des élections-surprises, et j'étais presque assuré de me voir confier un autre mandat de cinq ans. Certains de mes partisans m'invitaient même à orchestrer ma propre défaite parlementaire rien que pour ça. Cela aurait été assez facile à faire, mais je n'avais plus le goût d'être chef. Cependant, cette carte que j'avais dans mon jeu me permettait de rester encore une année et trois mois, non pas parce que je voulais m'accrocher au pouvoir pour le plaisir de la chose, mais parce que j'avais le devoir de gouverner pour le bien du pays. C'est à cette période, il faut le rappeler, que le Canada a décidé de dire non à l'invasion de l'Iraq, d'approuver Kyoto et de prendre l'initiative du développement en Afrique. Sans parler du nouvel accord sur la santé que nous avons signé au profit des provinces, de ces milliards que nous avons ajoutés à la Prestation nationale pour enfants et de toute une série de réalisations importantes.

L'une des décisions les plus importantes et les plus controversées que le gouvernement avait encore à prendre était de savoir si nous allions ou non ratifier le protocole de Kyoto qui assortit la Convention-cadre des Nations unies sur les changements climatiques, ce traité international qui nous contraint à réduire les gaz à effet de serre d'ici 2012. Le protocole avait été négocié en 1997 mais requérait encore la signature de 55 pays responsables d'au moins 55 pour cent des émissions produites par le monde développé en 1990. La preuve scientifique était de plus en plus évidente et extrêmement alarmante : si les êtres humains ne réduisent pas tout de suite leurs émissions de dioxyde de carbone et de cinq autres gaz nocifs — tout de suite, pas demain —, le réchauffement climatique que nous causons aura des conséquences désastreuses pour la santé humaine et la durabilité écologique du vivant de nos enfants. À mon avis, les arguments contraires n'étaient pas plus convaincants que ceux des lobbyistes du tabac qui faisaient valoir que la cigarette ne cause pas le cancer du poumon.

J'avais toujours eu à cœur de protéger l'environnement depuis que j'avais été nommé responsable des parcs nationaux du Canada en 1968, en ma qualité de ministre des Affaires indiennes et du Développement du Nord. J'avais ouvert 10 nouveaux parcs nationaux en quatre ans, alors qu'on n'en avait créé que quatre au cours des quarante années précédentes. « Occupe-toi de mes parcs », avais-je dit à la diligente Sheila Copps lorsque je l'avais nommée ministre du Patrimoine canadien en 1996, et j'avais été ravi de l'entendre annoncer en 2002 que son ministère allait créer 10 nouveaux parcs nationaux et cinq aires marines de conservation. L'année suivante, le gouvernement adoptait la *Loi sur les espèces en péril*, grâce aux efforts concertés du ministre de l'Environnement, David Anderson, et du président du comité parlementaire de l'environnement, Charles Caccia.

Cependant, la question de l'émission des gaz à effet de serre est complexe, les remèdes sont coûteux, et comme ces problèmes sont causés par les habitudes qu'ont contractées des millions de personnes, ce n'est pas parce qu'on a voté une loi que la solution apparaîtra instantanément. Par exemple, on peut décider d'imposer la production de voitures écoénergétiques, mais les gens vont déplorer qu'elles sont trop petites ou trop lentes, et un secteur imposant de l'économie nationale va en souffrir. Ou bien vous pouvez avancer que toutes les provinces devraient se convertir à l'énergie nucléaire, qui est plus propre que le pétrole ou le charbon, mais essayez seulement de bâtir un générateur nucléaire et tout le monde va vous tomber dessus, même si l'industrie canadienne a des états de service impeccables au niveau de la sûreté. Ou encore vous pouvez aller vendre des réacteurs

CANDU en Europe de l'Est ou en Asie, mais les manifestants vont hurler que vous contribuez à la prolifération des armes nucléaires, comme si les pays désireux de se doter d'un arsenal nucléaire ne sauraient pas le faire sans votre aide ou ne seraient pas contrôlés par des agences internationales. Bref, le débat est souvent affaire d'émotion plutôt que de raison.

Les statistiques que l'on invoque ne sont pas toujours non plus fondées sur des comparaisons équitables. Admettons que le Canada émette par exemple plus de dioxyde de carbone *per capita* que la plupart des autres pays industrialisés ; soit, mais nous sommes 31 millions de personnes éparpillées sur un mince ruban le long de la frontière américaine d'un océan à l'autre. Si vous livrez un produit par camion de Halifax à Vancouver ou transportez du bois du nord de l'Ontario vers le marché américain, c'est sûr que vous allez émettre plus de dioxyde de carbone que si vous véhiculez vos biens dans un pays qui a la longueur et la largeur des Pays-Bas. En outre, notre population augmentait, notre économie fleurissait et on commençait à exploiter les sables bitumineux de l'Alberta. Lors du sommet du G-7 à Denver en 1997, je m'en souviens, Clinton et moi avons été forcés d'écouter les Européens se vanter des grandes choses qu'ils avaient faites pour réduire les gaz à effet de serre au cours de la dernière décennie. Mais j'avais bien lu mes notes d'information et remarqué quelque chose de très intéressant. Les Britanniques se débrouillaient bien parce qu'ils avaient eu la chance de découvrir le gaz naturel et avaient par conséquent cessé de brûler du charbon ; de son côté, l'Allemagne avait réussi parce qu'elle avait fermé les vieilles usines caduques de l'est, non pas parce que ces usines émettaient du dioxyde de carbone mais parce qu'elles n'étaient pas rentables. Si l'on soustrayait ces deux facteurs exceptionnels de l'équation, ai-je dit aux autres leaders, le dossier de l'Europe était en fait pire que celui de l'Amérique du Nord.

Clinton était soulagé. Comme président de la réunion, il se sentait coincé par Helmut Kohl, en particulier, qui s'apprêtait à livrer bataille aux Verts aux prochaines élections et voulait que l'on insère dans le communiqué final un engagement écologique

que le gouvernement américain n'aurait évidemment pas pu ou voulu tenir à l'époque. Mon intervention a ouvert la voie à un consensus qui nous a évité des dissensions gênantes et surtout infructueuses.

Le Canada n'a peut-être pas été aussi insistant que l'auraient voulu les Européens, mais nous avons quand même exigé que le communiqué de Denver fasse état de « cibles importantes, réalistes et équitables ». Je réagissais avec humeur chaque fois que l'opposition au sein du milieu des affaires, des provinces, du cabinet et de la fonction publique faisait en sorte que tout accord sur les cibles soit irréalisable. J'en ai discuté avec Clinton pour voir s'il n'y avait pas moyen pour nous d'agir en tandem. J'ai consulté des douzaines d'autres leaders à la conférence du Commonwealth à Édimbourg, à celle de la Francophonie à Hanoï, au sommet de l'APEC à Vancouver, ainsi que dans le cadre de rencontres bilatérales, et au téléphone. En décembre 1997, lorsque nos délégations sont arrivées à Kyoto, le Canada et les États-Unis étaient tous deux disposés à obtenir davantage que la simple réduction des émissions au niveau de 1990. Dans notre cas à nous, je voulais qu'elles soient réduites à un niveau de 6 pour cent inférieur à celui de 1990, soit un point de moins que l'objectif des Américains. Cependant, nos signatures sur le protocole de Kyoto n'étaient que le premier pas vers la ratification législative, et celle-ci ne se ferait que lorsque nous saurions quelles règles nous permettraient d'atteindre nos objectifs.

Au cours des cinq années suivantes, non content d'adopter la *Loi sur la protection de l'environnement* en 1999 et d'investir plus d'un milliard dans notre Plan d'action 2000 et dans d'autres mesures afin d'encourager l'efficience énergétique, les technologies propres et l'utilisation de carburants de remplacement, le gouvernement canadien s'est employé à obtenir ce dont il avait besoin de Kyoto. Un, nous voulions un système d'échanges commerciaux, tant intérieur qu'international, permettant aux pays et aux industries d'acheter ou de vendre entre eux des « crédits de carbone » afin d'atteindre plus facilement leurs quotas. Deux, étant donné que les arbres absorbent des quantités colossales de dioxyde de carbone, nous voulions qu'on nous accorde des crédits si nous lancions un programme massif de reboisement sur nos terres sous-utilisées. Trois, nous voulions qu'on reconnaisse notre apport sur le plan de la promotion et du développement de l'énergie propre, c'est-à-dire que nous vendrions du gaz naturel et de l'électricité aux Américains, réduisant ainsi leur dépendance à l'égard des sources d'énergie salissantes comme le pétrole et le charbon, ou que nous vendrions nos réacteurs CANDU, la source d'énergie la plus propre qui soit et le système nucléaire le plus sûr de la planète, à nos clients ailleurs dans le monde. Nous n'avons pas obtenu gain de cause en toutes choses, mais nous avions assez d'atouts en été 2001 pour aller de l'avant.

De son côté, cependant, Bill Clinton n'avait pas réussi à obtenir l'aval du Congrès américain, et son successeur, George W. Bush, avait des préventions idéologiques contre tout ce qui était accord multilatéral, règlement gouvernemental, sans parler du consensus scientifique à propos du réchauffement de la planète auquel il était réfractaire. Même avant le 11 septembre et l'invasion de l'Iraq, il était évident que les Américains étaient décidés à faire cavalier seul et avaient leurs priorités à eux. Au cabinet, dans les provinces et dans les milieux d'affaires canadiens, on craignait que, si Ottawa ratifiait Kyoto mais que Washington ne le faisait pas, notre économie ne soit sérieusement handicapée. Bien sûr, ces états d'âme étaient surtout le fait des idéologues de droite anti-étatistes et pro-américains, notamment l'Alliance canadiennne, Ralph Klein, de l'Alberta, Mike Harris, de l'Ontario, le Conseil canadien des chefs d'entreprise et le *National Post*. En février 2002, Klein a voulu me jouer un tour devant la presse internationale au cours de la mission d'Équipe Canada à Moscou. Tout à coup, à la conférence de presse bondée que nous avons tenue le dernier jour, il m'a remis une lettre dans laquelle tous les premiers ministres et les leaders territoriaux faisaient état de leurs réserves quant à l'impact économique de Kyoto. J'ai été défendu — et je n'en croyais pas mes oreilles — par le premier ministre Bernard Landry, qui a rappelé que l'Assemblée nationale du Québec avait voté en faveur du protocole de Kyoto.

Klein redoutait par-dessus tout que la mise en œuvre de Kyoto, avec les taxes sur le carbone et les règlements technologiques, ne fasse augmenter de façon astronomique le prix du baril de pétrole et que les investisseurs dans les sables bitumineux ne fuient vers des pays non signataires comme le Mexique ou le Venezuela. C'était le même genre d'hystérie anti-Ottawa qui avait balayé l'Alberta au début des années 1980, lorsque Trudeau avait imposé son Programme énergétique national parce que le monde entier s'entendait pour dire que le monde allait manquer de pétrole avant l'an 2000. Les Albertains semblaient avoir oublié que la Politique nationale d'énergie avait été accueillie avec joie par leur premier ministre conservateur, Peter Lougheed, qui avait fêté la nouvelle au champagne. Ou que j'avais joué un rôle essentiel comme président du Conseil du Trésor en 1975 en me faisant le courtier entre Lougheed et le ministre fédéral de l'Énergie, Donald Macdonald, dans les pourparlers qui avaient abouti à cet accord très coûteux visant à financer l'exploitation initiale des sables bitumineux avec tout un train de subventions et d'incitations financières. Du moins, Lougheed lui-même ne l'a jamais oublié. Lorsque j'ai accepté certaines responsabilités de son cabinet d'avocats à Calgary après mon départ de la politique, il a déclaré à la presse : « Si nous exploitons aujourd'hui les sables bitumineux, nous le devons principalement à Jean Chrétien. »

Donc, pendant le plus clair de 2002, nous avons discuté des changements climatiques au G-8, affiné nos politiques internes, négocié avec les provinces et autres grands acteurs et mobilisé le soutien public. Nous attendions aussi de voir si l'administration Bush allait produire un plan sur les changements climatiques aussi bon que celui de Kyoto. Mais nous perdions un temps précieux et l'échéance se rapprochait. Après des douzaines de rapports qui remontaient aux engagements qu'avait pris le gouvernement Mulroney à la Conférence des Nations unies sur l'environnement et le développement à Rio en 1992, après les négociations ayant entouré le protocole de Kyoto dans lesquelles le Canada avait joué un rôle prépondérant, après des discussions sans nombre au caucus, au cabinet, au Parlement, avec les provinces et le secteur privé, il ne restait plus qu'à prendre une décision. Que j'ai prise en effet, seul, au moment où je me rendais au Sommet mondial sur le développement durable à Johannesburg, en Afrique du Sud.

Le 2 septembre 2002, j'ai annoncé que le Canada allait ratifier le protocole de Kyoto, les détails de sa mise en œuvre devant être réglés plus tard. Je croyais non seulement que c'était la chose à faire pour la planète et les générations futures, mais aussi que notre initiative aurait pour effet de forcer la main à la Russie. Ainsi, nous atteindrions le minimum de 55 pour cent nécessaire à l'entrée en vigueur du protocole. Le président Poutine m'avait déjà assuré qu'il signerait si moi je signais. Il lui a fallu un peu plus de temps que je ne l'avais prévu, mais Poutine a fini par tenir parole en novembre 2004. Même si nous n'avons pas obtenu toutes les concessions que nous souhaitions, la ratification de Kyoto incarnait aussi bien l'affirmation des valeurs canadiennes que la promesse de réduire les émissions de gaz à effet de serre. Le protocole était populaire chez nous, surtout parmi les jeunes ; il correspondait à notre image, celle d'un pays à la conscience sociale et progressiste ; et tout comme nous l'avions fait dans notre lutte contre le déficit, je jugeais important d'établir d'abord un objectif accessible et de voir ensuite comment nous allions l'atteindre étape par étape, année après année. C'est comme ça dans la vie : si on ne sait pas où on s'en va, on n'arrive jamais nulle part.

Le 18 septembre, peu après mon retour de Johannesburg, je me suis rendu à Calgary pour discuter des problèmes que posait Kyoto à l'industrie pétrolière et pour y trouver des solutions. Le Canada a besoin du pétrole de l'Alberta, ai-je dit à mes interlocuteurs, et nous n'allons pas handicaper l'exploitation des sables bitumineux avec des décrets arbitraires ou des pénalités pécuniaires. Au lieu d'augmenter le coût de la production de 10 à 12 dollars le baril, on planifiait une augmentation aux prix de 2002 qui ne dépasserait pas les 20 ou 30 cents. Cependant, comme dans tout autre secteur, les producteurs de pétrole tenaient à faire le maximum de profits. Dans mes quarante années de vie publique, je n'ai jamais vu aucun secteur prier le gouvernement d'alourdir ses impôts afin que le pays puisse mieux se porter. Je n'ai pas réussi à obtenir non plus, avant mon départ du 24 Sussex, d'accord sur la manière d'établir et de gérer le système d'échange de carbone dont nous avions besoin pour nous acquitter de nos obligations en vertu de Kyoto avant 2012.

J'y suis presque parvenu et, jusqu'à mon dernier jour au pouvoir, je suis demeuré convaincu que nous étions sur la bonne voie avec le Plan sur les changements climatiques que nous avions rendu public en novembre 2002 et financé à hauteur de 3,7 milliards de dollars en crédits nouveaux. Les modifications technologiques allaient sûrement nous être d'un grand secours. L'utilisation de l'électricité au lieu du gaz naturel pour extraire le pétrole des sables bitumineux et l'avènement des véhicules hybrides auraient pour effet de réduire les émissions de dioxyde de carbone. Tout comme l'utilisation de générateurs nucléaires au lieu d'usines au charbon et la construction d'un réseau de distribution électrique permettant au Manitoba d'alimenter l'Ontario, comme j'en avais d'ailleurs discuté avec les premiers ministres Gary Doer et Dalton McGuinty. Dans ce but, le gouvernement avait financé la recherche et développement pour encourager toutes sortes d'innovations relatives à la réduction des émissions, des projets d'infrastructure et des entreprises de pointe qui pourraient faire toute la différence. D'ailleurs, je voyais dans cette crise mondiale une occasion pour le Canada de créer beaucoup d'emplois et de richesses si nous pouvions développer et exporter des technologies écologiques de pointe partout dans le monde, par le biais d'initiatives comme le Fonds d'appui technologique au développement durable ou la Fondation canadienne pour les sciences du climat et de l'atmosphère, pour lesquels John Manley s'était tant démené. Malheureusement, pour des raisons politiques ou idéologiques, mes successeurs ont cédé aux craintes et aux menaces du lobby anti-Kyoto et causé de sérieux torts aux progrès réalisés au Canada ainsi qu'à notre réputation. Jusqu'au jour où les Canadiens ont parlé fort une fois de plus et exigé que le gouvernement agisse.

★   ★   ★

Soudain, en juin 2003, le gouvernement fédéral s'est retrouvé aux prises avec un problème inattendu qui menaçait de dresser irrémédiablement les Canadiens les uns contre les autres si nous n'intervenions pas avec doigté. La Cour d'appel de l'Ontario avait statué que, en vertu de la Charte des droits, le mariage entre conjoints du même sexe était légal, identique à tous égards à l'union entre un homme et une femme. Qu'on dise que les homosexuels avaient désormais droit au mariage ne changeait probablement pas grand-chose à la réalité mais, tout à coup, l'emploi du mot « mariage » est devenu un enjeu symbolique pour les deux camps, tout comme l'expression « société distincte » avait fait s'entre-déchirer ceux qui avaient des vues divergentes sur le statut du Québec au sein de la fédération.

Alors que l'opposition au mariage gai transcendait toutes les frontières politiques et divisait même le caucus libéral, on pouvait dire de manière générale que les électeurs progressistes-conservateurs avaient des vues plus avancées sur ce plan que ceux de l'Alliance et qu'ils ne voulaient pas être perçus comme étant de mèche avec la droite religieuse. C'est ainsi que de nombreux conservateurs se sont joints à nous dans ce dossier ou ont divisé le vote antilibéral à notre avantage. Mais, alors que j'avais profité d'un tel avantage dans le dossier des armes à feu, j'ai décidé cette fois de ne pas tirer parti de la controverse. C'était une question compliquée, chargée d'émotions, qui divisait les gens et qui n'était peut-être pas aussi importante que le laissait paraître tout le bruit qu'on faisait autour d'elle, étant donné que très peu de couples gais se donnaient la peine de s'unir par le mariage. Pour moi, c'était le genre de problème qu'il vaut mieux régler en s'en remettant à l'évolution lente et soutenue de la société. Il y avait eu certaines controverses, par exemple la première fois que nous avions accordé aux personnes gaies le congé payé auquel un conjoint a droit lorsqu'il y a un décès dans sa famille, mais les autres avantages sociaux avaient été étendus aux couples gais avec beaucoup moins de bruit. Nous prenions ces mesures de la manière que j'aimais, sans tambour ni trompette, sans provocation délibérée non plus.

Mais une fois que la cour en a fait une question de droits de la personne, j'ai décidé de ne pas tenter d'esquive. Je suis catholique, c'est vrai, mais je n'avais pas été élu parce que je suis catholique, et, dans une société multiraciale et multi-religieuse, le premier ministre ne doit jamais étaler ses opinions religieuses. Ma propre opinion avait également évolué à propos de l'homosexualité ; parti d'une conception très conservatrice de la normalité, j'étais passé à une compréhension plus tolérante de la diversité humaine. À l'époque où j'étais ministre de la Justice, un fonctionnaire était venu me voir parce qu'il avait un problème épouvantable. Il cachait son orientation homosexuelle, et son ancien partenaire, avec qui il avait bâti une maison, le faisait chanter : donne-moi la maison, sans quoi je vais révéler au monde entier que tu es homosexuel. « Dis à ce gars-là d'aller chez le diable, lui avais-je conseillé. S'il révèle que tu es homosexuel, qu'est-ce que ça peut bien faire ? » Des années plus tard, quand j'étais premier ministre, un sénateur libéral a pris la parole au cours d'une discussion très émouvante au caucus et déclaré qu'il était homosexuel. Il l'avait été durant toute sa vie adulte, nous a-t-il expliqué. Au début, il avait voulu dominer ses penchants. Il s'était marié, il avait eu des enfants et il avait fait semblant d'être presque comme tous les autres hommes, mais sa nature n'avait jamais changé. Il était désormais divorcé et vivait avec son compagnon depuis de nombreuses années. Après tant de misères, il était enfin devenu un homme heureux. Son témoignage nous a tous secoués. Donc, même si l'homosexualité, les divorces multiples et les enfants nés avant la lune de miel dérangent pas mal de monde, ce sont des réalités modernes avec lesquelles il faut compter.

Ce qui ne veut pas dire que je n'avais pas de sympathie et de respect pour ceux qui épousaient sincèrement l'opinion contraire, par exemple Pat O'Brien, le député libéral fédéral de London, en Ontario, qui a fini par démissionner du caucus pour cette question et siéger comme indépendant. J'aimais ce gars-là, j'aimais son style franc et direct et je comprenais le malaise qu'il ressentait à l'idée du mariage gai, lui qui est catholique et irlandais. Nous avons peut-être commis une erreur en ne rayant carrément pas le mot « mariage » pour tout le monde. Nous aurions peut-être dû appeler l'union entre deux personnes un « contrat légal régissant le partage des biens » et laisser aux Églises le soin de choisir le mot qu'elles veulent pour qualifier ces arrangements privés. Mais j'avais moins de sympathie et de respect pour ces pharisiens qui se vantaient d'être très famille alors qu'ils en étaient à leur deuxième divorce ou qu'ils trompaient leur conjoint. Je n'avais pas beaucoup de sympathie ni de respect non plus pour les politiciens de droite qui avaient décidé d'exploiter ce débat émotionnel en attaquant la Charte des droits et en traitant injustement les juges de créatures libérales. Ils prétendaient que les tribunaux, particulièrement la Cour suprême, avaient usurpé le pouvoir qu'a le législateur d'arrêter la politique sociale du pays et, pire, que leurs idées progressistes s'inspiraient d'un parti pris libéral.

En réponse à la première objection, il faut dire que ce sont les politiques qui possèdent le pouvoir dans notre société parce que, nonobstant la Charte, il est légitime qu'un gouvernement fédéral ou provincial fasse abstraction d'un certain droit ou d'une liberté en votant simplement une loi. Au cours des discussions intenses que j'avais eues en dînant avec Pierre Trudeau à propos des réformes constitutionnelles, dans notre chambre d'hôtel à Toronto en 1992, il m'avait même accusé d'avoir affaibli la Charte des droits en cédant à la revendication des premiers ministres qui exigeaient la disposition de dérogation. « C'est toi qui leur as donné ça, m'avait-il dit.

— Désolé, Pierre, lui avais-je répliqué. C'est ce que j'avais recommandé. C'est *toi* qui leur as donné ça. »

Même si le principe de la disposition de dérogation me déplaisait, j'y avais donné mon adhésion en 1982, comme ministre de la Justice responsable des négociations constitutionnelles, pour deux raisons. La première était d'ordre pragmatique. Le Canada n'aurait probablement pas eu sa charte sans ça. Au début, Trudeau avait insisté pour avoir une charte parfaite, mais je l'avais convaincu, après une discussion très animée, de reculer un peu, sans quoi il perdrait le soutien de tous les premiers ministres dans la lutte qu'il menait pour rapatrier la Constitution. Ce qui nous avantageait, c'est que l'application de cette disposition devait être reconduite tous les cinq ans, ce qui voulait dire que les électeurs auraient la possibilité de porter le jugement ultime.

L'autre raison, c'était que j'avais fini par être convaincu, en principe aussi, de la validité de cette disposition. En vertu de la Charte, par exemple, les Canadiens jouissent du droit de parole, mais toute société y impose des limites. On n'a pas le droit de hurler au feu dans un théâtre bondé, ce serait un abus patent. Mais qu'adviendrait-il si la Cour suprême devait statuer que le droit de parole prime toute loi interdisant la littérature haineuse ou la pédopornographie ? Je n'aurais eu aucune hésitation si le gouvernement du jour avait recouru à la disposition de dérogation pour contrer la discrimination ou protéger l'innocence des enfants. Et si un gouvernement canadien ultérieur devait décider d'invoquer cette disposition dans l'affaire du mariage entre conjoints du même sexe, il pourrait le faire, mais il aurait probablement à payer un prix politique très lourd pour ça. Dans l'ensemble, j'étais heureux de voir qu'on n'avait jamais invoqué cette clause sur la scène fédérale en vingt-cinq ans.

Pour ce qui est de l'idée voulant que la magistrature soit le paradis des libéraux de gauche, j'ai toujours mis au défi l'opposition de me nommer un seul mauvais juge. Même si, techniquement, c'est le premier ministre qui procède aux nominations, elles n'interviennent qu'après de longues consultations auprès du ministre de la Justice, de l'association du barreau, des provinces et du milieu juridique. De même, depuis 1988, dans chaque région du pays, il existe un comité consultatif de sept représentants éminents, dont trois sont nommés par le fédéral, qui étudient les candidatures et les classent selon leurs qualifications, et jamais je n'ai nommé quelqu'un qui a été déclaré inadmissible dans le cadre de ce processus indépendant.

C'est aujourd'hui le monde à l'envers lorsqu'il s'agit de ces prétendus conflits d'intérêts. Si vous connaissez quelqu'un, quelle que soit la compétence de cette personne, l'opposition et la presse vont dire qu'il est inadmissible à toute charge publique du simple fait que vous le connaissez. Mais si vous nommez quelqu'un que vous ne connaissez pas et que cette personne s'avère incompétente, ni l'opposition ni la presse ne vont admettre que ce n'est pas de votre faute, que vous ne connaissiez pas le gars. De tous les juges que j'ai fait nommer, en tant que ministre de la Justice ou en tant que premier ministre, il y en avait très peu que je connaissais déjà. Certains ont exprimé des soupçons lorsque j'ai nommé Michel Bastarache à la Cour suprême, par exemple, parce que lui et moi avions été collègues au cabinet Lang Michener à Ottawa pendant un bref moment. Le fait est que nous n'avons jamais travaillé dans le même dossier et que nos rapports se limitaient à prendre le café ensemble de temps en temps. Une seule chose comptait pour moi : c'était un cerveau d'élite, il avait d'excellents états de service comme avocat et comptait, selon l'avis de ses pairs, parmi les meilleurs juges du Canada atlantique.

Ni l'idéologie ni l'affiliation partisane n'intervenaient non plus dans les nominations. Bien sûr, comme libéral, j'aurais hésité avant de nommer une personne qui aurait été connue pour ses vues d'extrême droite ou d'extrême gauche, mais je n'ai jamais essayé de savoir si une personne avait déjà voté libéral ou défendu telle ou telle loi. Je voulais des juristes qui avaient prouvé leur maîtrise du droit, qui avaient un raisonnement solide, qui étaient dignes et qui avaient la souplesse mentale voulue pour accepter que la preuve déjoue leurs partis pris et leurs préjugés. Est-ce que cette personne avait été un bon juge auparavant ? Est-ce que cette personne pouvait rédiger une opinion claire ? Est-ce que cette personne n'était pas trop dure, ou trop clémente ? Est-ce que cette personne, si brillante fût-elle, savait travailler avec les autres ?

Si les gens regardaient les résultats au lieu de se plaindre tout le temps du processus, je crois qu'ils concluraient que le système fonctionne bien. Pourquoi ? Parce que tout premier ministre responsable sait que son propre honneur dépend d'une bonne nomination. Oui, lui seul peut nommer un ami moins qualifié, mais cela veut seulement dire que lui seul sera blâmé. Il est seul responsable de ses actes, et il ne peut pas se cacher derrière quelqu'un d'autre ou fuir. Par conséquent, il doit être extrêmement prudent dans l'utilisation de son pouvoir. Mais si cette décision était confiée à un comité parlementaire, par exemple, qui assumerait la responsabilité si ça va mal, et qu'est-ce qui empêcherait la sélection des juges de virer en cirque politique ? Quand je regarde ce qui se passe avec les nominations à la Cour suprême aux États-Unis, je ne vois que d'âpres luttes partisanes au Congrès. Pourquoi les candidats se soumettraient-ils à un examen où les moindres détails de leur vie sont passés à la loupe en public : leur situation familiale, leurs décisions financières, leurs relations, le moindre mot qu'ils ont écrit à l'époque où ils étudiaient le droit ou chaque jugement qu'ils ont rendu ? Si l'on nous soumettait au même genre d'examen intense, partisan et impitoyable, je crois bien qu'aucun d'entre nous n'en émergerait sans essuyer quelque blâme. Je ne pense pas non plus que des gens qui ont la qualité et l'intégrité de Beverly McLachlin, par exemple, aspireraient à la magistrature dans une telle conjoncture.

⋆   ⋆   ⋆

En mars 2002, Don Boudria, qui avait remplacé Alfonso Gagliano au poste de ministre des Travaux publics depuis le dernier remaniement ministériel, est venu me faire part de

bruits selon lesquels il y aurait des irrégularités dans le programme des commandites né du dernier référendum. Jusqu'à ce
moment-là, en ce qui me concernait, à part les problèmes administratifs dont avait fait état la vérification que Gagliano avait
commandée et dont il avait mis en œuvre les recommandations
en 2000, le programme marchait comme sur des roulettes, et
tout était honnête. Étant donné que personne — ni le ministre
des Travaux publics, ni le président du Conseil du Trésor, ni le
ministre des Finances, ni le greffier du Conseil privé, ni mon
chef de cabinet — ne m'avait alerté auparavant, je ne m'étais
jamais préoccupé de ce dossier. J'avais assez de problèmes sur
les bras sans avoir à m'en inventer de nouveaux. N'avais-je pas
dit aux ministres d'entrée de jeu de me faire part à moi ou au
Bureau du premier ministre de leurs soucis, mais autrement,
de s'occuper eux-mêmes de leur ministère ?

Bref, je n'avais entendu parler de rien avant le jour où Boudria m'a appris la nouvelle. « Je suis tenté de faire intervenir le
Vérificateur général, m'a dit Boudria, pour qu'il fasse une
enquête spéciale.

— Vas-y, lui ai-je dit, et appelle la GRC tant qu'à y être. Si
quelqu'un a volé le gouvernement fédéral, cette personne devrait
être arrêtée, traduite en justice, reconnue coupable et jetée en
prison. »

C'est triste à dire, mais il y a toujours des éléments pourris
dans toutes les organisations, privées ou publiques, des gens qui
vont essayer de voler s'ils peuvent s'en tirer. C'est pourquoi on
a la GRC ; c'est pourquoi on a aussi le Vérificateur général ;
et même si ni l'un ni l'autre n'est parfait en tout temps, ces deux
institutions sont extrêmement consciencieuses, et le monde
entier connaît leur intégrité et leur compétence. En fait, le gouvernement fédéral a probablement eu plus de vérificateurs pro-
duisant plus de rapports annuellement que toute autre organisation au Canada ; et, en 1994, nous avions augmenté le nombre
de rapports du Vérificateur général de un à quatre par an. Dans
ce cas-ci, loin de montrer que le système administratif avait mal
fonctionné et devait être repensé, les événements ont prouvé

qu'il marchait fort bien. Même la Vérificatrice générale, Sheila Fraser, a conclu dans son rapport plus que franc de mai 2002 que les règles étaient en place, qu'on avait tout simplement omis de les respecter comme on aurait dû le faire.

Faisant suite à l'enquête que j'ai commandée à la GRC, trois cadres d'agences de publicité, Paul Coffin, Jean Brault et Jean Lafleur, ont été arrêtés et plus tard reconnus coupables de fraude, tout comme Charles Guité, le fonctionnaire responsable de l'administration des contrats de commandite. Je précise qu'aucun d'entre eux n'était membre du Parti libéral. Coffin avait même été président de l'association du Parti conservateur d'une circonscription montréalaise ; Brault était un péquiste notoire qui avait fait un don illégal de 100 000 dollars au Parti québécois ; et Guité avait été nommé à son poste par le gouvernement Mulroney.

Dans notre système, le premier ministre et son cabinet sont collectivement responsables de tout ce qui va bien ou ne va pas bien au sein du gouvernement fédéral. S'ils décident d'envoyer des troupes canadiennes au combat, par exemple, ils doivent en subir les conséquences sur le plan politique. Ce qui ne veut pas dire qu'il faut les blâmer si un véhicule blindé dérape et qu'un pauvre soldat est tué dans l'accident. De même, si le premier ministre nomme un ministre des Finances, et que celui-ci approuve le budget des commandites, que le président du Conseil du Trésor distribue l'argent, et que le ministre des Travaux publics confie la mise en œuvre du programme à ses fonctionnaires, la solidarité ministérielle les rend tous responsables du programme, mais on ne peut blâmer un seul d'entre eux d'avoir volé de l'argent ou fraudé le trésor public. Par conséquent, même si j'ai déclaré à maintes reprises que j'étais malheureux de voir que quelques truands avaient enfreint le règlement, trahi l'idée même du service de l'État et m'avaient manqué personnellement, j'ai accepté ma responsabilité, mais non le blâme, qui doit être infligé à Coffin, à Brault, à Guité et à tout autre individu que les tribunaux pourraient juger coupable.

Le temps ayant fait son œuvre et le jeu s'étant calmé, je

constate que les observateurs les plus équitables et les plus neutres sont parvenus à la même conclusion que moi. Le 27 juin 2006, par exemple, le sénateur conservateur Hugh Segal a eu le courage de déclarer à ses collègues de la Chambre haute : « Je suis convaincu que le précédent gouvernement ou sa direction n'a jamais eu quelque intention de corruption que ce soit, et je suis offensé chaque fois qu'on laisse entendre le contraire. » Méditant sur ces mêmes événements, Chantal Hébert, chroniqueure du *Toronto Star* et peu suspecte de sympathies envers les libéraux fédéraux, a écrit ceci à propos de toute cette histoire des commandites : « Une affaire de la taille d'une souris a eu raison d'un éléphant politique. » Affaire qui aurait vite sombré dans l'oubli si Paul Martin n'avait pas fait tout un foin avec ça. Et qu'a dit Chantal Hébert de la commission d'enquête présidée par le juge Gomery ? « Au bout du compte, a-t-elle dû admettre, elle n'a mis en cause aucun politicien encore en fonction et a tapé sur les doigts d'un très petit nombre de personnages publics. »

★   ★   ★

Comme le « Peppergate », comme le « Shawinigate », le scandale des commandites avait beaucoup plus à voir avec la politique partisane et la guerre des journaux qu'avec l'intérêt public. Comme nous n'avions pas à débattre d'une guerre en Iraq, qu'il n'y avait pas de controverses ingérables à propos de Kyoto ou du mariage gai, pas de troisième référendum au Québec non plus, pas de tendances à la baisse dans les sondages d'opinion, l'opposition et la presse n'avaient rien de mieux à faire que de nous couvrir de boue. On a sali ainsi la réputation de nombreuses personnes innocentes, saboté l'efficacité d'un programme d'unité nationale et nourri le cynisme qu'éprouvent les Canadiens à l'égard de leurs institutions démocratiques. On a aussi répandu cette impression des plus injustes qui veut que le Québec soit une province où règne la corruption, le paradis des politiciens et des organisateurs véreux. Cette insinuation a insulté les Québécois, ce que je comprends, parce qu'elle alimentait un vieux préjugé à l'égard des Canadiens français ainsi qu'un manque de respect à l'égard de la province, alors qu'on sait, par exemple, que le Québec a été la première province à adopter une loi sérieuse pour maîtriser l'un des enjeux les plus difficiles et les plus importants dans la démocratie moderne : la question des contributions aux partis politiques et des dépenses électorales.

J'avais vu comment ce problème se posait au Canada et dans d'autres pays, particulièrement aux États-Unis, où les dépenses électorales augmentaient de centaines de millions de dollars à chaque élection. Hillary Clinton avait dû réunir plus d'argent pour remporter son siège new-yorkais au Sénat en 2000 que notre parti pour les 301 candidats libéraux au Canada. En conséquence, tous les partis politiques subissaient des pressions accrues pour trouver de plus en plus d'argent pour financer la publicité de masse et l'acquisition de nouvelles technologies, ce qui nourrissait les soupçons répandus dans la presse et dans le public selon lesquels toute personne élue devait être à la solde des grandes entreprises et des riches. Je savais d'expérience que ce soupçon était infondé. Traditionnellement, par exemple, les banques comptaient parmi les entreprises qui contribuaient le plus au Parti libéral, ainsi qu'aux conservateurs et à l'Alliance, mais lorsqu'elles ont demandé à fusionner, nous avons décidé que ce n'était pas dans l'intérêt du public et n'avons pas hésité une seconde à leur dire non.

La perception règne en politique, cependant ; j'ai donc décidé qu'il était essentiel de réformer le système pour en finir avec ces mythes et restaurer la confiance de la population dans ses élus. C'est pour cette raison aussi que nous avons créé le bureau du conseiller à l'éthique et resserré les règlements concernant les lobbyistes et la conduite ministérielle. Par la suite, le 11 février 2003, j'ai personnellement proposé en deuxième lecture le projet de loi C-24, *Loi modifiant la Loi électorale du Canada,* qui requiert la divulgation complète de toute contribution et dépense de plus de 200 dollars pour les partis, candidats, associations de comté, assemblées d'investiture et candidatures au leadership, et impose une limite annuelle aux contributions de 5 000 dollars pour les personnes à un parti national et de 1 000 dollars pour les entreprises ou les syndicats qui veulent faire un don à un candidat ou à une association de comté. On comblait désormais la différence en augmentant le crédit maximum d'impôt pour les contributions individuelles de 200 à 400 dollars, en plus que doublant les contributions aux partis nationaux pour les dépenses électorales, et en donnant à chaque parti 1,75 $ par an pour chaque vote gagné aux précédentes élections. Cette loi réjouissait surtout les entreprises elles-mêmes. Non seulement elles n'auraient plus à composer avec tous ces collecteurs de fonds qui frappaient constamment à leur porte, mais elles n'auraient plus non plus à se placer dans la position inconfortable où elles soutenaient les libéraux ou les conservateurs davantage que le NPD ou le Bloc.

La plus vive opposition m'est venue de mon propre parti. Les collecteurs de fonds m'en voulaient à mort d'avoir compliqué leur tâche ; le président du parti a dit de cette loi que c'était l'idée la plus stupide de la terre ; et au caucus j'ai dû l'imposer aux partisans de Martin en les menaçant de déclencher des élections. Les députés québécois étaient particulièrement irrités du fait que le gouvernement du Cànada allait donner de l'argent au Bloc. « Oui, leur ai-je dit, ça ne me plaît pas à moi non plus, mais il y a là un avantage pour nous. Dans les circonstances normales, tant que le Bloc existera, il partagera le vote antilibéral avec les conservateurs, et ça nous permettra de prendre plus de sièges dans la province. »

★   ★   ★

À l'automne 2002, les partisans de Martin avaient tellement hâte de mesurer les rideaux dans le bureau du premier ministre et de se promener en limousine qu'ils ont obtenu de l'exécutif du parti d'avancer le congrès au leadership pour le fixer à novembre 2003. Dans mon esprit, néanmoins, je comptais toujours respecter le calendrier que j'avais défini à Chicoutimi et rester premier ministre jusqu'en février 2004. Si je démissionnais dès que mon successeur était choisi, m'étais-je dit, il aurait du mal à déclencher des élections au beau milieu de l'hiver. Si j'attendais jusqu'à l'année suivante, il pourrait prendre le pouvoir dans la quatrième année du mandat libéral, décider de rappeler les chambres ou non, opérer quelques changements au cabinet pour remplacer les ministres qui ne se représenteraient pas, déclencher les élections au printemps et remporter une autre majorité contre une opposition divisée. Cela convenait parfaitement à Paul Martin, selon ce qu'il avait fait savoir. Le congrès approchant, cependant, il a changé d'avis et m'a fait savoir par l'entremise d'Alex Himelfarb, le greffier du Conseil privé, qu'il s'attendait à prendre le relais le plus vite possible.

« Ça me va, ai-je répondu à Himelfarb. Si c'est ce qu'il veut, c'est ce qu'il aura. Je lui donne un mois après le congrès pour organiser son cabinet et préparer la transition pendant que je m'acquitterai de l'engagement que j'ai pris d'assister à la conférence du Commonwealth au Nigeria, d'aller au dîner d'adieu que Jacques Chirac planifie depuis longtemps en mon honneur à Paris, et d'accueillir le premier ministre de la Chine à Ottawa le 11 décembre. Je serai parti le lendemain. »

Martin a commis une erreur de jugement fatale en refusant d'attendre jusqu'en février. Si je devais partir au lendemain du congrès, il ne conviendrait pas à mon avis que je réponde aux questions à la Chambre pour le compte d'un gouvernement dont je ne serais plus membre quelques jours plus tard. En outre, il n'y avait rien d'urgent au programme, et il ne servait à rien non plus de demander aux députés et sénateurs libéraux, dont la plupart avaient pris une part importante à la course au leadership, de rester pour traiter des questions de routine comme le dépôt du dernier rapport du Vérificateur général sur le programme des commandites. Donc, le 12 novembre, j'ai prorogé le Parlement.

Si je n'avais pas vu le rapport de Sheila Fraser et que je

n'avais pas non plus été informé de son contenu, je savais néanmoins, comme tout le monde à Ottawa, qu'il allait passablement ternir notre image. Mais je n'ai pas prorogé le Parlement parce que je craignais d'y faire face ou que je voulais piéger mon successeur. J'avais toujours eu l'intention de prendre connaissance du rapport de Fraser, de la remercier pour son beau travail et de dire ce que je répétais depuis un an déjà : si l'on prouve qu'il y a eu vol ou fraude, que la police mette la main au collet de ces escrocs et que les magistrats les mettent en prison. Bien sûr, je m'attendais à essuyer quelques coups de la presse pendant quelques semaines, mais ça ne m'avait pas fait peur par le passé et ça ne me faisait pas plus peur à ce moment-là. Lorsque Martin aurait pris les rênes du pouvoir, toute la question allait être de l'histoire ancienne, et il allait pouvoir entreprendre son mandat sans cet albatros autour du cou.

À un moment donné, en novembre, Paul Martin a dû comprendre la logique de mon scénario, car il m'a dépêché Alex Himelfarb pour me faire dire que lui, Martin, avait de nouveau changé d'avis. Il voulait maintenant que je reste en fonction jusqu'à la fin janvier. Cependant, étant donné que bon nombre de ses complices racontaient à la presse tous les jours que je m'accrochais au pouvoir comme si ma vie en dépendait, je lui ai répondu : « Veuillez dire à monsieur Martin que je serais heureux de rester, mais seulement s'il m'en fait la demande officiellement. » Je n'ai jamais eu de nouvelles de lui, avec les conséquences désastreuses que l'on sait pour lui-même et le Parti libéral.

*   *   *

Le jeudi 13 novembre, au congrès libéral de Toronto, j'ai mis de côté ma querelle avec Paul Martin et lui ai donné tout mon appui. « Mes amis, ai-je dit aux délégués dans mon discours d'adieu, je cède la direction du parti à un nouveau chef, un nouveau premier ministre, un grand libéral, qui a joué un rôle important dans ses réalisations dont nous sommes tous si fiers. »

Comme je l'ai rappelé aux libéraux assemblés, le Canada avait fait beaucoup de chemin en dix ans. Nous avions hérité du plus grand déficit dans l'histoire du Canada et l'avions converti en sept budgets équilibrés d'affilée. Nous avions remboursé plus de 10 pour cent de la dette nationale et passé d'un paiement de 37 cents pour chaque dollar d'impôt pour le service de la dette à un montant de 17 cents. Les taux d'intérêt n'avaient jamais été aussi bas depuis des décennies ; l'inflation était contrôlée ; la valeur du dollar augmentait rapidement. Nous avions créé trois millions d'emplois. Nous avions opéré les plus grandes baisses d'impôt jamais vues. Nous avions introduit la Prestation nationale pour enfants, le nouveau programme social le plus important depuis l'assurance-maladie. Nous avions assuré la santé financière du Régime de pensions du Canada pour une autre génération. Nous avions investi énormément dans la santé et la recherche pour la santé. Les Bourses du millénaire, les Chaires de recherche du Canada, la Fondation canadienne pour l'innovation avaient commencé à renverser l'exode des cerveaux et fait de nous des pionniers dans la nouvelle économie mondiale. Nous avions mis fin aux tromperies des séparatistes avec la *Loi sur la clarté* et regagné le respect de la majorité des Québécois en gouvernant bien. Nous avions adopté l'une des lois les plus sévères du monde pour régir le contrôle des armes à feu. Nous avions défendu les droits de la personne à l'étranger et chez nous, et ici figure notamment le mariage homosexuel. Nous avions limité l'influence des intérêts spéciaux et redonné celle-ci au peuple avec notre *Loi sur les dépenses électorales*. Nous avions fait respecter nos valeurs à l'étranger, que ce soit dans nos missions de paix avec l'ONU et l'OTAN, le traité d'Ottawa sur les mines terrestres, le Tribunal pénal international ou notre œuvre en Afrique avec le NePAD. Nous avions consolidé la plus grande relation commerciale au monde avec l'ALÉNA et appuyé les États-Unis à Haïti, en Afghanistan, et en ce jour terrible de septembre 2001, mais nous avions aussi préservé notre indépendance et notre foi dans le multilatéralisme en refusant de faire la guerre en Iraq. Nous avions pris des mesures pour protéger l'environnement mondial avec Kyoto, la guerre des pêches et nos nouveaux parcs nationaux. Nous étions restés un exemple de tolérance et de diversité dans un monde déchiré par l'extrémisme et la haine, nous avions maintenu la porte ouverte aux immigrants et réfugiés et consolidé notre réputation sur la scène internationale grâce à notre enthousiasme pour le libre-échange et à notre humanitarisme.

Par-dessus tout, nous avions réussi à restaurer l'esprit de confiance, la fierté et l'unité des Canadiens. En 1995, le *Wall Street Journal* avait qualifié le Canada de pays membre honoraire du tiers-monde. En 2003, *The Economist,* avec en couverture un orignal au museau chaussé de verres roses, avait dit de nous que nous étions un pays « *cool* », alors que de son côté *L'Express* parlait du Canada comme d'un pays dont les Français ne pouvaient que rêver. En conséquence, à l'automne 2003, le Parti libéral était en tête dans les sondages et prêt à remporter un quatrième gouvernement majoritaire de suite, non pas parce que nous pensions y avoir droit ou parce que nous avions acheté les votes des gens, mais parce que nous avions gagné la confiance des Canadiens grâce à notre labeur acharné, à nos décisions difficiles, à notre gouvernance ferme, à nos valeurs justes et à notre bon gouvernement. Au Québec, 57 pour cent des électeurs disaient qu'ils comptaient voter libéral la prochaine fois, et la plupart des experts prédisaient que nous allions remporter la plupart des sièges dans la province grâce à Kyoto et à l'Iraq. Sur le plan personnel, après toutes ces années où j'avais été sali par les séparatistes et accusé d'avoir été trop dur avec ma *Loi sur la clarté,* le seul regret que j'avais de ne pas me représenter une fois de plus, c'était que je ratais l'occasion de prouver que j'avais regagné la confiance de la grande majorité des Québécois.

« Mes amis, ai-je dit dans mon discours d'adieu, nous ne pouvons pas nous permettre de nous reposer sur nos lauriers, à l'heure où l'opposition refait ses forces, dans un pays centriste où l'opposition se déplace vers la droite. Les Canadiens doivent se méfier de ceux qui, à droite, privilégient les intérêts des financiers au détriment des gens. Les Canadiens doivent se méfier de ceux qui, à droite, préfèrent le profit à la solidarité, de ceux pour qui le profit passe avant tout. Les Canadiens doivent se méfier de ceux qui, à droite, voudraient réduire les impôts au détriment des services publics essentiels, ils doivent se méfier de ceux qui, à droite, ne se soucient pas de réduire le déficit social et environnemental. Les Canadiens doivent se méfier de ceux qui, à droite, affaibliraient le gouvernement national parce qu'ils ne croient pas dans le rôle de l'État. Mes amis, mes concitoyens, amis libéraux, si vous ne retenez qu'une seule chose de ce que je vais dire ce soir, souvenez-vous de ceci : notre conscience sociale doit rester intacte. »

★ ★ ★

Le matin du 12 décembre 2003 a été un moment chargé d'émotions pour ma famille et moi. Certains membres du personnel étaient en larmes lorsqu'Aline et moi avons quitté le 24 Sussex pour être conduits en face à Rideau Hall, où j'ai remis ma démission à la gouverneure générale Clarkson et l'ai invitée à prier monsieur Martin de former le gouvernement. Je comptais dire quelques mots à la presse par après, et Aline et moi devions ensuite monter dans sa voiture — une Liberty, rien de moins — et nous en aller. Mais comme c'était un beau jour d'hiver, nous avons préféré traverser à pied les jardins de la gouverneure générale et sortir par la porte qui débouchait sur notre nouvel appartement. Lorsque nous nous sommes engagés dans la rue, les gens sont sortis de leurs maisons pour nous dire merci et nous souhaiter bonne chance. Pauvre Aline, elle qui pensait que la cérémonie à Rideau Hall serait brève et formelle, elle s'était vêtue simplement et n'avait mis que son manteau de fourrure et un chapeau pour se couvrir; nous avons donc été fort surpris, une fois arrivés à notre nouveau foyer, de découvrir qu'un petit groupe de parents et de membres du personnel avaient organisé une fête pour nous souhaiter la bienvenue. Mais elle s'en moquait, parce qu'elle avait enfin ce qu'elle voulait : elle n'était plus dans la mire du public et j'avais enfin quitté la politique.

Aline savait, bien sûr, que je ne pourrais jamais cesser de travailler. Je touche une retraite suffisante et nos besoins ne sont pas extravagants, mais j'ai encore trop d'énergie, trop d'intérêts et trop de curiosité pour cesser de me promener, de rencontrer des gens, de parler, d'apprendre et d'aider. Aujourd'hui, chaque fois que je me rends pour affaires ou par plaisir à Paris ou au Kazakhstan, à Londres ou au Sénégal, à Shanghaï ou à Chypre, à Moscou ou à Dubaï, chaque fois qu'on me demande ce qui se passe au Canada, je réponds : « L'économie va bien comme jamais, le séparatisme est tenu en échec, nous ne faisons pas la guerre en Iraq, mais nous avons un problème terrible. Nous ne savons pas quoi faire de nos excédents budgétaires. »

Ce qui ne veut pas dire que nous n'ayons plus rien à faire. Il y a encore trop de familles pauvres, trop d'écarts entre les régions, trop peu de débouchés pour nos communautés autochtones, pas assez de solutions rapides aux changements climatiques, et ainsi de suite. Ce que je veux dire, c'est que nos problèmes sont relativement mineurs et faciles à résoudre quand on les compare à ceux de ces pays qui sont aux prises avec la guerre, la maladie, la famine et des désastres écologiques qui tuent des centaines d'habitants de la terre tous les jours. Nous faisons l'envie du monde. Notre passeport est le document le plus précieux que nous possédions. Ailleurs, des catholiques font la guerre aux protestants, des musulmans font la guerre aux juifs, des hindous font la guerre aux bouddhistes. Ici, les mêmes communautés vivent côte à côte dans la paix, souvent sans même savoir quelle religion pratiquent leurs voisins.

Quand j'entends des gens dire, par exemple, qu'on ne peut pas changer le système ou les choses, je me rappelle le Canada que j'ai connu lorsque j'ai débarqué au Parlement en 1963, et je le compare au Canada qui existait quand j'ai quitté le pouvoir en 2004. Ce n'est plus du tout le même pays, et une bonne part de cette mutation est attribuable à l'action politique. Le bilinguisme, l'immigration, l'éducation, l'assurance-maladie, l'aérospatiale, les sables bitumineux, la Charte des droits, la musique canadienne et l'industrie du magazine, le pauvre petit turbot tout moche, le Rwanda, l'Iraq, tout ce qui est grand et petit, il n'y a rien qui n'a pas été touché et façonné par la politique, parfois en bien, parfois non.

Comme je l'ai dit souvent, faire de la politique, c'est comme patiner sur une glace mince. On ne sait jamais quand on va tomber dans un trou et disparaître pour toujours. Tout à coup, tout a l'air d'aller bien. C'est un beau jour et vous débordez d'optimisme. La minute d'après, vous dites une niaiserie ou prenez une décision mal inspirée, et votre nom est aussitôt sali, vous vous sentez coupable, vous êtes en colère, vous avez tellement honte que vous n'osez plus vous montrer. Mais si vous avez de la chance, que vous êtes encore en vie et êtes encore sur vos patins, vous vous sortez du trou et vous continuez. Malmené et ébranlé, peut-être, mais vous avez survécu un jour de plus — et les jours deviennent des semaines, les semaines des mois, les mois des années, les années des décennies, et vous êtes toujours sur vos patins. C'est comme ça que j'ai survécu dans la vie publique, du 6 avril 1963 au 12 décembre 2003 : un jour à la fois.

Ce n'est pas la vie de tout le monde, bien sûr. Bon nombre de mes amis, qui étaient plus intelligents et plus accomplis que moi, n'auraient jamais enduré ça, même pas un jour. Il faut avoir la couenne dure. Il faut être décidé à persévérer et ne pas se laisser humilier par les revers. Il faut être prêt à aller partout où c'est nécessaire, à gauche, à droite, en haut, en bas, pour atteindre ses objectifs. Il faut de l'optimisme et de la confiance. Il vous faut une famille forte et compréhensive qui est prête à partager les luttes terribles que vous allez livrer et les attaques injustes que vous allez subir. Mais si vous avez tout ça, et si vous avez l'intérêt voulu, le sentiment de satisfaction que vous en tirez est vraiment extraordinaire. Car vous avez le sentiment d'avoir participé à une noble entreprise.

Aline et moi avons parcouru ensemble une route très longue

et très difficile, de nos foyers ouvriers dans le Québec rural vers les palais de Londres, Paris, Moscou et Pékin. La politique a été notre chemin ; le service public a été notre récompense. Peu importe à quel point ça pouvait être parfois dur et compliqué — même que c'était parfois très dur et très compliqué —, quand je regarde en arrière, je suis heureux d'avoir fait de la vie publique ma profession. Parce que la difficulté n'était qu'un élément du tout. Il y avait aussi le défi, l'exaltation et la certitude de faire des choses. Pour être parfaitement franc, disons que je n'ai pas fait ce que j'ai fait seulement pour la gloire du pays. Il y avait aussi le pur plaisir, le pur plaisir du sport.

De plus en plus, ces jours-ci, cependant, je me contente de suivre les événements à distance, sûr que le soleil se lèvera quand même demain. Je suis le conseil jadis donné par ses enfants à un ami à moi qui était toujours malade et grognon. « Viens-t'en, papa, t'as pas à t'inquiéter de quoi que ce soit, c'est un beau jour, l'été est court. Éteins la télévision et sors. Les nouvelles sont tellement mauvaises que ça te déprime. » Et maintenant, tout comme mon père avait serré la main de Wilfrid Laurier, une autre génération comptera un jeune Canadien dont le père m'aura serré la main. Ainsi, à ce jeune garçon ou à cette jeune fille, je transmets la responsabilité insigne que j'ai eu le privilège d'assumer moi-même : la responsabilité de préserver et d'encourager la paix, la tolérance, la générosité, la prospérité et la compassion, tout ce qui a fait du Canada le meilleur pays au monde.

Lorsqu'Aline et moi ne voyageons pas, nous passons l'hiver dans notre nouvelle maison d'Ottawa, où j'ai aussi un bureau en ville dans un cabinet d'avocats. Tous les étés, nous retournons chez nous dans mon vieux comté du Québec. J'ai un bureau là-bas aussi, même si je suis plus souvent au golf s'il fait beau, et je résiste rarement à la tentation d'interrompre mon travail pour escorter des visiteurs au musée extraordinaire que le Musée des beaux-arts du Canada a installé dans l'ancienne usine d'aluminium à la porte d'à côté. Si je vais en ville pour luncher, les gens m'appellent Jean aussi bien que monsieur le premier ministre, et je ressens du plaisir à l'idée de savoir qu'ils me voient encore comme l'un des leurs, le garçon de Wellie et Marie, le p'tit gars de Shawinigan.

Parfois, Aline et moi assistons à un événement politique ou à un dîner officiel, si on nous invite, mais ça arrive de moins en moins souvent. Il est plus sain pour nous de vivre avec l'idée que quand on a fini, on a fini. Nous en sommes à l'étape de notre vie où nous préférons être avec nos enfants et nos petits-enfants, à manger un repas fait à la maison avec des amis et des parents, à savourer chaque moment qui passe, et à nous préparer pour notre prochain voyage, espérons-le, main dans la main, vers un paradis qui sera aussi beau que celui du lac des Piles.

Vive le Canada !

Remerciements

É crire ses mémoires est un exercice périlleux, et les miens ne font pas exception. Si vous avez réussi, il vous faut éviter aussi bien la vantardise que la fausse modestie. Si on vous a attaqué, vous devez vous défendre sans avoir l'air d'être sur la défensive. Si on vous a fait du mal, vous ne pouvez vous permettre la moindre amertume. Vous devez être honnête quand vous parlez des autres, sans verser dans la médisance ou le commérage. Et comme vos souvenirs ont une valeur historique du simple fait qu'ils sont vôtres, vous avez tendance à les placer au centre de tout événement que vous évoquez. Pire, votre mémoire n'est pas toujours une source fiable. Elle vous joue parfois des tours, pas seulement avec le passage des ans, mais dans les heures mêmes qui suivent les temps forts de votre vie. Les événements qui vous ont donné raison vous reviennent en mémoire plus aisément que ceux qui vous ont donné tort. Le souvenir de vos meilleures répliques et de vos moments glorieux demeure remarquablement vif, ne serait-ce que parce que vous les avez rejoués dans votre tête ou les avez racontés à des amis autour d'un verre de vin, alors que vos propos de mauvais goût ou vos faux pas gênants glissent graduellement dans l'oubli quand vous ne les y précipitez pas vous-même. Et vous vous souvenez moins bien, hélas, de ces collaborateurs qui ont fait leur devoir avec calme, compétence et intégrité, que des fatigants, des fauteurs de troubles et des mauvais coucheurs.

Dans mon propre cas, même si mon souvenir des faits, des conversations et des chiffres demeure relativement intact, je n'ai jamais tenu de journal, j'ai écrit peu de lettres et rarement dicté de notes, et mon esprit a l'habitude d'effacer presque tous les détails d'un problème une fois qu'il a été réglé et que je suis passé à autre chose. Comme communicateur, j'ai toujours été plus conteur et tribun que sermonneur, ce qui explique peut-être pourquoi j'ai connu plus de succès lorsque je parlais du fond du cœur sur une estrade que lorsque je lisais un texte aride rédigé par un collaborateur. Si j'avais été plus préoccupé par ma place dans l'histoire, j'aurais conservé plus de notes, mais je me contentais de faire mon devoir du mieux que je pouvais sur le coup sans trop me soucier des qu'en-dira-t-on du lendemain.

J'ai eu la chance d'éviter bon nombre d'écueils grâce aux souvenirs et aux francs conseils des nombreux amis et collègues qui ont accepté de lire les multiples versions de mon texte, en tout ou en partie, et en ont gommé les erreurs de détails ou de ton : Jean Pelletier, Eddie Goldenberg, Chaviva Hosek, John Rae, Raymond Chrétien, Marcel Massé, Stéphane Dion, Allan Rock, John Manley, David Zussman, Bruce Hartley, James Bartleman, Claude Laverdure, Patrick Parisot, Percy Downe, Peter Donolo, Paul Genest, Paul Heinbecker, Robert Fowler, David Scott, Jean Carle, John English, David Dodge, le docteur Gerald FitzGibbon et, bien sûr, Aline, France, Olivier et André Desmarais. À chacun un grand merci, mais je précise que je demeure seul responsable de toute erreur qui aurait pu se glisser dans le texte.

Occupé comme je le suis depuis que j'ai pris ma prétendue retraite, je me suis dit que, si je devais un jour réunir mes pensées et mes souvenirs pour la postérité, je devrais le faire plus tôt que tard, pendant qu'ils demeuraient encore frais en ma mémoire et clairs dans mon esprit. Il s'est trouvé que le personnel dévoué des Archives nationales du Canada a eu la même idée. Comme les Archives avaient déjà reçu des tonnes de documents et des centaines de milliers de photos relativement à mon passage au pouvoir, elles m'ont demandé d'enregistrer littéralement mes souvenirs dans le cadre de leur programme d'histoire orale. Comme j'ai toujours parlé plus vite que je n'écrivais, j'ai sauté sur l'occasion et décidé de faire d'une pierre deux coups.

J'ai fait appel, une fois de plus, à mon vieil ami Ron Graham, l'un des meilleurs chroniqueurs politiques du pays, dont le concours avait déjà donné des résultats concluants pour mon premier livre. Pendant un peu plus d'une année, Ron m'a assailli de questions sur tous les épisodes de ma vie publique, puis, avec l'aide de Frances McNeely, il a converti mes douzaines d'heures de réponses en un manuscrit de plus de 1 200 pages. Version après version, nous avons travaillé de concert pour supprimer les répétitions et les digressions, agencer la narration, clarifier les idées et polir le libellé, sans que rien se perde de l'authenticité de ma voix. Parallèlement, Ron a interviewé bon nombre de mes anciens collègues ; il a aussi pris connaissance des documents officiels ; il m'a servi d'agent auprès des éditeurs ; il a choisi les photographies ; et il a abattu toute cette besogne avec rigueur, discipline et bonne humeur. Franchement, sans lui, ce livre n'aurait jamais vu le jour.

De même, au moment où je planchais encore sur le texte anglais, je me suis tourné vers un autre écrivain éminent, Daniel Poliquin, pour la facture de l'édition française. Même si les deux versions sont semblables sur les plans de la structure et du contenu, Daniel m'a invité à me raconter afin de donner au texte l'accent vrai de ma langue maternelle. Nous avons bien ri tous les deux, et notre journée de travail s'est achevée plus d'une fois par une partie de billard des plus plaisantes et une petite bière au coin du feu. Daniel, merci.

Merci également au personnel de Bibliothèque et Archives Canada à Ottawa et à Shawinigan : Élizabeth Mongrain, Peter de Lottinville, Maureen Hoogenraad, Ann Maurice et Guy Tessier, qui ont assuré le choix des photographies avec le concours de Jean-Marc Carisse. Coup de main qui m'a été des plus précieux. Quant à Knopf Canada, je dois beaucoup à sa directrice litté-

raire, Louise Dennys, à la rédactrice principale, Rosemary Ship-
ton, à la réviseure, Stephanie Fysh, à la correctrice d'épreuves,
Gena Gorrell, ainsi qu'à toute l'équipe chargée de la production,
de la commercialisation et des ventes. Tous ont cru au départ que
j'avais un autre bon livre en moi, et grâce à leur talent et à leurs
encouragements, j'ai fini par y croire moi aussi. Je tiens aussi à
saluer les Éditions du Boréal, nommément Pascal Assathiany,
Jean Bernier et Jacqueline Vandycke, pour leur appui enthousiaste et leurs judicieux conseils.

Enfin, je redis ma reconnaissance et mon amour à mes
enfants, à mon gendre, à mes petits-enfants et à mon Aline. Sans
vous, rien.

Index

Table des matières

Imprimé sur du papier 100 % postconsommation,
traité sans chlore, certifié Éco-Logo
et fabriqué dans une usine fonctionnant au biogaz.

MISE EN PAGES ET TYPOGRAPHIE :
LES ÉDITIONS DU BORÉAL

ACHEVÉ D'IMPRIMER EN OCTOBRE 2007
SUR LES PRESSES DE L'IMPRIMERIE GAGNÉ
À LOUISEVILLE (QUÉBEC).